Hinweise zum Aufbau und zur Benutzung des Buchs

In diesem Lehr- und Arbeitsbuch werden alle für den Politikunterricht in beruflichen Schulen wichtigen Themen systematisch behandelt und für Lernende verständlich dargestellt. Besonders bei handlungsorientierter Themenbearbeitung, wie sie z. B. der neueste Lehrplan für Gemeinschaftskunde in Berufsschulen und entsprechenden Berufsfachschulen in Baden-Württemberg verlangt, sind die Lernenden darauf angewiesen, dass sie sich Informationen selbstständig beschaffen können, was z. B. über das Sachwortverzeichnis dieses Buches möglich ist.

Aufgrund seiner **Konzeption** ist dieses Schulbuch vielseitig einsetzbar und ermöglicht selbständiges Lernen sowie handlungsorientierten Unterricht. Besonderer Wert wurde auf Übersichtlichkeit und gute Gliederung gelegt. Die Zwischenüberschriften erleichtern, den „roten Faden" eines Abschnitts zu erkennen. Dabei unterstützt die Rasterung und Farbe die didaktischen Absichten ebenso wie die Hervorhebung wichtiger Stichworte durch Fettdruck.

Konsequent beginnen die Kapitel jeweils auf der linken Buchseite und umfassen 2 oder 4 Seiten. Die breite Spalte ist vor allem für **Informationen** vorgesehen. In der schmalen Spalte rechts davon sind **Materialien** angeordnet. Jedes Kapitel schließt mit **Aufgaben** und einer stichwortartigen **Zusammenfassung** auf dem Farbfeld ab.

Kapitel-
überschrift

Text
Infor-
mation

Materialien

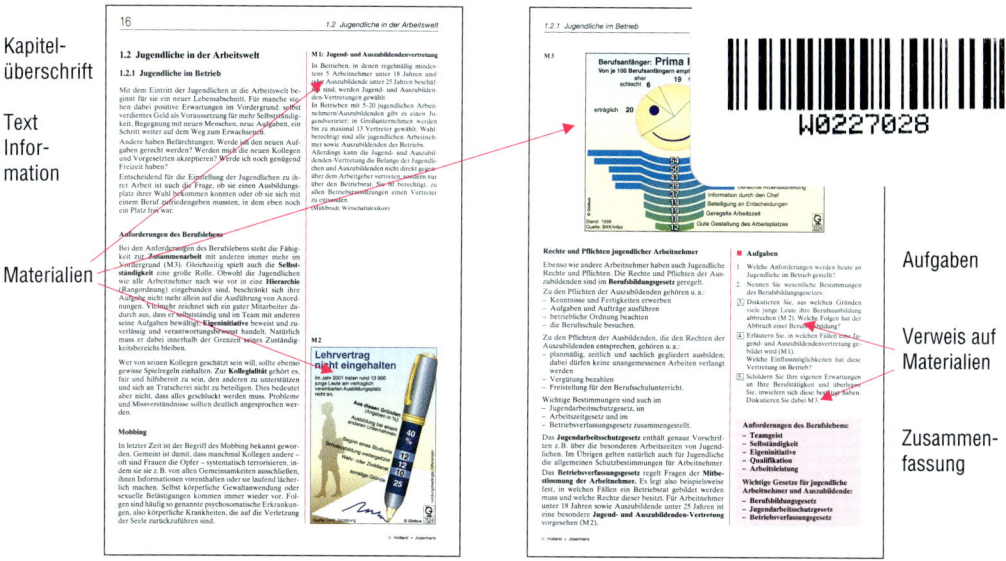

Aufgaben

Verweis auf
Materialien

Zusammen-
fassung

Alle **Materialien** – Quellentexte, Zeitungsausschnitte, Beispiele, Gesetzestexte usw. – sind zusammen mit den Bildern, Tabellen, Skizzen nummeriert (M1, M2 ...). Deshalb kann man auf diese Quellen bei der Zusammenstellung von Arbeitsunterlagen leicht zurückgreifen, auch im Zusammenhang mit anderen Abschnitten.

Die **Verweise** im Text auf andere Abschnitte und auf Materialien zu anderen Kapiteln sollen erleichtern, die Zusammenhänge zwischen den einzelnen Themen zu erkennen.

Die Spannweite der **Aufgaben** reicht von den **Fragen zur Lernkontrolle** bis zu anspruchsvollen **Arbeitsaufgaben** für handlungsorientiertes Vorgehen. Dabei sind die Nummern der schwierigen Aufgaben eingerahmt (z. B. 4.). Oft sind bei den Aufgaben **Hinweise** auf Materialien und Quellen wie z. B. (M 2 von 2.5.3), die man bei der Auseinandersetzung mit einer Fragestellung und den Informationen berücksichtigen sollte oder die bei der Lösung helfen können.

Besondere **Hinweise zur Aufgabenbearbeitung** und zu Arbeitstechnik sind unten aufgelistet. Das ausführliche **Sachwortverzeichnis** ermöglicht, bestimmte Begriffe sowie ihre Erklärung und auch Abkürzungen im Text aufzufinden.

Die Autoren und der Verlag sind sicher, dass der übersichtliche und systematische Aufbau der Kapitel das Lernen erleichtert, weil dann auch die Lernprozesse immer wieder in einer ähnlichen Form ablaufen können.

Bei jeder Auflage wollen wir neue Entwicklungen und Daten berücksichtigen und einarbeiten sowie das Lehr- und Arbeitsbuch verbessern. Autoren und Verlag sind deshalb für Anregungen und Kritik dankbar.

Hinweise zur Aufgabenbearbeitung

Viele Aufgaben enthalten Hinweise, wie man bei der Bearbeitung vorgehen kann. In einigen Fällen sind besondere Arbeitstechniken oder Methoden ausführlicher beschrieben.

Bei den meisten **Arbeitsaufgaben** geht es im Grunde darum, sich zu bestimmten Fragen oder Problemen eine eigene Meinung zu bilden. Dies wird in der Aufforderung „diskutieren Sie ..." oder „nehmen Sie Stellung ...." deutlich. Die Meinungsbildung setzt aber voraus, dass man die Sachverhalte und Grundlagen sowie die verschiedenen Auffassungen und Positionen kennt, Pro und Kontra, Argumente und Motive, Voraussetzungen und Konsequenzen abwägt (Abschnitt 5.2.1). Am besten geschieht dies im Rahmen einer Diskussion.

Eine **Diskussion** lebt davon, dass verschiedene Meinungen formuliert werden. Die Beteiligten sollten auf die geäußerten Argumente im Gespräch eingehen. Man kann auch Diskussionsteilnehmern eine bestimmte Rolle und Position zuweisen, damit die Gegensätze tatsächlich zur Sprache kommen.

In der Regel ist es sinnvoll, einen **Gesprächsleiter** zu bestimmen, der das Wort erteilt und den Gesprächsverlauf zusammenfasst. Bewährt hat sich, in einem **Protokoll** die Ergebnisse festzuhalten.

Hinweise auf besondere **Arbeitstechniken** und **Methoden** sind im Zusammenhang mit Aufgaben oder Materialien an folgenden Stellen im Buch zu finden:

- Streitgespräch . . . . S. 15
- Arbeitshinweise zu grafischen Darstellungen und Bildern . . . . S. 31
- Rollenspiel . . . . S. 61
- Entwicklung eines Fragebogens und Durchführung einer Befragung . . . . . S. 63
- Arbeitshinweise zu historischem Bildmaterial . . . . S. 85
- Arbeitshinweise zu Gesetzestexten . . . . S. 113
- Diskussion . . . . S. 125

Eine umfassende Darstellung von methodischen Vorgehensweisen bietet das Buch Bonz, Bernhard: Methoden der Berufsbildung – ein Lehrbuch. Stuttgart: Hirzel, 1999

Inhaltsverzeichnis

1 Jugendliche in der Gesellschaft

1.1 Jugendliche in der Familie

1.1.1 Partnerschaft und Familie

Gesellschaft und soziale Gruppen

Unsere Gesellschaft setzt sich aus vielen sozialen Gruppen zusammen (sozial = gesellschaftlich), denen der Einzelne angehört. Die wichtigsten Gruppen sind:

- Familie und Partnerbeziehung
- Gruppen in Kindergarten, Schule, Betrieb
- Freundeskreis, Verein.

In jeder dieser Gruppen findet eine Art Prägung, eine Erziehung statt. Mit dem Fachbegriff nennt man dies die **Sozialisation.** Die einzelnen Gruppen, die an der Sozialisation beteiligt sind, heißen **Sozialisationsinstanzen.**

Die Sozialisation

Wie funktioniert nun die Sozialisation? Der Einzelne lernt, **Rollen** zu erfüllen, die als Sohn oder Tochter, als Auszubildender oder Chef, als Anführer oder nur geduldetes Mitglied einer Jugendgruppe. Gemeint ist damit, daß bestimmte Verhaltenserwartungen an ihn gestellt werden, die mit seiner Rolle verknüpft sind.

Damit zusammen hängen **Normen,** d.h. Regeln, wie eine Rolle auszufüllen ist. Diese Normen wiederum werden durch **Wertvorstellungen** bestimmt, durch grundlegende Einstellungen, die für das Verhalten des Einzelnen entscheidend sein sollen (z.B. Toleranz, Hilfsbereitschaft, Selbständigkeit).

Rollenkonflikte

Dabei kann es zu Rollenkonflikten kommen: jeder Mensch ist ja gleichzeitig Mitglied mehrerer Gruppen, nimmt also auch mehrere Rollen ein. Entsprechend können sich die Erwartungen an ihn überschneiden, ja widersprechen. Ein einfaches Beispiel: Eine Schülerin, die sich auf eine Klassenarbeit vorbereiten soll, soll gleichzeitig in ihrem Sportverein am Training teilnehmen. Beide Rollen perfekt zu erfüllen, alle Erwartungen an sie gleichermaßen zu erfüllen, ist der Schülerin nicht möglich. Sie muss sich entscheiden.

Zu einem Konflikt kann es auch kommen, wenn an den Träger einer Rolle ganz unterschiedliche Erwartungen gestellt werden, wie er diese Rolle ausfüllen soll. Auch hier ein Beispiel: Was sind die Erwartungen, die heute an einen Vater gestellt werden? Die zugehörige Mutter, der Mann selbst und drittens sein Chef können hier sehr unterschiedliche Ansichten haben.

M 1: Begriffe

Rolle

… ein Verhalten, das den Erwartungen anderer entspricht. Um eine Aufgabe herum, die von jemand erledigt werden soll, bilden sich Erwartungsfelder; Erwartungen werden „gehegt". Jemand, der zusammen mit einer Aufgabe eine Rolle übernehmen will, findet sie also in Form von auf ihn gerichteten Erwartungen vor („Was muss ich tun?").

Gesellschaftliche Normen

Normen sind Maßstäbe, nach denen Verhalten als gut oder schlecht, als tragbar oder untragbar bezeichnet wird.
Gesellschaftliche Normen regeln, was man tut oder nicht tut: man ist z.B. höflich, man versucht, vorwärts zu kommen. Normen bestimmen also, welche Verhaltensweisen Anerkennung finden.

(Jugendlexikon Gesellschaft)

M 2

Wo Kinder groß werden
Von je 100 Kindern unter 18 Jahren wachsen auf

in Westdeutschland   in Ostdeutschland

83 — bei ihren verheirateten Eltern — 67

20

bei allein Erziehenden ohne Partner

13

13

4 — in Lebensgemeinschaften

Stand 2001   Quelle: Statistisches Bundesamt

© Globus   8045

Merkmale und Aufgaben der Familie

Die Familie ist die früheste Sozialisationsinstanz. Ihr kommt eine besondere Bedeutung zu, denn in ihr findet die wohl entscheidendste Prägung statt.

Unsere heutige Form der Familie hat sich seit dem 18. Jahrhundert zunächst in bürgerlichen Kreisen und dann auch bei den Arbeitern herausgebildet (M 3). Im engeren Sinn werden darunter zwei Generationen – Eltern und Kinder – verstanden, im weiteren die Verwandtschaft allgemein. Die **Klein- oder Kernfamilie** (die Familie im engeren Sinn also) hat sich allerdings in den letzten Jahrzehnten gewandelt. Entsprechend ist es sinnvoll, auch sogenannte Ein-Eltern-Familien und Stieffamilien (falls ein Elternteil neu verheiratet ist) darunter zu zählen.

Die wichtigsten **Aufgaben der Familie** sind:

– Versorgung der Familienmitglieder
– Fortpflanzung
– Erziehung der Kinder
– Rückzugsmöglichkeit, Ausgestaltung des privaten Raums für die Familienmitglieder.

Erziehung

Eine wichtige Aufgabe der Familie ist die Erziehung der Kinder. Insgesamt zeigt es sich, dass die Erziehungsstile sich in den letzten Jahrzehnten gewandelt haben. Früher waren **autoritäre Erziehungsgrundsätze** weit verbreitet: Die Kinder sollten sich unterordnen und zu Gehorsam erzogen werden, Strafen waren wichtige Erziehungsmittel. Heute gelten **partnerschaftliche Grundsätze.**

M 4: Familie früher und heute

Vorindustrielle Zeit (vor 19. Jhdt.)
● **Großfamilie:** drei Generationen + unverheiratete Verwandte + Mitarbeiter
● Wohn- und Arbeitsstätte an einem Ort
● Funktionen der Familie:
 – Fortpflanzung
 – Erziehung + Ausbildung
 – Versorgung auch der Alten und Kranken
 – Produktions- + Konsumgemeinschaft
● Rolle der Kinder:
 – zukünftige Arbeitskräfte
 – persönliche Alterssicherung für die Eltern

Seit der Industrialisierung
● **Kleinfamilie:** zwei Generationen
● Wohn- und Arbeitsstätte getrennt
● Funktionen der Familie:
 – Fortpflanzung
 – Erziehung (neben z. B. Schule)
 – Versorgung (neben z. B. Kantine, Krankenhaus, Altersheim)
 – Konsumgemeinschaft
 – privater Rückzugsraum
● Rolle der Kinder:
 – emotionale Bereicherung
 – gesamtgesellschaftlich als Alterssicherung (spätere Rentenbeiträge)

M 3

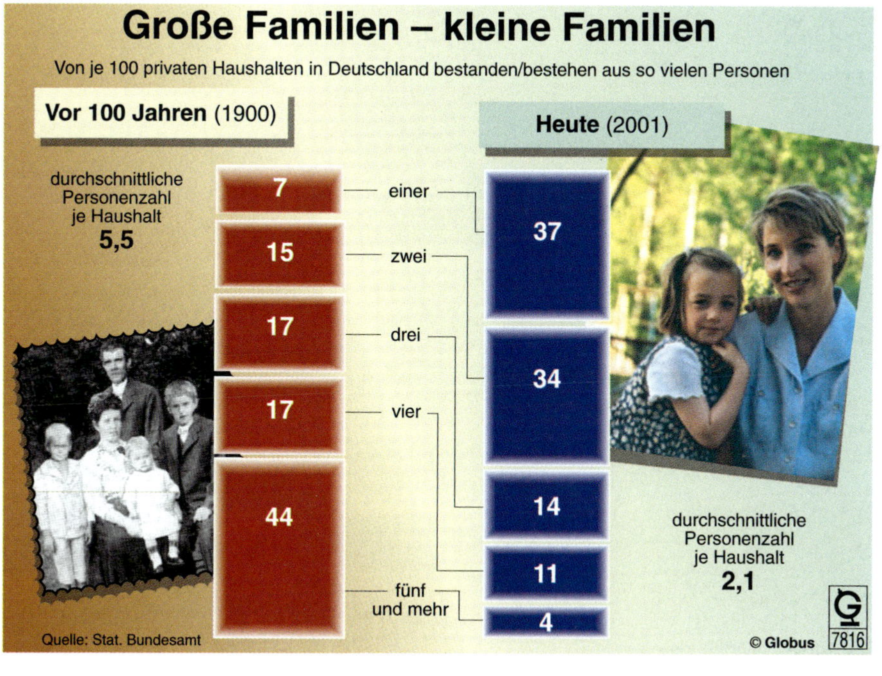

Große Familien – kleine Familien

Von je 100 privaten Haushalten in Deutschland bestanden/bestehen aus so vielen Personen

Vor 100 Jahren (1900)

durchschnittliche Personenzahl je Haushalt
5,5

7	einer
15	zwei
17	drei
17	vier
44	fünf und mehr

Quelle: Stat. Bundesamt

Heute (2001)

37	einer
34	zwei
14	drei
11	vier
4	fünf und mehr

durchschnittliche Personenzahl je Haushalt
2,1

© Globus
7816

Die Rollenverteilung zwischen Mann und Frau

Die Rollenverteilung zwischen den Eltern hat sich in den letzten Jahrzehnten stark gewandelt. Die **klassische Rollenverteilung** sah vor, dass der Vater außer Haus arbeitet und die Mutter Kinder und Haushalt versorgt. Die Folge davon war eine starke wirtschaftliche Abhängigkeit der Frauen von den Männern. Diese verringert sich aufgrund der Berufstätigkeit der Mütter. Die Frauen sehen sich aber oft **mehrfachen Belastungen** und Rollenkonflikten ausgesetzt (Beruf, Haushalt, Kinder). Viele Männer sind nämlich nach wie vor nicht bereit, ihren Anteil an Hausarbeit und Kindererziehung partnerschaftlich zu übernehmen.

Auch in vielen Partnerschaften ohne Kinder – und auch in solchen, in denen die Partner nicht verheiratet sind – erledigen nach wie vor die Frauen einen größeren Teil der Hausarbeit, die Männer hingegen „helfen mit", übernehmen aber für den Haushalt keine Verantwortung.

Jede dritte Ehe wird geschieden

Etwa ein Drittel aller Ehen wird geschieden. Die Folgen für die betroffenen Kinder sind schwerwiegend. Oft leiden die Kinder unter der elterlichen Auseinandersetzung, werden als Druckmittel eingesetzt. Möglicherweise fühlen sich die Kinder sogar schuldig an der Trennung der Eltern. Nach der Scheidung verlieren die Kinder oft den Kontakt zum nicht sorgeberechtigten Elternteil.

M 6

Väter stärker an der Erziehung der Kinder beteiligen

Die Bundesregierung will junge Väter stärker an der Erziehung ihrer Kinder teilhaben lassen. Sie fordert zu diesem Zweck die Arbeitgeber in einer Kampagne auf, „mehr Spielraum für Väter" zu ermöglichen. Bundesfamilienministerin Bergmann sagte am Dienstag, der Erziehungsurlaub, der inzwischen „Elternzeit" heißt, werde noch immer fast ausschließlich von Müttern beansprucht. Nur 1,5 Prozent der Väter nähmen diese gesetzliche Möglichkeit wahr, die nach der jüngsten Gesetzesnovelle flexibler gehandhabt und von Vätern und Müttern gleichzeitig beansprucht werden kann.

(Frankfurter Allgemeine Zeitung vom 7.3.2001)

M 5

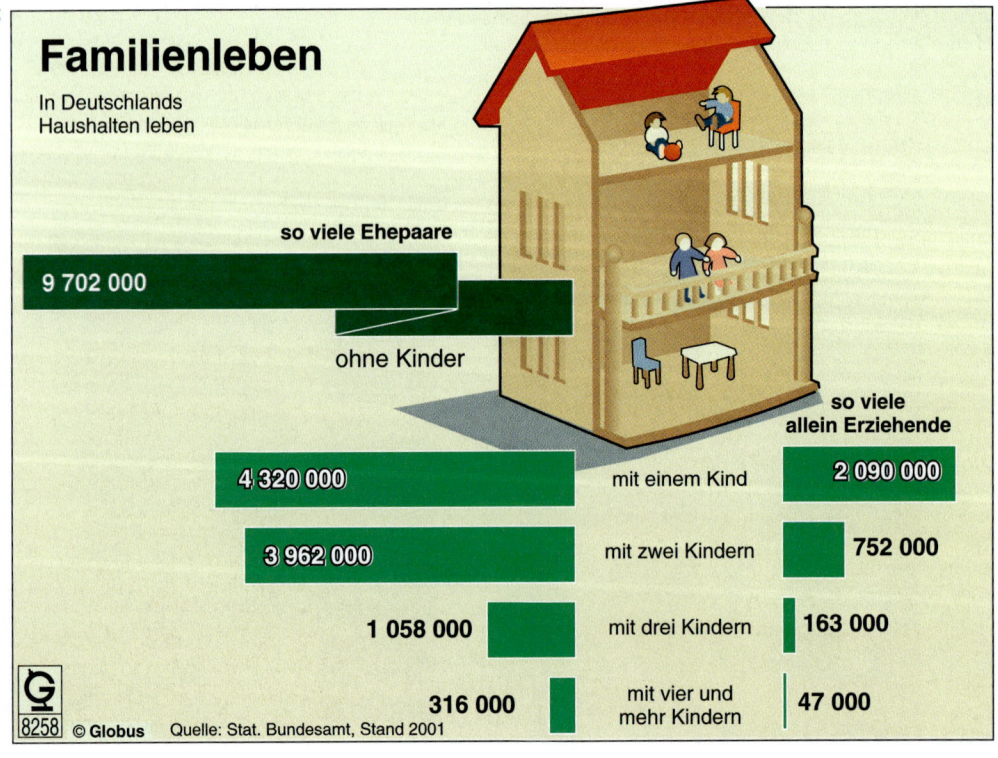

Familienleben

In Deutschlands Haushalten leben

so viele Ehepaare

9 702 000

ohne Kinder

so viele allein Erziehende

4 320 000	mit einem Kind	2 090 000
3 962 000	mit zwei Kindern	752 000
1 058 000	mit drei Kindern	163 000
316 000	mit vier und mehr Kindern	47 000

8258 © Globus   Quelle: Stat. Bundesamt, Stand 2001

M 7

Zusammen ohne Ehering

Zahl der nicht ehelichen Lebensgemeinschaften
in Deutschland in Millionen

1992	1994	1996	1998	2000

2,1

2,0

1,8

1,7

davon 29 %
mit Kindern
(insgesamt
772 000 Kinder
unter 18 Jahren)

1,5

Quelle: Stat. Bundesamt

© Globus

7134

Ehen ohne Trauschein und andere Alternativen zur Familie

In den letzten Jahren hat die Zahl der Paare, die unverheiratet zusammenleben, stark zugenommen. Meist aber sind solche Paarbeziehungen nicht auf Dauer angelegt, sie werden als „Ehe auf Probe", als vorläufig (z. B. während der Ausbildung) angesehen. Wenn Kinder auf die Welt kommen, heiraten die Paare meist. Lediglich eine Minderheit will bewusst unverheiratet bleiben und wertet dies als größere Unabhängigkeit.

Immer mehr Menschen ziehen das Leben als **Single** vor. Dieser Umstand wird zum einen damit erklärt, dass es eben – im Vergleich zu früher – mehr Menschen finanziell möglich ist, einen eigenen Haushalt zu führen. Zum anderen kann man ganz allgemein feststellen, dass die Bereitschaft, sich auf andere Menschen einzustellen und Kompromisse zu schließen, immer mehr abnimmt.

Seit August 2001 gilt in Deutschland das **Lebenspartnerschaftsgesetz**. Damit dürfen Homosexuelle heiraten. Die **Lebenspartnerschaft** wird im Namensrecht, Erbrecht und Mietrecht sowie in Unterhaltsfragen mit der Ehe gleichgestellt (M 7).

M 8: Homo-Ehe

Die wichtigsten Rechte und Pflichten in der „Eingetragenen Lebenspartnerschaft":
Die Partner erklären die gegenseitige Fürsorge- und Unterhaltspflicht, auch nach einer Trennung. Der Familienname oder ein Doppelname dürfen, wie in der Ehe, frei gewählt werden. Die Verwandten eines Lebenspartners gelten als mit dem anderen Partner verschwägert.
Auch das Erbrecht wurde angepasst. Das Sorgerecht ist eingeschränkt. Für das Kind des Partners erhält der andere nur ein Mitspracherecht und im Ernstfall die Möglichkeit, alle Rechtshandlungen zum Wohl des Kindes vorzunehmen. Eine gemeinsame Adoption ist nicht möglich. Im Steuerrecht hat es bislang keine Angleichung an die Ehe gegeben.
(Quelle: Intrinet)

■ Aufgaben

1. Erklären Sie an Beispielen: Sozialisation, Sozialisationsinstanzen, Rolle, Rollenkonflikte (s. a. M 1).

2. Vergleichen Sie die Familien früher und heute anhand von M 3.

3. Welche Unterschiede werden in der Erziehung von Jungen und Mädchen gemacht? Welche Folgen ergeben sich aus verschiedenartiger Erziehung?

4. Diskutieren Sie die Ansicht, die Rollenverteilung in den meisten Familien sei nach wie vor traditionell (M 6).

5. Diskutieren Sie die Unterschiede zwischen Familie, Lebenspartnerschaft und „Homo-Ehe" (M 7 + M 8).

Sozialisationsinstanzen:
– **Familie**
– **Schule, Betrieb**
– **Freundeskreis**

Aufgaben der Familie:
– **Versorgung**
– **Fortpflanzung und Erziehung**
– **privater Rückzugsraum**

Veränderungen:
– **kleinere Familien, Ein-Eltern- und Stieffamilien**
– **Rollenverteilung in der Familie**
– **Ehen ohne Trauschein, mehr Singles**
– **häufige Scheidungen**

1.1.2 Rechtliche Bestimmungen

Die wichtigsten Regelungen des Ehe- und Scheidungsrechts

Wer heiratet, muss einige Regelungen treffen. Jeder weiß, dass die Frage des **Familiennamens** geklärt werden muss (M1). Wichtig ist aber auch, sich über die rechtliche Form der Ehe Gedanken zu machen.

Wer über die rechtliche Form der Ehe keine besondere Regelung trifft, begibt sich automatisch in den **gesetzlichen Güterstand.** Das bedeutet Folgendes: Die Ehe gilt als eine **Zugewinngemeinschaft.** Während der Ehe behält jeder Partner sein bisheriges Vermögen und verwaltet auch neu hinzugekommenes selbst. Erst nach einer Scheidung wird das bei den beiden Ehepartnern während der Ehe hinzugekommene Vermögen verteilt.

Neben diesem gesetzlichen Güterstand gibt es auch noch die Möglichkeit, durch einen **Ehevertrag** einen **vertraglichen Güterstand** zu vereinbaren:

- Bei einer **Gütergemeinschaft** werden die Vermögen zu einem gemeinschaftlichen Vermögen beider Eheleute. Im Fall einer Scheidung erhält jeder die Hälfte.
- Bei vereinbarter **Gütertrennung** bleiben die Vermögen der Ehegatten auch nach einer Scheidung getrennt. Es gibt also keinen Zugewinnausgleich.

Männer und Frauen sind gleichberechtigt

So lautet Absatz 2 im Artikel 3 des Grundgesetzes, und dieser Satz gilt auch für die Ehe. Daraus ergibt sich, dass beide dieselben Rechte und Pflichten haben. So sind beispielsweise beide berechtigt, erwerbstätig zu sein. Die Ehegatten sind auch einander unterhaltspflichtig. Alle wichtigen Fragen, z.B. über Haushaltsführung und Erwerbstätigkeit, entscheiden die Eheleute gemeinsam.

Die Scheidung

Falls es zu einer Scheidung kommt, gilt das **Zerrüttungsprinzip.** Dieses Prinzip hat das bis 1977 geltende Schuldprinzip abgelöst. Es gilt nun also nicht mehr die Vorstellung, einer der beiden Partner sei schuld an der gescheiterten Ehe. Stattdessen wird davon ausgegangen, die Ehe könne nicht mehr weiterbestehen, weil die gemeinsame Basis fehle.

Das Familiengericht, das die Scheidung ausspricht, entscheidet über Unterhaltsfragen, den Versorgungsausgleich für die Altersversorgung, den Zugewinnausgleich und das Sorgerecht für die Kinder.

M1: Die Wahl des Familiennamens

Paare, die heiraten wollen, haben mehrere Möglichkeiten der Namenswahl.

Beispiel: aus **Marlene Maron** und **Julius Jäger** können werden:

1. Marlene Maron und Julius Jäger
2. Marlene Maron und Julius Maron
3. Marlene Jäger und Julius Jäger
4. Marlene Maron und Julius Jäger-Maron
5. Marlene Maron und Julius Maron-Jäger
6. Marlene Maron-Jäger und Julius Jäger
7. Marlene Jäger-Maron und Julius Jäger

Ihre Kinder heißen dann:

1. Maron oder Jäger (Falls sich die Eltern nicht einigen können, wie ihr Kind heißen soll, entscheidet das Vormundschaftsgericht, wer entscheiden darf.)
2. Maron   3. Jäger   4. Maron
5. Maron   6. Jäger   7. Jäger

M2: Zugewinngemeinschaft

Rechenbeispiel bei einer Scheidung

Vermögen vor Eheschließung:

Mann: 10 000 Euro   Frau: 15 000 Euro

Vermögen am Ende der Ehe:

Mann: 12 000 Euro   Frau: 24 000 Euro

→ **Zugewinn,** d.h. hinzugekommenes Vermögen während der Ehe:

Mann: 2 000 Euro   Frau: 9 000 Euro

Gemeinsamer Zugewinn:

$2000 + 9000 = 11000$

→ jeder erhält 5 500 Euro
→ Frau muss an Mann 3 500 Euro zahlen

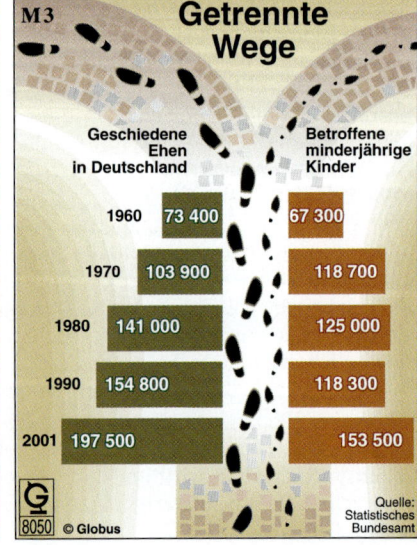

M3 **Getrennte Wege**

Geschiedene Ehen in Deutschland — Betroffene minderjährige Kinder

Jahr	Geschiedene Ehen in Deutschland	Betroffene minderjährige Kinder
1960	73 400	67 300
1970	103 900	118 700
1980	141 000	125 000
1990	154 800	118 300
2001	197 500	153 500

8050 © Globus

Quelle: Statistisches Bundesamt

Regelungen für nicht verheiratete Paare

Die Situation unverheirateter Paare unterscheidet sich in vielen Punkten von der verheirateter. Während der Partnerschaft werden Unverheiratete grundsätzlich als Einzelpersonen behandelt, die beispielsweise nicht in den Genuss der Familienversicherung bei der gesetzlichen Krankenversicherung kommen können. Aber da auch unverheiratet Zusammenlebende nicht besser gestellt sein dürfen als Eheleute, müssen sie sich gegenseitig wie Ehepartner finanziell unterstützen.

Das Fehlen des Trauscheins wirkt sich auch dann aus, wenn die Beziehung in die Brüche geht. Dann nämlich gibt es keine Abrechnung der Vermögen wie beim gesetzlichen Güterstand der ehelichen Zugewinngemeinschaft. Jeder behält, was auf seinen Namen registriert ist. Ein gemeinsam angeschafftes Auto bleibt beispielsweise bei demjenigen Partner, auf den der KFZ-Brief ausgestellt wurde, auch wenn man die Raten für das Auto gemeinsam bezahlt hat.

Das rechtliche Verhältnis zwischen Eltern und Kindern

Nach Artikel 12 der Landesverfassung von Baden-Württemberg sind die Eltern verantwortliche Träger der Erziehung neben Staat, Religionsgemeinschaften, Gemeinden und Jugendverbänden.

Das Bürgerliche Gesetzbuch (BGB), das u.a. die Beziehungen zwischen Familienmitgliedern regelt, beschreibt das Verhältnis zwischen Eltern und Kindern mit dem Begriff der **elterlichen Sorge**. Demnach sind beide Elternteile – wenn sie verheiratet sind – gemeinsam berechtigt und verpflichtet, für die **Person des Kindes und sein Vermögen** zu sorgen. Eltern sind also insbesondere unterhaltspflichtig. Außerdem übernehmen sie seine **gesetzliche Vertretung**.

Umgekehrt sind auch Kinder in Notsituationen ihren Eltern gegenüber unterhaltspflichtig. Solange sie im Haushalt der Eltern wohnen, sind die Kinder verpflichtet, im Haushalt mitzuhelfen.

Bei **nichtehelichen Kindern** hatte früher die Mutter allein das Sorgerecht. Seit 1997 haben auch nicht verheiratete Eltern das gemeinsame Sorgerecht. Sie entscheiden zum Beispiel, auf welche Schule das Kind gehen soll.

Kinder sind grundsätzlich gleichgestellt. Es spielt keine Rolle, ob die Eltern verheiratet sind.

M 4: Sorgerecht ohne Trauschein

Eltern können bereits vor der Geburt des Kindes bei einem Notar oder beim Jugendamt erklären, dass sie gemeinsam für das Kind sorgen wollen. Zusammenleben müssen die Eltern nicht. Der Vater kann das alleinige Sorgerecht allerdings nur bekommen, wenn die Mutter zustimmt. Das gemeinsame Sorgerecht bleibt nach der Trennung bestehen, es sei denn, ein Elternteil stellt einen Antrag auf das alleinige Sorgerecht. Über einen solchen Antrag muss dann allerdings das Familiengericht entscheiden und dabei berücksichtigen, welche Regelung für das Kind am besten ist.

Gemeinsames Sorgerecht heißt: Angelegenheiten, die für die Kinder von erheblicher Bedeutung sind, müssen von den Eltern gemeinsam entschieden werden; bei solchen des täglichen Lebens ist derjenige verantwortlich, bei dem die Kinder leben. Das bedeutet: Vater und Mutter können beispielsweise nur entscheiden, auf welche Schule ihr Kind gehen soll, ob und wie lange es jedoch fernsehen, ist allein Sache des betreuenden Elternteils.

(Finanztest 8/98)

■ **Aufgaben**

1. Erklären Sie den Unterschied zwischen dem gesetzlichen und dem vertraglichen Güterstand. Erläutern Sie das Rechenbeispiel in M 2.

2. Diskutieren Sie die Auswirkungen von Ehescheidungen auf die Kinder?

3. Erklären Sie, was man unter „elterlicher Sorge" versteht.

4. Diskutieren Sie Vor- und Nachteile eines Zusammenlebens ohne Trauschein und bedenken Sie dabei die Aspekte von Sorgerecht und möglicher Scheidung einer Ehe.

Rechtliche Regelungen zu Familie und Partnerschaften:
- **Gesetzlicher Güterstand: Zugewinngemeinschaft**
- **Vertraglicher Güterstand: Gütergemeinschaft oder Gütertrennung**
- **Elterliche Sorge:**
  - **Person und Vermögen des Kindes**
  - **gesetzliche Vertretung**
- **Scheidung: Zerrüttungsprinzip**

1.1.3 Staat und Familie

Die grundsätzliche Haltung des Staates zu Ehe und Familie (nicht zu unverheirateten Paaren!) kommt in Artikel 6 des Grundgesetzes zum Ausdruck (M 2). Der Staat schützt Ehe und Familie. Im Rahmen der Familienpolitik fördert und unterstützt der Staat Familien durch

– direkte Leistungen, z. B. Kindergeld
– indirekte Leistungen, z. B. Steuervorteile
– Bereitstellung so genannter öffentlicher Güter, z. B. Schulen.

All dies wirkt sich auf die Entwicklung der Familien aus (M 3 von 1.1.1).

Ein wichtiges Beispiel: Elternzeit

Väter und Mütter – auch unverheiratete Väter und Eltern von Stiefkindern – haben Anspruch auf Elternzeit, bis das Kind drei Jahre alt ist. Sie können sich also in dieser Zeit zu Hause um das Kind kümmern und danach wieder ihre alte Arbeitsstelle einnehmen. Ihr Arbeitgeber ist verpflichtet, sie wieder zu beschäftigen. Väter und Mütter können sich in dieser Zeit auch dreimal abwechseln. Allerdings zeigt es sich in der Praxis, dass Väter nur zu einem ganz geringen Teil Elternzeit nehmen.

In den ersten sechs Monaten nach der Geburt wird Bundeserziehungsgeld bezahlt, anschließend nur noch, falls bestimmte Einkommensgrenzen nicht überschritten werden.

M 2: Aus Artikel 6 des Grundgesetzes

Ehe und Familie

(1) Ehe und Familie stehen unter dem besonderen Schutze der staatlichen Ordnung.
(4) Jede Mutter hat Anspruch auf den Schutz und die Fürsorge der Gemeinschaft.

M 3: Kindergeld

Für das erste und zweite Kind	je 154 Euro
Für das dritte Kind	154 Euro
Für jedes weitere Kind	179 Euro

(Stand: 1.1.2003)

M 4: Staatliche Maßnahmen zur Förderung der Familie

- Elternzeit
- Kindergeld
- Wohngeld
- Steuervorteile
- Bafög (Berufsausbildungsförderung)
- Mutterschaftsgeld
- Sozialwohnungen

M 1

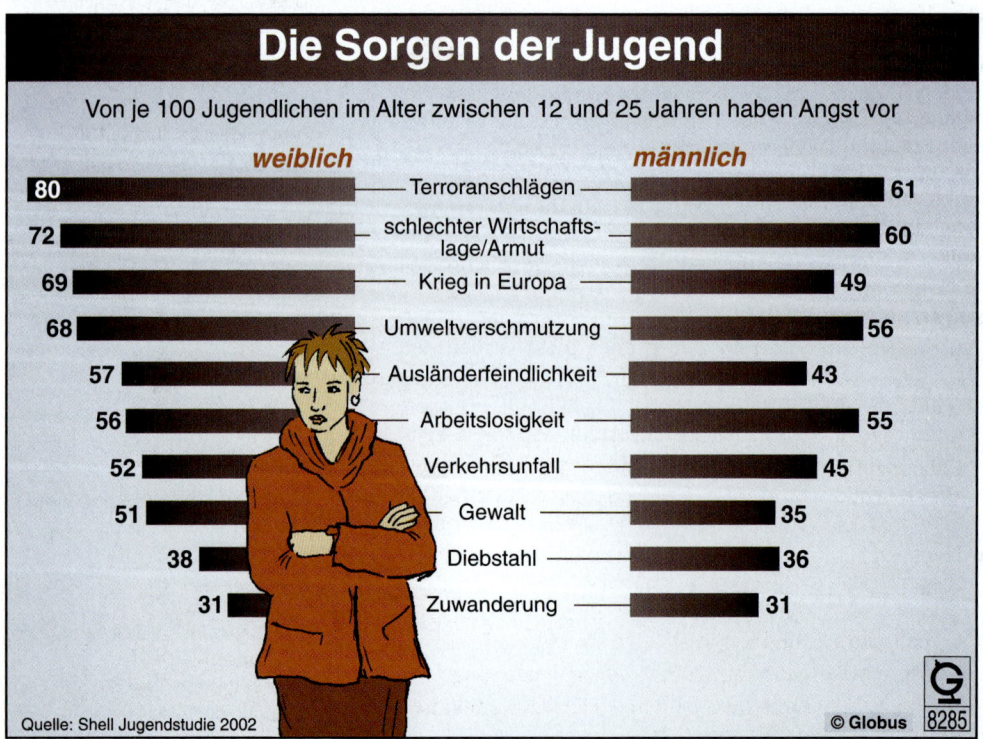

Die Sorgen der Jugend

Von je 100 Jugendlichen im Alter zwischen 12 und 25 Jahren haben Angst vor

weiblich		männlich
80	Terroranschlägen	61
72	schlechter Wirtschafts-lage/Armut	60
69	Krieg in Europa	49
68	Umweltverschmutzung	56
57	Ausländerfeindlichkeit	43
56	Arbeitslosigkeit	55
52	Verkehrsunfall	45
51	Gewalt	35
38	Diebstahl	36
31	Zuwanderung	31

Quelle: Shell Jugendstudie 2002   © Globus 8285

Die Jugendhilfe

Ein weiterer Bereich der Familienpolitik ist die Jugendhilfe. Dabei handelt es sich um sozialpädagogische Maßnahmen und Einrichtungen, die die Familien unterstützen, ergänzen oder auch ersetzen sollen, beispielsweise um

– Einrichtungen zur Tagesbetreuung von Kindern,
– Beratungsstellen,
– Heime und Jugendwohngruppen.

Familienförderung in der Diskussion

Trotz all der genannten Hilfe und finanziellen Unterstützung ist aber auch klar, dass der größte Teil der Belastungen von den Familien selbst zu tragen ist. Deshalb wird oft beklagt, dass die Hilfen nicht ausreichend seien, und es wird gefordert, die finanzielle Situation von Familien wesentlich zu verbessern.

Partnerschaften, bei denen die Partner nicht verheiratet sind, werden im Unterschied zu Ehepaaren ohne Kinder nicht vom Staate gefördert (z. B. keine Steuervorteile). Umgekehrt müssen die Partner aber – z. B. bei der Beantragung von Sozialhilfe – unter Umständen füreinander aufkommen. In der aktuellen Diskussion wird sowohl vorgeschlagen, finanzielle Vorteile von Ehepaaren ohne Kinder zugunsten von Familien zu streichen, als auch, verheiratete und nicht verheiratete Paare gleichzustellen.

Schwangerschaftsabbruch

Der umstrittene § 218 des **Strafgesetzbuchs (StGB)** wurde in den letzten Jahrzehnten mehrfach geändert. Vor der Wiedervereinigung galt in der Bundesrepublik ein so genanntes **Indikationsmodell,** das Abtreibungen nur bei Bestehen besonderer Notsituationen – Indikationen – erlaubte. In der DDR hingegen war ein Schwangerschaftabbruch in den ersten drei Monaten zulässig – die **Fristenlösung.**

Seit 1995 gilt nach § 218, § 218 a, § 218 b, § 219, § 219 a, § 219 b des Strafgesetzbuches Folgendes:

● Auch wenn keine besondere Indikation vorliegt, bleibt in den ersten drei Monaten der Schwangerschaft ein Abbruch straffrei, wenn sich die Frau zuvor bei einer anerkannten Beratungsstelle beraten lässt. In diesem Fall trägt die Frau aber selbst die Kosten des Eingriffs. Bis zu bestimmten Einkommensgrenzen springt das Sozialamt ein.

● Nach wie vor gibt es auch besondere Indikationen:
– medizinische Indikation: falls eine Fortsetzung der Schwangerschaft eine Gefahr für die körperliche oder seelische Gesundheit der Frau bedeutet,
– kriminologische Indikation: bei Vergewaltigung.
Im Fall einer Indikation kommen die Krankenkassen für die Kosten des Abbruchs auf.

M 5: Zum Schwangerschaftsabbruch
Grundgesetzartikel im Widerstreit
Artikel 2 des Grundgesetzes:
(1) Jeder hat das Recht auf freie Entfaltung der Persönlichkeit, soweit er nicht die Rechte anderer verletzt …
(2) Jeder hat das Recht auf Leben …

M 6: Vorschriften über die Beratung

Die Beratung muss „ergebnisoffen" sein. Das heißt: Sie treffen die Entscheidung selbst. Sie sollen nicht überredet werden, die Schwangerschaft fortzusetzen.
Zugleich aber „dient die Beratung zum Schutz des ungeborenen Lebens". Das heißt: sie muss sich „von dem Bemühen leiten" lassen, „die Frau zur Fortsetzung der Schwangerschaft zu ermutigen und ihr die Perspektive für ein Leben mit dem Kind zu eröffnen; sie soll ihr helfen, eine verantwortliche und gewissenhafte Entscheidung zu treffen."
(aus einer Broschüre von Pro Familia)

■ Aufgaben

1. Warum unterstützt der Staat Familien?
2. Welche Möglichkeiten der Familienförderung gibt es?
3. Welche Haltung haben Sie zum Schwangerschaftsabbruch? Bewerten Sie anhand von M 6 die Beratungspflicht.
   Verteidigen Sie in einem **Streitgespräch** mit Bezug auf M 5
   (1) die Position der schwangeren Frau (Absatz 1) und
   (2) das Recht des ungeborenen Kindes (Absatz 2).
   Bei der Durchführung des **Streitgesprächs** ist es günstig, wenn sich die Vertreter der **unterschiedlichen Positionen** gegenübersitzen. Jede Gruppe besteht aus 1–2 Sprechern und möglicherweise noch Beratern, die ihnen Unterlagen und Argumente zureichen können.
4. Diskutieren Sie die Ursachen und Auswirkungen von Ängsten junger Menschen (M 1).
5. Welche Auswirkungen auf die Familiengröße hat die finanzielle Belastung durch Kinder und die staatliche Förderung der Familie?

Staat und Familie:
– **besonderer Schutz der Familie**
– **Familienförderung**
– **finanzielle Unterstützung**
– **Jugendhilfe**

1.2 Jugendliche in der Arbeitswelt

1.2.1 Jugendliche im Betrieb

Mit dem Eintritt der Jugendlichen in die Arbeitswelt beginnt für sie ein neuer Lebensabschnitt. Für manche stehen dabei positive Erwartungen im Vordergrund: selbst verdientes Geld als Voraussetzung für mehr Selbstständigkeit, Begegnung mit neuen Menschen, neue Aufgaben, ein Schritt weiter auf dem Weg zum Erwachsenen.

Andere haben Befürchtungen: Werde ich den neuen Aufgaben gerecht werden? Werden mich die neuen Kollegen und Vorgesetzten akzeptieren? Werde ich noch genügend Freizeit haben?

Entscheidend für die Einstellung der Jugendlichen zu ihrer Arbeit ist auch die Frage, ob sie einen Ausbildungsplatz ihrer Wahl bekommen konnten oder ob sie sich mit einem Beruf zufriedengeben mussten, in dem eben noch ein Platz frei war.

Anforderungen des Berufslebens

Bei den Anforderungen des Berufslebens steht die Fähigkeit zur **Zusammenarbeit** mit anderen immer mehr im Vordergrund (M3). Gleichzeitig spielt auch die **Selbstständigkeit** eine große Rolle. Obwohl die Jugendlichen wie alle Arbeitnehmer nach wie vor in eine **Hierarchie** (Rangordnung) eingebunden sind, beschränkt sich ihre Aufgabe nicht mehr allein auf die Ausführung von Anordnungen. Vielmehr zeichnet sich ein guter Mitarbeiter dadurch aus, dass er selbstständig und im Team mit anderen seine Aufgaben bewältigt, **Eigeninitiative** beweist und zuverlässig und verantwortungsbewusst handelt. Natürlich muss er dabei innerhalb der Grenzen seines Zuständigkeitsbereichs bleiben.

Wer von seinen Kollegen geschätzt sein will, sollte ebenso gewisse Spielregeln einhalten. Zur **Kollegialität** gehört es, fair und hilfsbereit zu sein, den anderen zu unterstützen und sich an Tratscherei nicht zu beteiligen. Dies bedeutet aber nicht, dass alles geschluckt werden muss. Probleme und Missverständnisse sollten deutlich angesprochen werden.

Mobbing

In letzter Zeit ist der Begriff des Mobbing bekannt geworden. Gemeint ist damit, dass manchmal Kollegen andere – oft sind Frauen die Opfer – systematisch terrorisieren, indem sie sie z. B. von allen Gemeinsamkeiten ausschließen, ihnen Informationen vorenthalten oder sie laufend lächerlich machen. Selbst körperliche Gewaltanwendung oder sexuelle Belästigungen kommen immer wieder vor. Folgen sind häufig so genannte psychosomatische Erkrankungen, also körperliche Krankheiten, die auf die Verletzung der Seele zurückzuführen sind.

M 1: Jugend- und Auszubildendenvertretung

In Betrieben, in denen regelmäßig mindestens 5 Arbeitnehmer unter 18 Jahren und/oder Auszubildende unter 25 Jahren beschäftigt sind, werden Jugend- und Auszubildenden-Vertretungen gewählt.

In Betrieben mit 5–20 jugendlichen Arbeitnehmern/Auszubildenden gibt es einen Jugendverteter; in Großunternehmen werden bis zu maximal 13 Vertreter gewählt. Wahlberechtigt sind alle jugendlichen Arbeitnehmer sowie Auszubildenden des Betriebs.

Allerdings kann die Jugend- und Auszubildenden-Vertretung die Belange der Jugendlichen und Auszubildenden nicht direkt gegenüber dem Arbeitgeber vertreten, sondern nur über den Betriebsrat. Sie ist berechtigt, zu allen Betriebsratssitzungen einen Vertreter zu entsenden.

(Mühlbradt: Wirtschaftslexikon)

M 2

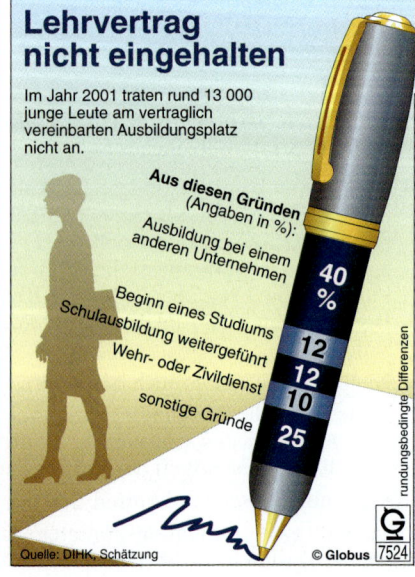

Lehrvertrag nicht eingehalten

Im Jahr 2001 traten rund 13 000 junge Leute am vertraglich vereinbarten Ausbildungsplatz nicht an.

Aus diesen Gründen
(Angaben in %):

Ausbildung bei einem anderen Unternehmen — 40 %
Beginn eines Studiums — 12
Schulausbildung weitergeführt — 12
Wehr- oder Zivildienst — 10
sonstige Gründe — 25

rundungsbedingte Differenzen

Quelle: DIHK, Schätzung   © Globus 7524

M 3

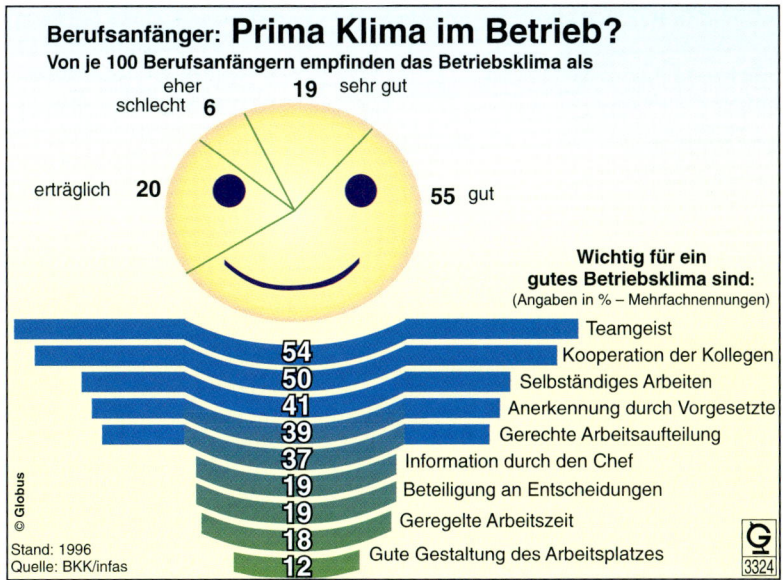

Berufsanfänger: Prima Klima im Betrieb?
Von je 100 Berufsanfängern empfinden das Betriebsklima als

eher schlecht **6** — **19** sehr gut

erträglich **20** — **55** gut

Wichtig für ein gutes Betriebsklima sind:
(Angaben in % – Mehrfachnennungen)

54	Teamgeist
50	Kooperation der Kollegen
41	Selbständiges Arbeiten
39	Anerkennung durch Vorgesetzte
37	Gerechte Arbeitsaufteilung
19	Information durch den Chef
19	Beteiligung an Entscheidungen
18	Geregelte Arbeitszeit
12	Gute Gestaltung des Arbeitsplatzes

© Globus

Stand: 1996
Quelle: BKK/infas

3324

Rechte und Pflichten jugendlicher Arbeitnehmer

Ebenso wie andere Arbeitnehmer haben auch Jugendliche Rechte und Pflichten. Die Rechte und Pflichten der Auszubildenden sind im **Berufsbildungsgesetz** geregelt.

Zu den Pflichten der Auszubildenden gehören u. a.:
– Kenntnisse und Fertigkeiten erwerben
– Aufgaben und Aufträge ausführen
– betriebliche Ordnung beachten
– die Berufsschule besuchen.

Zu den Pflichten der Ausbildenden, die den Rechten der Auszubildenden entsprechen, gehören u. a.:
– planmäßig, zeitlich und sachlich gegliedert ausbilden; dabei dürfen keine unangemessenen Arbeiten verlangt werden
– Vergütung bezahlen
– Freistellung für den Berufsschulunterricht.

Wichtige Bestimmungen sind auch im
– Jugendarbeitsschutzgesetz, im
– Arbeitszeitgesetz und im
– Betriebsverfassungsgesetz zusammengestellt.

Das **Jugendarbeitsschutzgesetz** enthält genaue Vorschriften z. B. über die besonderen Arbeitszeiten von Jugendlichen. Im Übrigen gelten natürlich auch für Jugendliche die allgemeinen Schutzbestimmungen für Arbeitnehmer.

Das **Betriebsverfassungsgesetz** regelt Fragen der **Mitbestimmung der Arbeitnehmer.** Es legt also beispielsweise fest, in welchen Fällen ein Betriebsrat gebildet werden muss und welche Rechte dieser besitzt. Für Arbeitnehmer unter 18 Jahren sowie Auszubildende unter 25 Jahren ist eine besondere **Jugend- und Auszubildenden-Vertretung** vorgesehen (M2).

■ Aufgaben

1. Welche Anforderungen werden heute an Jugendliche im Betrieb gestellt?

2. Nennen Sie wesentliche Bestimmungen des Berufsbildungsgesetzes.

3. Diskutieren Sie, aus welchen Gründen viele junge Leute ihre Berufsausbildung abbrechen (M 2). Welche Folgen hat der Abbruch einer Berufsausbildung?

4. Erläutern Sie, in welchen Fällen eine Jugend- und Auszubildendenvertretung gebildet wird (M 1).
Welche Einflussmöglichkeiten hat diese Vertretung im Betrieb?

5. Schildern Sie Ihre eigenen Erwartungen an Ihre Berufstätigkeit und überlegen Sie, inwiefern sich diese bestätigt haben. Diskutieren Sie dabei M 3.

Anforderungen des Berufslebens:
– **Teamgeist**
– **Selbständigkeit**
– **Eigeninitiative**
– **Qualifikation**
– **Arbeitsleistung**

Wichtige Gesetze für jugendliche Arbeitnehmer und Auszubildende:
– **Berufsbildungsgesetz**
– **Jugendarbeitsschutzgesetz**
– **Betriebsverfassungsgesetz**

1.2.2 Jugendliche in der Schule

Berufsschulpflicht und duales System der Berufsausbildung

Jugendliche bis 18 unterliegen der **Berufsschulpflicht.** Diese schließt sich der allgemeinen Schulpflicht von 9 Jahren an. Daher müssen auch Jugendliche ohne Ausbildungsplatz die Berufsschule besuchen.

Im **dualen System,** in dessen Rahmen die meisten Ausbildungsgänge organisiert sind, lernen Auszubildende an zwei Orten, überwiegend im Betrieb, außerdem in der Berufsschule.

Wie im Ausbildungsbetrieb werden auch in der Berufsschule Kenntnisse in fachtheoretischen und fachpraktischen Bereichen bzw. Unterrichtsfächern vermittelt. In der Schule kommen aber noch so genannte allgemein bildende Fächer hinzu, wie z. B. Gemeinschaftskunde oder Deutsch.

Die Berufsschulen sind Teilzeiteinrichtungen. Je nach Ausbildungsberuf wird an ein bis zwei Tagen pro Woche oder blockweise die Berufsschule besucht. Berufsfachschulen sind hingegen Vollzeitschulen.

M2: Aus § 78 des Schulgesetzes für Baden-Württemberg

Dauer der Berufsschulpflicht

(1) Die Berufsschulpflicht dauert drei Jahre. Sie endet mit dem Ablauf des Schuljahres, in dem der Berufsschulpflichtige das 18. Lebensjahr vollendet; auf Antrag können volljährige Berufsschulpflichtige für das zweite Schulhalbjahr beurlaubt werden. Darüber hinaus kann die Berufsschule freiwillig mit den Rechten und Pflichten eines Berufsschulpflichtigen bis zum Ende des Schuljahres besucht werden, in dem das 20. Lebensjahr vollendet wird.

(2) Auszubildende, die vor Beendigung der Berufsschulpflicht nach Absatz 1 ein Berufsausbildungsverhältnis beginnen oder eine Stufenausbildung fortsetzen, sind bis zum Abschluss der Ausbildung berufsschulpflichtig. Beträgt die Ausbildungszeit weniger als drei Jahre, dauert die Berufsschulpflicht mindestens zwei Schuljahre.

M1:
Bildungswege

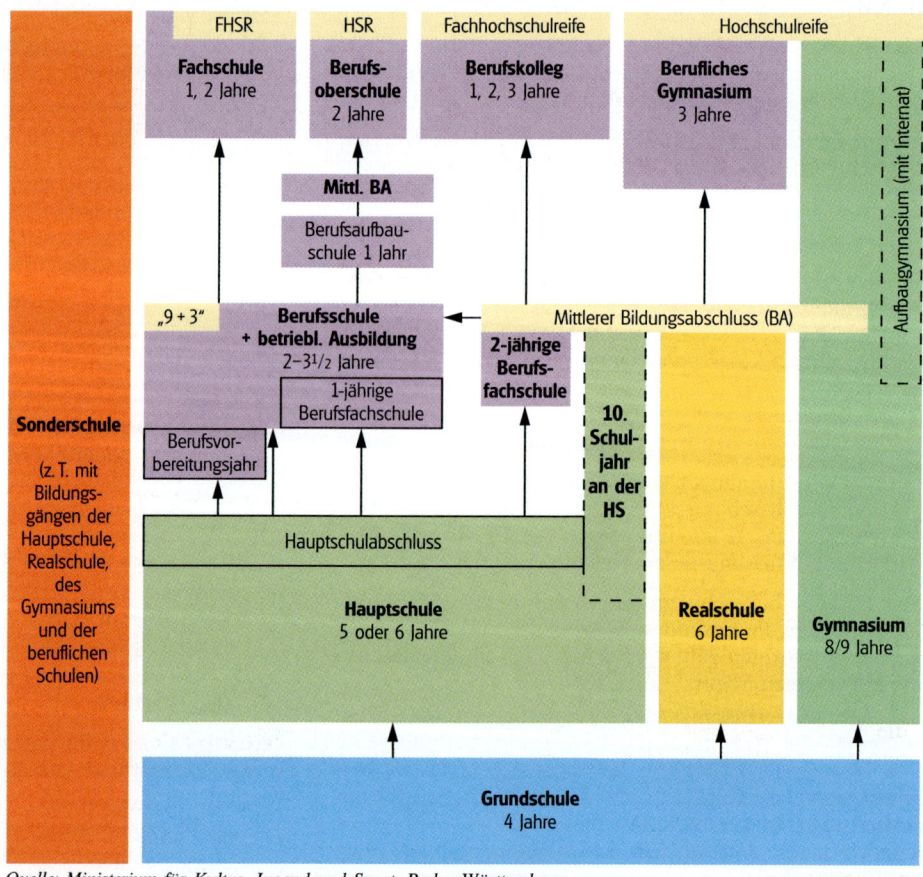

Quelle: Ministerium für Kultus, Jugend und Sport, Baden-Württemberg

Berufsschule

Anders als in den meisten Betrieben, wo die Auszubildenden vielfach mit wesentlich älteren Kollegen zusammenarbeiten, bietet die Berufsschule noch einmal das gewohnte Lernen mit **Gleichaltrigen.** Auch wenn die Schule von vielen Jugendlichen als belastend, einengend oder schlicht langweilig empfunden wird, sehen doch viele diesen Vorteil, mit anderen „Leidensgenossen" gleichen Alters zusammenzukommen und sich austauschen zu können.

Im Gegensatz zu vielen Haupt- und Realschulen sind Berufsschulen häufig in großen beruflichen **Schulzentren** untergebracht. Dies bringt eine gewisse Anonymität mit sich. Vor allem am Anfang fällt es daher vielen Schülern schwer, sich zurechtzufinden.

Die Schülervertretung

Wer im Betrieb mitwirken und sich für seine Belange und die seiner Kollegen einsetzen will, kann sich als Jugendvertreter wählen lassen (Abschnitt 1.2.1). Eine ähnliche Bedeutung kommt in der Schule der **Schülermitverantwortung (SMV)** zu.

Die SMV bietet den Schülern die Möglichkeit,

– ihre Interessen zu vertreten
– sich an der Gestaltung des Schul-Lebens zu beteiligen.

Wie in anderen Schularten wählen auch Berufsschüler einen Klassensprecher mit Stellvertreter. Die beiden Gewählten werden dann Mitglied des **Schülerrats,** der wiederum den Schülersprecher und seinen Stellvertreter wählt.

Schülervertreter sind auch Mitglieder der **Schulkonferenz,** eines Gremiums, das in der Regel aus drei Schülern, drei Eltern, drei Vertretern der Betriebe, neun Lehrern sowie dem Schulleiter besteht. Die Konferenz behandelt und beschließt alle wichtigen Fragen der Schule, wie z.B. über die Einrichtung freiwilliger Arbeitsgemeinschaften oder finanzielle Fragen.

Praktische Arbeit der SMV

Die Aufgabe der SMV, sich an der **Gestaltung des Schul-Lebens** zu beteiligen, eröffnet den Schülern vielfältige Möglichkeiten, zum Beispiel

– die Vorbereitung von Schulfesten oder Konzerten
– die Bildung von Arbeitsgemeinschaften, z.B. zu ökologischen oder politischen Themen
– die Herausgabe einer Schülerzeitung
– die Vorbereitung von Diskussionsrunden mit Vertretern der Öffentlichkeit.

Obwohl in den meisten beruflichen Schulen vor allem Vollzeitschüler in der SMV mitarbeiten, sollten sich dennoch auch Berufsschüler ermutigt fühlen, ihre Wünsche und Interessen einzubringen.

M 2

Landesschülerbeirat

Der Landesschülerbeirat (LSBR) ist ein beratendes Gremium des Kultusministeriums und dem Landeselternbeirat vergleichbar. Der LSBR vertritt die Interessen der etwa 1,6 Millionen Schüler der weiterführenden Schulen in Baden-Württemberg in allgemeinen Fragen des Erziehungs- und Bildungswesens. So kann der Beirat Stellungnahmen abgeben zu neuen Lehrplänen oder zu organisatorischen Änderungen im Schulwesen. Er kann selbst aktiv werden und eigene Vorschläge einbringen.

Das überparteiliche Gremium wird von den Schülersprechern der unterschiedlichen Schularten auf zwei Jahre gewählt. Gewählt werden kann jedes Mitglied eines Schülerrats.

Der Landesschülerbeirat besteht aus 24 Mitgliedern. In jedem der vier Oberschulamtsbezirke im Land wählen die Schülersprecher sechs Vertreter, je einen für die Hauptschulen, Realschulen, Sonderschulen, Gymnasien, die Berufsschulen und Berufsfachschulen sowie einen Vertreter für die beruflichen Gymnasien und die Berufskollegs. Gewählt wird innerhalb der Schularten. Zurzeit läuft die fünfte Amtszeit des Landesschülerbeirats. Der LSBR ist besonders auf die Zusammenarbeit mit den Gremien der Schülermitverantwortung an den Schulen bedacht.

(Stuttgarter Zeitung vom 27. 8. 2002)

■ Aufgaben

1. Was versteht man unter dem „dualen System" der Berufsausbildung?
2. Wer unterliegt der Berufsschulpflicht?
3. Womit befasst sich der Landesschülerbeirat (M 2)?
4. Die SMV Ihrer Schule plant eine Veranstaltung zu einem aktuellen Thema. Überlegen Sie ein Thema und die erforderlichen Schritte zur Vorbereitung der Veranstaltung.

Berufsschulpflicht bis 18 Jahre
Berufsschule = Teil des dualen Systems der Berufsausbildung

Schülermitverantwortung:
– Interessenvertretung
– Gestaltung des Schul-Lebens

1.3 Jugendliche in der Freizeit

1.3.1 Freizeitgesellschaft und Freizeitgestaltung

Leben wir in einer Freizeitgesellschaft?

Die meisten Jugendlichen, die gerade eine Ausbildung begonnen haben und damit in die Arbeitswelt eingestiegen sind, mögen es nicht so empfinden. Sie haben in der Regel weniger Freizeit als vorher. Wenn man jedoch die Situation der Arbeitnehmer heute insgesamt mit der Situation früherer Generationen vergleicht, wird die **Zunahme an Freizeit** offensichtlich. Aus der 6-Tage-Woche wurde die 5-Tage-Woche, und statt 48 Stunden in der Woche wie in den 50er Jahren arbeiten wir heute nur noch 35 Stunden oder wenig mehr.

Hinzu kommt, dass die Freizeit heute mehr zählt, einen **höheren Wert** einnimmt als früher. So sinkt z.B. – gerade bei der jüngeren Generation – die Bereitschaft, Überstunden zu machen. Lieber etwas weniger Geld, dafür mehr Freizeit, so denken viele. Oder anders ausgedrückt: Ich arbeite, um zu leben – und nicht umgekehrt.

Da also die freie Zeit an Umfang und Bedeutung zugenommen hat, warnen viele vor den Gefahren der Freizeit (Abschnitt 1.3.2).

Sinnvolle Freizeitgestaltung

Die Frage, wie man seine Freizeit sinnvoll verbringt, wird natürlich völlig unterschiedlich beantwortet. Viele Menschen – gerade auch Eltern, Lehrer und Vorgesetzte – neigen dazu, ihre eigenen Vorstellungen den Jugendlichen aufdrängen zu wollen.

Folgende Punkte könnten eine Orientierung bieten:

- Die Freizeit soll der **Entspannung** und **Erholung** dienen. Wer vom Arbeitsalltag müde oder einseitig belastet ist, kann sich so wieder stärken.
  Faulenzen, spielen, Sport treiben gehören z.B. in diese Kategorie.
- In der Freizeit kann man die **Beziehung zu anderen Menschen** pflegen. Man kann Freunde treffen, mit ihnen etwas unternehmen oder sie zu sich einladen, sich um andere kümmern und ihnen helfen. Vielen ist auch das Zusammensein mit der Familie wichtig.
- Die Freizeit bietet die Möglichkeit **zur Weiterbildung.** Dazu gehört nicht nur das Weiterlernen für den Beruf, sondern auch die Beschäftigung mit anderen Gebieten: Sprachen, Politik, der Besuch von Ausstellungen und anderen kulturellen Angeboten sowie Reisen.

M 1

Freizeitwirtschaft – Erlebniswelten?

Es ändert sich die landläufige Vorstellung von Freizeit. Vom Tourismus bis zum Sport, von der Kultur bis zu Fitness und Gesundheit – der facettenreiche Freizeitsektor wandelt sich zum Dienstleistungssektor. Bereits heute arbeiten über vier Millionen Erwerbstätige in der Freizeitwirtschaft und es werden rund 15 Prozent des deutschen Bruttosozialprodukts von der Freizeitwirtschaft erwirtschaftet.

Ein Umbruch mit Folgen: Neue Arbeitsplätze und Existenzgründungen entstehen. Andere und vor allem flexible Formen der Qualifizierung in diesem expandierenden Dienstleistungssektor werden erforderlich, neue Wege in Aus- und Weiterbildung des Personals müssen beschritten werden.

(Quelle: IHK Nord Westfalen)

M 2

Was bei der Jugend „in" ist

Von je 100 Jugendlichen (12 bis 15 Jahre) nennen

Mehrfachnennungen möglich

Familienleben 85
Kreativität 83
Unabhängigkeit 80
Sicherheit 79
Fleiß und Ehrgeiz 76
Macht und Einfluss 35
Politik-Engagement 22
Althergebrachtes 20

Quelle: 14. Shell Jugendstudie

8063 © Globus   Stand 2002

M 3

Zeit für Freizeit
Die fünf beliebtesten Freizeitbeschäftigungen

	1957	1963	1975	1986	1995	2000
1.	Zeitung, Illustrierte lesen	Theater-, Konzert-besuche	Zeitung, Illustrierte lesen	Fernsehen	Fernsehen	Musik hören
2.	Gartenarbeit	Ausruhen, ausschlafen	Radio hören	Zeitung, Illustrierte lesen	Zeitung, Illustrierte lesen	Fernsehen
3.	Einkaufen	Freunde besuchen	Fernsehen	Radio hören	Radio hören	Zeitung lesen
4.	Reparaturen, kleinere Arbeiten	Fernsehen	Ausruhen, ausschlafen	Telefonieren	Telefonieren	Essen gehen
5.	Mit Kindern spielen	Beschäftigung mit der Familie	Mit Nachbarn unterhalten	Mit Freunden treffen	Ausschlafen	Freunde treffen, Parties
Quelle:	Allensbach	Divo	Emnid	BAT	BAT	Verbraucher Analyse

1957 – 1995 nur Westdeutschland

© Globus 7201

Letzten Endes kommt es darauf an, dass sich der Einzelne frei entfalten kann, ohne dabei andere zu belästigen oder sich selbst zu zerstören. Wichtig scheint auch, die richtige Mischung aus Aktivität und Passivität, aus Geselligkeit und Alleinsein zu finden. Doch wie diese Mischung genau aussieht, muss jeder Einzelne für sich entscheiden.

Organisation der Freizeit

Viele **Vereine** dienen der Freizeitgestaltung. Doch die Vereine klagen über Nachwuchsmangel, vor allem in den größeren Städten. Während Sportvereine daher Mitgliederwerbung betreiben müssen, erleben Fitness-Studios einen Boom, sind Gymnastikkurse der Volkshochschulen ständig ausgebucht.

Die Zugehörigkeit zu einem Verein verlangt – neben der vergleichsweise geringen Mitgliedsgebühr – häufig Mitarbeit und ein längerfristig angelegtes Engagement. Viele Jugendliche, aber auch Erwachsene, ziehen offenbar ein unverbindliches und zeitlich befristetes Angebot vor. Sie wollen ein Angebot, für das sie außer der Bezahlung der Rechnung keine Verpflichtung eingehen müssen.

Freizeitgestaltung vollzieht sich heute oft in anderen Formen als früher. Die **Kommerzialisierung** spielt eine große Rolle. Häufig wird dies kritisiert. Es wird bemängelt, dass gerade Jugendliche in ihrem Freizeitverhalten zu viel konsumieren und sich zu wenig engagieren. Dies mag teilweise der Fall sein (Abschnitt 1.3.2), doch sollte nicht übersehen werden, dass jede Zeit auch ihre eigenen (Freizeit-) Lebensformen hervorbringt.

■ **Aufgaben**

1. Was versteht man unter der „Freizeitgesellschaft"?

2. Fassen Sie die Aussagen über die Freizeitwirtschaft zusammen. Begründen Sie den Boom der Freizeitwirtschaft (M 2).

3. Freizeit = Freiheit? Stimmen Sie zu? Begründen Sie Ihre Ansicht.

4. Diskutieren Sie am Beispiel von Tourismus die Chancen und Gefahren der Freizeit. Bedenken Sie dabei – neben eigenen Erfahrungen – Aspekte wie z.B. Ökonomie und Ökologie, Reaktionen auf fremde Kulturen.

5. Beschreiben Sie die Veränderungen im Freizeitverhalten in den letzten Jahrzehnten. Welche Rangfolge gilt in Ihrem Freundes- und Familienkreis (M 3)?

Freizeitgesellschaft:
– **immer mehr Freizeit**
– **höhere Bedeutung der Freizeit**

Möglichkeiten sinnvoller Freizeitgestaltung:
– **Entspannung**
– **Geselligkeit**
– **Weiterbildung**

1.3.2 Probleme und Gefahren der Freizeit

Freizeitstress und Langeweile

Obwohl jener Teil unserer Zeit, über den wir frei verfügen
können, immer mehr zugenommen hat (Abschnitt 1.3.1),
sprechen wir doch oft davon, keine Zeit zu haben – wir
hetzen von Termin zu Termin. Häufig meinen wir, wir
müssten so viel wie möglich aus unserer Freizeit heraus-
holen. Wir wollen dem Bild des modernen Menschen entsprechen, einem Menschen, der aktiv und sportlich ist, sich
auf zahlreichen Gebieten auskennt, viele Teile der Welt
schon bereist hat und einen großen Freundeskreis besitzt
und pflegt. Das führt womöglich zu **Freizeitstress.**

Das Gegenstück dazu ist die **Langeweile.** Wir wissen mit
unserer Freizeit nichts anzufangen. Die Ursache könnte
z. B. darin liegen, dass wir als Kinder in unseren Eltern
schlechte Vorbilder hatten. Wir übernehmen **passive Verhaltensweisen** – und langweilen uns gleichzeitig.

Konsumverhalten

Jugendliche stehen häufig – bewusst oder unbewusst – unter Konsumdruck. Ihr **sozialer Status,** also ihr Ansehen bei
ihrer Umwelt, hängt z. B. davon ab, welche Kleidung welcher Marke sie tragen. Wer nicht mithalten kann, steht
schnell im Abseits. Gleichzeitig spielen Jugendliche als
Wirtschaftsfaktor eine bedeutende Rolle. Gerade Auszubildende und junge Arbeitnehmer, die noch bei den Eltern
wohnen, verfügen – verglichen zum Beispiel mit jungen
Familien – über relativ viel Geld. Jugendliche stellen daher eine wichtige **Zielgruppe der Werbung** dar.

Zu starkes Konsumverhalten kann aber auch noch in
einem anderen Sinn problematisch sein. Freizeit wird oft
nicht aktiv gestaltet, sondern passiv konsumiert. Sicherlich
muss jeder Einzelne seinen eigenen Rhythmus, seine eigene **Mischung aus Aktivität und Passivität** finden. Doch es
gibt viele, die durch zu viel Passivität ihre vorhandenen
Fähigkeiten nicht erkennen und verkümmern lassen.

M1

Zahl der Straftaten rückläufig

Die Zahl der Straftaten ist im letzten Jahr
in der Landeshauptstadt weiter zurückgegangen und liegt damit auf dem Stand
des Jahres 1985. Landesweit ist die Kriminalität um zwei Prozent gestiegen.
Die Schattenseite: Zwar ist auch die Jugendkriminalität leicht zurückgegangen,
aber das Einstiegsalter sinkt, immer
mehr Kinder machen sich tatverdächtig.
Eine weitere Beobachtung der Polizei:
Die Gewaltbereitschaft unter jungen
Menschen nimmt zu.
Jugendliche werden vor allem wegen Ei-
gentums- und Gewaltdelikten auffällig.
Dazu zählen Straßenraub, schwere Kör-
perverletzung, Ladendiebstahl, Sachbe-
schädigung, Rauschgiftkriminalität und
Verstoß gegen das Waffengesetz. Beamte
stellen bei Kontrollen immer häufiger
fest, dass Kinder und Jugendliche be-
waffnet sind; die Waffen sollen angeb-
lich „nur der Verteidigung dienen".
Aber sie werden immer häufiger bei
Konflikten eingesetzt. Auch die Opfer
werden immer jünger.
Der Vergleich mit 1995 zeigt, dass der
Anteil der unter 21-Jährigen an der Gesamtzahl der Opfer vor sieben Jahren bei
24 Prozent lag, im letzten Jahr bei knapp
30 Prozent. Der Anteil der unter 21-
Jährigen an der Gesamtbevölkerung liegt
dagegen nur bei knapp 19 Prozent. Auch
wer nicht in Kreisen gewaltbereiter Jugendlicher verkehrt, ist vor Gewalt nicht
sicher. Fast die Hälfte der Opfer hatte
vor der Gewalttat keinen Kontakt zum
Straftäter.

(Stuttgarter Amtsblatt vom 31.3.2002)

M2: Der Sportfan

(DAS PARLAMENT
vom 21. 4. 1995)

M 3 *Die „Offliner":* **Internet – nein danke**

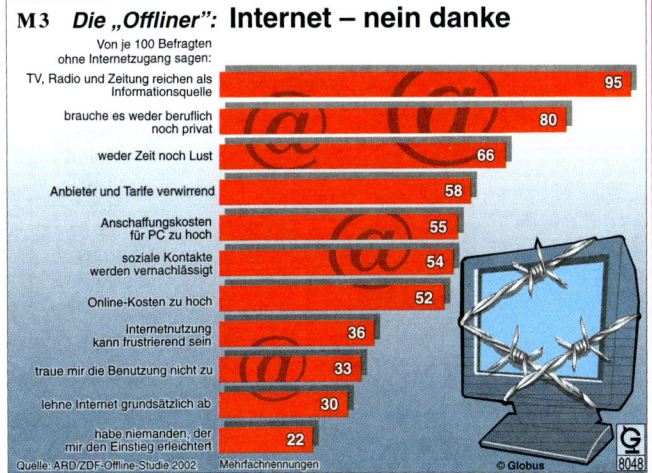

Von je 100 Befragten ohne Internetzugang sagen:

TV, Radio und Zeitung reichen als Informationsquelle **95**

brauche es weder beruflich noch privat **80**

weder Zeit noch Lust **66**

Anbieter und Tarife verwirrend **58**

Anschaffungskosten für PC zu hoch **55**

soziale Kontakte werden vernachlässigt **54**

Online-Kosten zu hoch **52**

Internetnutzung kann frustrierend sein **36**

traue mir die Benutzung nicht zu **33**

lehne Internet grundsätzlich ab **30**

habe niemanden, der mir den Einstieg erleichtert **22**

Quelle: ARD/ZDF-Offline-Studie 2002   Mehrfachnennungen   © Globus 8048

M 4: Gefährdung durch Computerspiele

Nach Schätzungen gibt es zur Zeit 10 000 bis 30 000 verschiedene Computerspiele. Dabei geht man davon aus, dass auf ein verkauftes Exemplar eines kommerziellen Spiels 300 bis 500 Raubkopien kommen.

Für den Jugendschutz sind jedoch nicht die kommerziellen, in Kaufhäusern und Computerläden öffentlich erhältlichen Programme das große Problem, sondern der „zweite Markt" mit den nichtkommerziellen Programmen. Diese werden von fachkundigen Laien und Hobby-Programmierern entwickelt und vertrieben. Sie gelangen über Mailboxen und Datennetze an die Jugendlichen. Ihre Urheber sind im Datennetz schwer zu ermitteln. Die zunehmende Internationalisierung schafft zusätzliche Probleme.

Da man Jugendliche nicht gegen Gefährdungen immun machen kann, muss das Ziel vielmehr sein, ihnen beizubringen, diese Risiken selbst zu erkennen und angemessen damit umzugehen.

(Stuttgarter Zeitung vom 20.4.1995)

Medien

Unter Medien sollen hier nicht nur die klassischen Medien verstanden werden – also Fernsehen, Radio, Zeitungen – sondern auch Computer und Computerspiele.

Seit Mitte der 80er Jahre gibt es **private Fernsehsender.** Mehr Werbung und andere Programmschwerpunkte prägen das private Angebot. Manche Programmteile – z. B. die vielen Gameshows – scheinen nur als Hintergrund für die zwischendurch gesendeten Werbespots zu dienen. Viele Zuschauer werden immer anspruchsloser und oberflächlicher. Andere lehnen die neuen Medien grundsätzlich ab (M 3).

Gleichzeitig hat sich aber auch ein neues Sehverhalten entwickelt. Viele Zuschauer konzentrieren sich nicht mehr auf die Sendung, die sie eingeschaltet haben, sondern sie beschäftigen sich nebenher mit etwas anderem.

Gefahren neuer Techniken

Starker Fernsehkonsum – und hierzu gehört auch der Konsum von Videofilmen – kann das Verhältnis des Zuschauers zur Wirklichkeit verändern. Besonders deutlich wird dies bei Kindern, wie beispielsweise Untersuchungen über die Folgen von Horrorvideos belegen. Aber auch viele Erwachsene verwechseln Wirklichkeit und Fernsehen, wenn sie z. B. einen Fernseharzt um einen medizinischen Rat bitten.

Computer und insbesondere **Computerspiele** nehmen einen wichtigen Platz im Freizeitverhalten von Jugendlichen ein (M 4). Geschicklichkeit, Schnelligkeit, Logik, geometrisches Vorstellungsvermögen sind Fähigkeiten, die dabei oft geschult werden. Gewarnt werden muss aber vor Gewalt verherrlichenden Spielen und vor rassistischen Nazi-Programmen. Auch kann aus einer Spielleidenschaft eine **Spielsucht** entstehen, die den Betroffenen zum Gefangenen macht. Da viele Computerspiele allein gespielt werden, fehlt häufig das wichtige Gruppenerlebnis.

■ Aufgaben

1. Was versteht man unter Freizeitstress? Geben Sie Beispiele.

2. Warum wird starkes Konsumverhalten kritisiert?

3. Diskutieren Sie die Entwicklung der Jugendkriminalität (M 1), ihre Ursachen und die Möglichkeiten zu ihrer Bekämpfung.

4. Welche Rolle spielen die Eltern für das Freizeitverhalten ihrer Kinder? Stimmen Sie der Aussage zu, dass die Eltern (problematische) Vorbilder sind?

5. Soziale Kontakte in der Freizeit werden vernachlässigt durch Internet-Nutzung (M 3). Nehmen Sie zu dieser Behauptung Stellung.

Mögliche Gefahren der Freizeit:
– **Freizeitstress und Langeweile**
– **unkritisches Konsumverhalten**
– **Gefahren durch neue Medien wie Computerspiele**
– **Kriminalität**

1.4 Jugendliche und Suchtverhalten

1.4.1 Ursachen von Sucht

Was ist eigentlich eine Sucht?

Als Sucht bezeichnet man das zwanghafte Verlangen nach bestimmten Stoffen oder anderen Reizen. Dabei kommt es zu körperlicher und seelischer Abhängigkeit. Der Süchtige kapselt sich von der Außenwelt ab. Sein ganzes Denken kreist um seine Sucht und um die Beschaffung seines Suchtmittels, ohne dass er dies selbst erkennt.

Man unterscheidet zwischen

- **stoffgebundener Sucht** und
- **stoffungebundener Sucht**.

Unter einer **stoffungebundenen Sucht** versteht man bestimmte Verhaltensweisen wie z. B. Spielsucht, die existenzvernichtend sein kann, Fernsehsucht, Kaufsucht, Magersucht (M 1) und Ess-Brech-Sucht. Die stoffungebundene Sucht wird häufig als weniger dramatisch eingestuft, darf aber nicht verharmlost werden. Magersüchtige Mädchen beispielsweise beobachten geradezu besessen ihren Körper, halten sich für zu dick und hungern sich im schlimmsten Fall zu Tode.

Auch die **Internetsucht** breitet sich aus. Schätzungsweise eine Million deutsche Internetnutzer werden im Jahr 2003 bereits als süchtig bezeichnet.

Unter einer **stoffgebundenen Sucht** versteht man die Abhängigkeit von **Drogen**. Drogen sind alle natürlichen und künstlich hergestellten Stoffe, die Stimmungen, Wahrnehmungen, Gefühle und Handlungen eines Menschen beeinflussen.

Legale und illegale Drogen

Man unterscheidet zwischen legalen und illegalen Drogen (M 4):

Legale Drogen sind z. B. Nikotin, Alkohol und manche Medikamente. In Deutschland gibt es etwa 18 Millionen Raucher (M 2 von 1.4.2), 2,5 Millionen Alkoholkranke (M 2) und 1,2 Millionen tablettenabhängige Menschen.

Illegale Drogen sind verboten, z. B. Heroin (M 1), Kokain, LSD – so genannte **harte Drogen** – und Marihuana, Exstasy – so genannte **weiche Drogen**.

In Deutschland sind etwa 120 000 Menschen abhängig von illegalen Drogen. Dabei sind besonders „Partydrogen" wie Exstasy und Speed bei Jugendlichen sehr verbreitet.

M 1: Zwei Suchtkarrieren

Mareike, 22 Jahre:

Mit 15 fand ich mich zu dick; also versuchte ich, abzunehmen. Die ersten 2 Kilo waren schnell weg, doch dann wurde es schwierig. Nach 6 Monaten wog ich nur noch 35 Kilo.

Wenn ich heute mein Tagebuch von damals lese, erfahre ich, dass ich mich auch mit 35 Kilo noch zu dick fand; doch ein Foto aus dieser Zeit beweist, dass ich nur noch Haut und Knochen war.

Philip, 24 Jahre:

Der erste Schuss Heroin gab mir ein unbeschreibliches Gefühl: ich spürte grenzenlose Freiheit und vollkommenes Glück.

Jetzt halte ich es ohne Heroin nicht mehr aus; der Entzug ist unvorstellbar schmerzhaft. Ich muss das Heroin in immer kürzeren Abständen spritzen; jeder Schuss kann der letzte, der tödliche sein.

M 2: Legale Droge Alkohol

M 3: Woran kann man einen Suchtkranken erkennen?

Warnzeichen:

- plötzliches Absinken der Leistungen auf allen Gebieten
- Aufgabe oder ständiger Wechsel des Freundeskreises
- Rückzug in eine totale Isolation
- Aufgabe bisheriger Interessen bis zur Teilnahmslosigkeit
- fehlende Perspektive und Aktivität für die Zukunft
- unerklärlicher Geldmangel

(aus einer Broschüre des Innenministeriums Baden-Württemberg)

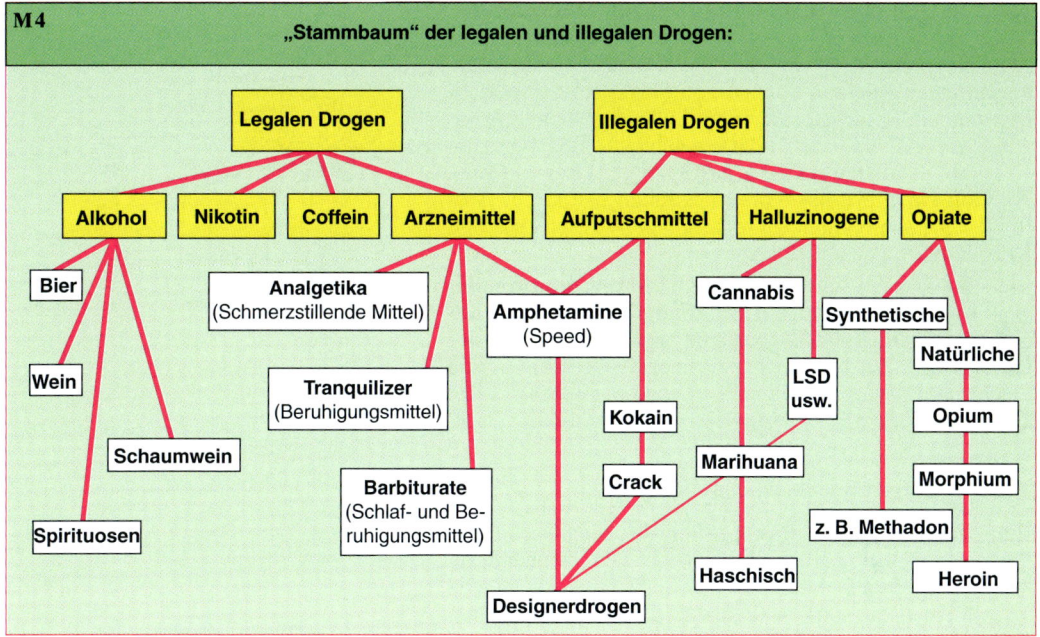

M 4 — „Stammbaum" der legalen und illegalen Drogen:

Ursachen von Suchtverhalten

Die direkte Umgebung kann zu vielerlei Belastungen und Überforderungen führen. Den Anforderungen oder dem Druck der Familie, Schule und Beruf fühlt sich ein Jugendlicher manchmal nicht gewachsen. Die Folge kann mangelndes Selbstwertgefühl und eine starke Verunsicherung sein bis hin zu Zukunftsängsten, z.B. was die Arbeitsplatzsuche betrifft.

Dies ist um so schlimmer, wenn zwischenmenschliche Beziehungen fehlen und sich solche Probleme nicht durch einen Freundeskreis ausgleichen lassen. Noch gefährlicher ist es, wenn der Jugendliche Freunde im Suchtmilieu hat, an denen er sich orientiert.

Die Persönlichkeit des Jugendlichen

Wichtige Ursachen liegen auch in der Persönlichkeit des Jugendlichen. Mangelndes Selbstbewusstsein, nicht „nein" sagen können, dazu gehören wollen, aus der Wirklichkeit fliehen wollen sind entsprechende Persönlichkeitsmerkmale. Diese haben ihrerseits ihre Ursachen, oft z.B. in frühkindlichen Erfahrungen.

Die aufgezählten Ursachen müssen nicht unbedingt zu einer Sucht führen. Die Tatsache, dass es ein Angebot an Drogen gibt, spielt nach Ansicht vieler Drogenberater nicht die entscheidende Rolle (sonst wären wir alle Alkoholiker). Auch nicht jeder einmalige Konsum einer Droge macht süchtig (außer bei harten Drogen), nicht jede Diät löst eine Magersucht aus. Aber jeder Drogenabhängige war vorher der Meinung, jederzeit wieder aussteigen zu können.

■ Aufgaben

1. Erklären Sie den Unterschied zwischen stoffgebundener Sucht und stoffungebundener Sucht.

2. Welche Ursachen der Sucht gibt es (M 1)?

3. Erklären Sie den Unterschied zwischen normalen Verhaltensänderungen Jugendlicher und solchen, die auf eine Sucht hinweisen (M 3).

4. Diskutieren Sie die Ansicht, Süchtige seien an ihrem Schicksal selbst schuld.

5. Überlegen Sie, welche Süchte Sie selbst haben und ob Sie diese - mit oder ohne fremde Hilfe - loswerden können oder wollen.

6. Diskutieren Sie die Frage, warum die Gesellschaft manche Drogen wie Alkohol oder Nikotin akzeptiert, andere wie Marihuana aber verteufelt.

7. Bei welchen Einrichtungen können Süchtige gezielte und professionelle Hilfe erhalten?

Sucht:
- **stoffgebundene Sucht**
- **stoffungebundene Sucht**
- **legale Drogen**
- **illegale Drogen**

Ursachen:
- **in der Gesellschaft**
- **in der eigenen Persönlichkeit**

1.4.2 Folgen und Bekämpfung des Suchtverhaltens

Je nach Art der Sucht sind die Folgen unterschiedlich. Die **körperlichen Schäden** können von Schlafstörungen (z. B. Marihuana), Sprachstörungen und Gleichgewichtsstörungen (z. B. Alkohol) über Betäubungen (z. B. LSD) bis zum völligen Verfall und gar Tod (harte Drogen) führen (M 3). Als Folge von Exstasy-Konsum können psychische Störungen wie Depressionen, Organschäden sowie Herz- und Kreislaufversagen auftreten.

Bei allen Drogen führt **seelische und körperliche Abhängigkeit** zu einem enormen **Beschaffungsdruck**. Der Süchtige verliert häufig seine Arbeit und gerät an den Rand der Gesellschaft. Zur Finanzierung seiner Sucht kann er zum Dealen oder anderen kriminellen Delikten (Beschaffungskriminalität) oder zur Prostitution gezwungen sein.

Vorbeugung und Suchtbekämpfung

Eine Möglichkeit zur Bekämpfung des Suchtverhaltens liegt in der Vorbeugung. Mitarbeiter von **Drogenberatungsstellen** treten dafür ein, das Selbstbewusstsein von Jugendlichen zu stärken, denn starke Persönlichkeiten sind viel weniger suchtgefährdet als nicht gefestigte Personen. Sie fühlen sich nicht gezwungen, um jeden Preis mitmachen zu müssen und können Drogen ablehnen, wenn sie ihnen angeboten werden. Süchtige werden nicht mehr massiv polizeilich und gerichtlich verfolgt. Stattdessen können sie staatlich kontrolliert Ersatzstoffe wie Methadon bekommen und dadurch Wege aus der Kriminalität und zurück in die Gesellschaft finden.

Sollen alle Drogen legalisiert werden?

Hauptargument für eine liberale Drogenpolitik ist, dass Drogensüchtige Kranke sind und nicht Kriminelle. Durch eine Legalisierung aller Drogen werden die Beschaffungskriminalität und Prostitution von Minderjährigen bekämpft.

Die Gegner argumentieren, dass Drogenmissbrauch ein Straftatbestand ist und durch die Freigabe von illegalen Drogen die Zahl der Abhängigen noch weiter ansteigen und Heranwachsende noch mehr gefährden würden.

Therapie statt Strafe

Einigkeit besteht über die Möglichkeit, den Betroffenen statt einer Gefängnisstrafe eine Therapie anzubieten. Hier muss allerdings eingeschränkt werden, dass die Zahl an Therapieplätzen bei weitem nicht ausreicht. Leider ist es oft auch so, dass diese Therapien wenig erfolgreich sind. Die Betroffenen machen diesen Versuch eben, um nicht ins Gefängnis zu müssen; es fehlt ihnen manchmal aber an der nötigen Kraft oder am echten Willen auszusteigen.

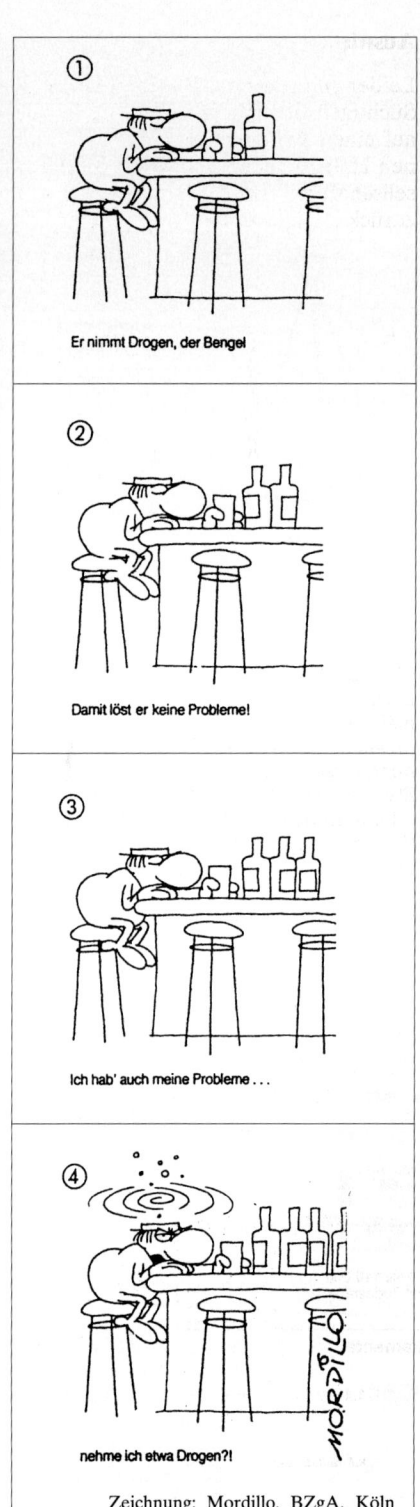

① Er nimmt Drogen, der Bengel

② Damit löst er keine Probleme!

③ Ich hab' auch meine Probleme ...

④ nehme ich etwa Drogen?!

Zeichnung: Mordillo, BZgA, Köln

M 1

Auswirkungen

Leider sind auch nach erfolgreicher Therapie die vorher Süchtigen oft ohne Chance. Sie haben wenig Aussichten auf einen Arbeitsplatz, der aber notwendig wäre, um ihnen Halt zu geben und ihnen den Weg zurück in die Gesellschaft zu ermöglichen. Allzu oft wird dann der Weg zurück in die Sucht eingeschlagen.

M 2: Nikotin, Alkohol, Ecstasy
Bereits 60 Prozent der jungen Menschen konsumieren regelmäßig eine Substanz, etwa 35 Prozent von ihnen Nikotin und ungefähr 38 Prozent Alkohol. 17 Prozent der Befragten konsumieren regelmäßig irgendeine illegale Droge.
Etwa jeder vierte Todesfall in der Bundesrepublik ist mittelbar oder unmittelbar auf die Einnahme von Substanzen zurückzuführen, die psychische Prozesse beeinflussen wie Nikotin, Alkohol, Medikamente und illegale Drogen. Im vergangenen Jahr starben 111 000 Menschen an den Folgen des Rauchens, 42 000 durch Alkoholsucht, 1 835 durch den Konsum illegaler Drogen.
(test 2/2003)

M 3

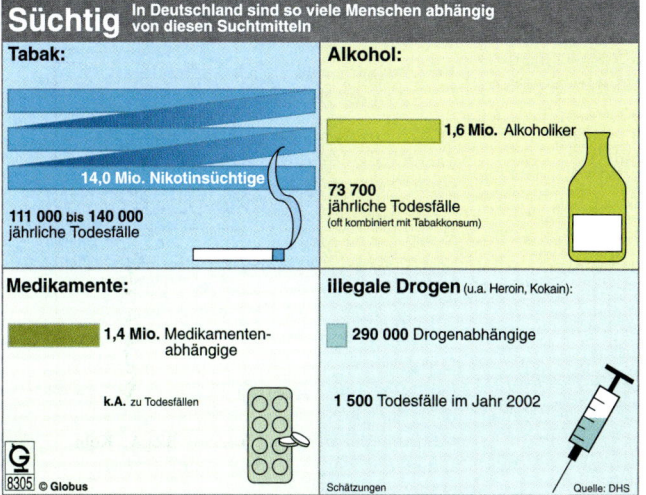

M 4

Mädchen beginnen früher zu rauchen

Der Anteil der jungen Raucherinnen hat sich von 12 Prozent 1993 auf 21 Prozent erhöht. Der Einstieg ins Rauchen wird heute stärker als früher von Freunden akzeptiert. Für die Erhebung wurden bundesweit etwa 3 000 junge Menschen im Alter von 12 bis 25 Jahren befragt. Bei den Jungen sieht es ähnlich aus wie bei den Mädchen.
Auch in der Gruppe der 16- bis 19-jährigen Mädchen erhöhte sich der Anteil der Raucherinnen von 1993 bis 2001 von 36 auf 45 Prozent. Bei den Jungen ging die Quote nach einem Anstieg 1997 wieder auf den früheren Wert von 44 Prozent zurück. Die Einstellung zum Nichtrauchen habe sich in den jüngeren Altersgruppen verändert, heißt es.
Die jüngste Umfrage habe aber auch einen positiven Trend gezeigt. Die Zahl der Raucher in der Gruppe der 12- bis 25-Jährigen sei in den vergangenen zwei Jahrzehnten von 44 Prozent (1979) auf 38 Prozent im Jahre 2001 zurückgegangen. 68 Prozent der jugendlichen Raucher möchten der Studie zufolge aufhören oder zumindest weniger rauchen.

(Stuttgarter Zeitung vom 18.12.2002)

■ Aufgaben

1. Welche Folgen hat eine Sucht?
2. Welche Wege der Drogenpolitik werden vorgeschlagen? Diskutieren Sie diese Vorschläge.
3. Erläutern Sie die Karikatur M 1.
4. Diskutieren Sie mögliche Ursachen dafür, dass vor allem Mädchen immer früher anfangen zu rauchen (M 4).
5. In welcher Weise können Familie und Schule zur Vorbeugung gegen Suchtverhalten beitragen?

Folgen des Suchtverhaltens:
– **immer stärkere psychische Abhängigkeit**
– **an den Rand der Gesellschaft geraten**
– **körperlicher Verfall bis zum Tod**

Bekämpfung des Suchtverhaltens:
– **Therapie**
– **Strafe**

2 Die gesellschaftliche Entwicklung in der Bundesrepublik Deutschland

2.1 Die industrielle Revolution im 19. Jahrhundert

Bis zum 19. Jahrhundert bestimmten in den Städten **Kaufleute** und **Handwerker** das wirtschaftliche Leben. Der größte Teil der Bevölkerung war in der **Landwirtschaft** tätig. Die **ständische Gesellschaftsordnung** war durch drei maßgebliche Stände geprägt: Adel, Geistlichkeit und Bürgertum.

M 1

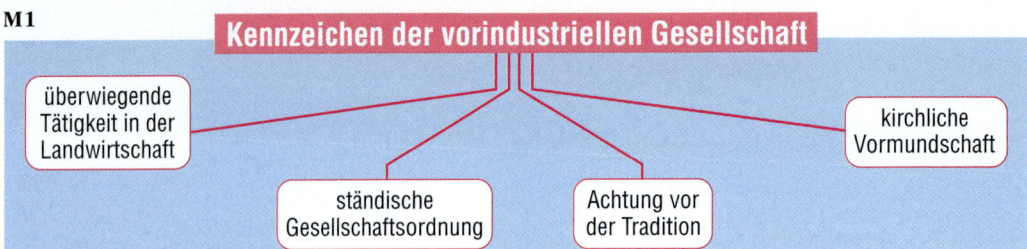

Kennzeichen der vorindustriellen Gesellschaft

überwiegende Tätigkeit in der Landwirtschaft

ständische Gesellschaftsordnung

Achtung vor der Tradition

kirchliche Vormundschaft

Die gesellschaftliche und wirtschaftliche Lage in Deutschland veränderte sich nur sehr langsam. Die Handarbeit in der Landwirtschaft ließ eine wesentliche Ausweitung der Produktion nicht zu. Im Handwerk beschränkten die Zünfte die Zahl der Betriebe und den Umfang der Produktion.

Die Industrialisierung

Die **Industrialisierung** brachte im gewerblichen Bereich einschneidende Veränderungen. Von der **industriellen Revolution** spricht man deshalb, weil man den Wandel in den Produktionsverfahren sowie im gesellschaftlichen und wirtschaftlichen Bereich für ebenso schwerwiegend hält wie die politischen Veränderungen durch die Französische Revolution 1789 und weil sich hier die Lebensbedingungen grundlegend änderten, die über Jahrhunderte bestanden.

Veränderungen durch die technische Entwicklung

Die technische Entwicklung mit ihren einschneidenden Veränderungen erfasste zunächst die **Textilindustrie.** Die eigentliche Industrialisierung in der **Montanindustrie** und im **Maschinenbau** kam einige Jahre später.

Die **Mechanisierung,** aber auch die **Arbeitsteilung** in der Produktion und die **Spezialisierung** auf bestimmte Erzeugnisse oder Arbeitsverfahren führten zu einer erheblichen Steigerung der Produktion, sodass sich der Anteil der Industrie an der gesamten Produktion im Vergleich zu Handwerk und Landwirtschaft stark vergrößerte. Somit veränderte sich die **Struktur der Wirtschaft.**

M 2: Industrielle Revolution

Bezeichnung für die grundlegende wirtschaftliche und technische Umwälzung in der ersten Hälfte des 19. Jahrhunderts im Übergang von der Produktion in Handwerksbetrieben und Manufakturen zur maschinellen Erzeugung in Großbetrieben (Fabriken). Das Kapital wurde zum wichtigsten Produktionsfaktor der entstehenden Industrien.

(Jugendlexikon Wirtschaft)

M 3: Arbeits- und Lebensbedingungen zur Zeit der Industrialisierung

Die Einkommensenge der Lohnarbeiter und die umfangreiche, die Gesundheit stark beanspruchende Arbeit führten dazu, dass
– der Einzelne gesundheitlich sehr anfällig war.
– Arbeitsunfälle sehr verbreitet waren und
– die Arbeiter aus eigener Kraft nicht in der Lage waren, solche Notsituationen kurzfristig zu überstehen.
Die dauernde Arbeitsunfähigkeit war gleichbedeutend mit einer dauernden Verurteilung auch der Familienangehörigen zu schlechtesten Lebensbedingungen.

(Friedrich-Wilhelm Henning: Die Industrialisierung in Deutschland 1800 bis 1914)

Veränderung der Arbeitsbedingungen

Aufgrund dieser Veränderungen kam es zu einem tiefgreifenden Wandel der **Arbeitsbedingungen.** Die neuen Maschinen prägten den **Arbeitsablauf** und die **Anordnung der Arbeitsplätze.**

Maschinenarbeit ersetzte in großem Umfang die Handarbeit. Als Folge davon wurden viele Menschen arbeitslos. Da viele keine anderen Arbeitsplätze in neuen Fabriken finden konnten, kam es zu Protesten. Der Weberaufstand in Schlesien 1844 beispielsweise richtete sich gegen den Einsatz neuer Maschinenwebstühle, die in den Webereien vielen Webern den Arbeitsplatz kosteten.

Die Arbeit an Maschinen stellte **neue Anforderungen** an die Arbeiter. Anstelle der Handfertigkeit im Umgang mit Werkzeugen trat die Bedienung und die Wartung von Maschinen in den Vordergrund. Das handwerkliche Können hatte oft keinen Wert mehr.

M 5: Montanindustrie

Montanindustrie umfasst die Unternehmungen des **Bergbaus** zur Förderung von Kohle, Erz usw. und die **Hüttenwerke,** die mit dem Bergbau vielfach eine Einheit bilden. Hüttenwerke enthalten Anlagen zur Gewinnung von Metallen aus Erzen und oft Einrichtungen zur ersten Verarbeitung durch Gießen, Walzen, Ziehen.

(Bertelsmann Universallexikon)

M 4

Entwicklung in der Industrie

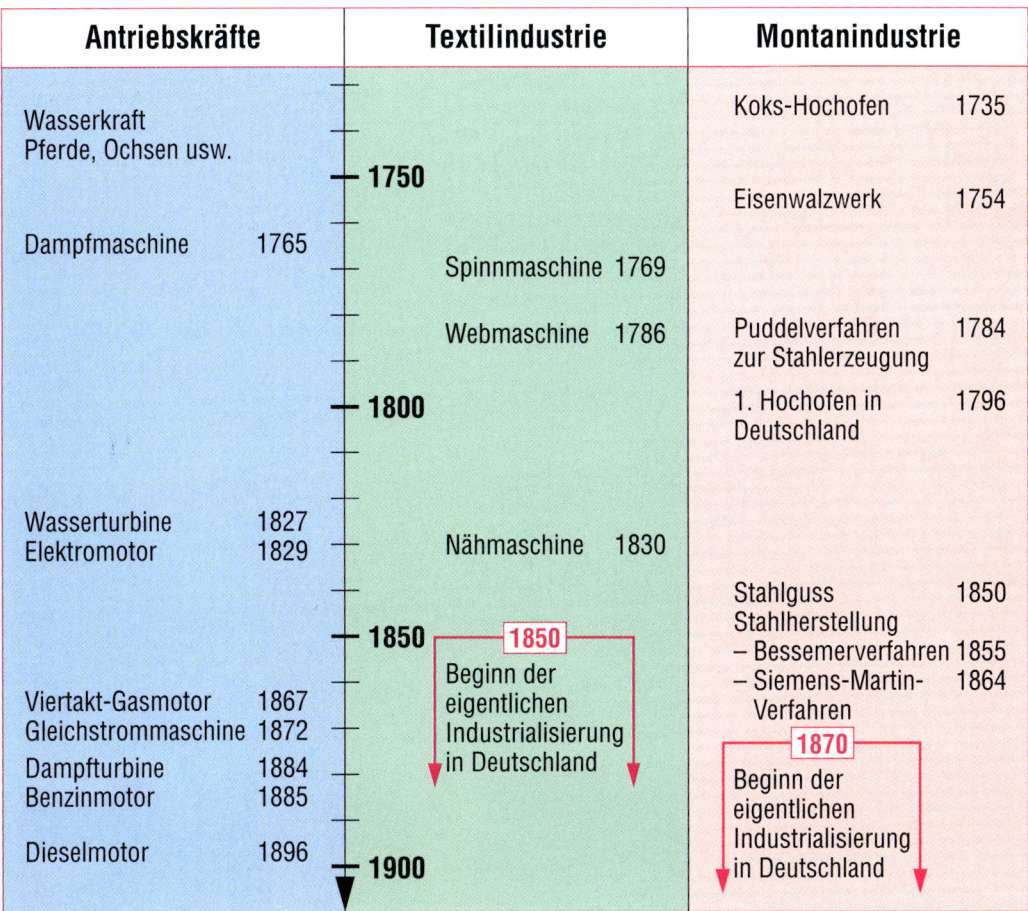

Antriebskräfte		Textilindustrie	Montanindustrie	
Wasserkraft Pferde, Ochsen usw.			Koks-Hochofen	1735
		— 1750		
Dampfmaschine	1765		Eisenwalzwerk	1754
		Spinnmaschine 1769		
		Webmaschine 1786	Puddelverfahren zur Stahlerzeugung	1784
		— 1800	1. Hochofen in Deutschland	1796
Wasserturbine Elektromotor	1827 1829	Nähmaschine 1830		
		— 1850	Stahlguss Stahlherstellung	1850
		1850 Beginn der eigentlichen Industrialisierung in Deutschland	– Bessemerverfahren – Siemens-Martin-Verfahren	1855 1864
Viertakt-Gasmotor Gleichstrommaschine	1867 1872		**1870**	
Dampfturbine Benzinmotor	1884 1885		Beginn der eigentlichen Industrialisierung in Deutschland	
Dieselmotor	1896	— 1900		

M 6   **Veränderungen
bei den
Arbeitsplätzen**

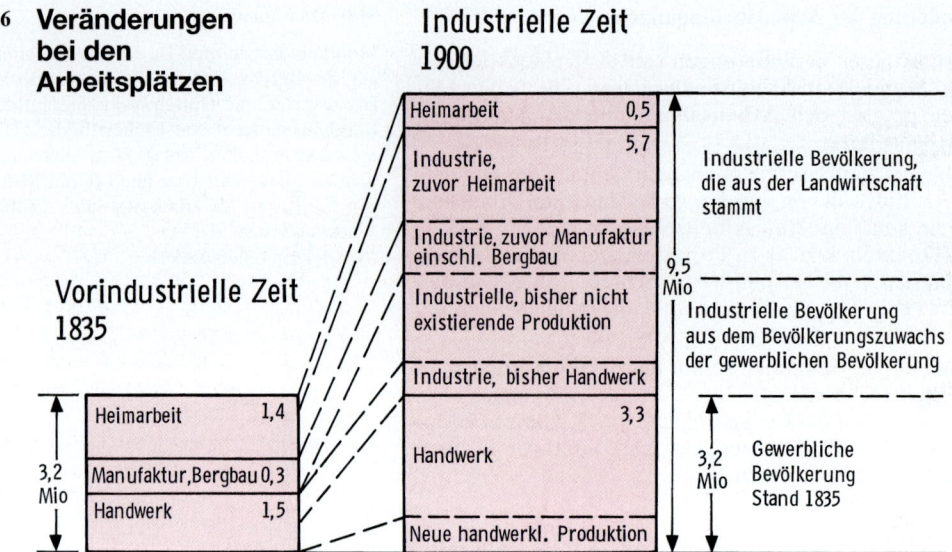

Hinweis: Eine **Manufaktur** ist gekennzeichnet durch arbeitsteilige Produktion in großen Werkstätten und Handarbeit
(Quelle: Friedrich-Wilhelm Henning: Die Industrialisierung in Deutschland 1800 bis 1914)

Strukturveränderungen

Eine Herstellung von Erzeugnissen in **Kleinbetrieben** rentierte sich nicht mehr, weshalb die Produktion mehr und mehr auf große **Fabrikbetriebe** überging. Das **Handwerk** verlor seine frühere Bedeutung.

Die Handarbeit in kleinen Werkstätten konzentrierte sich auf Einzelanfertigungen vor allem für den örtlichen Bedarf. Neue Aufgaben entstanden beispielsweise im Reparaturbereich. Doch die Produktion verlagerte sich mit fortschreitender Industrialisierung auf die **Industrie.**

M 7: Industrielle Fertigung um 1900

M 8

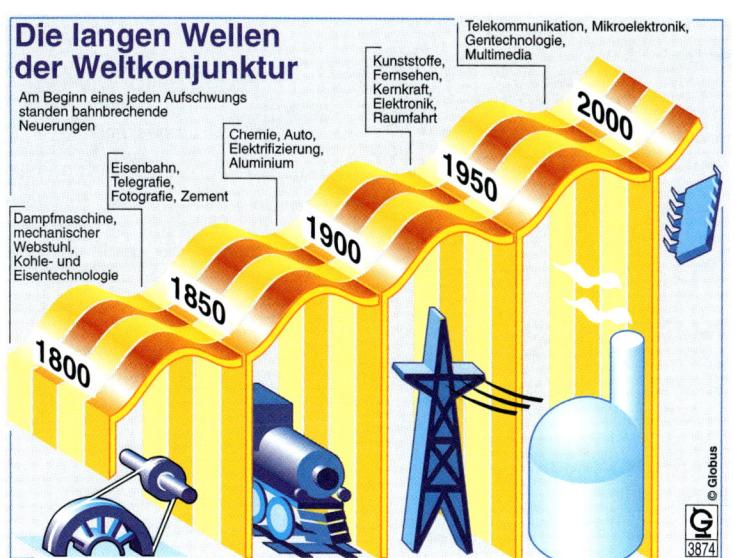

Die langen Wellen der Weltkonjunktur

Am Beginn eines jeden Aufschwungs standen bahnbrechende Neuerungen

Dampfmaschine, mechanischer Webstuhl, Kohle- und Eisentechnologie

Eisenbahn, Telegrafie, Fotografie, Zement

Chemie, Auto, Elektrifizierung, Aluminium

Kunststoffe, Fernsehen, Kernkraft, Elektronik, Raumfahrt

Telekommunikation, Mikroelektronik, Gentechnologie, Multimedia

1800 · 1850 · 1900 · 1950 · 2000

© Globus
3874

■ **Aufgaben**

1. Welche wirtschaftlichen Tätigkeiten standen in Deutschland bis zur Industrialisierung im Vordergrund?

2. Im Zusammenhang mit der Industrialisierung spricht man von einer „industriellen Revolution". Warum ist dies gerechtfertigt? Zeigen Sie die „revolutionären" Bereiche auf.

3. In welchen Wirtschaftsbereichen begann die Industrialisierung?

4. Wodurch unterscheidet sich die handwerkliche Fertigung von der Produktion in Fabrikbetrieben?

5. Nennen Sie drei Auswirkungen der Industrialisierung.

6. Welche Maßnahmen führten zur Steigerung der Produktion?

7. Welche sozialen Veränderungen hatte die Industrialisierung zur Folge (M6)? Inwiefern waren auch die Maschinen schuld an der Arbeitslosigkeit (M5)?

8. Vergleichen Sie die gegenwärtige Situation in Deutschland mit dem Beginn der Industrialisierung (M3+M7). Welche Probleme bestehen heute in ähnlicher Weise wie damals?

9. Diskutieren Sie die wirtschaftlichen und gesellschaftlichen Auswirkungen wichtiger technischer Erfindungen (M4+M8).

Arbeitshinweise zu grafischen Darstellungen und Bildern im Zusammenhang mit den Aufgaben 7., 8. und 9.
Vorschlag für die **Vorgehensweise:**

1. Klären Sie zunächst, ob Ihnen alle **Begriffe,** abgebildete **Gegenstände** usw. verständlich sind.
   Zu M 4: Puddelverfahren?
   Zu M 7: Das Foto zeigt **Montagearbeiten im Maschinenbau** vor ungefähr 100 Jahren. Ermitteln Sie, was auf dem Bild für Sie unklar ist.

2. **Markieren** Sie in der Darstellung Besonderheiten, ähnliche Bereiche, wichtige Merkmale usw. mit Farbe.
   Zu M 6: Handwerk in den Jahren 1835 und 1900

3. Fahren Sie mit **inhaltlichen Überlegungen** fort und beachten Sie die Aufgabenstellung. Vergleichen Sie mit der gegenwärtigen Situation.
   Zu M 4: In welchem Ausmaß sind **Fabrikbetriebe** im Textilbereich und im Maschinenbau auf Antriebskräfte, Maschinen, Werkstoffe und Arbeitskräfte angewiesen?
   Zu M 6: In der gewerblichen Wirtschaft wuchs die Zahl der **Arbeitsplätze** in den Jahren 1835 bis 1900 um 6,3 Millionen.
   Woher stammt der Zuwachs an **Arbeitskräften?** Welche **Ursachen** hat die große Zahl neuer Arbeitsplätze? Welche Arbeitsbereiche waren bis 1900 neu **hinzugekommen?**
   Zu M 7: Vergleichen Sie die damalige Arbeit mit den heutigen Arbeitssituationen. Welche **Veränderungen?** Welche **Auswirkungen** hat eine Mechanisierung der Montagearbeiten auf die Zahl der Arbeitsplätze? Wie beurteilen Sie die **Veränderungen?** Was ist besser, was nicht?

4. **Formulieren** Sie schriftlich ein Ergebnis zu den Fragen.

Industrielle Revolution:

– **Rückgang der Landwirtschaft**

– **Umstrukturierung + Ausweitung der gewerblichen Wirtschaft**

– **Verstärkung der**
  – **Mechanisierung**
  – **Arbeitsteilung**
  – **Spezialisierung**

– **Strukturveränderung:**
  Kleinbetrieb → Großbetrieb
  Handarbeit   → Maschinenarbeit
  Werkstatt   → Fabrik

2.2 Der Strukturwandel

2.2.1 Der technologische Wandel

Die wirtschaftliche und gesellschaftliche Entwicklung, die mit der **industriellen Revolution** im 19. Jahrhundert in Deutschland begann, setzt sich in der Gegenwart noch fort. Der **Strukturwandel** führte zur Veränderung der Arbeitsanforderungen (Abschnitt 2.3.1), stellte größere Anforderungen an berufliche Qualifikation sowie Mobilität (Abschnitt 2.3.2) und brachte Arbeitslosigkeit mit sich (Abschnitt 2.3.3).

Als Auswirkung der Industrialisierung sind **Umweltprobleme** zu bewältigen (Abschnitt 2.4). Zwar sind die heutigen **Lebensbedingungen** und die **soziale Lage** der Bevölkerung sehr günstig im Vergleich zum Elend der Arbeiterschaft zu Beginn der industriellen Revolution, doch stellt sich auch heute die Frage der **sozialen Sicherheit,** wenn auch in anderer Weise als früher (Abschnitt 2.5).

Technisierung

Als **technologischen Wandel** bezeichnet man die Veränderungen, die der technische Fortschritt ermöglichte. Dabei tritt oft die **Technisierung** in den Vordergrund, weil dabei menschliche Tätigkeiten durch technische Einrichtungen übernommen werden.

Die **Technisierung** wirkte sich in den verschiedenen Wirtschaftsbereichen mehr oder weniger stark aus. **Arbeitsteilung** und **Spezialisierung** haben zugenommen. Besonders deutlich kann man die Arbeitsteilung am Beispiel der Fließfertigung erkennen: An einzelnen Arbeitsplätzen verrichten die Mitarbeiter jeweils eine bestimmte Arbeit und montieren z.B. die Räder bei Kraftfahrzeugen. Am Ende des Fließbands ist die Montage vollendet.

M 1: Technologie

Im 18. und 19. Jahrhundert bedeutete Technologie die **Lehre von der Entwicklung der Technik** in ihren gesellschaftlichen Zusammenhängen; in den Ingenieurwissenschaften in Deutschland dann eingeschränkt auf **Verfahrenskunde.** Die heutige Wiederaufnahme des älteren, weiteren Bedeutungsinhalts deutet auf ein wachsendes Bewusstsein der engen Verflechtung der Technik mit anderen gesellschaftlichen Faktoren hin. Technologie wird heute auch häufig im Sinne von Technik verwendet.

(dtv-Brockhaus-Lexikon)

M 2: Entwicklung der Fertigung

1. **Mechanisierung** mit
   Abnahme der Handarbeit
   – Zunahme der Maschinenbedienung
   – Abnahme von Teiletransport beim Arbeitsvorgang
   – Zunahme der Maschineneinrichtung

2. **Automatisierung** (hohe Mechanisierung)
   – programmgesteuert
   – Abnahme der Maschinenbedienung
   – Maschineneinrichtung, Maschinenüberwachung

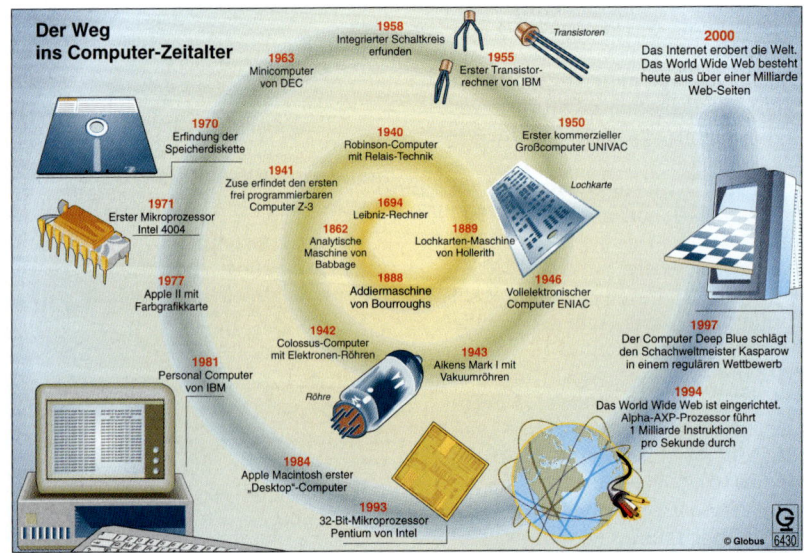

◁ **M 3**

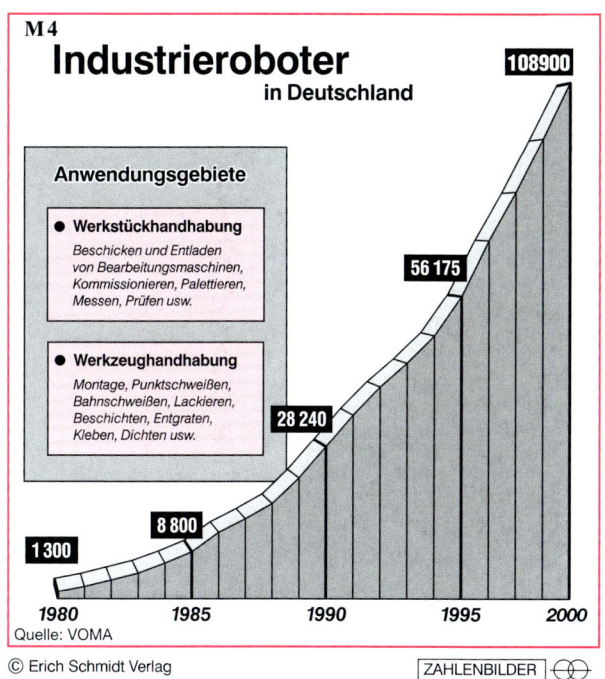

M 4

Industrieroboter
in Deutschland

108900

Anwendungsgebiete

● **Werkstückhandhabung**
Beschicken und Entladen
von Bearbeitungsmaschinen,
Kommissionieren, Palettieren,
Messen, Prüfen usw.

● **Werkzeughandhabung**
Montage, Punktschweißen,
Bahnschweißen, Lackieren,
Beschichten, Entgraten,
Kleben, Dichten usw.

56 175

28 240

8 800

1 300

1980   1985   1990   1995   2000
Quelle: VOMA

© Erich Schmidt Verlag

ZAHLENBILDER

363 312

Gentechnik – Manipulation der Natur

Direkte Erbgutveränderungen bei Pflanzen

Beispiele

Tomaten mit längerer
Haltbarkeit

Krankheitsresistente
Zuckerrüben

Kartoffeln mit
höherem Stärkegehalt

▶ In den Labors warten insgesamt über
50 gentechnisch veränderte Obst-,
Gemüse- und Getreidesorten sowie
Milch- und Hefeprodukte auf ihren
Einsatz

© Globus 1241

M 5

M 6

Automatisierung

Während früher Maschinen die Antriebskraft lieferten
und die Handarbeit ersetzten, übernehmen heute Maschinen und technische Einrichtungen auch die Aufgabe der
Steuerung und Kontrolle. Die **Automatisierung** führt
schließlich dazu, dass alle notwendigen Arbeiten von Maschinen und technischen Einrichtungen übernommen werden.

Für die Berufstätigen sind mit der Technisierung schwerwiegende und oft tief greifende **Veränderungen an den
Arbeitsplätzen** verbunden. Die **Arbeitssituation** ist durch
den hohen **Technisierungsgrad** bestimmt. So wird oft die
eigentliche Arbeit durch Bildschirme vermittelt und kann
nicht mehr direkt beobachtet, kontrolliert und gesteuert
werden.

Nach wie vor ist aber in vielen Betrieben die menschliche
Arbeitsleistung entscheidend. Vor allem im Dienstleis-
tungsbereich und bei Reparaturen kann die menschliche
Arbeitskraft nicht durch Maschinen ersetzt werden.

Die gleichförmigen und deshalb oft ermüdenden sowie
eintönigen Tätigkeiten beispielsweise am Fließband verrichten in vielen Fällen heute nicht mehr Menschen, sondern **Roboter.** Sie übernehmen auch gefährliche Arbeiten
und entlasten vor allem in der Montagetechnik und in der
Handhabungstechnik.

Büro und Handel	Industrie
PC · Notebook · Spracherkennung und -ausgabe · Telearbeit · E-Business · Daten-speicherung · Kopier-geräte · Registrierkas-sen · Diktiergeräte	Lagerhaltung · Ma-schinensteuerung · Verpackungsauto-maten · Sicherheits-einrichtungen · Robo-ter · Netzplantechnik · Drehzahlregelung · Dosieren · Waagen

**Anwendung
der
Mikroelektronik**

Kommunikation	Unterhaltung und Freizeit
PC-Vernetzung · Inter-net · Faxgeräte · Vi-deokonferenz · Onli-nedienste · Telefon-systeme · Bildfern-sprecher · Satelliten-kommunikation · Tele-text · Kabelfernsehen mit Rückkanal	Handy · E-Mail · SMS · Videotext · Videorecor-der · Kamera · Fern-seher · Radio/Hifi · E-Learning · Elektroni-sches Wörterbuch · Fernsteuerungen

M 7

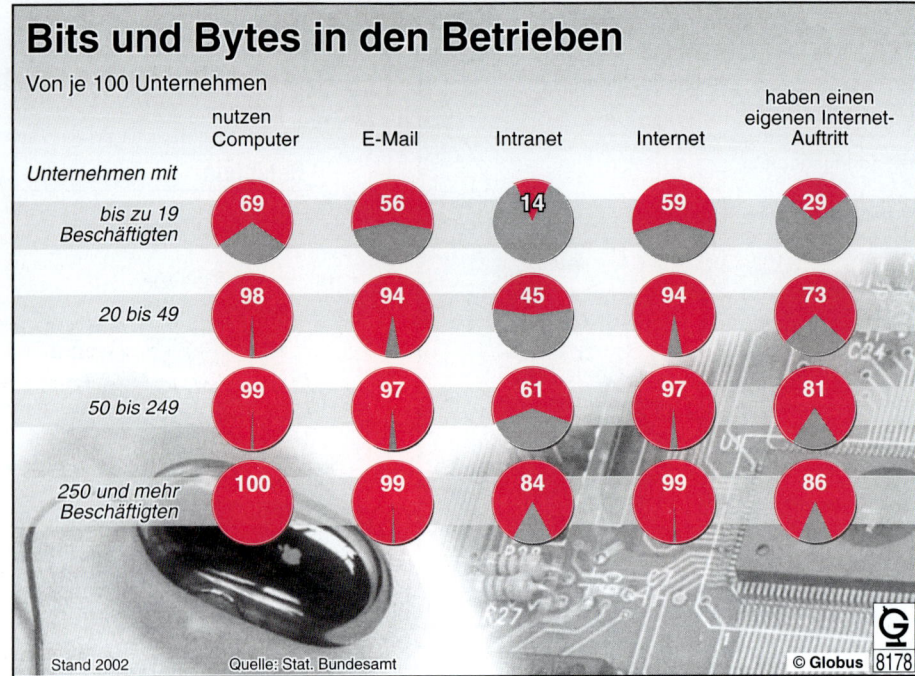

Bits und Bytes in den Betrieben

Von je 100 Unternehmen

Unternehmen mit	nutzen Computer	E-Mail	Intranet	Internet	haben einen eigenen Internet-Auftritt
bis zu 19 Beschäftigten	69	56	14	59	29
20 bis 49	98	94	45	94	73
50 bis 249	99	97	61	97	81
250 und mehr Beschäftigten	100	99	84	99	86

Stand 2002   Quelle: Stat. Bundesamt   © Globus 8178

Computer und elektronische Datenverarbeitung

Die Automatisierung und die moderne Technologie haben in vielen Betrieben zur Steigerung der Produktivität beigetragen. Besonders durch die **Mikroelektronik** und den Einsatz von **Computern** sind grundlegend neue Arbeitssituationen entstanden. Dies hatte starke Auswirkungen auf die Zahl der Beschäftigten und veränderte die Arbeitsanforderungen.

Nicht nur das Arbeitsleben, sondern **alle Lebensbereiche** hat der technologische Wandel verändert. In der modernen Industriegesellschaft findet man heute überall Computer oder computergesteuerte Einrichtungen und Maschinen.

Die **Vernetzung** der PC im Betrieb – **Intranet** – erlaubt den Informations- und Datenaustausch, bietet Möglichkeiten weltweit im **Internet** zu kommunizieren und auf Datenbanken zurückzugreifen. Die Computer im Arbeitsleben und im privaten Bereich haben auf diese Weise zur **Globalisierung** beigetragen.

Moderne Arbeitsgestaltung

In den letzten Jahren setzte sich die Arbeitsteilung allerdings nicht mehr weiter fort. Im Gegenteil: In einigen Betrieben wurde der Umfang der Arbeit wieder vergrößert.

Als Verbesserung und fortschrittliche Entwicklung sieht man jetzt eine **ganzheitliche Arbeitsgestaltung** an. Die Mitarbeiter sollen nicht mehr als Spezialisten in einem kleinen Arbeitsbereich immer wieder die gleichen Verrichtungen

M 8: Die Situation in der Informationsgesellschaft

Das Szenario lässt kaum noch Wünsche offen: Am **Großbildschirm** im Wohnzimmer rufen die Menschen Kinofilme und Nachrichten ab. Sie können auf der Couch sitzen bleiben, wenn sie mit der **Fernbedienung** in der Hand einkaufen, Zeitung lesen, lernen und spielen. Im Zimmer nebenan ist der **Telearbeiter** tätig. Frei von festen Arbeitszeiten und Verkehrsproblemen sendet er die Ergebnisse seines elektronischen Wirkens direkt an den Arbeitgeber oder den Kunden. Über **Computer** und **Bildtelefon** arbeitet er mit Fachleuten in aller Welt zusammen, die räumliche Entfernung spielt für ihn keine Rolle mehr. In den Arbeitspausen sieht er seine **elektronische Post – E-Mail** – durch.

Die Optimisten sehen in der vernetzten Welt nicht nur einen Befreiungsschlag für den Einzelnen, sie machen auch geltend, dass uns gar nichts anderes übrig bleibt, als die **Informationstechnologie** schnellstens anzunehmen und einzusetzen.

(DIE ZEIT vom 20. 10. 1995)

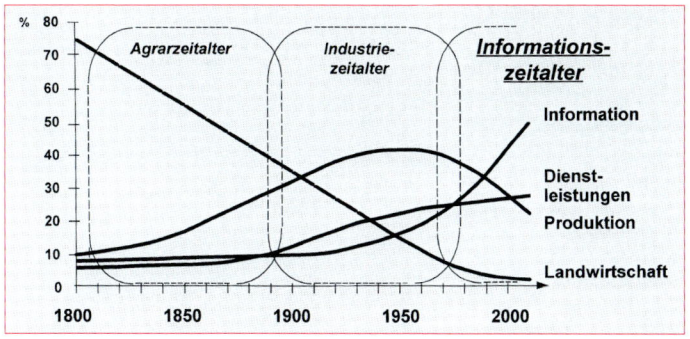

M 9
**Beschäftigungsentwicklung
1800–2000**
(EU-Informationen Nr. 2/Feb. 1995)

ausführen, sondern gleichzeitig mit der Ausführung auch Aufgaben der Planung und Kontrolle übernehmen. Sie erhalten auf diese Weise mehr Selbständigkeit und Eigenverantwortung. Schlagwortartig spricht man von einer Verschlankung der Produktion oder von **Lean Production.**

In großen Betrieben hat man deshalb an Stelle von **Fließfertigung** die Produktion in **Fertigungsinseln** eingerichtet. Dort bewältigen **Arbeitsgruppen** die Arbeitsaufgaben nicht mehr nach genauen, bis ins Kleinste gehenden Anweisungen, sondern mehr und mehr nach eigener Überlegung. Die gemeinsame Verantwortung der Arbeitsgruppe umfasst auch die Aufteilung der Arbeit untereinander sowie die abschließende Kontrolle.

Gentechnik

Der Strukturwandel beschränkt sich nicht auf die technologischen Veränderungen und den Einsatz der Mikroelektronik in der Produktion. Die **Gentechnik** erlaubt z. B. die Erzeugung von zweckmäßig veränderten Lebensmitteln, die zum Beispiel besonders haltbar sind (M 5).

Allerdings sind die Folgen der künstlichen Erbgutveränderungen nicht abzusehen und viele Menschen befürchten, dass negative Auswirkungen viel schwerer wiegen als die Vorteile, die mit der künstlichen Veränderung der Natur verbunden sind. Gentechnisch veränderte Lebensmittel müssen für die Verbraucher erkennbar sein. Deshalb gibt es in der EU eine Kennzeichnungspflicht.

Entwicklung zur Informationsgesellschaft

Auch die **Informations- und Kommunikationstechnologie** eröffnet neue Möglichkeiten, sodass man von der Informationsgesellschaft oder dem **Informationszeitalter** spricht. Dies ist darin begründet, dass man dank neuer Kommunikationstechniken und der weltweiten Vernetzung im **Internet** nicht nur alltägliche private Geschäfte wie Bestellungen in Kaufhäusern oder Banküberweisungen zu Hause tätigen (M 7 + M 8) sowie Multimedia- und Unterhaltungsangebote nutzen kann. Darüber hinaus können auch viele Arbeiten, für die man heute noch in den Betrieb an seinen Arbeitsplatz gehen muss, am häuslichen Personalcomputer oder unterwegs mit dem Laptop erledigt werden.

■ **Aufgaben**

1. Woran ist der technologische Wandel zu erkennen?

2. Erläutern Sie an einem Beispiel den hohen Technisierungsgrad in unserer Industriegesellschaft.

3. Welche Vor- und Nachteile bringt der technologische Wandel mit sich?

4. Halten Sie es für richtig, wenn man im Hinblick auf die Mikroelektronik oder die Informations- und Kommunikationstechnik von einer dritten industriellen Revolution spricht?

5. Welche Vorteile bieten Telearbeit und die Arbeit am Laptop (M 8)? Diskutieren Sie auch die negativen Auswirkungen, die sich aus den neuen Arbeitsanforderungen ergeben.

6. Diskutieren Sie die Vor- und Nachteile, die sich durch die Gentechnik ergeben können (M 5).

7. Welche Vorteile kann die neue Informations- und Kommunikationstechnik für Sie selbst haben (M 6 + M 7 + M 8)? Welche Probleme bringt der Informationsüberfluss mit sich?

Strukturwandel durch

– **technologischen Wandel:**
  – **Änderungen in der Produktion:**
    > **Mechanisierung**
    > **Automatisierung**
    > **Computerisierung**
  – **Veränderte Arbeitsanforderungen**

– **Verwendung technischer + elektronischer Einrichtungen**
  > **Maschinen**
  > **Geräte**
  > **Computer**

– **Gentechnik**

– **neue Informations- und Kommunikationstechniken**

2.2.2 Der ökonomische und strukturelle Wandel

Die industrielle Revolution und der technologische Wandel haben zu tief greifenden Veränderungen in Wirtschaft und Gesellschaft geführt. Die ökonomischen (wirtschaftlichen) Verhältnisse in Deutschland veränderten sich ebenso wie die Lebensbedingungen der Menschen (Abschnitt 2.2.3).

Rückgang der Landwirtschaft

Der **ökonomische Wandel** zeigt sich besonders ausgeprägt an der Veränderung in der Landwirtschaft. Während um 1800 die **Landwirtschaft** in Deutschland vorherrschte, gehört die Bundesrepublik heute zu den führenden **Industriestaaten.**

M 1

Anteil der Erwerbstätigen in der Landwirtschaft

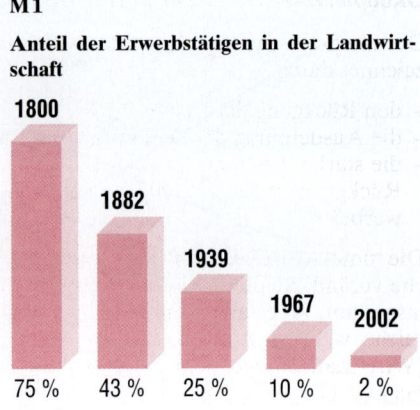

1800	1882	1939	1967	2002
75 %	43 %	25 %	10 %	2 %

M 2: Anteile der Wirtschaftsbereiche in der Bundesrepublik Deutschland

Prozentanteile an der wirtschaftlichen Gesamtleistung		
	1960	2002
Land- und Forstwirtschaft, Fischerei	5,8%	1,1%
Industrie und Handwerk	53,2%	28,6%
Handel und Verkehr	18,5%	18,6%
Dienstleistungen	13,6%	30,1%
Staat und Sonstige	8,9%	21,6%
	100%	100%

(Quelle: Statistisches Bundesamt)

Die Landwirtschaft kann auch heute noch die Ernährung der Menschen sicherstellen. Doch genügen dazu etwa 3% der Erwerbstätigen, weil verstärkte Nutzung der landwirtschaftlichen Anbaugebiete und die Mechanisierung sehr hohe Erträge ermöglichen.

Produzierendes Gewerbe und Dienstleistungen

Auf der anderen Seite entwickelte sich rasch das **produzierende Gewerbe,** das Industrie und Handwerk umfasst. Vor allem die **Industrie** konnte sich dank der neuen Produktionsverfahren zum größten Wirtschaftsfaktor in der Bundesrepublik Deutschland entwickeln.

Unterschiede bei den Produktionsfortschritten und bei der Nachfrage haben zu grundlegenden Veränderungen der **Wirtschaftsstruktur** in Deutschland geführt. In den letzten Jahren hat sich allerdings insgesamt der Anteil der Erwerbstätigen in Industrie und Handwerk verringert, da in diesen Wirtschaftsbereichen die Mechanisierung die Produktivität stark erhöhte.

Hinzu kommt, dass der **Dienstleistungsbereich** stark zunahm und sich auch weiterhin vergrößert. Zu diesem Bereich der Wirtschaft gehören vor allem Banken, Versicherungen und die staatliche Verwaltung. Man kann dazu aber auch den neuen Bereich von Information und Kommunikation zählen.

M 3

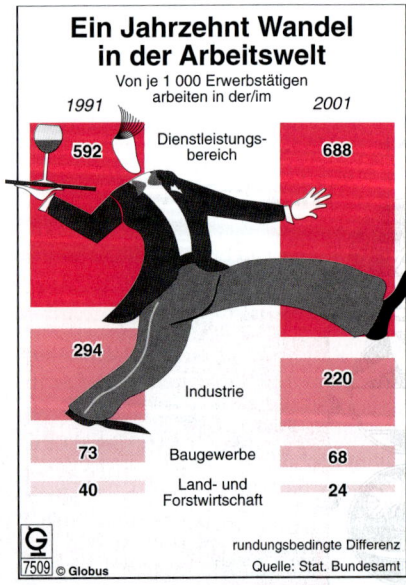

Ein Jahrzehnt Wandel in der Arbeitswelt

Von je 1 000 Erwerbstätigen arbeiten in der/im

1991   *2001*

Dienstleistungsbereich: 592 / 688

Industrie: 294 / 220

Baugewerbe: 73 / 68

Land- und Forstwirtschaft: 40 / 24

rundungsbedingte Differenz
Quelle: Stat. Bundesamt

7509 © Globus

Ökonomischer Wandel und Strukturveränderungen

Der **ökonomische Wandel** ist insgesamt vor allem gekennzeichnet durch

– den Rückgang der Landwirtschaft,
– die Ausdehnung des Dienstleistungsbereichs,
– die starke Zunahme einzelner Industriezweige und den Rückgang anderer Bereiche des produzierenden Gewerbes.

Die unterschiedliche Entwicklung der Wirtschaftsbereiche veränderte die **ökonomische Struktur** in Deutschland insgesamt. Aber auch innerhalb einzelner Wirtschaftsbereiche war die Entwicklung von bestimmten Branchen (Wirtschaftszweige) sehr unterschiedlich.

Dies wirkte sich auf die Arbeitsplätze aus. Der ökonomische Wandel verändert die Berufswelt (Abschnitt 2.3.1). Die Zahl der Erwerbstätigen nahm in vielen Berufsbereichen, vor allem in den Computer-Berufen, zu; in vielen anderen Berufen verringerte sich die Zahl der Erwerbstätigen.

Der ökonomische Wandel wird sich fortsetzen, weil sich die Bedürfnisse der Menschen und der Gesellschaft insgesamt verändern. Der technische Fortschritt schafft die Voraussetzungen dafür. Mit der intensiven Nutzung der Natur sind allerdings neue Probleme entstanden, sodass eine Umorientierung und damit ein weiterer Wandel notwendig wird, um die Umwelt und die natürlichen Ressourcen zu schonen.

M 5

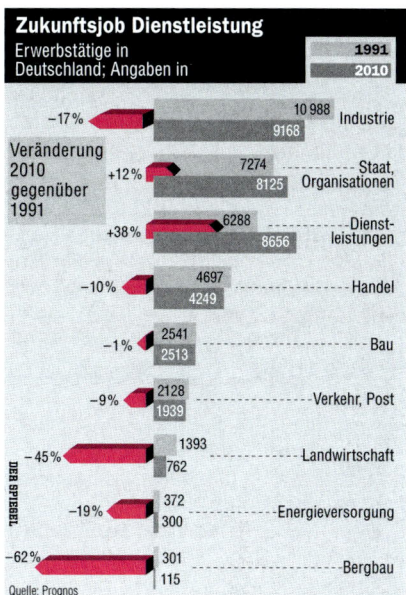

Zukunftsjob Dienstleistung
Erwerbstätige in Deutschland; Angaben in

	1991	2010

Veränderung 2010 gegenüber 1991

		1991	2010	
Industrie	−17 %	10 988	9168	
Staat, Organisationen	+12 %	7274	8125	
Dienstleistungen	+38 %	6288	8656	
Handel	−10 %	4697	4249	
Bau	−1 %	2541	2513	
Verkehr, Post	−9 %	2128	1939	
Landwirtschaft	−45 %	1393	762	
Energieversorgung	−19 %	372	300	
Bergbau	−62 %	301	115	

DER SPIEGEL

Quelle: Prognos

■ Aufgaben

1. Welche Wirtschaftsbereiche haben in der Folge der industriellen Revolution zugenommen?
2. Warum kann die Landwirtschaft auch heute noch genügend produzieren?
3. Nennen Sie zwei wichtige Ursachen für den ökonomischen Wandel.
4. Welche Hintergründe hat die Entwicklung zur Dienstleistungsgesellschaft? Bedenken Sie dabei auch die internationalen Zusammenhänge.
5. Halten Sie Ihren Ausbildungsberuf für zukunftsträchtig? Begründen Sie Ihre Ansicht und beachten Sie dabei den strukturellen Wandel in der Wirtschaft?
6. Welche Ursachen hat es, dass in Deutschland der ökonomische Wandel im Osten und im Westen verschieden ist?

M 4

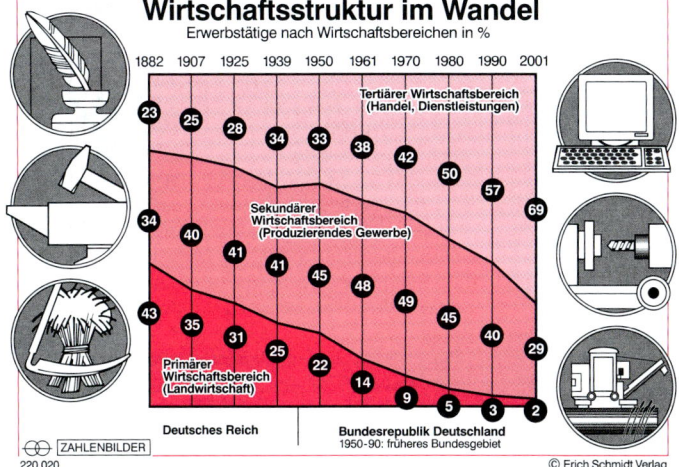

Wirtschaftsstruktur im Wandel
Erwerbstätige nach Wirtschaftsbereichen in %

1882 1907 1925 1939 1950 1961 1970 1980 1990 2001

Tertiärer Wirtschaftsbereich (Handel, Dienstleistungen)
23 25 28 34 33 38 42 50 57 69

Sekundärer Wirtschaftsbereich (Produzierendes Gewerbe)
34 40 41 41 45 48 49 45 40 29

Primärer Wirtschaftsbereich (Landwirtschaft)
43 35 31 25 22 14 9 5 3 2

Deutsches Reich

Bundesrepublik Deutschland
1950-90: früheres Bundesgebiet

ZAHLENBILDER
220 020

© Erich Schmidt Verlag

Ökonomischer Wandel:

– **starker Rückgang der Landwirtschaft**
– **großer Anteil des produzierenden Gewerbes**
– **Rückgang der Zahl der Beschäftigten**
– **Zunahme von Dienstleistungen**

2.2.3 Der soziale Wandel

Der Strukturwandel hat tief greifende Auswirkungen auf die soziale Situation der Menschen. Der **soziale Wandel,** der bereits in der Zeit vor der industriellen Revolution seinen Anfang nahm, setzt sich weiter fort.

Die Veränderung der **gesellschaftlichen Struktur** demonstriert die **Landflucht** im letzten Jahrhundert. Da für die industrielle Produktion häufig Hilfsarbeiter und angelernte Arbeiter genügten anstelle von vielseitig ausgebildeten Handwerkern, zogen viele Erwerbspersonen aus der Landwirtschaft in die Städte. Sie ließen sich in den Fabriken einarbeiten.

Verbesserung der Arbeits- und Lebensbedingungen

Die sozialen **Arbeitsbedingungen** haben sich gewandelt. Während im letzten Jahrhundert der „Fabrikherr" seine Arbeiter wie Untertanen behandeln konnte, bestehen heute weitgehend Mitbestimmungsrechte und die Arbeitnehmer können ihre Interessen beispielsweise über den Betriebsrat wahrnehmen. In vielen Unternehmen können die Arbeitnehmer darüber hinaus Belegschaftsaktien erwerben und so Miteigentümer werden.

M1: Sozialer Wandel in Deutschland

Die Gruppen des **Adels** und das **Militär** sind für die soziale Hierarchie bedeutungslos geworden. Die Selbständigen außerhalb und innerhalb der **Landwirtschaft** sind, besonders unter Hinzurechnung ihrer mithelfenden Familienangehörigen, in den letzten hundert Jahren auf ein Viertel ihres Anteils, nämlich bald 10%, geschrumpft.

Die Gruppe größerer **Unternehmer** mit mehr als 10 Beschäftigten ist zahlenmäßig klein (etwa 1%). Ihr kommt jedoch aufgrund ihres Anteils an dem verfügbaren Einkommen aller privaten Haushalte (vermutlich über 15%) und ihrer Einflusschancen eine sehr viel höhere Bedeutung zu.

Der Anteil der **abhängig Erwerbstätigen** ist bis 1978 auf über 87% angestiegen, wobei die **Beamten** und **Angestellten** zusammen mit fast 45% zum ersten Mal den Anteil der **Arbeiter** (42%) überschritten.

(Handwörterbuch zur politischen Kultur der Bundesrepublik Deutschland)

M2: Stellung der Erwerbstätigen im Beruf

	Deutsches Reich			Bundesrepublik Deutschland		
	1882	1907	1939	1950	1970	2001
Arbeiter	55,8%	54,9%	49,1%	51,0%	46,7%	32,5%
Angestellte und Beamte	6,0%	10,2%	21,6%	20,6%	36,2%	56,4%
Mithelfende Familienangehörige	10,2%	15,3%	15,8%	13,9%	6,7%	1,2%
Selbständige	28,0%	19,6%	13,5%	14,5%	10,4%	9,9%
(Quelle: Statistisches Bundesamt)	100%	100%	100%	100%	100%	100%

Die **Arbeits- und Lebenssituation** von Arbeiterfamilien hat sich entscheidend verbessert. Aufgrund der Sozialversicherungen sind die Erwerbstätigen gegen Notlagen abgesichert. Die bessere Entlohnung ermöglicht, Rücklagen zu bilden und eine gewisse Unabhängigkeit zu erreichen. Facharbeiter und ihre Familien haben heute am Wohlstand angemessenen Anteil.

Chancengleichheit

Während noch um 1900 die **Gesellschaft in Deutschland** in fest abgegrenzte **Schichten** aufgeteilt war, besteht heute **Durchlässigkeit.** Arbeiterkinder haben **Aufstiegschancen** und weitgehend dieselben **Bildungsmöglichkeiten** wie andere. Die frühere Benachteiligung im Bildungswesen und

M3: Chancengleichheit

Die Ungleichheit der Chancen im Zugang zu **höherer Bildung** ist verringert worden. Nunmehr besuchen etwa 20% eines Jahrgangs eine Hochschule im Vergleich zu unter 5% vor 1960. So hat sich der Anteil der Arbeiterkinder an den Hochschulstudenten in diesem Zeitraum auf etwa 15% verdreifacht.

Der rasche Wandel der Berufsstruktur hat zu einer hohen Rate der sozialen Mobilität zwischen den Generationen geführt – bei deutlich überwiegenden **sozialen Aufstiegen.** So haben etwa 37% der Söhne von Arbeitern, die zwischen 1920 und 1940 geboren wurden, eine **höhere Berufsposition** erreicht.

(Handwörterbuch zur politischen Kultur ...)

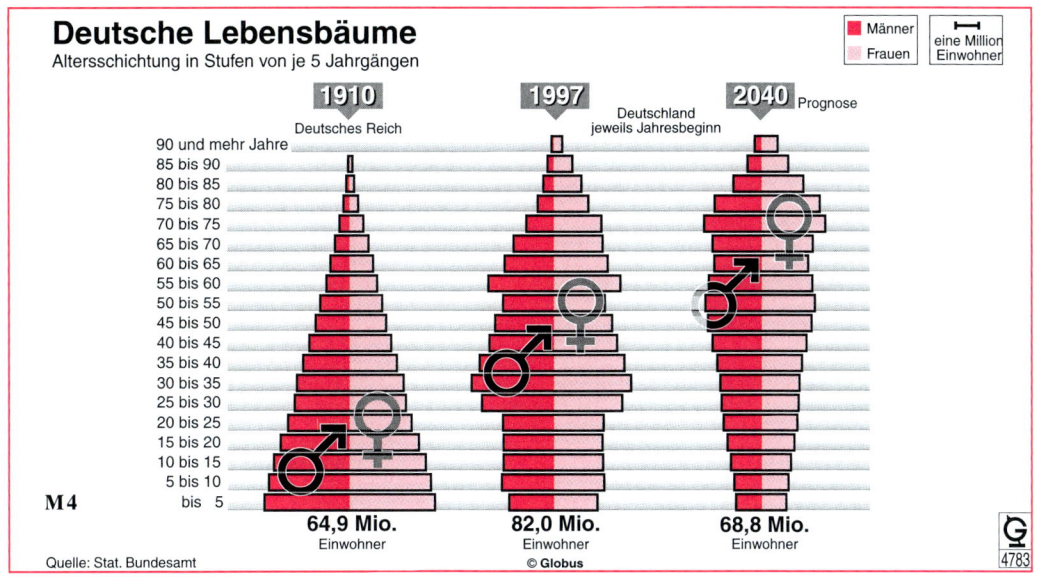

Deutsche Lebensbäume
Altersschichtung in Stufen von je 5 Jahrgängen

■ Männer ├─┤ eine Million
■ Frauen Einwohner

1910 Deutsches Reich
1997 Deutschland jeweils Jahresbeginn
2040 Prognose

90 und mehr Jahre
85 bis 90
80 bis 85
75 bis 80
70 bis 75
65 bis 70
60 bis 65
55 bis 60
50 bis 55
45 bis 50
40 bis 45
35 bis 40
30 bis 35
25 bis 30
20 bis 25
15 bis 20
10 bis 15
5 bis 10
bis 5

M 4

64,9 Mio. Einwohner
82,0 Mio. Einwohner
68,8 Mio. Einwohner

Quelle: Stat. Bundesamt
© Globus
4783

in der Berufsausbildung besteht nicht mehr. In den letzten Jahrzehnten ist man einer **offenen Gesellschaft** näher gekommen.

In vielen Betrieben wurde deshalb die Unterscheidung von **Arbeitern** und **Angestellten** abgeschafft. Damit entfiel einer der alten sozialen Rangunterschiede, der beispielsweise in Kündigungsfristen, Gehalt oder Lohn deutlich wurde.

Weitgehend hat sich auch die **Lebenssituation** in den **Familien** verändert. Nicht nur die Größe der **Haushalte** hat stark abgenommen, auch die Erwerbstätigkeit und das Ausmaß der Mithilfe bei der Berufsarbeit und im Haushalt erhielten einen anderen Stellenwert.

Altersaufbau der Bevölkerung

Problematisch sind die Veränderungen im Altersaufbau der Bevölkerung: Aufgrund des **Geburtenrückgangs** in den letzten Jahren steigt der Anteil der Alten im Vergleich zu den jungen Erwerbstätigen stark an. Dies wirkt sich beispielsweise auf die Beiträge zur Sozialversicherung aus. Insgesamt verändert sich dadurch die gesellschaftliche Struktur in Deutschland.

Ausländeranteil

Soziale Veränderungen sind auch die Folge der Zuwanderung von Ausländern. Dies ist darauf zurückzuführen, dass in vielen Wirtschaftsbereichen ausländische Arbeitskräfte sehr willkommen waren. Seither nehmen Ausländer an allen gesellschaftlichen Bereichen wie in Betrieben, Schulen und der Öffentlichkeit selbstverständlich teil. Allerdings wird von manchen diese Situation als problematisch angesehen, seit in Deutschland die Arbeitslosigkeit einen sehr hohen Stand erreichte und der Ausländeranteil 8% überschritt.

■ **Aufgaben**

1. Nennen Sie einige Ursachen für die Verbesserung der Lebensverhältnisse für Arbeiter.

2. Welche Benachteiligungen für Arbeiterkinder wurden in der Folge des sozialen Wandels beseitigt?

3. Welche Veränderungen gab es in den letzten 100 Jahren in Bezug auf die Stellung der Erwerbstätigen im Beruf (M2)? Diskutieren Sie Ursachen und Folgen dieses sozialen Wandels.

4. Welche Zusammenhänge bestehen zwischen Chancengleichheit (M3) und durchlässiger Sozialstruktur?

5. Diskutieren Sie die Auswirkungen des Geburtenrückgangs auf die soziale Struktur in Deutschland (M4).

6. Welche Bedeutung hat der hohe Ausländeranteil in Deutschland für die Lebenssituation?

Sozialer Wandel:

– **Änderung der Arbeitssituation**
– **bessere Lebensverhältnisse**
– **bessere Bildungschancen**
   + Aufstiegschancen
   für Arbeiterkinder
– **offene Gesellschaft**
– **Geburtenrückgang**
– **hoher Ausländeranteil**

2.3 Auswirkungen des Strukturwandels

2.3.1 Veränderung der Arbeitsanforderungen

Die Erwerbspersonen sind von Strukturwandel und Technisierung stark betroffen. Die **Arbeitsanforderungen** haben sich in vielen, wenn auch nicht in allen Fällen, stark verändert.

Erhöhung der Anforderungen am Arbeitsplatz

Höhere Anforderungen sind in vielen Fällen die Folge von neuen komplizierten Maschinen, die ältere und einfache ersetzen. Eine Höherqualifizierung ist auch häufig erforderlich, wenn Computer an den Arbeitsplätzen eingerichtet wurden und sich dadurch die Anforderungen an die Benutzer erhöhten (M4).

M3: Programmgesteuerte Arbeitsmittel

Neues programmgesteuertes Gerät verdrängt nicht Werkzeuge und Arbeitsmittel einfacher Art, sondern erweitert die Möglichkeiten der Bearbeitung von Werkstücken und Geschäftsvorgängen. Im Zuge des Vordringens neuer Techniken wird die Vielfalt des Arbeitsmitteleinsatzes immer größer.

Die vor Jahren geäußerte Sorge, moderne Technik entwerte Qualifikationen, mache gar berufliche Qualifizierung überflüssig, wurde nicht bestätigt. Die Befunde zeigen eher das Gegenteil. Sowohl in den westdeutschen wie auch in den ostdeutschen Bundesländern haben Berufstätige, die mit neuer Technik arbeiten, überdurchschnittlich häufig ein Hochschulstudium (FH/WH) oder eine Fachschulausbildung abgeschlossen.   (MatAB2/1993)

M1

Unsere Arbeitswelt

Von je 100 Arbeitnehmern benutzen bei der Arbeit

Schreibzeug	
Tisch-, Taschenrechner	47
einfaches Telefon	39
Fax	38
PC	35
einfaches Handwerkzeug	31
Telefon mit ISDN-Anschluss	30
Handy, Funkgerät	28
PC vernetzt	23
einfache Messgeräte	20
Pkw	20
angetriebenes Handwerkzeug	18
Schreibmaschine	16
handgesteuerte Maschinen	14
PC mit Internetzugang/E-Mail	14
elektrische Messgeräte	13
Diktier-, Tonbandgerät	13
Overheadprojektor u. a.	12
feinmechanische Werkzeuge	11
Gabelstapler, Hubwagen	11

Stand 1998/99   Quelle: IAB   © Globus 6397

M2: Wandel der Arbeitsplatzstruktur

Der Trend geht zur flacheren Hierarchie

Bei der Betrachtung des Wandels der Arbeitsplatzstrukturen hat sich in den letzten Jahren ein bemerkenswerter Prozess vollzogen: Die Führungsspannen – das ist die Zahl der Arbeitsgruppen oder der Mitarbeiter, für die eine Führungskraft zuständig ist – verändern sich. Die Hierarchien bauen sich ab und werden flacher. Dies trifft besonders auf den Bürobereich zu; immer mehr Berufstätige sind dort in gehobenen und leitenden Stellungen tätig. Gleichzeitig sind die Anteile der Angestellten und Beamten in „einfacher Stellung" in den letzten Jahren ständig zurückgegangen.

Merkmale moderner Produktionsbetriebe

– Dezentrale Organisationseinheiten mit großer Selbstständigkeit
– reduzierte Hierarchiestufen
– mitarbeiterorientiertes Management
– Unternehmen als Sinngemeinschaft
– verstärkte Gruppenarbeit
– neue Entlohnungsformen
– ständige Gesprächskreise der Mitarbeiter
– ständige Weiterbildung

M 4

Was im Arbeitsleben zählt

Von je 100 Befragten nennen als wichtig bis sehr wichtig

gutes Arbeitsklima	93
sicherer Arbeitsplatz	91
Identifikation mit der Arbeit	87
Vereinbarkeit von Beruf und Familie	85
Eigenverantwortlichkeit	84
gutes Unternehmensimage	81
ausreichend Freizeit	80
hohes Einkommen	79
hohe Unternehmensgewinne	74
ständige berufliche Weiterbildung	70
flexible Arbeitszeiten	68
lebenslang im selben Beruf arbeiten	67
ethische Grundsätze im Unternehmen	67
fest voraussehbare Karriere	59
Engagement des Unternehmens fürs Gemeinwohl	45

Mehrfachnennungen

Quelle: iw, Stand 2001

8296 © Globus

M 5: Computerintegrierte Produktion

CIM bedeutet die Integration aller mit der Produktion zusammenhängenden Unternehmensbereiche durch die bereichsübergreifende Nutzung und Verarbeitung gemeinsamer Datenbestände.

Entscheidend ist ein gut organisierter Umgang mit technischer Information. Das „I" in CIM steht für Information, Integration und Intelligenz. Dies bedeutet, dass alle am Produktionsprozess beteiligten Stellen gemeinsamen Zugriff auf die gleichen Informationen haben müssen.

CIM = **Computer Integrated Manufacturing**
= **Computerintegrierte Produktion**

(Wirtschaft und Unterricht)

■ **Aufgaben**

1. Welche Auswirkungen hat der Strukturwandel auf die Arbeitsanforderungen?

2. Nennen Sie je 2 Beispiele für höhere und niedrigere Arbeitsanforderungen aufgrund technologischer Veränderungen.

3. Vergleichen Sie die Arbeitssituation in der Zeit der Industrialisierung mit den heutigen Arbeitsbedingungen in Ihrem Beruf. Wie hat sich dort die Arbeitssituation in den letzten Jahren verändert (M 1)?

4. Welche künftige Veränderung der Arbeitsanforderungen halten Sie in Ihrem Betrieb für wahrscheinlich? Erkundigen Sie sich auch bei älteren Kollegen nach den Veränderungen in den letzten Jahren und Jahrzehnten.

5. Diskutieren Sie die Vor- und Nachteile, die mit der Verwendung computergesteuerter Maschinen und Anlagen verbunden sind (M 3 + M 5).

6. Welche Auswirkungen hat es auf die Mitarbeiter, wenn die Betriebe „schlanker" werden (M 2)?

Verringerung der Anforderungen am Arbeitsplatz

Zu **geringeren Anforderungen** kommt es immer dann, wenn an einem Arbeitsplatz die hoch qualifizierte Tätigkeit eines erfahrenen Facharbeiters durch Maschinenarbeit ersetzt wird und die neue Maschine einfach zu bedienen ist.

Veränderung der Betriebsstruktur

Aber nicht nur die Einrichtung der Fabriken, Werkstätten und Büros änderte sich, auch die **Betriebsorganisation** folgt neuen Überlegungen: Die Arbeitsteilung wird verringert, und von den Mitarbeitern erwartet man mehr Selbständigkeit und Zusammenarbeit in Arbeitsgruppen (M 2). Solch eine Verschlankung soll die Produktivität erhöhen. Sie wirkt sich aber auch auf die Stellung der Mitarbeiter im Betrieb aus.

Andererseits versucht man die Entwicklungs- und Fertigungszeiten in den Betrieben durch eine **computerintegrierte Produktion (CIM)** zu verkürzen (M 5). Auch solch eine Umstellung bringt eine Veränderung der Arbeitsanforderungen mit sich.

Strukturwandel führt zu

– **Änderung der Arbeitsanforderungen**
  – **Höherqualifikation**
  – **Minderqualifikation**
– **Änderung der Betriebsorganisation**
– **Computerintegrierte Produktion**

2.3.2 Bildung und Mobilität

In der Bundesrepublik Deutschland bestehen wie in jeder modernen Industriegesellschaft **vielfältige Anforderungen** an die Menschen. Wissen und Können sind nötig, um die verschiedenen Aufgaben zu bewältigen

– am Arbeitsplatz und im Beruf,
– in der Öffentlichkeit und
– im privaten Bereich.

Das notwendige Rüstzeug muss sich jeder Mensch im Verlauf seiner Schul- und Ausbildungszeit aneignen.

Auswirkungen des Strukturwandels

Der **Strukturwandel** in Wirtschaft und Gesellschaft sowie die rasche technische Entwicklung erfordern

– kritische Beobachtung und Beurteilung der Veränderungen,
– Bereitschaft und Fähigkeit zur Umstellung auf neue Situationen sowie zum Wechsel des Arbeitsplatzes,
– rasche Aneignung von Kenntnissen und Fertigkeiten, um neuen Anforderungen an Arbeitsplätzen nach kurzer Einarbeitungszeit gerecht zu werden.

Anforderungen aufgrund des Strukturwandels

Um diesen Anforderungen zu genügen, muss man umfassende Grundlagen im Verlauf der Schulbildung und der Berufsausbildung erwerben.

Deshalb sind neben der grundlegenden **allgemeinen Bildung** vor allem **Mobilität** (Beweglichkeit) und **Flexibilität** (Anpassungsfähigkeit) sowie hohe **Qualifikation** (Befähigung) wichtig.

M 1

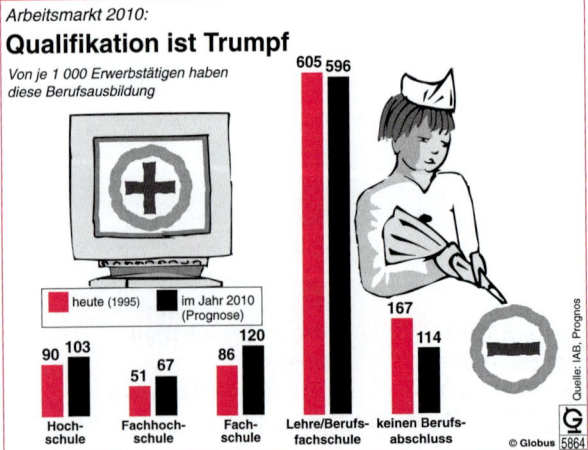

M 2: Strukturwandel und Arbeitsplätze

Grundsätzlich werden immer weniger Menschen mit der Herstellung von Waren befasst sein. Im engeren Bereich der **Produktion** werden mehr als eine Million Arbeitsplätze wegfallen. Hochautomatisierte, computergesteuerte Maschinenanlagen werden die Arbeitskraft des Menschen weiter ersetzen. Arbeitnehmer werden sich zunehmend mit der Planung, Vorbereitung und Organisation der Güterherstellung beschäftigen.
Büroarbeitsplätze werden leicht, aber nicht so stark wie einst befürchtet, zurückgehen. Im **Handel** werden etwas mehr Menschen beschäftigt sein – der Renner der Zukunft sind aber die so genannten sekundären **Dienstleistungen**. Dazu zählen Forscher und Entwickler ebenso wie Organisations- und Finanzberater, Pflege- und Sicherheitsdienste. Allein im Bereich Organisation und Management werden 900 000 zusätzliche Arbeitsplätze bis zum Jahr 2010 entstehen.
(Jens Brommann in DAS PARLAMENT
vom 25. 8. 1995)

M 3

Qualifikation ist alles – aber welche?
Die Hoffnung, mit einem einmal erlernten Beruf bis zur Rente den Lebensunterhalt bestreiten zu können – diese Hoffnung wird sich für immer weniger Menschen erfüllen. Der rasante technologische Wandel unserer Industrie- und Informationsgesellschaft verlangt dem Arbeitnehmer ständig neue Fertigkeiten und Fähigkeiten ab – letztlich die Bereitschaft, sich laufend weiterzubilden, um veränderte Produktionsprozesse im Betrieb meistern und neuartige Dienstleistungswünsche der Kunden befriedigen zu können. Die persönliche wie die berufliche Bildung werden zunehmend über die Berufschancen eines Arbeitnehmers entscheiden.

(DAS PARLAMENT vom 25. 8. 1995)

M 4: Mobilität

Mobilität ist vor allem im Arbeitsbereich ein Begriff für die Beweglichkeit des Arbeitnehmers in Standortfragen. Berufliche Mobilität gibt dem Arbeitnehmer die Möglichkeit, dort zu arbeiten, wo er gebraucht wird. Die Arbeitslosigkeit könnte erheblich gesenkt werden, wenn die arbeitslosen Arbeitnehmer an jeden Ort der Bundesrepublik vermittelbar wären.

(Gablers Schülerlexikon Wirtschaft)

Allgemeine Bildung

Die allgemeine Bildung, die vor allem in den allgemeinen Schulen vermittelt wird, bezieht sich auf alle Lebensbereiche. Berufstätigkeit und Arbeit kann man nicht vom anderen Leben loslösen. Insofern muss die **Berufsbildung** auf grundlegenden Kenntnissen aus den anderen Lebensbereichen aufbauen. Dazu gehört z.B. die Politik.

Berufsbildung

Die Berufsbildung bezieht sich speziell auf den Bereich von Beruf und Arbeit. Dort wirkt sich auch der Strukturwandel in besonderer Weise aus, was am technischen Fortschritt und seinen Auswirkungen leicht zu erkennen ist.

Die **Qualifikation** für einen Beruf umfasst die notwendigen Kenntnisse und Fertigkeiten zur Berufsausübung. Doch im Rahmen der **Berufsausbildung** genügt es nicht, sich auf bestimmte Anforderungen einzustellen, die die gegenwärtigen Arbeitsplätze kennzeichnen.

Flexibilität

Hinzu kommt, dass man lernen muss, sich Veränderungen anzupassen. Die Anwendung neuer Technologien, wie jede andere Folge des strukturellen Wandels in der Wirtschaft, verlangt von vielen Arbeitnehmern **Flexibilität,** nämlich die Fähigkeit sich auf neue Tätigkeiten und auf neue Organisationsformen in den Betrieben einzustellen.

M 6: Beispiele für Schlüsselqualifikationen

- inhaltliche Kenntnisse und Fertigkeiten
  – berufsübergreifende und allgemeine Kenntnisse und Fertigkeiten, auch über neue Technologien, Allgemeinbildung

- allgemeine Fähigkeiten
  – selbstständiges, logisches, kritisches, kreatives Denken
  – Gewinnen und Verarbeiten von Informationen
  – selbstständiges Lernen
  – Entscheidungsfähigkeit, Führungsfähigkeit, Selbstständigkeit bei Planung, Durchführung und Kontrolle von Arbeiten

- personenbezogene Verhaltensweisen
  – Anpassungsfähigkeit, Gestaltungskraft, Leistungsbereitschaft, Eigenständigkeit
  – Kooperationsbereitschaft, Fairness, Aufrichtigkeit, Solidarität
  – Arbeitstugenden wie Genauigkeit, Zuverlässigkeit, Pünktlichkeit, Pflichtbewusstsein, Fleiß, Disziplin, Hilfsbereitschaft, Rücksichtnahme

M 5

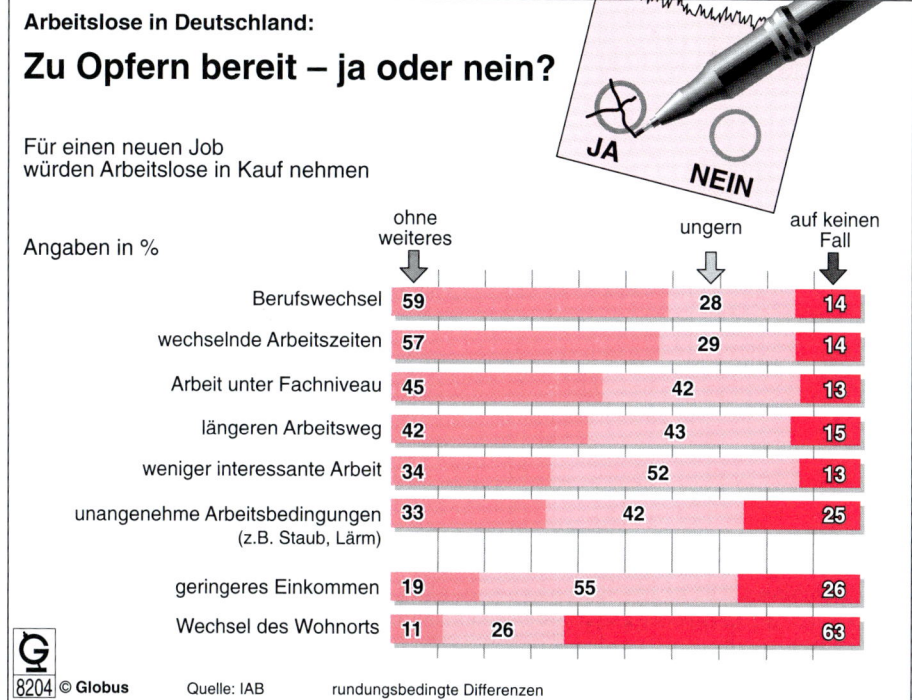

Arbeitslose in Deutschland:

Zu Opfern bereit – ja oder nein?

Für einen neuen Job würden Arbeitslose in Kauf nehmen

Angaben in %

	ohne weiteres	ungern	auf keinen Fall
Berufswechsel	59	28	14
wechselnde Arbeitszeiten	57	29	14
Arbeit unter Fachniveau	45	42	13
längeren Arbeitsweg	42	43	15
weniger interessante Arbeit	34	52	13
unangenehme Arbeitsbedingungen (z.B. Staub, Lärm)	33	42	25
geringeres Einkommen	19	55	26
Wechsel des Wohnorts	11	26	63

8204 © Globus   Quelle: IAB   rundungsbedingte Differenzen

Außerdem ist sowohl innerbetriebliche als auch zwischenbetriebliche **Mobilität** notwendig. Das bedeutet, dass man bereit ist, innerhalb eines Betriebs einen anderen Arbeitsplatz einzunehmen oder den Betrieb zu wechseln, wenn man am alten Arbeitsplatz nicht mehr gebraucht wird. Damit verbunden ist oft die Notwendigkeit, in einen anderen Ort zu ziehen.

Qualifikation

Der Strukturwandel bringt mit sich, dass man sich außer den grundlegenden Kenntnissen und Fertigkeiten in einem Beruf immer wieder neue **Qualifikationen** erwerben muss, um veränderte Anforderungen am Arbeitsplatz bewältigen zu können. Dies gilt selbst dann, wenn die Qualifikationsanforderungen insgesamt im Durchschnitt gleich hoch bleiben.

Schlüsselqualifikation

In den letzten Jahren kam zu der Tendenz, neue Maschinen und Roboter einzusetzen, immer wieder eine Veränderung der Arbeitsorganisation: An den Arbeitsplätzen erwartete man mehr Selbstständigkeit und die Fähigkeit zu gemeinsamem Problemlösen in der Arbeitsgruppe. Die Mitarbeiter sollen in der Lage sein, sich selbständig jene Kenntnisse und Fertigkeiten anzueignen, die neue Arbeitssituationen erfordern.

Diese Befähigung, sich je nach Situation und besonderer Anforderung, selbstständig Qualifikationen anzueignen, nennt man **Schlüsselqualifikation.** Es handelt sich dabei um eine Befähigung, die gleichsam als Schlüssel dazu dienen kann, neue Qualifikationen zu erwerben (M6).

Wer z.B. gelernt hat, in einer Maschine die Übertragung von Kräften nachzuvollziehen, der kann auch bei sehr unterschiedlichen Geräten im Falle einer Störung mit Hilfe dieser Fähigkeit den Fehler einkreisen und dessen Ursache feststellen. Somit erlaubt diese grundlegende Befähigung, sich die Qualifikation für die Reparatur spezieller Maschinen anzueignen.

Berufsbildung

Hohe **Qualifikation,** als Voraussetzung für die Bewältigung anspruchsvoller Arbeitsaufgaben, erwirbt man sich durch eine gute **Berufsbildung.** Diese umfasst zunächst eine breite **Berufsausbildung.**

Als **Weiterbildung** kommt aber auch hinzu eine ständige **berufliche Fortbildung,** um neuen Anforderungen genügen zu können, und die **berufliche Umschulung,** da man im Verlauf seines Arbeitslebens sich wahrscheinlich auch anderen Tätigkeiten zuwenden muss, als jenen, für die man durch die Berufsausbildung vorbereitet wurde.

M 7: Mobilität bestimmt die Arbeitsformen

Multimediale Techniken werden die Arbeitswelt von morgen gestalten
Telearbeit ist nicht immer der klassische Fall von Heimarbeit. Unter Telearbeitern werden vielfach auch mobile Arbeitnehmer verstanden, die sich überall und zu jeder Zeit per Notebook ins Unternehmensgeschehen einloggen können. Telearbeit ist kein Job, sondern eine Arbeitsform, eine Neuorganisation der bisherigen Tätigkeit.
Beim **multimedialen Arbeitsplatz (MAP)** der Zukunft wird die Arbeit mittels multimedialer Techniken gestaltet. Einige sprechen schon vom „Arbeitsplatz für die Westentasche".
(Stuttgarter Zeitung vom 23.12.2002)

M 8

Fit machen für den Job

Von je 100 Befragten mit dieser beruflichen Stellung haben an betrieblicher Weiterbildung teilgenommen

63	Beamte im einfachen, mittleren, gehobenen Dienst
56	Beamte im höheren Dienst
52	leitende Angestellte
50	qualifizierte Angestellte
43	Selbstständige
30	Facharbeiter
27	ausführende Angestellte
15	un-/angelernte Arbeiter

© Globus 8101

M 9: § 43 Absatz 1 des Arbeitsförderungsgesetzes (AFG):

Förderung der beruflichen Fortbildung

Gefördert wird die Teilnahme an **Fortbildungsmaßnahmen,** die gerichtet sind insbesondere auf

1. einen beruflichen Aufstieg,
2. die Anpassung der Kenntnisse und Fähigkeiten an die beruflichen Anforderungen,
3. den Eintritt oder Wiedereintritt weiblicher Arbeitsuchender in das Berufsleben,
4. eine bisher fehlende berufliche Abschlussprüfung,
5. die Heranbildung und Fortbildung von Ausbildungskräften,
6. die Wiedereingliederung älterer Arbeitsuchender in das Berufsleben.

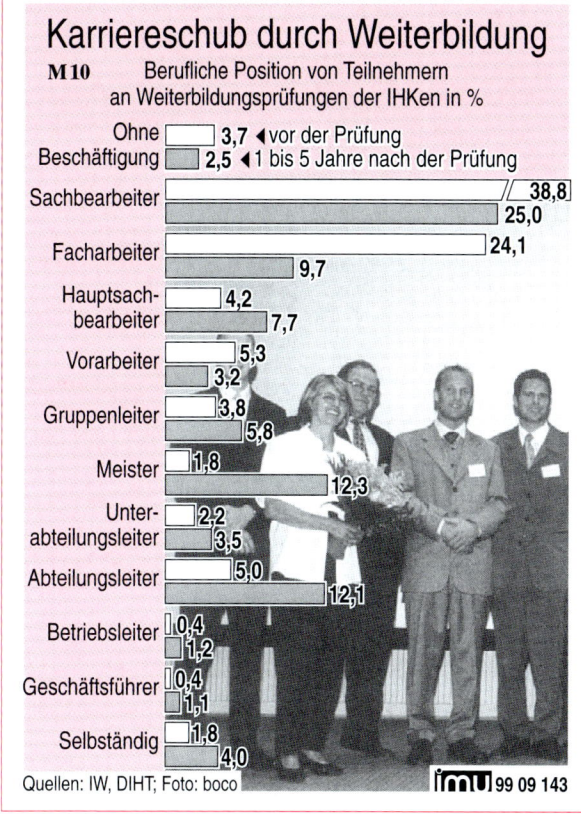

Karriereschub durch Weiterbildung

M 10 Berufliche Position von Teilnehmern
an Weiterbildungsprüfungen der IHKen in %

Ohne Beschäftigung — 3,7 ◀ vor der Prüfung / 2,5 ◀ 1 bis 5 Jahre nach der Prüfung

Sachbearbeiter — 38,8 / 25,0
Facharbeiter — 24,1 / 9,7
Hauptsach-bearbeiter — 4,2 / 7,7
Vorarbeiter — 5,3 / 3,2
Gruppenleiter — 3,8 / 5,8
Meister — 1,8 / 12,3
Unter-abteilungsleiter — 2,2 / 3,5
Abteilungsleiter — 5,0 / 12,1
Betriebsleiter — 0,4 / 1,2
Geschäftsführer — 0,4 / 1,1
Selbständig — 1,8 / 4,0

Quellen: IW, DIHT; Foto: boco   imu 99 09 143

M 11: Aus § 47 des Arbeitsförderungsgesetzes (AFG):

Förderung der beruflichen Umschulung

Die Bundesanstalt fördert die Teilnahme von Arbeitsuchenden an Maßnahmen, die das Ziel haben, den Übergang in eine andere geeignete berufliche Tätigkeit zu ermöglichen, insbesondere um die berufliche Beweglichkeit zu sichern oder zu verbessern (berufliche Umschulung).

■ Aufgaben

1. Welche Anforderungen ergeben sich für die Berufstätigen aufgrund des Strukturwandels?
2. Was versteht man unter Mobilität? Warum ist sie besonders wichtig?
3. Welche Unterschiede bestehen zwischen beruflicher Fortbildung und beruflicher Umschulung?
4. Welche Bedeutung haben Schlüsselqualifikationen in der Berufsbildung (M 6)?
5. Diskutieren Sie die Behauptung, Berufsbildung und Mobilität könnten gegen Arbeitslosigkeit helfen (M 4 + M 5).
6. Ermitteln Sie, welche Förderung der Berufsbildung über die Arbeitsämter oder die Bundesanstalt für Arbeit möglich ist (M 9 + M 11).
7. Welche Bedeutung haben angesichts des strukturellen Wandels berufliche Fortbildung und Umschulung (M 8 + M 10)?

Was kann man selbst beitragen?

Aufgrund des Strukturwandels sind immer wieder grundsätzliche **persönliche Entscheidungen** notwendig. Bei schwer wiegenden Veränderungen am Arbeitsplatz ist die Frage, ob man

– eine berufliche Veränderung oder Umsetzung im Betrieb auf sich nimmt,
– einen Wechsel der Arbeitsstätte oder des Berufs erstrebt,
– eine Anpassung an die neue Arbeitssituation durch **berufliche Fortbildung und Umschulung** leisten will.

Arbeitslosigkeit und Berufsbildung

Eine gute Berufsausbildung ist auch deshalb sehr wichtig, weil alle, die keine Berufsausbildung absolviert haben, besonders stark von Arbeitslosigkeit bedroht sind.

Doch die berufliche Erstausbildung allein genügt nicht, deshalb unterstützt die **Bundesanstalt für Arbeit,** der die **Arbeitsämter** angeschlossen sind, nach Maßgabe des **Arbeitsförderungsgesetzes (AFG)** die berufliche Fortbildung und berufliche Umschulung durch Zuschüsse und Darlehen.

Strukturwandel erfordert

– **allgemeine Bildung**
– **hohe Qualifikation**
– **Mobilität**
– **Flexibilität**
– **umfassende Berufsbildung:**
  – **Berufsausbildung**
  – **berufliche Fortbildung**
  – **berufliche Umschulung**

2.3.3 Arbeitslosigkeit

Bei der **Arbeitslosigkeit** muss man unterscheiden

– die **zeitweilige Arbeitslosigkeit** aufgrund von jahreszeitlichen oder konjunkturellen Schwankungen und

– die **strukturelle Arbeitslosigkeit,** deren Ursachen im Strukturwandel, nämlich in den Veränderungen der Wirtschaftsbereiche oder der Betriebe liegen.

Zeitweilige Arbeitslosigkeit

Aus der Sicht von Arbeitslosen ist der **zeitweilige Verlust eines Arbeitsplatzes** eher zu verschmerzen, da man hoffen kann, wieder einen Arbeitsplatz zu erhalten, sobald die konjunkturelle Talsohle überwunden ist und die Betriebe wieder Aufträge erhalten.

Dies gilt noch mehr für **jahreszeitliche Schwankungen.** Diese wirken sich vor allem in Abhängigkeit vom Wetter z.B. im Baugewerbe, in der Landwirtschaft oder im Gastgewerbe aus. Saisonarbeiter beispielsweise in Hotels verloren nach dem Ende der Urlaubszeit ihren Arbeitsplatz und wurden erst wieder eingestellt, wenn in der neuen Saison Urlauber kamen. Für die Landwirtschaft und das Baugewerbe führten schlechte Wetterbedingungen zu zeitweiliger Arbeitslosigkeit.

Strukturelle Arbeitslosigkeit

Ganz anders ist die Situation bei struktureller Arbeitslosigkeit. Hierbei gibt es keine Hoffnung, dass man den verlorenen Arbeitsplatz wieder bekommen kann.

Strukturelle Arbeitslosigkeit ist ein grundlegendes Problem aller hoch entwickelten Industriegesellschaften. Die Betriebe setzen moderne Maschinen und Geräte ein. Der Anteil der Maschinenarbeit nimmt zu, der Anteil menschlicher Arbeitskraft nimmt ab.

Der **Standort Deutschland** ist aufgrund dieser Entwicklung nur für hochqualifizierte Arbeitskräfte gegen Arbeitslosigkeit weitgehend abgesichert. Je besser die Berufsausbildung, desto geringer ist die Gefahr von Arbeitslosigkeit (M9).

Strukturwandel und Arbeitslosigkeit

Der **technologische Wandel** führt zu **Änderungen in der Struktur** der Betriebe, zu **Veränderungen der Arbeitssituation** und meist zur **Freisetzung von Arbeitskräften.**

Seit Beginn der industriellen Revolution erhöhten neue Maschinen die **Produktivität.** Das bedeutet aber, dass für die Herstellung einer Ware dank neuer Maschinen weniger Arbeitsaufwand erforderlich ist. Man benötigt deshalb weniger Arbeitskräfte. Die Mechanisierung hat daher immer wieder zu großer Arbeitslosigkeit geführt.

M1

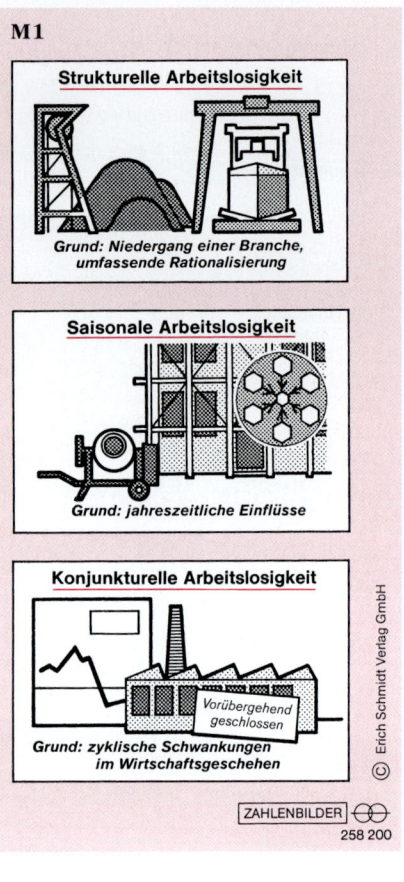

Strukturelle Arbeitslosigkeit

Grund: Niedergang einer Branche, umfassende Rationalisierung

Saisonale Arbeitslosigkeit

Grund: jahreszeitliche Einflüsse

Konjunkturelle Arbeitslosigkeit

Vorübergehend geschlossen

Grund: zyklische Schwankungen im Wirtschaftsgeschehen

© Erich Schmidt Verlag GmbH

ZAHLENBILDER 258 200

M2

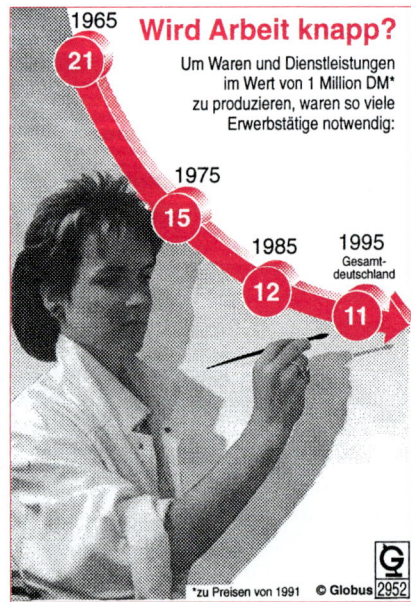

1965
21

Wird Arbeit knapp?

Um Waren und Dienstleistungen im Wert von 1 Million DM* zu produzieren, waren so viele Erwerbstätige notwendig:

1975
15

1985
12

1995
Gesamtdeutschland
11

*zu Preisen von 1991 © Globus 2952

M 3

Wir stellen ein
18 Roboter
4 Grosscomputer
15 Schreibautomaten
25 Personalcomputer

Wirtschaftliches Wachstum verhindert Arbeitslosigkeit

Aufgrund von wirtschaftlichem Wachstum entstehen häufig an anderer Stelle neue Arbeitsplätze. Bei allgemeinem Wirtschaftswachstum bleiben deshalb die Arbeitnehmer nicht arbeitslos, sondern wechseln den Arbeitsplatz und gehen beispielsweise in Fabriken zur Herstellung neuer Maschinen. Allerdings stößt Wachstum an seine Grenzen und kann deshalb keine grundsätzliche Lösung des Problems bieten.

Auswirkungen des Strukturwandels auf die Betriebe

Der **Strukturwandel** wirkt sich auf fast alle Betriebe und ihre Erzeugnisse aus: viele Betriebe müssen umgestellt, manche Betriebe stillgelegt werden, weil ihre seitherigen Erzeugnisse keine Abnehmer mehr finden.

Es kann auch sein, dass die Betriebe der Konkurrenz nicht mehr gewachsen sind, weil diese mit moderneren Herstellungsverfahren billiger produzieren kann oder weil im Ausland billigere Arbeitskräfte zur Verfügung stehen.

Auch die **Verlagerung von Arbeit ins Ausland,** wo die Arbeitskosten niedriger sind, führt in Deutschland zum Verlust von Arbeitsplätzen (M6). Eine solche Verlagerung von Produktion oder die Beauftragung von Unternehmen aus dem Ausland ist aber in vielen Fällen notwendig, um konkurrenzfähige Preise für Waren zu erreichen.

Neue Arbeitsplätze

In Deutschland werden neue Betriebe gegründet oder bestehende vergrößert beispielsweise im Bereich der elektronischen Datenverarbeitung oder der Information und Kommunikation. Dort entstehen neue Arbeitsplätze, die allerdings meist andere Anforderungen stellen als in den schrumpfenden Wirtschaftszweigen.

M 4: Rationalisierung in der Wirtschaft

Die Unternehmen nutzen alle nur erdenklichen Möglichkeiten zur **Steigerung ihrer Produktivität,** z. B.:
– modernste, weltumspannende Informations- und Kommunikationstechnologien
– punktgenaue Produktion und Disposition („just-in-time")
– computergestützte und -optimierte Produktionsverfahren
– vernetzte innerbetriebliche Arbeitsabläufe
– leistungs- und motivationssteigernde Gruppenarbeitsmodelle
– Abbau hemmender bürokratischer Hierarchien.
(DAS PARLAMENT vom 25. 8. 1995)

M 5: Die Folgen der Rationalisierung

Radikaler Stellenabbau in der Industrie

Allein im produzierenden Gewerbe sind zwischen 1991 und 1994 rund 1,1 Millionen Arbeitsplätze vernichtet worden, und zwar für immer. Seit Beginn der neunziger Jahre ist in Deutschland
– jeder 6. Arbeitsplatz in der Automobilindustrie
– jeder 3. Arbeitsplatz im Maschinenbau
– jeder 12. Arbeitsplatz in der Elektrotechnik
– jeder 5. Arbeitsplatz in der chemischen Industrie
– jeder 3. Arbeitsplatz in der Stahlindustrie
– jeder 3. Arbeitsplatz in der Textilindustrie wegrationalisiert worden.
Zusätzliche Arbeitskräfte wurden ausschließlich vom Dienstleistungsgewerbe nachgefragt.
(DAS PARLAMENT vom 25. 8. 1995)

Was kann man gegen die Arbeitslosigkeit tun?

Zur Milderung der **strukturellen Arbeitslosigkeit** und zur Anpassung an veränderte Arbeitssituationen dienen

– **staatliche Maßnahmen** zur Schaffung neuer Arbeitsplätze und Hilfen zur beruflichen Fortbildung und Umschulung.
– **Persönliche Entscheidungen** über berufliche Veränderungen oder über berufliche Fortbildung und Umschulung sind ebenso notwendig.

Staatliche Maßnahmen

Der Staat sorgt dafür, dass für den Fall von Arbeitslosigkeit, die **Sozialversicherung** die Existenzsicherung gewährleistet (Abschnitt 2.5.2). Dadurch wird aber nur die Not gelindert.

Neue Arbeitsplätze können in Behörden und staatlichen Betrieben geschaffen werden. Der Staat kann auch Arbeitsplätze schaffen, indem er große Aufträge, beispielsweise im Straßenbau, erteilt, sodass die Betriebe Arbeitskräfte einstellen. Auch Programme zur Förderung der Konjunktur oder einzelner Wirtschaftszweige durch **Subventionen** dienen solch einem Ziel.

Persönliche Entscheidungen

Wenn man arbeitslos ist oder wenn Arbeitslosigkeit droht, muss man sich selbst darum bemühen, einen neuen Arbeitsplatz zu finden. In manchen Fällen genügt es, sich an einem anderen Ort oder in einem anderen Bundesland zu bewerben. 1995 kamen z. B. auf 100 Arbeitslose 24 offene Stellen, die allerdings nicht am passenden Ort waren.

Im Falle struktureller Arbeitslosigkeit hilft ein Ortswechsel nicht. Man muss sich überlegen, ob durch **berufliche Fortbildung** neue Chancen entstehen, beispielsweise weil sich die Qualifikationsanforderungen im erlernten Beruf stark erhöhten.

Falls der erlernte Beruf keine Zukunftsaussichten mehr hat, weil z. B. die Handarbeit aufgrund der technischen Entwicklung durch Maschinenarbeit ersetzt wurde oder weil der Beruf nur noch in wenigen Betrieben ausgeübt wird, muss man sich mit **beruflicher Umschulung** befassen, also einen anderen Beruf erlernen. Solch eine Situation bestand beispielsweise 1995 als auf 100 arbeitslose Bergleute nur eine einzige offene Stelle kam.

Für die berufliche Fortbildung und Umschulung gibt es staatliche Unterstützung nach dem Arbeitsförderungsgesetz (M9 + M11 von 2.3.2). Zuständig sind dafür die Arbeitsämter.

M6: Lohnfertigung im Ausland

Deutschland ist ein teurer Produktionsstandort. Daher ist die Lohnfertigung im Ausland so beliebt. Die deutschen Vorteile – eine ausgezeichnete Infrastruktur, gut ausgebildete Arbeitnehmer und viel technisches Knowhow – werden ausgeschöpft, zugleich **niedrige Lohnkosten** in anderen Ländern genutzt. Für die Bekleidungsindustrie – dort ist die sogenannte Lohnveredelung besonders weit verbreitet – sind die wichtigsten Zielländer Polen, die Tschechische und die Slowakische Republik sowie Ungarn, aber auch die Länder im Mittelmeerraum.   (Globus)

M7: Kosten der Arbeitslosigkeit

Arbeitslosigkeit kostet Milliarden. Nach Berechnungen des Instituts für Arbeitsmarkt- und Berufsforschung beliefen sich die Ausgaben und die entgangenen Einnahmen für den Staat auf über 70 Milliarden Euro im Jahr 2001. Davon entfielen 23,4 Milliarden Euro auf die neuen und 47 Milliarden Euro auf die alten Länder. Je Arbeitslosen gerechnet, ergibt sich ein Betrag von 18 300 Euro. Legt man die Aufteilung des Jahres 2000 zu Grunde, so fallen für jeden Arbeitslosen rechnerisch Ausgaben in Höhe von 9 699 Euro an: Größter Brocken ist die direkte Arbeitslosenunterstützung (5 234 Euro), gefolgt von den Beiträgen zur Sozialversicherung. Auf der anderen Seite entgehen den öffentlichen Kassen Einnahmen; diese Mindereinnahmen addieren sich auf 8 601 Euro je Arbeitslosen. So summieren sich allein die entgangenen Steuereinnahmen auf durchschnittlich 3 770 Euro je Arbeitslosen.

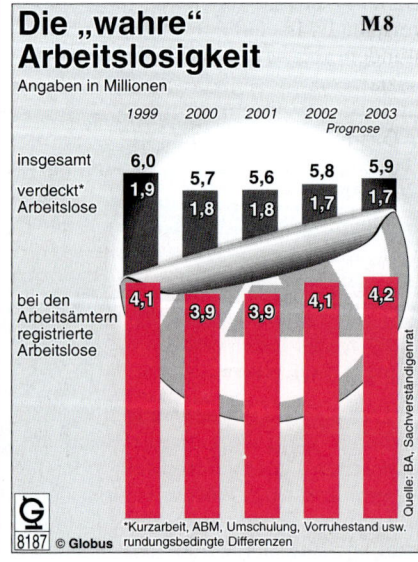

Die „wahre" Arbeitslosigkeit   M8

Angaben in Millionen

	1999	2000	2001	2002	2003 Prognose
insgesamt	6,0	5,7	5,6	5,8	5,9
verdeckt* Arbeitslose	1,9	1,8	1,8	1,7	1,7
bei den Arbeitsämtern registrierte Arbeitslose	4,1	3,9	3,9	4,1	4,2

Quelle: BA, Sachverständigenrat

8187 © **Globus**

*Kurzarbeit, ABM, Umschulung, Vorruhestand usw. rundungsbedingte Differenzen

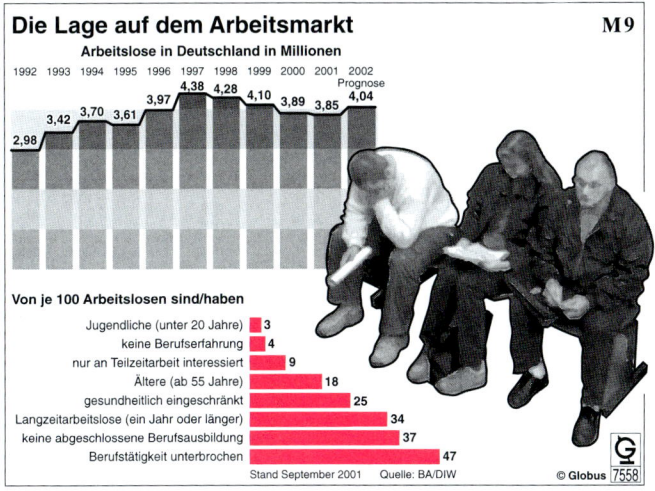

Die Lage auf dem Arbeitsmarkt M 9

Arbeitslose in Deutschland in Millionen

1992	1993	1994	1995	1996	1997	1998	1999	2000	2001	2002 Prognose
2,98	3,42	3,70	3,61	3,97	4,38	4,28	4,10	3,89	3,85	4,04

Von je 100 Arbeitslosen sind/haben

Jugendliche (unter 20 Jahre)	3
keine Berufserfahrung	4
nur an Teilzeitarbeit interessiert	9
Ältere (ab 55 Jahre)	18
gesundheitlich eingeschränkt	25
Langzeitarbeitslose (ein Jahr oder länger)	34
keine abgeschlossene Berufsausbildung	37
Berufstätigkeit unterbrochen	47

Stand September 2001   Quelle: BA/DIW

© Globus 7558

Strukturelle Maßnahme gegen Arbeitslosigkeit

In einer freien Wirtschaft schaffen Betriebe nur dann neue Arbeitsplätze, wenn die produzierten Güter zu verkaufen sind. Deshalb sind zur Verringerung der Arbeitslosigkeit sowohl Maßnahmen zur Ankurbelung der Konjunktur nötig als auch zur Begrenzung oder Senkung der Kosten, die mit Arbeitskräften zusammenhängen. Denn Lohnkosten und gesetzliche Rahmenbedingungen der Arbeit sind ein wichtiger Faktor im globalen Wettbewerb.

Letztlich sind deshalb auch strukturelle Änderungen erforderlich. Beispielsweise müssen die weitere Rationalisierung in Betrieben sowie Forderungen nach einer Verkürzung von Arbeitszeit und der Erhöhung der Löhne verbunden mit verstärkter sozialer Absicherung auch im Hinblick auf ihre ungünstigen Auswirkungen auf die Arbeitsplätze in Deutschland bedacht werden.

Dabei taucht die Frage auf, wie man die Arbeit gerechter verteilt. Es ist nicht sinnvoll, wenn einerseits viele Überstunden anfallen und andererseits Arbeitslose durch die Sozialversicherung unterstützt werden müssen.

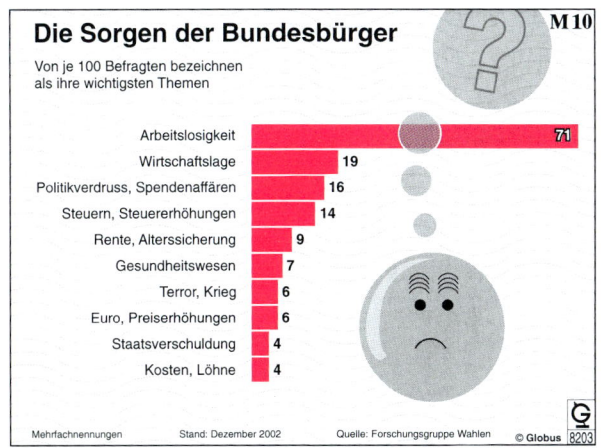

Die Sorgen der Bundesbürger M 10

Von je 100 Befragten bezeichnen als ihre wichtigsten Themen

Arbeitslosigkeit	71
Wirtschaftslage	19
Politikverdruss, Spendenaffären	16
Steuern, Steuererhöhungen	14
Rente, Alterssicherung	9
Gesundheitswesen	7
Terror, Krieg	6
Euro, Preiserhöhungen	6
Staatsverschuldung	4
Kosten, Löhne	4

Mehrfachnennungen   Stand: Dezember 2002   Quelle: Forschungsgruppe Wahlen

© Globus 8203

■ Aufgaben

1. Wodurch unterscheidet sich konjunkturelle von struktureller Arbeitslosigkeit?

2. Welche Ursachen hat die strukturelle Arbeitslosigkeit?

3. Warum sind in modernen Industriegesellschaften hoch qualifizierte Arbeitskräfte weniger von Arbeitslosigkeit bedroht (M 9 + M 1 von 2.3.2)?

4. Nennen Sie staatliche Maßnahmen gegen Arbeitslosigkeit.

5. Diskutieren Sie die Behauptung, Modernisierung schaffe neue Arbeitsplätze (M 7). Bedenken Sie auch die Folgen der Rationalisierung (M 5).

6. Was versteht man unter verdeckter Arbeitslosigkeit (M 8)?

7. Diskutieren Sie die Behauptung, Arbeitslosigkeit könne durch geschickte persönliche Entscheidungen vermieden werden.

8. Inwiefern hängt die strukturelle Arbeitslosigkeit mit den hohen Löhnen und den Kosten der sozialen Sicherheit (Abschnitt 2.5.3) zusammen? Bedenken Sie dabei, dass Rationalisierung stets die Einsparung von Kosten erstrebt.

9. Warum kann man die Arbeitslosigkeit als Hauptproblem unserer Gesellschaft ansehen (M 10 + M 1 von 6.5.3)? Berücksichtigen Sie bei Ihren Überlegungen die Auffassung, die in der Karikatur M 14

Strukturelle Arbeitslosigkeit:

– **Freisetzung von Arbeitskräften als Folge von**
  – **Technisierung**
  + **Strukturwandel**

Maßnahmen gegen strukturelle Arbeitslosigkeit:

– **staatliche Hilfen zur**
  – **Schaffung neuer Arbeitsplätze**
  – **beruflicher Fortbildung**
  – **beruflicher Umschulung**

Arbeitslosigkeit erfordert

– **persönliche Entscheidungen**
– **Mobilität**
– **berufliche Fortbildung**
– **berufliche Umschulung**

2.3.4 Lebenssituation und Lebensstandard

Kennzeichen der **Lebenssituation** in der Bundesrepublik Deutschland sind vor allem:

– Es bestehen weitgehende **demokratische Rechte** zur Mitwirkung und Mitbestimmung in politischen und gesellschaftlichen Angelegenheiten sowie im Arbeitsleben.
– Hinzu kommt der **hohe Lebensstandard,** verbunden mit einer umfassenden **sozialen Sicherung.**
– Die hohe **Lebenserwartung** und die **Verkürzung der Arbeitszeit** eröffnen viele Möglichkeiten zur **individuellen Entfaltung.**

Die wirtschaftliche Entwicklung

Aufgrund der günstigen wirtschaftlichen Entwicklung vor allem in Westdeutschland hat sich die Lebenssituation sehr verbessert. Selbstverständlich war dafür die politische Lage mitverantwortlich. Die Gesellschaft konnte sich im freiheitlich-demokratischen Rechtsstaat so entwickeln, wie es auch für die einzelnen Bürger insgesamt von Vorteil war.

Der technische Fortschritt ermöglichte die **Produktion** auszuweiten. Der Einsatz **neuer Technologien** erhöhte die **Produktivität.** Die Unternehmungen konnten **hohe Löhne** bezahlen (M 2).

Lebensstandard

Industrieländer wie die Bundesrepublik Deutschland haben deshalb einen **hohen Lebensstandard.** Äußere Zeichen für den **Wohlstand** sind die gute Ausstattung der Haushalte und die hohen Ausgaben für Freizeit und Urlaub (M 1).

Große Teile der Bevölkerung verdienen mehr als für die Existenzsicherung notwendig ist. Das Einkommen der Haushalte erlaubt häufig, teure und **hochwertige Güter** zu erwerben sowie **Ersparnisse** und **Eigentum** zu bilden.

M 2

Lohnkaufkraft

So viel Arbeitszeit musste ein Arbeitnehmer aufwenden, um sich vom Lohn dafür folgende Güter kaufen zu können*:

	1 kg Mischbrot	250 g Butter	1 kg Kotelett
1960	0'20	0'39	2'37
2001	0'11	0'05	0'34

Stunden   Minuten   Quelle: IW

* gemessen am durchschnittlichen Nettostundenverdienst je geleistete Arbeitsstunde (in Westdeutschland)

ZAHLENBILDER
293 571

© Erich Schmidt Verlag

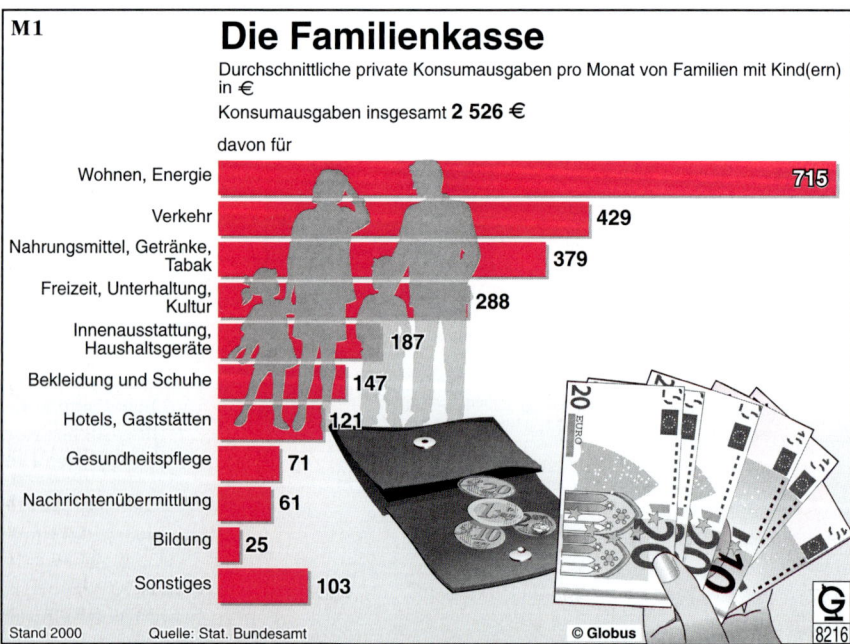

M 1

Die Familienkasse

Durchschnittliche private Konsumausgaben pro Monat von Familien mit Kind(ern) in €

Konsumausgaben insgesamt **2 526 €**

davon für

Wohnen, Energie	715
Verkehr	429
Nahrungsmittel, Getränke, Tabak	379
Freizeit, Unterhaltung, Kultur	288
Innenausstattung, Haushaltsgeräte	187
Bekleidung und Schuhe	147
Hotels, Gaststätten	121
Gesundheitspflege	71
Nachrichtenübermittlung	61
Bildung	25
Sonstiges	103

Stand 2000   Quelle: Stat. Bundesamt   © Globus   8216

Hohe Lebenserwartung

Die **hohe Lebenserwartung** ist auf Verbesserungen im Gesundheitswesen und auf die geringere Belastung durch die Arbeit zurückzuführen. Weil außerdem die Lebensarbeitszeit kürzer ist und die Rentenversicherung das Leben im Ruhestand absichert, wurde auch die nutzbare Freizeit im Alter viel größer.

Freie Entfaltung

Die Möglichkeiten zu einer freien **individuellen Entfaltung** haben sich stark erweitert. Man kann seinen persönlichen Interessen weit mehr nachgehen als früher. Dies liegt einerseits daran, dass durch die **Verkürzung der Arbeitszeit** und längeren Urlaub mehr freie Zeit zur Verfügung steht. Andererseits ermöglicht der **hohe Lebensstandard,** die Freizeit weitgehend nach eigenen Wünschen zu gestalten. Eine weitere Voraussetzung für diese freie Entfaltung stellt das umfassende System der **sozialen Sicherheit** dar.

Verteilung des Wohlstands

Allerdings verteilt sich der Wohlstand nicht gleichmäßig auf alle Bevölkerungsgruppen. Die Kluft zwischen den Wohlhabenden mit hohem Lebensstandard und den Armen ist in den letzten Jahren gewachsen. Die ärmsten 20% der Bevölkerung verfügten im Jahr 2000 über knapp 10% des monatlichen Gesamteinkommens, die reichsten 20% hatten demgegenüber etwa 36% des monatlichen Gesamteinkommens zur Verfügung.

M 3: Lebenserwartung von Neugeborenen

Deutsches Reich / Bundesrepublik Deutschland durchschnittlich ... Jahre

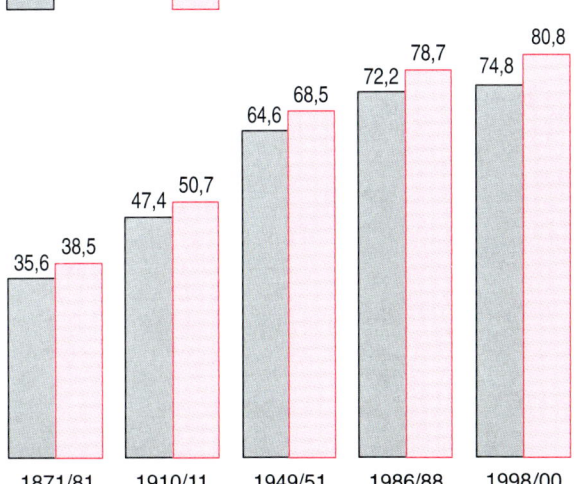

männlich   weiblich

1871/81: 35,6 / 38,5
1910/11: 47,4 / 50,7
1949/51: 64,6 / 68,5
1986/88: 72,2 / 78,7
1998/00: 74,8 / 80,8

(Quelle: Statistisches Bundesamt)

M 4: Armut und Wohlstand

In den alten Ländern hat sich die Einkommensungleichheit in der zweiten Hälfte der 80er-Jahre zunächst etwas verringert, ist dann in der ersten Hälfte der 90er-Jahre stark angestiegen, gefolgt von einem neuerlichen Anstieg der Ungleichheit am Ende der 90er-Jahre.

In den neuen Ländern sind die Einkommen von vornherein weit weniger ungleich verteilt. Zwar erfolgt zu Beginn der 90er-Jahre ein Anstieg der Ungleichheit, der sich aber immer mehr verlangsamt. Erst am Ende der 90er-Jahre ist wiederum eine Zunahme der Ungleichheit zu beobachten.

(Statistisches Bundesamt: Datenreport 2002)

■ Aufgaben

1. Wodurch ist die gegenwärtige Lebenssituation in Deutschland gekennzeichnet?

2. Welche Hintergründe und Ursachen hat der hohe Lebensstandard in Deutschland?

3. Aus welchen Gründen hat sich in den letzten Jahrzehnten die Lebenserwartung erhöht (M 3)?

4. Warum sind in der Gegenwart die Möglichkeiten zur persönlichen Entfaltung eher vorhanden als vor 100 Jahren?

5. Diskutieren Sie die Zusammenhänge zwischen Wohlstand, Produktivität, Arbeitszeit und Lebensqualität.

6. Warum hängen die Möglichkeiten einer demokratischen Beteiligung auch von der Arbeitsbelastung und der Arbeitszeit ab?

7. Wie erklären Sie sich, dass insgesamt der Wohlstand in Deutschland zunahm, obwohl auch die Armut größer wurde (M 4)?

8. Diskutieren Sie die Frage des eigenen Lebensstandards. Wie schätzen Sie Ihre eigene Situation ein (M 1 + M 4)? Inwiefern hängen Lebensstandard und Lebensqualität einerseits von materiellen Dingen und andererseits von Freizeit, Gesundheit und individuellen Entfaltungsmöglichkeiten ab?

Lebenssituation in der modernen Industriegesellschaft:

– **demokratische Mitwirkungsmöglichkeiten**
– **hoher Lebensstandard + soziale Sicherheit**
– **hohe Lebenserwartung + Verkürzung der Arbeitszeit**
– **individuelle Entfaltungsmöglichkeiten**

2.4 Umweltgefährdung und Umweltschutz

2.4.1 Belastung der Umwelt

Schon immer haben Menschen und andere Lebewesen die Natur als Quelle des Lebens betrachtet. Die **Umwelt-Nutzung** ist ein selbstverständlicher Bestandteil des Lebens.

Verbrauch der Natur

Allerdings sind mit der Zeit auch Probleme entstanden. Der **Verbrauch der Natur** kann nicht in großem Ausmaß zunehmen, ohne die natürlichen Lebensbedingungen letztlich zu zerstören (M10). Der **Umwelt-Nutzung** sind daher Grenzen gesetzt; wir müssen die Umwelt schonen. Deshalb kann man beispielsweise nicht in beliebigen Mengen Wasser aus den Flüssen entnehmen und verbrauchen oder Wald abholzen, ohne für das Nachwachsen der Bäume zu sorgen.

Bevölkerungswachstum

Die Umwelt-Nutzung nimmt mit der Erdbevölkerung und der wirtschaftlichen Entwicklung zu.

– Im Jahr 1900 lebten 1 650 000 000 Menschen auf der Erde.
– 2002 waren es 6,2 Milliarden und
– 2025 werden es über 9 Milliarden Menschen sein.

M2: Umweltveränderung – Umweltzerstörung

Solange es Menschen gibt, haben diese die Erde verändert. Das Ausmaß und die Geschwindigkeit jedoch, mit der die Umweltzerstörung in den letzten Jahrzehnten voranschreitet, ist bislang einmalig in der Geschichte.
Es gibt inzwischen vielfältige Anzeichen für die Überbeanspruchung der Umwelt.
(Wouter van Dieren: Mit der Natur rechnen)

M3: Schadstoffe aufgrund von Bevölkerungszunahme und industriellem Wachstum

Einige Schadstoffe stehen in direktem Zusammenhang mit dem Bevölkerungswachstum oder der Wachstumsrate in der Landwirtschaft, die wiederum mit der Bevölkerungszunahme verknüpft ist. Bei anderen zeigt sich ein Zusammenhang mit dem industriellen Wachstum und dem technischen Fortschritt. In irgendeiner Weise sind die meisten Schadstoffe in diesem komplizierten Weltsystem sowohl mit dem Bevölkerungswachstum wie mit dem industriellen Wachstum verknüpft.
(Dennis Meadows u.a.: Die Grenzen des Wachstums)

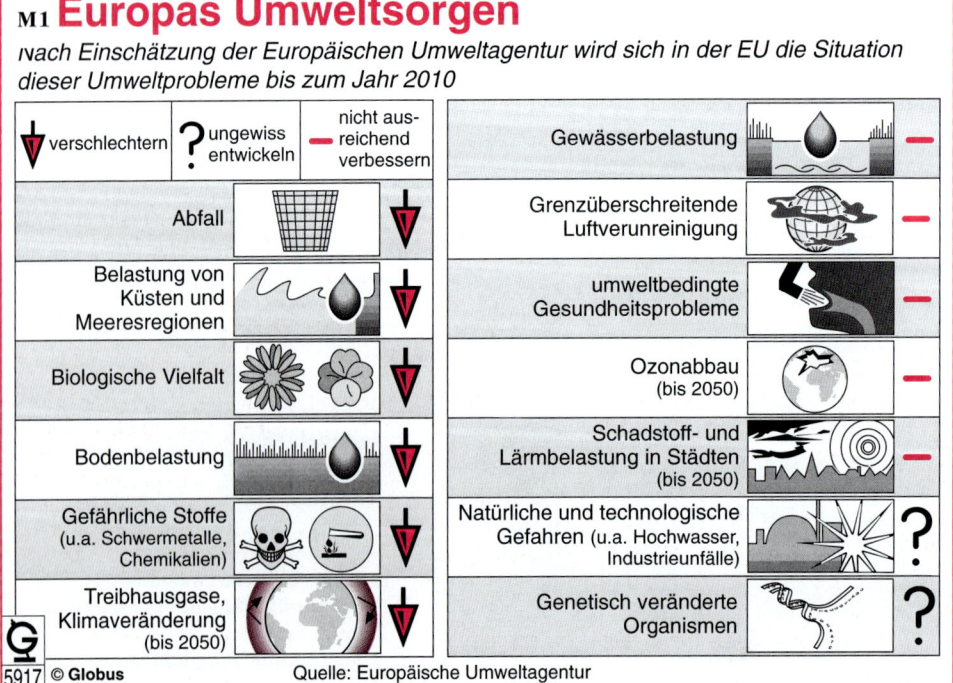

M1 Europas Umweltsorgen

Nach Einschätzung der Europäischen Umweltagentur wird sich in der EU die Situation dieser Umweltprobleme bis zum Jahr 2010

5917 © Globus   Quelle: Europäische Umweltagentur

Industrialisierung und Umwelt

Im 19. Jahrhundert begann mit dem wirtschaftlichen Aufschwung die Produktion in den Industrieländern stark zu wachsen. Bis heute hält das wirtschaftliche **Wachstum** an.

Die **Industrialisierung** führte zur **Umweltveränderung** durch viele Bauwerke und Fabriken, durch die Anlage von Straßen, Schienenwegen und anderen Verkehrsbauwerken. Hinzu kam die dichte Besiedelung und deren Folgeerscheinungen.

Folgen des Bevölkerungswachstums

Wenn sich die gegenwärtige **Vermehrung der Bevölkerung** weiterhin explosionsartig fortsetzt, so steht ein Zusammenbruch unausweichlich bevor, da nicht mehr genügend Nahrungsmittel herzustellen sind. Ein Grund dafür ist auch, dass in den Verdichtungsräumen ertragreiche landwirtschaftliche Flächen verloren gehen und die Umweltverschmutzung so sehr zunimmt, dass ein gesundes Leben auf der Erde nicht mehr möglich ist.

Dabei ist allerdings zu bedenken, dass in den Industrieländern nicht das Bevölkerungswachstum selbst, sondern die steigende Produktion, der zunehmende Verkehr, der wachsende Verbrauch sowie die damit zusammenhängenden Abfallprobleme für diese Entwicklung verantwortlich sind.

Umweltbelastung

Außer der sichtbaren Veränderung der Natur und dem Landschaftsverbrauch durch Bauwerke, Einschnitte für Straßen und Schienen, Begradigung von Flussläufen und vieles andere sind die Folgen der technischen Entwicklung so groß, dass sie durch die **Belastung und Gefährdung der Umwelt** das Leben beeinträchtigen.

M 4
Umweltbelastungen

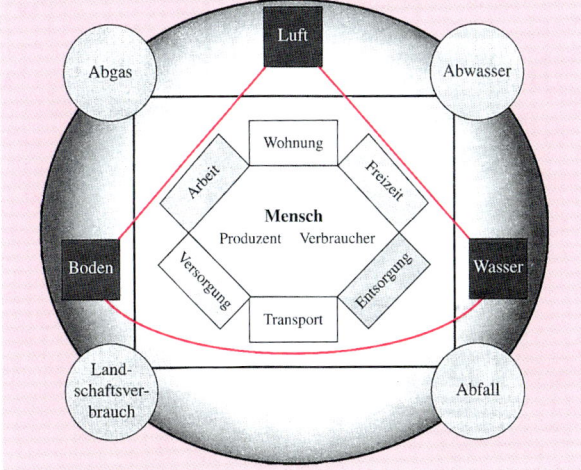

(Herrnleben/Henrich: Umweltfragen)

M5: § 3 Absatz 1 bis 3 des **Bundes-Immissionsschutzgesetzes,** dem „Gesetz zum Schutz vor schädlichen Umwelteinwirkungen durch Luftverunreinigungen, Geräusche, Erschütterungen und ähnliche Vorgänge":

Begriffsbestimmungen

(1) Schädliche Umwelteinwirkungen im Sinne des Gesetzes sind Immissionen, die nach Art, Ausmaß oder Dauer geeignet sind, Gefahren, erhebliche Nachteile oder erhebliche Belästigungen für die Allgemeinheit oder die Nachbarschaft herbeizuführen.

(2) Immissionen im Sinne dieses Gesetzes sind auf Menschen, Tiere und Pflanzen, den Boden, das Wasser, die Atmosphäre sowie Kultur- und sonstige Sachgüter einwirkende Luftverunreinigungen, Geräusche, Erschütterungen, Licht, Wärme, Strahlen und ähnliche Umwelteinwirkungen.

(3) Emissionen im Sinne dieses Gesetzes sind die von einer Anlage ausgehenden Luftverunreinigungen, Geräusche, Erschütterungen, Licht, Wärme, Strahlen und ähnliche Erscheinungen.

M 6: Auswirkungen von Kohlendioxid auf das Klima

Eine dominierende Rolle bei der Umweltbelastung aus der Nutzung von Energie-Quellen kommt dem chemisch so harmlosen Gas **Kohlendioxid, CO_2,** zu, das bei jeglicher Verbrennung kohlenstoffhaltiger Stoffe unweigerlich freigesetzt wird.

Abgesehen von den zumindest im Prinzip technisch lösbaren Problemen der Umweltbelastung aus den bei Verbrennung entstehenden Schadstoffen wie Schwefeldioxid, Stickstoffoxide, Kohlenwasserstoffe und Giftstaub dominiert bei weltweit weiterhin uneingeschränktem Verbrauch an fossilen Brennstoffen (Erdgas, Erdöl, Kohle usw.) das Risiko einer weltweiten **Klimakatastrophe** durch das bei der Verbrennung freigesetzte Kohlendioxid.

Mit der Erhöhung des CO_2-Gehalts der Luft verbunden sein wird eine Erhöhung der mittleren Temperatur um 2–4 °C in unseren Breitengraden ... Diese **Erwärmung** wäre höher als die zwischen der letzten Eiszeit und der nachfolgenden Warmzeit ... Damit wird ein wesentlicher Teil der Erdbevölkerung seinen Lebensraum verlieren.

Die Wahrscheinlichkeit des Eintretens dieser Katastrophe ist sehr hoch: sie grenzt an Sicherheit.

(Klaus Heinloth: Energie)

Die **Verschmutzung** und **Vergiftung** der Umwelt sowie die hohe Umweltbelastung (M 5) verursachen

- Produktionsanlagen,
- Kraftfahrzeuge,
- Flugzeuge und andere Verkehrsmittel,
- Kraftwerke,
- Haushalte,

- die Ablagerung von Müll, aber auch
- intensive landwirtschaftliche Nutzung,
- Freizeitaktivitäten und anderes mehr.

M 7: Gefahren durch Ozon

In der oberen Atmosphäre (Ozonschicht in 20–30 km Höhe): **Ozon (O₃)** filtert einen Teil der schädlichen UV-Strahlung aus dem Sonnenlicht. Abnahme von Ozon führt hier zum so genannten Ozonloch. Dies birgt folgende Gefahren für den Menschen:
- Augen (Trübung, Erblinden)
- Haut (frühzeitige Alterung, Krebs)
- Immunsystem (Schwächung)

In der unteren Atmosphäre:
Das **Reizgas Ozon (O₃)** beeinträchtigt das Wohlbefinden. In hohen Konzentrationen verursacht es
- Kopfschmerzen
- Reizung der Atemwege
- Leistungsminderung
- Brustschmerzen
- Verschlechterung der Lungenfunktion

M 9: Kioto-Protokoll zum Klimaschutz

Ratifizierung 1997 im japanischen Kioto. Zur **Verminderung der Treibhausgase** um mindestens fünf Prozent bis 2012 (im Vergleich zu 1990) sind – neben der direkten Reduzierung – ergänzend drei Wege erlaubt:
1. Handel mit so genannten Emissionsrechten. Dabei kann ein Land von einem anderen Land Gutscheine kaufen. Es kann so seine eigenen Verpflichtungen zur Reduzierung des Ausstoßes von Kohlendioxid (CO_2) etwa durch Industrie und Verkehr mindern.
2. Projekte von Industrieländern in anderen Industrieländern wie etwa energieeffizientere Kraftwerke von OECD-Staaten in Ländern Osteuropas. Auch Wälder und Böden dürfen in bestimmten Grenzen als Klimaschutzbeitrag einberechnet werden, da sie Kohlenstoff speichern.
3. Kontrollen und Sanktionen: Jedes Land wird verpflichtet, regelmäßig Daten über den Treibhausgasausstoß und dessen Reduzierung zu liefern. Eine Kommission soll über die Umsetzung wachen.
Bei Nichterfüllen des vereinbarten Zieles für den Treibhausgasausstoß drohen einem Land Sanktionen.
(DAS PARLAMENT vom 2./5.4.2002)

M 8

Folgen des Temperaturanstiegs

Eisschmelze an den Polkappen

Grundannahme:
Bis zum Jahr 2030 Verdoppelung der Treibhausgase in der Atmosphäre, mittlere Temperaturerhöhung um 2,5°C.

Klimatische Veränderungen

Anstieg des Meeresspiegels um 4-6 cm pro Jahrzehnt.

Vermehrte Verdunstung

Extreme Wetterlagen, Naturkatastrophen.

Überschwemmungen, Küstenerosion, Versalzung des Grundwassers, Landverlust.

Verdunsten der Gewässer, Austrocknen der Böden.

Hitze, Kälte, Wirbelstürme, Sturmfluten, Überschwemmungen, Dürren.

Bodenerosion, Aussterben von Tier- und Pflanzenarten, Senkung des Grundwasserspiegels, Ausdehnung der Wüstengebiete.

© Globus 2446

Zerstörung des Lebensraums:
- Abnahme der Grundwasservorräte
- Verlust von Ackerboden, Ernteeinbußen, Nahrungsmittelknappheit
- Umsiedlung, Flüchtlingsströme

Gesundheitsschäden:
- Herz-Kreislauf-Störungen (Hitze)
- Hautkrebs, Augenerkrankungen, geschwächtes Immunsystem (UV-Strahlung)
- Atemwegserkrankungen (Smog)
- Krankheiten durch verseuchtes Wasser

Quelle: Umweltbundesamt

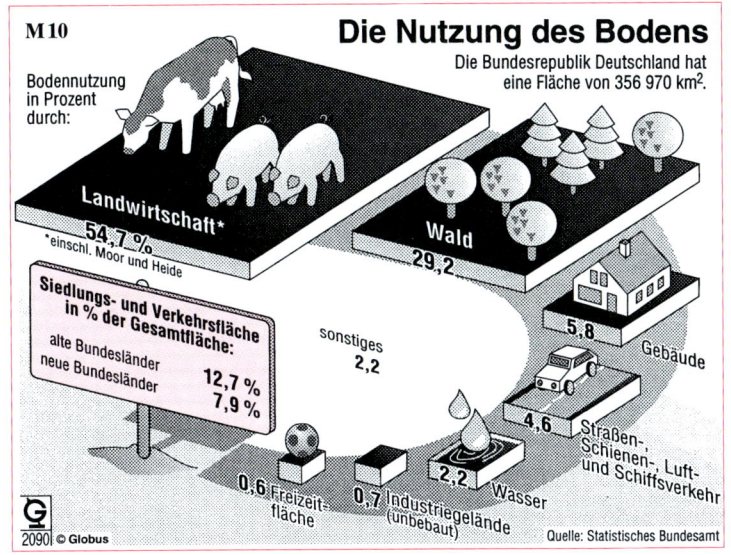

M 10

Bodennutzung
in Prozent
durch:

Die Nutzung des Bodens
Die Bundesrepublik Deutschland hat
eine Fläche von 356 970 km².

Landwirtschaft*
54,7 %
*einschl. Moor und Heide

Wald
29,2

Siedlungs- und Verkehrsfläche
in % der Gesamtfläche:
alte Bundesländer **12,7 %**
neue Bundesländer **7,9 %**

sonstiges
2,2

5,8
Gebäude

4,6
Straßen-,
Schienen-, Luft-
und Schiffsverkehr

0,6 Freizeit-
fläche

0,7 Industriegelände
(unbebaut)

2,2
Wasser

2090 © Globus

Quelle: Statistisches Bundesamt

Belastungen und Risiken

Die Umwelt stellt ein zusammenhängendes System dar. Die Ablagerung von Müll wirkt sich auch auf das Grundwasser und die Luft aus. Daraus entstehen **Risiken** und Beeinträchtigungen für Menschen, Tiere und Pflanzen. Man unterscheidet nach Schwerpunkten der Umwelt (M 4)

– die **Belastung der Luft,**
– Gefahren für das **Wasser** und
– die Belastung des **Bodens.**

Umweltschutz

Durch verschiedene Maßnahmen zum **Umweltschutz** (Abschnitt 2.4.3) versucht man die Umweltbelastung und den Umweltverbrauch einzudämmen. Doch in vielen Fällen ist man sich nicht einig über die notwendigen Vorschriften wie z. B. Fahrverbote bei Smog.

Umweltschutz muss verhindern, dass die **Emissionen** (= Aussendungen, Schadstoffausstoß) z. B. einer Fabrik so sehr Luft, Wasser und Boden belasten, dass sie das Leben von Mensch und Tier beeinträchtigen (M 5). Emissionen sind nur dann ungefährlich, wenn die **Umweltverschmutzung** so gering bleibt, dass die Natur die Schadstoffe rasch abbaut und auflöst.

M 11: Sorgen um das Klima

„Ich kann mir jedenfalls bei der Diskussion um die Sorge, die die Menschheit wegen der Belastung des Klimas durch den Verbrauch fossiler Rohstoffe hat, nicht vorstellen, eine solche Quelle wie die Kernenergie, die nachweislich diese Belastung nicht hat, einfach aufzugeben."

(Dr.-Ing. Hans-Dieter Harig, Vorstandsvorsitzender der PreussenElektra AG, in: Energiespektrum 5/95)

■ Aufgaben

1. Zeigen Sie an Beispielen, welche Auswirkungen die Industrialisierung auf die Umwelt hat.

2. Nennen Sie drei wichtige Verursacher von Umweltverschmutzung und zeigen Sie, wie die Umweltbelastung zustande kommt.

3. Warum hängt die Belastung der Umwelt mit der Bevölkerungsentwicklung zusammen?

4. Welche Art der Umweltbelastung halten Sie für besonders gefährlich (M 4)?

5. Zu M 10: Diskutieren Sie anhand von Beispielen, warum die intensive Nutzung des Bodens und der Landschaftsverbrauch die Umwelt schädigen.

6. Das Bundes-Immissionsschutzgesetz unterscheidet drei Arten der Umweltbelastung (M 5). Suchen Sie dazu jeweils Beispiele.

7. Warum ist unsere Lebenswelt nicht nur durch giftige Schadstoffe, sondern auch durch ungiftige Emissionen gefährdet (M 6)?

8. Welche Ursachen hat das Ozonloch (M 7)?

9. Welche Möglichkeiten bestehen, die bevorstehende Klimakatastrophe abzuwenden (M 8 + M 9 + M 11)?

10. Diskutieren Sie die Frage der Umweltbelastung durch den steigenden Energieverbrauch in den Industrieländern (M 8). Sammeln Sie Argumente für und wider die Kernenergie sowie den Verbrauch fossiler Brennstoffe und nehmen Sie Stellung zu der Äußerung eines Managers (M 11).

Belastung der Umwelt durch
– **starkes Bevölkerungswachstum**
– **Industrialisierung**

Folgen:
– **Verbrauch von Natur**
– **zunehmende Verschmutzung und Vergiftung von**
 – **Luft**
 – **Wasser**
 – **Boden**

2.4.2 Das ökologische Gleichgewicht

In der Natur bestehen zwischen Mensch, Tier, Pflanzen und Umgebung vielfältige Wechselbeziehungen, die die Lebensbedingungen in diesem **Ökosystem** regulieren.

Da sich die einzelnen Faktoren dieses Systems gegenseitig beeinflussen, entsteht ein **ökologisches Gleichgewicht** zwischen

– Pflanzen,
– Tieren,
– Boden und
– Klima oder Umgebungsbedingungen.

Der Mensch sollte dieses Gleichgewicht nicht stören. Jeder gewaltsame Eingriff beeinträchtigt und verändert das System. Allerdings ist das Ökosystem auch in der Lage, im Lauf der Zeit auf natürliche Weise zu reagieren und Schäden auszugleichen. So entwickelt sich beispielsweise nach einem Bergrutsch dort im Lauf der Jahre wieder eine natürliche Pflanzen- und Tierwelt.

Störung des Ökosystems

Insbesondere durch Tätigkeiten der Menschen – z. B. beim Bau einer Straße – kommt es zu Störungen im Ökosystem. Das **ökologische Gleichgewicht** wird gestört durch die **Umweltveränderungen** und durch die **Umweltverschmutzung.**

Wenn die Natur und technische Einrichtungen nicht mehr in der Lage sind, die anfallenden **Schadstoffe** abzubauen, so wird die Umwelt immer mehr verändert und vergiftet. Die schädlichen Stoffe häufen sich an. Die Störung des ökologischen Gleichgewichts lässt sich nicht mehr beheben.

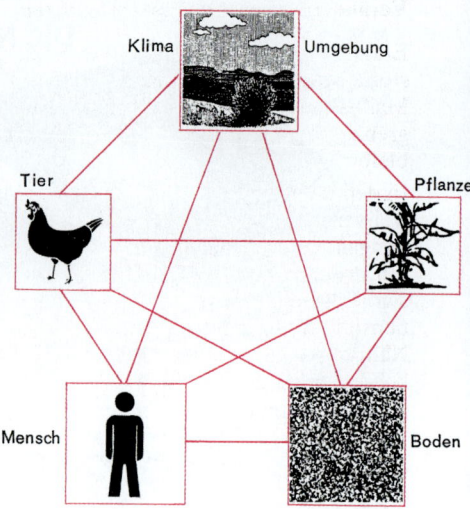

M1: Wechselbeziehungen im Ökosystem

M2: Ökosystem

Räumlich abgegrenzte Lebensgemeinschaft aus Tieren und Pflanzen und deren Lebensraum, die alle voneinander funktionell abhängig sind. Die belebten und unbelebten Komponenten eines Ökosystems sind durch allseitige Wechselbeziehungen miteinander verknüpft. Ein Ökosystem besitzt eine gewisse Regulationsfähigkeit (z. B. Selbstreinigungskraft eines Gewässers). Der Ausfall eines Teiles des Ökosystems bewirkt meist eine Änderung des Gesamtcharakters.
(Günther Hagenau: Lexikon Technik und Umwelt)

M4: Gefahr für das ökologische Gleichgewicht

Unsere Erde ist ungefähr sechs Milliarden Jahre alt. Langsam entwickelte sich das Leben in einem sehr feinen **Gleichgewichtszustand.** Mit Hilfe technischer Methoden greift der Mensch heute massiv in dieses labile Gleichgewicht ein. Gedankenlosigkeit und Egoismus bestimmen dabei das Handeln. Bereits heute sind viele hundert Pflanzenarten und Tiergattungen von Menschen ausgerottet worden. Falls die Menschen weiterhin so eigensüchtig und gedankenlos handeln, besteht die Gefahr, dass sie ihre eigenen **natürlichen Lebensgrundlagen** zerstören.
(Holger Strohm: Politische Ökologie)

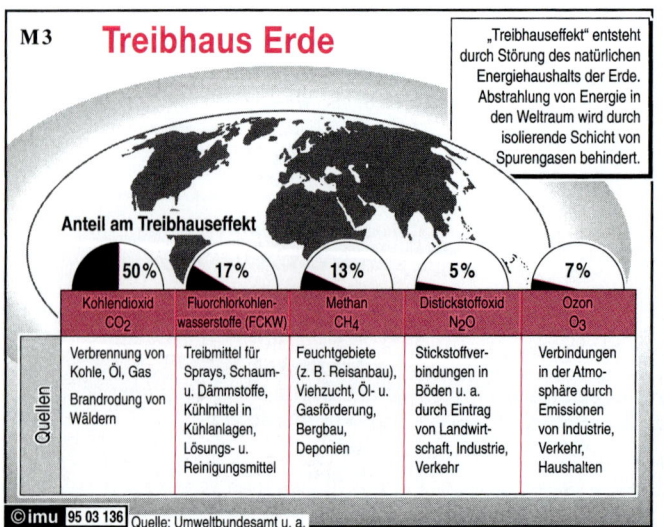

M3 **Treibhaus Erde**

„Treibhauseffekt" entsteht durch Störung des natürlichen Energiehaushalts der Erde. Abstrahlung von Energie in den Weltraum wird durch isolierende Schicht von Spurengasen behindert.

Anteil am Treibhauseffekt

Kohlendioxid CO_2	Fluorchlorkohlen-wasserstoffe (FCKW)	Methan CH_4	Distickstoffoxid N_2O	Ozon O_3
50 %	17 %	13 %	5 %	7 %
Verbrennung von Kohle, Öl, Gas Brandrodung von Wäldern	Treibmittel für Sprays, Schaum- u. Dämmstoffe, Kühlmittel in Kühlanlagen, Lösungs- u. Reinigungsmittel	Feuchtgebiete (z. B. Reisanbau), Viehzucht, Öl- u. Gasförderung, Bergbau, Deponien	Stickstoffverbindungen in Böden u. a. durch Eintrag von Landwirtschaft, Industrie, Verkehr	Verbindungen in der Atmosphäre durch Emissionen von Industrie, Verkehr, Haushalten

©imu 95 03 136 Quelle: Umweltbundesamt u. a.

Veränderung der Lebensbedingungen

Eingriffe in die Natur und Umweltbelastung durch Schadstoffe stören am jeweiligen Ort das Ökosystem. Durch Maßnahmen zum Umweltschutz kann der Schaden begrenzt werden, sodass nur ein kleiner Bereich belastet bleibt.

In den meisten Fällen gilt dies aber nicht. Durch die Umweltverschmutzung verschlechtern sich die **Lebensbedingungen** weltweit, da sich der Schaden in der Natur nicht nur dort auswirkt, wo man den Umweltschutz vernachlässigt. Luft und Wasser transportieren die Gifte. Auch Lebensmittel enthalten schädliche Stoffe, die sich über die Nahrungsaufnahme weit verbreiten. Besonders bedenklich ist dabei die zunehmende Konzentration der schädigenden Stoffe im Verlauf der **Nahrungskette.**

Ozongefahr und Treibhauseffekt

Als Beispiel dafür, wie mehrere Ursachen zusammenkommen und sich weltweit auswirken, kann die **Ozongefahr** gelten. **Ozon** entsteht in erhöhtem Maß, wenn Abgase der Kraftfahrzeuge mit starker Lichteinstrahlung zusammenkommen. Wenn dann das Ozon nicht mehr abgebaut werden kann, entstehen sogleich Gefahren für die Menschen z. B. wenn sie schwere körperliche Arbeit vollbringen.

Darüber hinaus verändern Ozon, Treibgase, das ungiftige Kohlendioxid, das bei jeder Verbrennung entsteht, und verschiedene andere Gase die Atmosphäre (M 3 + M 5). Dies führt zu dem **Ozonloch** sowie dem **Treibhauseffekt** und bringt weltweite Gefahren mit sich. Das Klima auf der Erde verändert sich. Dies zieht Naturkatastrophen, Überschwemmungen, Gesundheitsschäden und andere Folgen nach sich (M 8 von 2.4.1), was das Leben nachhaltig beeinträchtigt.

M 5

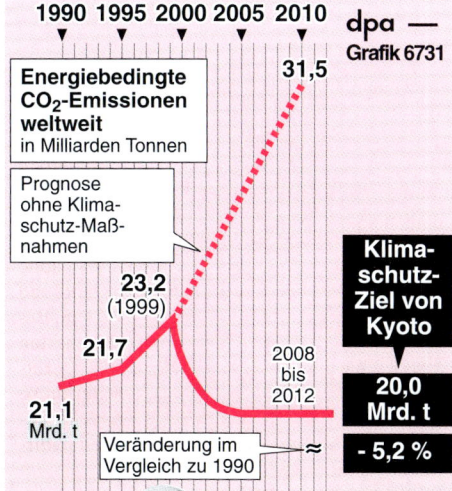

M 6: Nahrungskette

Bezeichnung für die zwischen Pflanzen, Tieren und Menschen bestehenden Abhängigkeiten bei der Nahrungsaufnahme. Alles Leben auf der Erde hängt vom Sonnenlicht ab. So bilden **Pflanzen** aus Kohlendioxid und Wasser mit Hilfe des Sonnenlichts erste Zucker und Stärken. Die **Pflanzen fressenden Tiere** übernehmen die gespeicherte Energie für ihren Körper. Die **Fleischfresser** folgen als dritte Stufe. Den Schluss der Nahrungskette bilden i. A. Lebewesen, die sich von absterbender oder toter Substanz ernähren. Das Leben auf der Erde besteht also aus einem **Kreislauf der Stoffe,** bei der die Sonne der Antriebsmotor ist. Ein fehlendes Glied in dieser Kette kann das Absterben aller bedeuten.

In die Nahrungskette eingebrachte **Schadstoffe** reichern sich in den jeweils nachfolgenden Gliedern der Kette an, verbinden sich mit anderen Stoffen oder wandeln sich zu anderen Substanzen um. Hierbei ist der **Mensch** als Pflanzen- und Fleischverzehrer am Ende der Nahrungskette besonderen Gefahren ausgesetzt.

(Günther Hagenau: Lexikon Technik und Umwelt)

■ Aufgaben

1. Wodurch zeichnet sich ein ökologisches Gleichgewicht aus?

2. Zeigen Sie an Beispielen, dass sich Umweltbelastungen weltweit auswirken.

3. Welche Zusammenhänge bestehen zwischen Bevölkerungswachstum und umweltbelastenden Schadstoffen?

4. Warum gehört auch die Erhaltung des ökologischen Gleichgewichts zum Umweltschutz (M 3 + M 5)?

5. Zeigen Sie an Beispielen, wie sich Gifte über die Nahrungskette anreichern und verbreiten (M 6).

Folgen der Umweltverschmutzung
↳ **Anhäufung der schädlichen Stoffe**
  ↳ **Störung des ökologischen Gleichgewichts**
    ↳ **kein natürlicher Abbau der Schadstoffe**
      ↳ **weltweite Beeinträchtigung des Lebens**

2.4.3 Maßnahmen zum Schutz der Umwelt

Umweltschutz sollte aufgrund der Einsicht der Menschen selbstverständlich sein. Doch sind **Empfehlungen** sinnvoll, um den Gedanken an die Umwelt immer wieder ins Bewusstsein zu bringen. Schließlich sind darüber hinaus **Gesetze zum Umweltschutz** (Abschnitt 2.4.4) notwendig, weil man unbequeme und teure Maßnahmen oft erst dann ergreift, wenn man dazu verpflichtet ist.

Vorschriften und Empfehlungen

In gesetzlichen Vorschriften sind die meisten **Maßnahmen zum Schutz der Umwelt** festgelegt. Dies sind in erster Linie

- **Gebote** und **Verbote** sowie
- Straf- und Bußgeldvorschriften. Hinzu kommen
- **marktwirtschaftliche Instrumente.** Das sind Zuschüsse oder Steuernachlässe z. B. für die Einrichtung von Solaranlagen und Förderprogramme. Weitere Vorschriften betreffen
- die **Festlegung von Grenzwerten,** die noch als unbedenklich gelten, z. B. bei Abgasen,
- Anweisungen für Kontrolle und Ermittlung von **Umweltdaten** beispielsweise zum Ozongehalt der Luft,
- **Verfahrensvorschriften,** z. B. für die Genehmigung von umweltbelastenden Fabriken,
- die **Normierung von Werkstoffen** und Materialien,
- **Empfehlungen** zum umweltfreundlichen Verhalten und Maßnahmen zur Umwelterziehung,
- Vorschriften über eine **Umweltverträglichkeitsprüfung,**
- **Beratung** und **Information,** z. B. über umweltfreundliche Produkte, sowie
- **Raumplanung.**

M 1

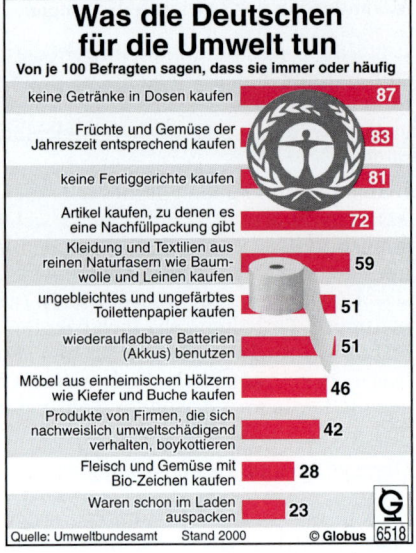

Was die Deutschen für die Umwelt tun

Von je 100 Befragten sagen, dass sie immer oder häufig

keine Getränke in Dosen kaufen	87
Früchte und Gemüse der Jahreszeit entsprechend kaufen	83
keine Fertiggerichte kaufen	81
Artikel kaufen, zu denen es eine Nachfüllpackung gibt	72
Kleidung und Textilien aus reinen Naturfasern wie Baumwolle und Leinen kaufen	59
ungebleichtes und ungefärbtes Toilettenpapier kaufen	51
wiederaufladbare Batterien (Akkus) benutzen	51
Möbel aus einheimischen Hölzern wie Kiefer und Buche kaufen	46
Produkte von Firmen, die sich nachweislich umweltschädigend verhalten, boykottieren	42
Fleisch und Gemüse mit Bio-Zeichen kaufen	28
Waren schon im Laden auspacken	23

Quelle: Umweltbundesamt   Stand 2000   © Globus 6518

M2 ▲   **M3 ▼**

Damit uns der Müll nicht über den Kopf wächst

Einstieg in die Kreislaufwirtschaft

Von der Abfall- zur Kreislaufwirtschaft
Weil auch verstärktes Recycling die Abfallmenge nicht reduzieren kann, muss die Vermeidung von Müll an die erste Stelle treten. Diese Erkenntnis hat sich angesichts voller Deponien und der Probleme mit der Abfallablagerung bzw. -verbrennung durchgesetzt.

(Sparkassen Schul-Service)

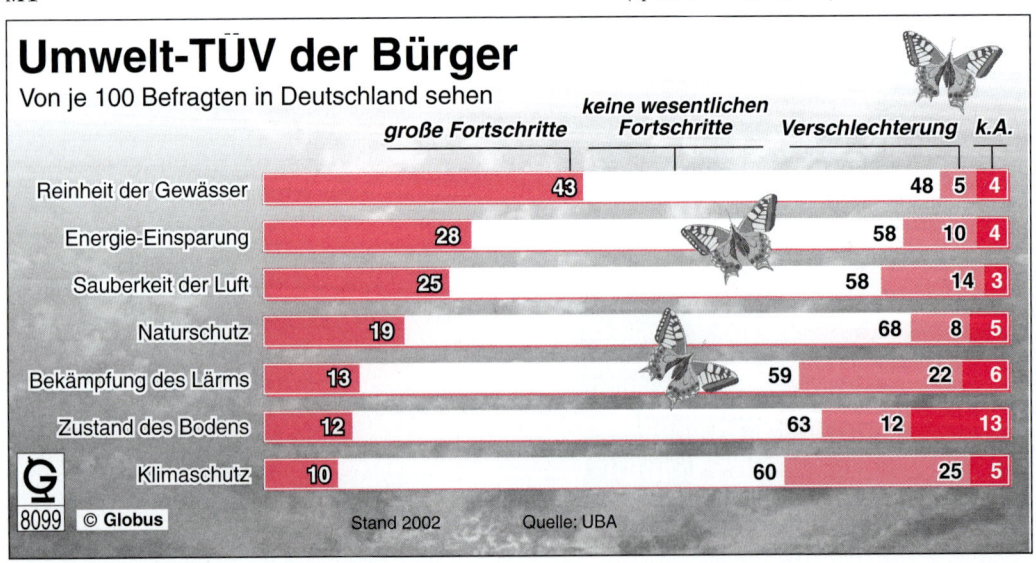

Umwelt-TÜV der Bürger

Von je 100 Befragten in Deutschland sehen

	große Fortschritte	keine wesentlichen Fortschritte	Verschlechterung	k.A.
Reinheit der Gewässer	43	48	5	4
Energie-Einsparung	28	58	10	4
Sauberkeit der Luft	25	58	14	3
Naturschutz	19	68	8	5
Bekämpfung des Lärms	13	59	22	6
Zustand des Bodens	12	63	12	13
Klimaschutz	10	60	25	5

8099 © Globus   Stand 2002   Quelle: UBA

M 4

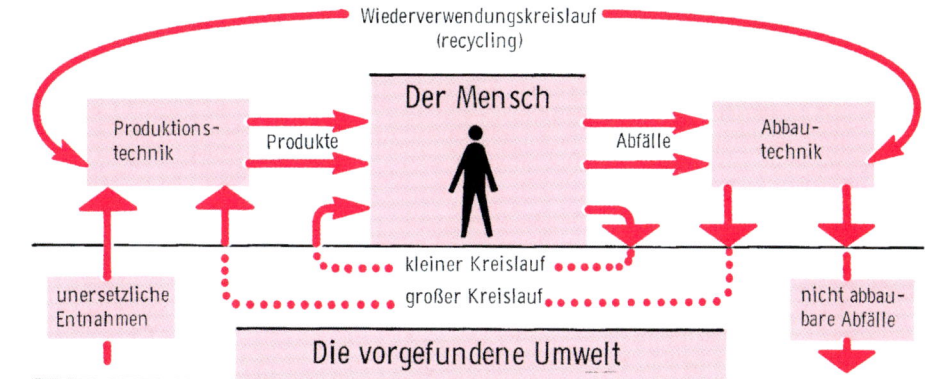

Umweltbewusstes Verhalten – was können wir tun?

Die Regelungen und Empfehlungen zum Schutz der Umwelt sind nicht mehr zu überblicken. Doch letztlich muss das **umweltbewusste Verhalten** der Menschen unabhängig von Gesetzen und Verordnungen auf die Einsicht zurückgehen, dass nicht nur wir selbst, sondern auch die nachfolgenden Generationen eine lebenswerte Umwelt vorfinden sollen. Deshalb muss man die Belastung der Umwelt möglichst gering halten und den Verbrauch von Natur einschränken.

Abfallvermeidung

Die **Abfallvermeidung** sowie der **Verzicht** auf umweltbelastende Waren und umweltschädigendes Handeln stehen an erster Stelle. So ist beispielsweise Einsparung von Energie – z.B. bei der Heizung oder beim Betrieb eines Kraftfahrzeugs (M 6) – in doppelter Hinsicht umweltschonend: Einerseits fällt umweltbelastende Erzeugung und Bereitstellung der Energieträger weg und andererseits entstehen keine Abgase, die die Luft und das Klima beeinträchtigen.

M 5

1992 1994 2001

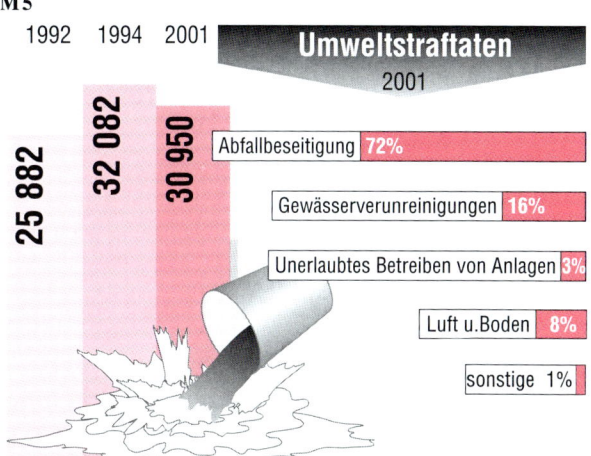

25 882   32 082   30 950

Umweltstraftaten
2001

Abfallbeseitigung	72%
Gewässerverunreinigungen	16%
Unerlaubtes Betreiben von Anlagen	3%
Luft u. Boden	8%
sonstige	1%

M 6: Umweltbelastung durch ein Kraftfahrzeug

Die direkte Umweltbelastung beim **Gebrauch** beispielsweise eines Kraftfahrzeugs durch **Abgase** ist nur ein Teil der Belastung insgesamt. Berücksichtigen muss man auch die Umweltbelastung durch die Produktion von **Kraftstoffen,** durch die **Pflege und Wartung** der Kraftfahrzeuge und sonstige Auswirkungen des Kraftfahrzeugverkehrs. Hinzu kommt die Umweltbelastung durch die Fabriken, in denen man die Kraftfahrzeuge und deren Einzelteile herstellt. Zu diesen Auswirkungen der **Produktion** kommt der Verbrauch von Natur durch die entnommenen **Rohstoffe.**

Schließlich ist zu berücksichtigen, dass alte Kraftfahrzeuge bei der **Entsorgung** erneut die Umwelt belasten, indem dabei Energie verbraucht wird, Emissionen entstehen, Werkzeuge und Geräte erforderlich sind und letztlich das, was nicht wieder verwendet werden kann, in eine **Deponie** kommt. Hinzu kommen auch der **Verbrauch an Natur** durch die erforderlichen Straßen, die Umweltbelastung durch den Straßenbau und vieles andere.

M 7: Ausstoß von Kohlendioxid reduzieren

Die EU-Umweltminister haben beschlossen, den Emissionshandel mit dem Treibhausgas Kohlendioxid von 2005 an in der EU einzuführen. Durch den marktwirtschaftlichen Anreiz sollen Unternehmen dazu angeregt werden, ihre Produktionsanlagen umweltfreundlich nachzurüsten, um dann Gewinn bringend Kohlendioxid-Emissionsrechte an andere Unternehmen zu verkaufen, die noch nicht die Umweltnormen erfüllen.

(Stuttgarter Zeitung vom 10.12.2002)

Abfallverwertung

Große Bedeutung hat darüber hinaus die **Abfallverwertung**, das **Recycling**. Durch die Aufbereitung von Abfällen entsteht ein **Wiederverwendungskreislauf**. Dadurch schont man die Vorräte der Erde und verringert die Belastung durch Abfälle.

Sicherlich können neue Erfindungen und umweltbewusstes Verhalten viele Probleme lösen. Unveränderlich bleibt, dass

– die Erde nur begrenzt Vorräte an Rohstoffen hat,
– die Umwelt nur in begrenztem Maß Schadstoffe und Abfälle aufzunehmen vermag und
– die Natur nicht beliebig vielen Menschen Nahrung bieten kann.

Öko-Bilanzen

Um die Umwelt zu schonen, fordert man, die Auswirkungen auf die Umwelt bei allen Produkten möglichst in jeder Hinsicht zu bedenken und als Merkmal der Erzeugnisse herauszustellen. In einer **Öko-Bilanz** muss über die **Umweltbelastung** beim Gebrauch eines Produktes hinaus auch berücksichtigt werden, in welchem Umfang bei der Herstellung bereits Energie und Rohstoffe aus der Natur erforderlich waren und welche Emissionen auftraten sowie der Transportaufwand (M8 + M13). Schließlich ist zu berücksichtigen, mit welcher Umweltbelastung ein Erzeugnis später entsorgt wird.

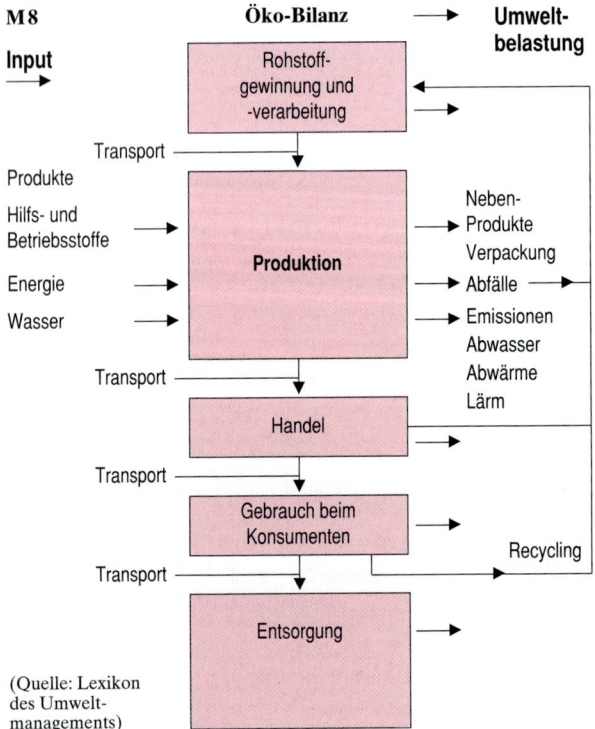

M8   **Öko-Bilanz** ➡ **Umwelt-belastung**

(Quelle: Lexikon des Umwelt-managements)

M 9: Kreislaufwirtschaft – Recycling von Verpackungsmüll

Beim Verkauf zählt die Verpackung, bei den meisten Verbrauchern das Umweltbewusstsein. Heute landet kaum noch Abfall unbedacht in der Mülltonne, alles wird säuberlich getrennt und gesammelt. Verpackungsmaterialien enden im Gelben Sack oder in der Gelben Tonne und werden später in besonderen Aufbereitungsanlagen weiterverarbeitet. Glas und Papier werden gesammelt und der Wiederverwertung zugeführt. Zwar werden heute immer noch nicht alle Verpackungsabfälle auch tatsächlich verwertet, aber der Verwertungsanteil ist seit 1991 schon enorm gestiegen. Während 1991 nur 34 Prozent der gesammelten Büchsen und Dosen verwertet wurden, waren es im Jahr 2000 schon 84 Prozent. Papier endet heute nur noch zu 14 Prozent auf der Deponie, 86 Prozent kehren in Form von neuen Zeitungen und Klopapier wieder zum Verbraucher zurück.

(Globus)

M 10: Elektrosmog

Vor **Elektrosmog** sollen neue Grenzwerte schützen. Alles ist verdächtig, vom Radiowecker bis zum Doppelstecker.
Beim Elektrosmog besteht ein hoher Aufklärungsbedarf. Auch wenn manche Sendeanlagen umstritten sind, kann von einer Akzeptanzkrise des Mobilfunks im Land keine Rede sein. Die verbreitete Skepsis basiert nicht auf konkreten Ängsten, sondern rührt eher von Unsicherheiten gegenüber möglichen gesundheitlichen Risiken her.

(Stuttgarter Zeitung vom 29.11.2002)

M 11: Büchsentrinker zahlen Pfand

Ab Januar 2003 müssen Büchsenliebhaber Pflichtpfand zahlen. Auch auf andere Einwegverpackungen mit Bier, Mineralwasser, Cola und Limonade wird dann erstmals ein Pflichtpfand von 25 oder 50 Cent (bei Verpackungen ab 1,5 Liter) erhoben. Einwegverpackungen mit Säften, Wein und Spirituosen bleiben allerdings vorerst vom Pfand befreit. Die Pfandflasche bietet aus Sicht der Bundesregierung gegenüber der Dose nicht nur entscheidende ökologische Vorteile. Auch die Verschandlung von Parks und Straßen durch die zunehmende Dosenflut soll auf diese Weise eingedämmt werden.

(Globus)

M 12   **Ökologischer Produktzyklus**

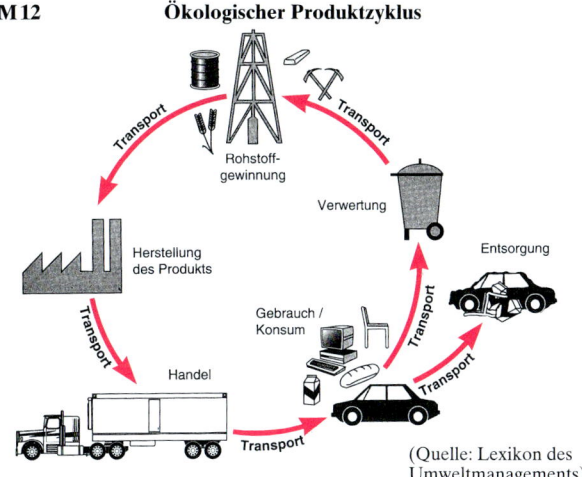

(Quelle: Lexikon des Umweltmanagements)

M 13: Transportaufwand für Jogurt

Transportkilometer, bevor ein Erdbeerjogurt auf dem Tisch des Kunden steht: Die Zutaten, die Materialien für Glas und Deckel und der fertige Jogurt machen insgesamt Reisen von über 3 500 km, und da die Zulieferer der Materialien auch selbst Zulieferer haben, von denen sie ihre Grundstoffe beziehen (z.B. Mais oder Weizenpulver), kommen noch einmal 4 500 km hinzu.

Ist der hohe **Transportaufwand** vermeidbar? Aber gewiss! Erdbeeren, Milch und andere Zutaten können lokal bezogen und verarbeitet werden. Jogurtgläser können auf örtlichen oder regionalen Märkten vielfach wieder verwendet werden. Für die leichten Aluminiumdeckel lohnt es sich nicht, die Distanz zu reduzieren, da ihre Produktion vor Ort große Investitionen erfordern, aber nur wenige LKW-Fahrten sparen würde. Größere Einsparungen sind möglich, wenn Meiereien dezentralisiert werden.
(Ernst Ulrich von Weizsäcker u. a.: Faktor Vier)

M 14

Geht mir doch weg mit eurer grünen Gefühlsduselei! Hauptsache, ich habe Arbeit – oder?

■ **Aufgaben**

1. Nennen Sie 5 Maßnahmen zum Schutz der Umwelt.

2. Legen Sie am Beispiel dar, wie marktwirtschaftliche Instrumente Umweltschutz bewirken (M 11).

3. Warum ist umweltbewusstes Verhalten der Menschen besonders wichtig? Zeigen Sie dies am Beispiel der Abfallvermeidung.

4. Welche Bedeutung hat die Sonnenenergie angesichts schwindender Energievorräte und hohem Ausstoß von Kohlendioxid (M 7)?

5. Warum kommt der Abfallverwertung ein hoher Rang zu? Beschreiben Sie den Wiederverwendungskreislauf an einem Beispiel (M 4 + M 9). Beachten Sie auch M 3 von 2.4.4.

6. Diskutieren Sie die Bedeutung der Öko-Bilanzen für den Umweltschutz (M 8).

7. Wie stellen Sie sich zu der Behauptung, es bestünden keine gegensätzlichen Interessen zwischen Arbeitnehmern in der Autoindustrie und Umweltschützern (M 6 + M 13 + M 14)?

8. Welche Ziele haben Umweltverträglichkeitsprüfungen (M 10)?

9. Entwickeln Sie gemeinsam ein Aktionsprogramm mit Regeln für umweltgerechtes Verhalten im Betrieb und im privaten Alltag.

10. Wie kann man die Ziele von Umweltschutz, Raumplanung, Wirtschaftswachstum sowie ausreichendem Arbeitsplatzangebot und individueller Entfaltung miteinander verbinden (M 4 + M 2 von 2.4.1)? Bereiten Sie ein **Rollenspiel** vor, indem Sie die Positionen für ein Streitgespräch zu diesem Thema festlegen. Denken Sie daran, auch einen Gesprächsleiter (Moderator) und die Protokollführung zu bestimmen, damit im Anschluss an die Diskussion deren Ergebnisse fixiert und besprochen werden können.

Maßnahmen zum Schutz der Umwelt:
– **umweltbewusstes Verhalten**
– **gesetzliche Vorschriften**
– **Empfehlungen**
– **Verfahrensvorschriften**
– **Abfallvermeidung**
– **Abfallverwertung**

2.4.4 Gesetze zum Umweltschutz

Vorschriften zum Umweltschutz sind in **Gesetzen** und **Rechtsverordnungen** enthalten. In solchen gesetzlichen Bestimmungen werden **Gebote** und **Verbote** formuliert. Hinzu kommen die EU-Richtlinien (M 5), die für alle EU-Staaten gelten.

Gesetzliche Bestimmungen

Die gesetzlichen Bestimmungen sind Bereichen wie Luftreinhaltung, Abfall- oder Wasserrecht zugeordnet. Da die übergreifenden Umweltprobleme nicht mehr durch viele Einzelmaßnahmen wie z.B. die Wasserreinhaltung oder Vorschriften über Luftfilter zu bewältigen sind, ist man bestrebt, ein umfassendes **Umweltgesetzbuch (UGB)** für das Umweltrecht zu schaffen. Darin sind die **Umweltgesetze** gebündelt.

Umweltstraftaten

Für den Fall von Verstößen gegen die gesetzlichen Bestimmungen zum Umweltschutz werden **Bußgelder** und **Strafen** angedroht. Trotzdem müssen insbesondere in den Bereichen der Abfallbeseitigung und des Gewässerschutzes immer wieder Straftaten beklagt werden (M 5 von 2.4.3).

M 2: § 1 des Gesetzes zur Förderung der Kreislaufwirtschaft und Sicherung der umweltverträglichen Beseitigung von Abfällen – **Kreislaufwirtschafts- und Abfallgesetz**

Zweck des Gesetzes

Zweck des Gesetzes ist die Förderung der Kreislaufwirtschaft zur Schonung der natürlichen Ressourcen und die Sicherung der umweltverträglichen Beseitigung von Abfällen.

M 3: § 4 Absatz 1 des Kreislaufwirtschafts- und Abfallgesetzes

Grundsätze der Kreislaufwirtschaft

(1) Abfälle sind
1. in erster Linie zu vermeiden, insbesondere durch die Verminderung ihrer Menge und Schädlichkeit.
2. in zweiter Linie
   a) stofflich zu verwerten oder
   b) zur Gewinnung von Energie zu nutzen (energetische Verwertung).

M 1

Gesetze zum Umweltschutz					
Bundes-Immissionsschutzgesetz Gesetz gegen Fluglärm Straßenverkehrsgesetz	Abwasserabgabengesetz Waschmittelgesetz Umwelthaftungsgesetz	Wasserhaushaltsgesetz Wassergesetze der Länder Bodenschutzgesetz	Chemikaliengesetz Atomgesetz Strahlenschutzvorsorgegesetz Gentechnikgesetz	Kreislaufwirtschafts- und Abfallgesetz Altfahrzeuggesetz Verpackungsverordnung	Gesetz über die Umweltverträglichkeitsprüfung Bundesnaturschutzgesetz
⬇	⬇	⬇	⬇	⬇	⬇
• Verbesserung der Luftqualität • Verringerung der Lärmbelästigung • Festlegung konkreter Emissionsgrenzwerte	• Verbesserung der Wasserqualität • Verringerung schädlicher Abwassereinleitung in Gewässer	• Aufrechterhaltung des ökologischen Gleichgewichts • Sicherung der Wasserversorgung • Schutz des Bodens	• Schutz vor gefährlichen Stoffen und Strahlen • Kontrolle neuer chemischer Stoffe und Lebensmittel	• Abfallvermeidung • Wieder- und Weiterverwertung von Abfällen und Rückständen • Schadlose Beseitigung von Abfällen	• Erhaltung der natürlichen Lebensgrundlagen, der biologischen Vielfalt • Wiederherstellung, Entwicklung des Naturhaushalts • Berücksichtigung der Auswirkungen auf Umwelt
Zielsetzung der Gesetze					

Beispiele für gesetzliche Bestimmungen

Das **Bundes-Immissionsschutzgesetz** beispielsweise (M 5 von 2.4.1) verbietet, festgelegte Obergrenzen für umweltschädigende Immissionen zu überschreiten. Die Betriebe werden dadurch gezwungen, technische Einrichtungen und chemische Verfahren zu entwickeln, damit sie diese Ziele erreichen.

Das **Abfallgesetz** enthält Bestimmungen über die Umweltverträglichkeit von Produkten, über die Abfallverwertung und die unschädliche Lagerung von Rest-Müll.

Die **Verpackungsverordnung** (M 4) dient folgendem Zweck:
– Abfälle möglichst **vermeiden,**
– soweit dies nicht möglich, **verwerten** oder wiederverwenden und
– die Abfallreste umweltgerecht **entsorgen.**

Das **Umwelthaftungsgesetz** legt eine Haftung für Schäden durch Luft-, Wasser- und Bodenverschmutzung fest. Für besonders gefährliche Anlagen besteht eine Versicherungspflicht für Umweltschäden.

M 4: Rücknahmepflichten für Verpackungen nach der Verpackungsverordnung – Verordnung über die Vermeidung und Verwertung von Verpackungsabfällen

§ 4: Hersteller und Vertreiber sind verpflichtet, **Transportverpackungen** nach Gebrauch zurückzunehmen …
§ 5: Vertreiber, die Waren in Umverpackungen anbieten, sind verpflichtet, bei der Abgabe der Waren an Endverbraucher die **Umverpackungen** zu entfernen oder dem Endverbraucher in der Verkaufsstelle oder auf dem zur Verkaufsstelle gehörenden Gelände Gelegenheit zum Entfernen und zur unentgeltlichen Rückgabe der Umverpackung zu geben …
§ 6: Der Vertreiber ist verpflichtet, vom Endverbraucher gebrauchte restentleerte **Verkaufsverpackungen** am Ort der tatsächlichen Übergabe oder in dessen unmittelbarer Nähe unentgeltlich zurückzunehmen …

M 5

EU-Richtlinie soll Elektroschrott vermindern
Industrie muss ab 2005 Elektro-Altgeräte zurücknehmen

Damit werden die Mitgliedsstaaten verpflichtet, bis spätestens 2005 Rücknahmesysteme und Rücknahmestellen für alle Elektro- und Elektronik-Altgeräte aufzubauen. Die Verbraucher können bei diesen Sammelstellen kostenlos Altgeräte zurückgeben. Damit verbunden ist aber auch das Verbot für die Verbraucher, selbst alte Kleingeräte wie Haartrockner oder Rasierer über den Restmüll zu entsorgen.
Für einzelne Gerätearten wurden sehr hohe Wiederverwertungsquoten festgelegt, die zwischen 50 Prozent für Haushaltskleingeräte wie Toaster oder Staubsauger und 75 Prozent für Haushaltsgroßgeräte wie Waschmaschinen und Kühlschränke betragen. Damit soll den Firmen der Anreiz gegeben werden, die Recyclingfähigkeit der Geräte schon bei der Konstruktion so zu erhöhen, dass die Kosten der Wiederverwertung möglichst gering sind.

(DAS PARLAMENT vom 23./30.12.2002)

■ **Aufgaben**

1. Aus welchen Gründen sind Gesetze zum Umweltschutz nötig?
2. Nennen Sie vier wichtige Gesetze zum Umweltschutz.
3. Geben Sie je ein Beispiel für gesetzliche Gebote und Verbote im Umweltschutz.
4. Auf welche Weise wird die Einhaltung der gesetzlichen Bestimmungen zum Umweltschutz erzwungen?
5. Welche Umweltstraftaten halten Sie für besonders schwerwiegend (M 5 von 2.4.3)? Begründen Sie Ihre Meinung und machen Sie Vorschläge, auf welchem Weg man eine Verringerung der Umweltdelikte erreichen kann.
6. Ermitteln Sie in einem Supermarkt oder bei Einzelhändlern, in welcher Weise die Verpackungsverordnung (M 4 + M 5) in der Praxis umgesetzt wird und fertigen Sie eine Aufstellung der Ergebnisse an.
7. Entwickeln Sie einen **Fragebogen** zur Ermittlung von Umweltbewusstsein und Umweltverhalten in unserer Gesellschaft. Er soll auch die Berücksichtigung von gesetzlichen Bestimmungen sowie die Verantwortung für Kosten des Umweltschutzes umfassen. – Führen Sie die **Befragung** durch im Betrieb, in der Schule, im Familien- und Freundeskreis, in der Öffentlichkeit und werten Sie die Antworten aus, indem Sie zunächst die Ergebnisse zusammenstellen und dann eine zusammenfassende Bewertung verfassen.

Gesetze zum Umweltschutz legen fest

– **Obergrenzen für die Umweltbelastung**
– **Verbote für umweltschädliches Handeln**

bewirken Umweltschutz durch

– **Gebote**
– **Verbote**
– **Vorschriften für**
    – **technische Einrichtungen**
    – **besondere Verfahren bei der Produktion**
    – **Umweltverträglichkeit der Erzeugnisse**
    – **Abfallverwertung**
    – **unschädliche Lagerung von Rest-Müll**

2.4.5 Kosten des Umweltschutzes

Maßnahmen zum Umweltschutz verursachen **Kosten.** Zum einen entstehen sie durch Vorsorgemaßnahmen, zum andern durch den Aufwand für die Beseitigung der Umweltschäden. Günstiger ist in jedem Fall, wenn Schäden in Befolgung des **Vorsorgeprinzips** vermieden werden.

Ursachen für Kosten

Kosten für Umweltschutz entstehen aus folgenden Gründen:

- Konstruktion technischer **Einrichtungen** und **Verfahren,** die bei der Produktion die Umweltbelastung verringern. Dazu gehört beispielsweise der Einbau von Filtern und Überwachungsmonitoren.
- Entwicklung **umweltfreundlicher Erzeugnisse.** Dies kann aufgrund eines Verbots gefährlicher Stoffe oder Verfahren nötig sein.
- **Kontrolle** und **Kennzeichnung** von Produkten sowie die Überwachung der Vorschriften.
- Ärztliche Kontrollen und **Untersuchung der Mitarbeiter.**
- Einrichtungen zur **Abfallvermeidung, Abfallverwertung** und Wiederaufbereitung. Dazu zählt auch die **Abwasserreinigung.**
- Anlagen zur unschädlichen **Lagerung von Rest-Müll.**
- Maßnahmen zur Unterstützung des natürlichen Abbaus von Schadstoffen und zur **Wiederherstellung des ökologischen Gleichgewichts.**

Wo entstehen Kosten für Umweltschutz?

Auf Seiten des Staats und der Wirtschaft sind die Kosten für **Wasserreinhaltung** am höchsten. Erheblicher Aufwand dient der **Luftreinhaltung** und der **Abfallwirtschaft.** Die Kosten in privaten Haushalten z. B. für **Energie sparende Maßnahmen** sind erheblich. Hinzu kommen die Kosten für die **Behebung von Umweltschäden** beispielsweise für die Sanierung von belasteten Böden.

Verursacherprinzip

Grundsätzlich gilt, dass die Kosten des Umweltschutzes derjenige tragen muss, der die Umweltgefährdung verursacht. Dies ist das **Verursacherprinzip.** In vielen Fällen muss die Allgemeinheit für die Kosten aufkommen, weil sie keinen bestimmten Verursachern zugeordnet werden können.

M1

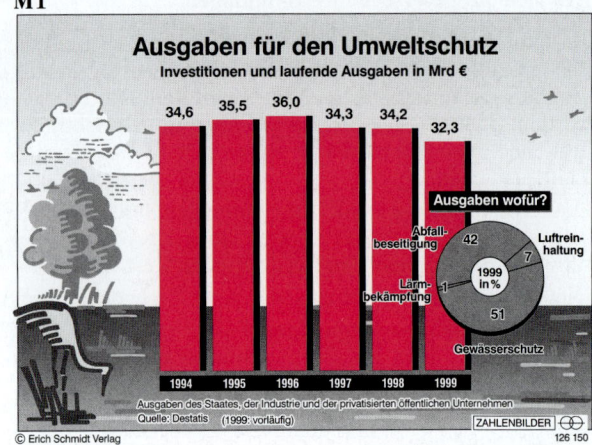

Ausgaben für den Umweltschutz
Investitionen und laufende Ausgaben in Mrd €

34,6 · 35,5 · 36,0 · 34,3 · 34,2 · 32,3

Ausgaben wofür?

Abfallbeseitigung 42 · Luftreinhaltung 7 · 1999 in % · Lärmbekämpfung 1 · Gewässerschutz 51

1994 · 1995 · 1996 · 1997 · 1998 · 1999

Ausgaben des Staates, der Industrie und der privatisierten öffentlichen Unternehmen
Quelle: Destatis (1999: vorläufig)

© Erich Schmidt Verlag   ZAHLENBILDER
126 150

M 2: Kosten der Umweltverschmutzung

Durch die Umweltverschmutzung entstehen **Schäden** an Gebäuden und anderen Infrastrukturen, die zusätzliche Kosten für Wartungs- und Reparaturarbeiten verursachen.

Das Wachstum von Pflanzen wird behindert; dies reduziert die Erträge der Landwirtschaft, erhöht den Düngemittelbedarf, verseucht die Wasserversorgung und führt somit zu hohen Reinigungskosten. **Umweltverseuchungen** können darüber hinaus die Gesundheit der Arbeitskräfte beeinträchtigen und auf diese Weise ihre Produktivität verringern bzw. langfristig medizinische Betreuungskosten verursachen.

Auch die Auswirkungen anderer Formen der Umweltbelastung mögen sich erst langfristig zeigen. So haben z. B. die **chemische und nukleare Umweltbelastung** Auswirkungen, die möglicherweise erst viele Jahre nach dem Auftreten ihre Wirkung zeigen.

(Die Europäische Gemeinschaft und der Umweltschutz)

M 3: Fragenkatalog für den Haushalt

- Hoher Wasserverbrauch – muss das sein?
- Was ist bei Lebensmitteln zu beachten?
- Welche Reinigungs-, Wasch- und Pflegemittel schonen die Umwelt?
- Mit Verpackungen beim Einkauf?
- Wie sortiere ich den Müll?

M 4

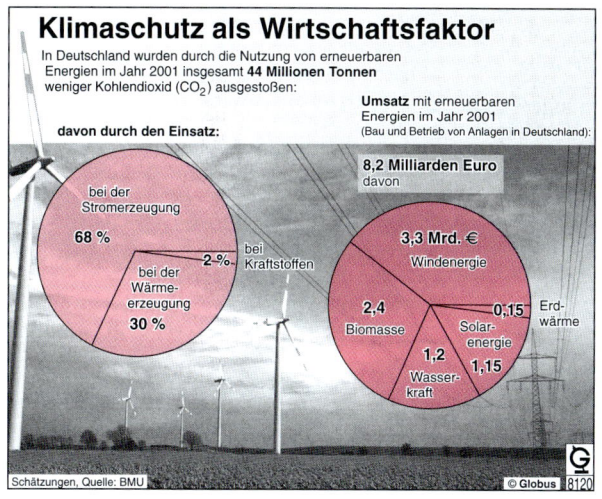

Klimaschutz als Wirtschaftsfaktor

In Deutschland wurden durch die Nutzung von erneuerbaren Energien im Jahr 2001 insgesamt **44 Millionen Tonnen** weniger Kohlendioxid (CO_2) ausgestoßen:

davon durch den Einsatz:

bei der Stromerzeugung **68 %**

bei der Wärmeerzeugung **30 %**

2 % bei Kraftstoffen

Umsatz mit erneuerbaren Energien im Jahr 2001 (Bau und Betrieb von Anlagen in Deutschland):

8,2 Milliarden Euro davon

3,3 Mrd. € Windenergie

2,4 Biomasse

0,15 Erdwärme

1,2 Wasserkraft

1,15 Solarenergie

Schätzungen, Quelle: BMU © Globus 8120

Belastung der Bürger

Die Bürger sind von den **Kosten des Umweltschutzes** betroffen durch

– die **Preise,** die auch unter Berücksichtigung der Kosten der Betriebe für Umweltschutz entstehen,
– **Gebühren,** die die Bürger z. B. je nach Wasserverbrauch an die Gemeinde bezahlen für die Kläranlage usw. sowie
– **Abgaben,** die beispielsweise für Abfall auf einer Deponie anfallen, und
– **Steuern,** über die der Staat seine Maßnahmen zum Umweltschutz finanziert.

Kosten und Nutzen

Die hohen **Kosten** für Umweltschutz sind unausweichlich, denn die Erhaltung der Natur und guter Lebensbedingungen ist eines der höchsten Ziele, wie dies auch im Grundgesetz in Artikel 20a (M 5 von 5.1.3) steht. Andererseits muss man den **Nutzen** sehen, der in einer intakten Umwelt besteht. Man sollte als Nutzen auch die vermiedenen Ausgaben für die Behebung von Umweltschäden berücksichtigen. Deshalb ist insgesamt der Nutzen von Umweltschutz höher als die Kosten (M 4).

Umweltbewusstes Verhalten

Mit keinen oder nur geringen Kosten verbunden ist **umweltbewusstes Verhalten.** Beispielsweise kann man beim Einkauf jene Waren berücksichtigen, die in umweltschonenden, wieder verwendbaren Behältern – z. B. Mehrwegflaschen – verpackt sind. Umweltverschmutzung durch Abfälle kann man kostenfrei vermeiden und das Sortieren von Müll erfordert nur wenig Mühe, ermöglicht aber das Recycling z. B. von Glas und Metallen (M 9 von 2.4.3).

M 5: Der Grüne Punkt – was ist das?

Der Grüne Punkt ist ein Lizenzzeichen der Duales System Deutschland GmbH. Er dokumentiert, dass

– der Verpackungshersteller seinen Beitrag zur Mitfinanzierung des dualen Entsorgungssystems leistet,
– gebrauchte Verpackungen in die DSD-Erfassungssysteme eingebracht werden können,
– die so gekennzeichneten Verpackungen einer Wiederverwendung oder stofflichen Verwertung zugeführt werden.

Was kostet der Grüne Punkt?

Die Lizenzgebühren für den Grünen Punkt sind im Verkaufspreis der Ware enthalten.

■ **Aufgaben**

1. Was versteht man unter dem Verursacherprinzip?
2. Auf welche Weise sind Bürger durch Kosten des Umweltschutzes belastet? Bedenken Sie auch die indirekten Belastungen über die Preise.
3. Zeigen Sie am Beispiel von verschmutztem Wasser, wie Kosten für die Wasserreinhaltung entstehen.
4. Diskutieren Sie die Verpackungsart von Flüssigkeiten unter dem Aspekt der Kosten und des Umweltschutzes (M 11 von 2.4.3).
5. Warum ist beim Umweltschutz eine Vorsorge besser als die Behebung von Schäden (M 2)?
6. Zeigen Sie an Beispielen, dass umweltbewusstes Verhalten keine Kosten verursachen muss.
7. Erstellen Sie eine Liste für die Versorgung von Abfällen, die im Haushalt und bei Freizeitbeschäftigungen entstehen (M 3).

Kosten des Umweltschutzes entstehen durch

– **Einrichtungen + Verfahren für umweltschonende Produktion**
– **die Entwicklung umweltfreundlicher Erzeugnisse**
– **Einrichtungen zur Abfallvermeidung + Abfallverwertung**
– **Abwasserreinigung**
– **unschädliche Lagerung von Rest-Müll**

2.5 Sozialstaatlichkeit

2.5.1 Grundsätze der Sozialpolitik

Die Bundesrepulik Deutschland ist dem Grundgesetz zufolge ein **sozialer Staat.** In einem **Sozialstaat** haben die Bürger **soziale Rechte,** die durch die Sozialpolitik gesichert werden.

Damit sind zwei **soziale Grundsätze** verbunden. Der Staat muss **soziale Sicherheit** gewährleisten. Darüber hinaus soll der Staat **soziale Gerechtigkeit** erstreben, indem er die wirtschaftlich schwächeren Teile der Bevölkerung unterstützt.

M 2: Sozialstaat und Sozialstaatsprinzip

Mit der Entscheidung für den **Sozialstaat** wird die immer wieder gestellte Forderung nach **sozialer Gerechtigkeit** zu einem leitenden Prinzip aller staatlichen Maßnahmen erhoben …

Aus dem **Sozialstaatsprinzip** ergibt sich in Verbindung mit dem Grundrecht der Würde des Menschen ein Anspruch des Einzelnen gegen den Staat, für ihn im Falle seiner – verschuldeten oder unverschuldeten – Bedürftigkeit so zu sorgen, dass sein Existenzminimum gesichert ist.

(Dieter Hesselberger: Das Grundgesetz)

M 1

Sozialgesetzbuch

1. Buch Allgemeiner Teil	2. Buch Ausbildungs-förderung*	3. Buch Arbeits-förderung	4. Buch Gemeinsame Vorschriften für die Sozial-versicherung	5. Buch Gesetzliche Kranken-versicherung	6. Buch Gesetzliche Renten-versicherung
7. Buch Gesetzliche Unfall-versicherung	8. Buch Kinder- und Jugendhilfe	9. Buch Rehabilitation und Teilhabe behinderter Menschen	10. Buch Verwaltungs-verfahren	11. Buch Gesetzliche Pflege-versicherung	12. Buch Wohngeld*

* Diese Leistungsbereiche werden Schritt für Schritt in das Gesetzbuch eingeordnet.

Soziale Rechte

Die **sozialen Rechte** sind im **Sozialgesetzbuch (SGB)** festgelegt. Sie umfassen das Recht auf
– Bildungs- und Arbeitsförderung,
– Sozialversicherung,
– soziale Entschädigung bei Gesundheitsschäden,
– Minderung des Familienaufwands,
– Zuschuss für eine angemessene Wohnung,
– Kinder- und Jugendhilfe,
– Sozialhilfe sowie die
– Eingliederung Behinderter.

Anspruch auf Fürsorge

Zu den grundlegenden sozialen Rechten gehört der Anspruch auf **Fürsorge** und Unterstützung in Notfällen. Der Staat muss seinen Bürgern das **Existenzminimum** garantieren; es ist als Voraussetzung persönlicher Freiheit anzusehen.

M 3: Aus § 1 des Sozialgesetzbuchs (SGB) – 1. Buch:

Aufgaben des Sozialgesetzbuchs

Das Recht des Sozialgesetzbuchs … soll dazu beitragen
– ein menschenwürdiges Dasein zu sichern,
– gleiche Voraussetzungen für die freie Entfaltung der Persönlichkeit insbesondere auch für junge Menschen, zu schaffen …
– besondere Belastungen des Lebens, auch durch Hilfe zur Selbsthilfe abzuwenden oder auszugleichen.

M 4: Prinzipien der sozialen Sicherung

● **Versicherungsprinzip**
● **Versorgungsprinzip**
● **Fürsorgeprinzip**

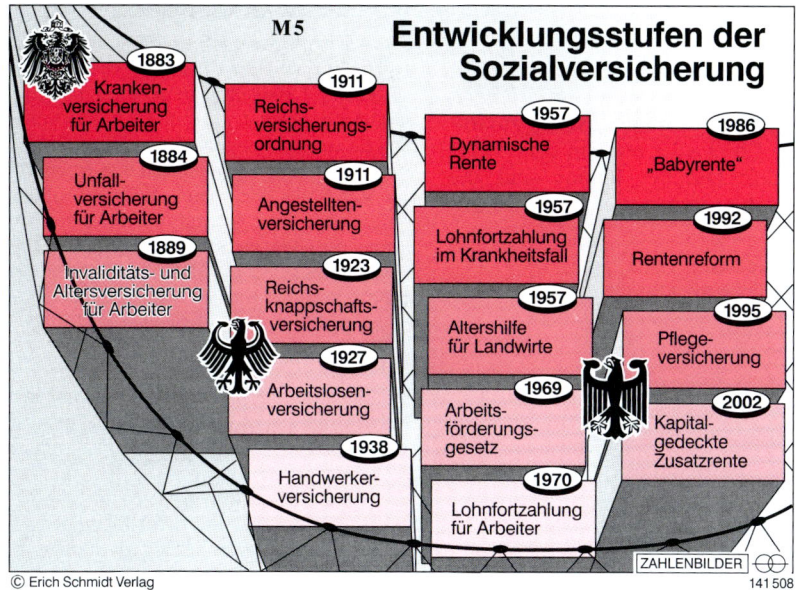

M5 Entwicklungsstufen der Sozialversicherung

- 1883 Krankenversicherung für Arbeiter
- 1884 Unfallversicherung für Arbeiter
- 1889 Invaliditäts- und Altersversicherung für Arbeiter
- 1911 Reichsversicherungsordnung
- 1911 Angestelltenversicherung
- 1923 Reichsknappschaftsversicherung
- 1927 Arbeitslosenversicherung
- 1938 Handwerkerversicherung
- 1957 Dynamische Rente
- 1957 Lohnfortzahlung im Krankheitsfall
- 1957 Altershilfe für Landwirte
- 1969 Arbeitsförderungsgesetz
- 1970 Lohnfortzahlung für Arbeiter
- 1986 „Babyrente"
- 1992 Rentenreform
- 1995 Pflegeversicherung
- 2002 Kapitalgedeckte Zusatzrente

ZAHLENBILDER

© Erich Schmidt Verlag   141 508

Die **Fürsorgepflicht des Staats** sollte nicht so weit gehen, dass die **Selbstverantwortung** der Bürger abnimmt. Individuelle Vorsorge für Nofälle z.B. über den Abschluss von Versicherungen oder durch finanzielle Rücklagen müssen als **Selbsthilfe** die soziale Absicherung durch den Staat ergänzen. Der Staat unterstützt deshalb über seine **Steuer-** und **Vermögenspolitik** individuelle Vorsorgemaßnahmen.

Soziale Grundsätze

Soziale Grundsätze sind eine wichtige Leitlinie nicht nur für die Gestaltung der Sozialpolitik. Die Steuerpolitik, die Vermögenspolitik, der Verbraucherschutz, die Mitbestimmung in den Betrieben und andere Bereiche berücksichtigen soziale Grundsätze.

Sozialversicherung

Im Zentrum der sozialen Absicherung steht die **Sozialversicherung** als eine gesetzliche Pflichtversicherung. Sie entwickelte sich seit über hundert Jahren und wurde zuletzt durch die Pflegeversicherung ergänzt.

M6: Existenzminimum

Bezeichnet eine in Geld- und/oder Sachleistungen verfügbare Mindesthöhe an Mitteln für eine Person oder eine Familie. Diese liegt über dem „physischen", für das Überleben als Organismus unverzichtbaren **Existenzminimum** (welches z.B. in Mindestkalorien pro Tag angegeben wird) und soll eine Teilhabe an den gesellschaftlichen Einrichtungen und am kulturellen Leben ermöglichen.

Die konkrete Höhe des sozial-kulturellen Existenzminimums ist politisch umstritten.

(Wolfgang Beywl: Soziale Sicherung)

■ **Aufgaben**

1. Welche Grundsätze kennzeichnen einen Sozialstaat?
2. Was bedeutet es, einen *Anspruch* auf staatliche Fürsorge zu besitzen (M2)?
3. Warum ist die Sicherung des Existenzminimums als Voraussetzung für eine freie Entfaltung anzusehen (M6)?
4. Nennen Sie vier soziale Rechte.
5. Welche Bedeutung hat der Grundsatz der sozialen Gerechtigkeit für die Gesetzgebung in Deutschland? Nennen Sie Beispiele für die Berücksichtigung dieses Grundsatzes.
6. Ermitteln Sie die Unterschiede zwischen der Armenhilfe im letzten Jahrhundert und den sozialen Rechten heute.
7. Diskutieren Sie das Spannungsverhältnis zwischen staatlicher Fürsorge und Selbstverantwortung.
8. In welchen Fällen halten Sie eine individuelle und freiwillige Absicherung gegen die Risiken des Lebens für richtig? Inwiefern steht die Sozialversicherung auch heute noch im Zentrum der sozialen Absicherung (M5)?

Bundesrepublik Deutschland = Sozialstaat

Grundsätze der Sozialpolitik:
- soziale Rechte der Bürger berücksichtigen
- soziale Sicherheit gewährleisten
- soziale Gerechtigkeit erstreben

Sozialversicherung als Zentrum der sozialen Sicherung

2.5.2 Die soziale Sicherheit

Die **soziale Sicherheit** wird in der Bundesrepublik Deutschland durch viele gesetzliche Bestimmungen gewährleistet, die im Wesentlichen im **Sozialgesetzbuch (SGB)** zusammengestellt sind (M1 von 2.5.1) oder noch in dieses Gesetzbuch eingefügt werden. Darüber hinaus sind die Grundsätze der Sozialpolitik auch in vielen anderen Gesetzen berücksichtigt.

Diese **sozialen Gesetze** betreffen
– die eigentliche **Sozialversicherung,**
– die **soziale Fürsorge,**
– die **soziale Versorgung.**

Darüber hinaus zielen andere Gesetze auf
– **soziale Förderung** sowie
– **sozialen Schutz** der Bürger.

Sozialversicherung

Als wichtigster Baustein der sozialen Sicherheit ist die **Sozialversicherung** anzusehen. Sie sichert gegen die großen Lebensrisiken ab und umfasst als gesetzliche Pflichtversicherung

– die **Krankenversicherung,**
– die **Rentenversicherung,**
– die **Unfallversicherung** und
– die **Arbeitslosenversicherung,** die zusammen mit den Bestimmungen zur Arbeitsförderung im Arbeitsförderungsgesetz (AFG) enthalten ist. Hinzu kam 1995
– die **Pflegeversicherung.**

M2: Der Generationenvertrag

Hierbei handelt es sich um eine stillschweigende Vereinbarung zwischen der beitragleistenden („jungen") Generation und der leistungsbeziehenden („alten") Generation. Die heute arbeitende Generation stellt ihre Beiträge im Umlageverfahren den Rentnern zur Verfügung. Sie kommt dieser Verpflichtung nach in der Erwartung auf künftige Einlösung des „Vertrages": Die ihr folgende Generation muss für die Rentenzahlungen der dann „alten" Generation aufkommen.

(Wolfgang Beywl: Soziale Sicherung)

M3: Das soziale Netzwerk

Es reicht von der Garantie des persönlichen **Existenzminimums** durch die **Sozialhilfe** bis zur staatlichen Förderung der Kapitalbildung in Arbeitnehmerhand, von der Absicherung der großen Lebensrisiken wie Krankheit, Arbeitslosigkeit, Invalidität oder Pflegebedürftigkeit im Rahmen der Sozialversicherung bis hin zu weit ausdifferenzierten Beteiligungsrechten der Arbeitnehmer in den Betrieben. **Mitbestimmungsgesetze** und **Betriebsverfassung** in den 50er Jahren, die große Rentenreform 1957, Einführung des **Kindergeldes** in den 50er Jahren und das Erziehungsgeld 1986, das **Arbeitsförderungsgesetz** von 1969 und das **Berufsbildungsgesetz,** das Gesundheits-Reformgesetz '89, die 1989 verabschiedete Rentenreform '92 und die soziale **Pflegeversicherung** sind Meilensteine zum **Sozialstaat.**   (Übersicht über das Sozialrecht)

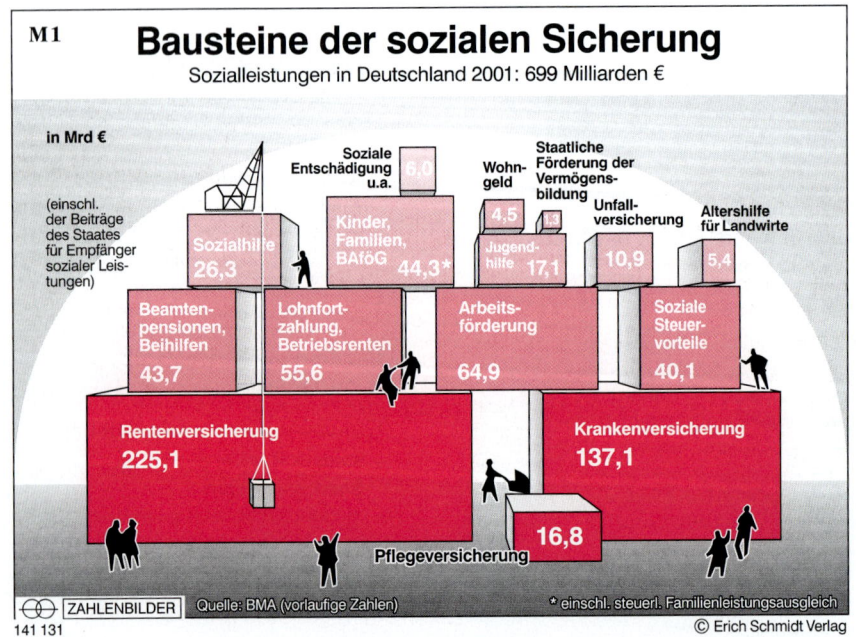

M 1

Bausteine der sozialen Sicherung
Sozialleistungen in Deutschland 2001: 699 Milliarden €

in Mrd €

(einschl. der Beiträge des Staates für Empfänger sozialer Leistungen)

Soziale Entschädigung u.a.	6,0
Wohngeld	4,5
Staatliche Förderung der Vermögensbildung	1,3
Unfallversicherung	10,9
Altershilfe für Landwirte	5,4

Sozialhilfe 26,3
Kinder, Familien, BAföG 44,3*
Jugendhilfe 17,1

Beamtenpensionen, Beihilfen 43,7
Lohnfortzahlung, Betriebsrenten 55,6
Arbeitsförderung 64,9
Soziale Steuervorteile 40,1

Rentenversicherung 225,1
Krankenversicherung 137,1

Pflegeversicherung 16,8

ZAHLENBILDER   Quelle: BMA (vorläufige Zahlen)   * einschl. steuerl. Familienleistungsausgleich
141 131   © Erich Schmidt Verlag

Wie bei anderen Versicherungen setzen die Leistungen der gesetzlichen Sozialversicherung eine Mitgliedschaft sowie die Bezahlung von Versicherungsbeiträgen voraus.

Soziale Versorgung und Fürsorge

Zur **sozialen Versorgung** gehören die **Kriegsopferversorgung**, die **Beamtenversorgung** und auch das **Kindergeld.** Kennzeichen von sozialer Versorgung ist, dass sie nicht von Einkommensgrenzen abhängt. Insofern gehört Kindergeld nur dazu, soweit es an alle Eltern bezahlt wird.

Den Anspruch auf **soziale Fürsorge** löst vor allem die **Sozialhilfe** ein. Sie umfasst Hilfen für Bedürftige zum Lebensunterhalt, um das Existenzminimum zu sichern (M 6 von 2.5.1). Überlegungen zu einer **Grundsicherung** werden angestellt.

Zur sozialen Fürsorge gehören auch das **Wohngeld** und die **Jugendhilfe.** Soziale Fürsorge setzt Bedürftigkeit voraus. Wer aufgrund seines Vermögens den Lebensunterhalt selbst bestreiten kann, hat deshalb keinen Anspruch auf Sozialhilfe.

Soziale Förderung

Gesetze zur **sozialen Förderung** sind

– das **Arbeitsförderungsgesetz (AFG)** und
– das **Bundesausbildungsförderungsgesetz (BAföG).**

Hinzu kommen Gesetze zur Förderung von

– **Wohnungsbau,**
– **Vermögensbildung** von Arbeitnehmern und andere gesetzliche Bestimmungen.

Sozialer Schutz

Soziale Bestimmungen, insbesondere zum **Schutz** von Arbeitnehmern, enthalten

– **Kündigungsschutzgesetz,**
– **Mutterschutzgesetz,**
– **Jugendarbeitsschutzgesetz,**
– **Berufsbildungsgesetz (BBiG)** sowie
– **Arbeitszeitgesetz,**
– **Betriebsverfassungsgesetz,**
– **Personalvertretungsgesetz** und
– **Mitbestimmungsgesetz.**

Das **System der sozialen Sicherheit** in der Bundesrepublik Deutschland wird weiterentwickelt. Als letzten großen Baustein hat man 1995 die **Pflegeversicherung** eingefügt. Ab 2002 besteht die Möglichkeit, die Rente zu ergänzen durch eine staatlich geförderte private Altersvorsorge, die so genannte Riester-Rente.

M 4: Arbeitslosigkeit und soziale Sicherung

Dass die seit Jahren andauernde Beschäftigungskrise die Balance der sozialen Sicherungssysteme empfindlich stört, kann anhand der gegenwärtigen Entwicklung täglich nachgewiesen werden. So steigen durch die Dauerarbeitslosigkeit die Ausgaben für soziale Sicherung, während gleichzeitig gerade durch die hohe Arbeitslosigkeit die Einnahmen (z. B. in der Renten- und Arbeitslosenversicherung) zurückgehen.

(Heinze/Hombach/Scherf: Sozialstaat 2000)

■ Aufgaben

1. Welche Versicherungen gehören zur eigentlichen Sozialversicherung?
2. Nennen Sie zwei Gesetze, die der sozialen Förderung dienen.
3. Welche Ziele hat die soziale Fürsorge?
4. Warum kann man die Sozialversicherung als einen Generationenvertrag bezeichnen (M 2)?
5. Inwiefern hängen soziale Sicherheit, Lebensqualität und Wohlstand zusammen? Diskutieren Sie die Probleme der Sozialversicherung auch im Zusammenhang mit dem technologischen Wandel und der damit zusammenhängenden strukturellen Arbeitslosigkeit (M 4 + M 5 von 2.3.3).

Soziale Sicherheit durch

– **soziale Rechte**
– **Sozialgesetze, zusammengefasst im Sozialgesetzbuch (SGB)**

Bereiche der sozialen Sicherheit:

– **Sozialversicherung**
– **soziale Förderung**
– **soziale Versorgung**
– **sozialer Schutz**

Sozialversicherungen = gesetzliche Pflichtversicherungen:

– **Krankenversicherung**
– **Rentenversicherung**
– **Unfallversicherung**
– **Arbeitslosenversicherung**
– **Pflegeversicherung**

2.5.3 Finanzierung der Sozialleistungen

Die **Finanzierung der Sozialleistungen** ist gesetzlich geregelt. Die **Sozialversicherung** wird finanziert durch Beiträge der **Versicherten,** Beiträge der **Arbeitgeber** und Zuweisungen aus dem **Staatshaushalt.**

Beiträge zur Sozialversicherung

Die **Beiträge** für die gesetzliche Krankenversicherung, die Rentenversicherung, die Arbeitslosenversicherung und die Pflegeversicherung werden je zur Hälfte von den **Arbeitnehmern** und den **Arbeitgebern** aufgebracht. Die Höhe der Beiträge richtet sich nach den anfallenden Versicherungsleistungen und wird als Prozentsatz des Lohns festgelegt. Deshalb steigt beispielsweise der Beitragssatz für die Arbeitslosenversicherung im Falle hoher Arbeitslosigkeit; die Rentenversicherungsbeiträge müssen sich erhöhen, wenn die Lebenserwartung der Rentner steigt (M3 von 2.3.4) und die Lebensarbeitszeit, während der man Sozialversicherungsbeiträge bezahlt, kürzer wird.

Wie werden die übrigen Sozialleistungen finanziert?

Für andere Sozialleistungen, wie z. B. die Lohnfortzahlung im Krankheitsfall, kommen die **Arbeitgeber** allein auf. Viele soziale Leistungen der Versorgung und Fürsorge, wie z. B. die Sozialhilfe werden aus **öffentlichen Mitteln** bezahlt und belasten somit die öffentlichen Haushalte von Bund, Ländern und Gemeinden. Die Finanzierung erfolgt deshalb im Wesentlichen über **Steuereinnahmen.**

Nach den Grundsätzen der **sozialen Gerechtigkeit** und des **sozialen Ausgleichs** sollen alle, denen es gut geht, den Not Leidenden helfen. Wer viel verdient, muss deshalb mehr für die soziale Sicherung leisten als jene, die nur geringen Lohn erhalten. Aus diesem Grund richtet sich der Beitrag beispielsweise zur gesetzlichen Krankenversicherung nach der Höhe des Einkommens. Auch bei der Besteuerung berücksichtigt man den Grundsatz des sozialen Ausgleichs, denn im Allgemeinen erhöht sich der Prozentsatz der Besteuerung mit höherem Einkommen.

Grenzen des Sozialstaats

Im gleichen Maß wie man die sozialen Rechte ausweitet, nehmen die **Kosten der sozialen Sicherung** zu. Letztlich ist deshalb mit einer größeren sozialen Absicherung eine höhere finanzielle Belastung der Bürger und der Wirtschaft verbunden. Insofern beeinträchtigt die soziale Sicherung die Leistungsfähigkeit der Wirtschaft und schmälert den Lebensstandard der Bürger. Deshalb zeigen sehr hohe Beiträge und Abgaben für soziale Leistungen sowie hohe Steuern die **Grenzen der Sozialstaatlichkeit** auf. Doch sind hohe soziale Kosten der Preis des Sozialstaats.

M 1

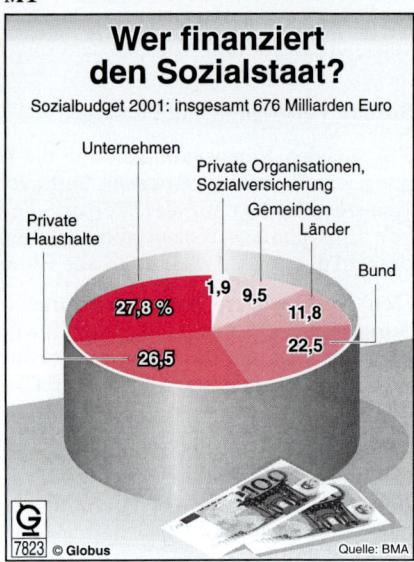

Wer finanziert den Sozialstaat?

Sozialbudget 2001: insgesamt 676 Milliarden Euro

Unternehmen
Private Organisationen, Sozialversicherung
Gemeinden
Länder
Private Haushalte
Bund

1,9　9,5
27,8 %　11,8
22,5
26,5

© Globus　Quelle: BMA

M 2: Belastung durch Steuern und Sozialabgaben

Die Belastung der Einkommen mit Steuern und Sozialabgaben erreichte im Jahr 2002 die Höhe von 56,6 Prozent. Nach Schätzungen des Bundes der Steuerzahler setzt sich die so genannte Abgabenquote aus 33,3 Prozent Steuern und 23,3 Prozent Sozialabgaben zusammen. In früheren Zeiten gab sich der Staat deutlich bescheidener: So flossen im Jahr 1962 nur 44 Prozent des Volkseinkommens in die Steuer- und Sozialkassen. Zehn Jahre später, 1972, waren es schon 47,5 Prozent, weitere zehn Jahre später 53,6 Prozent. Nicht zuletzt die Lasten aus der deutschen Wiedervereinigung führten dazu, dass der Staat in den letzten Jahren seinen Bürgern tiefer in die Tasche greifen musste.
(Globus)

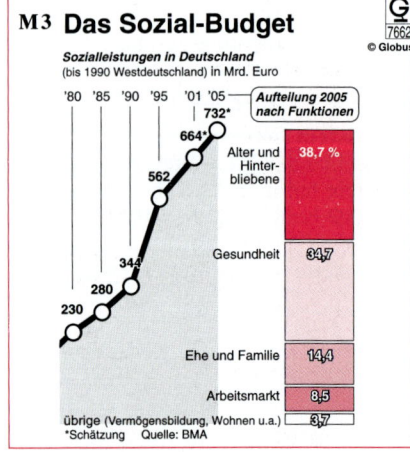

M 3 **Das Sozial-Budget**

© Globus

Sozialleistungen in Deutschland
(bis 1990 Westdeutschland) in Mrd. Euro

'80　'85　'90　'95　'01 '05

Aufteilung 2005 nach Funktionen

732*
664*
562
Alter und Hinterbliebene　38,7 %

344
Gesundheit　34,7

280
230

Ehe und Familie　14,4

Arbeitsmarkt　8,5

übrige (Vermögensbildung, Wohnen u.a.)　3,7
*Schätzung　Quelle: BMA

Belastung durch soziale Kosten

Das Problem der **Belastung** von Einkommen durch Sozialbeiträge und Steuern spitzt sich bei einem Konjunkturrückgang zu. Das Steueraufkommen des Staates verringert sich bei großer Arbeitslosigkeit ebenso wie die Beitragseinnahmen der Sozialversicherung. Doch die Kosten der sozialen Sicherung steigen gleichzeitig stark an.

Da im Falle einer Beitragserhöhung auch die Arbeitskosten aufgrund der Arbeitgeberanteile steigen, nimmt die Konkurrenzfähigkeit der deutschen Erzeugnisse ab. Der **„Standort Deutschland"** wird wegen der hohen Löhne, Sozialleistungen und anderen Lohnnebenkosten zu teuer. Dann stellt sich die Frage, ob womöglich eine Verringerung der Sozialleistungen den Verlust von Arbeitsplätzen aufhalten könnte oder ob anstelle eines Abbaus der sozialen Absicherung an anderer Stelle Einsparungen z.B. beim Umweltschutz, bei der Verteidigung, dem Straßenbau, der Zusammenarbeit mit Entwicklungsländern, bei Wissenschaft und Bildung möglich sind. (Die staatliche Finanzsituation kann man aus dem Bundeshaushalt – M7 von 5.4.3 – ersehen.) Solch ein Kampf um die Vorrangstellung von politischen Zielen ist bei guter Konjunktur und bei steigenden staatlichen Einnahmen weniger heftig und leichter zu entscheiden.

M4: Grenzen der Belastbarkeit

Es muss in das Bewusstsein gerufen werden, dass ein Übermaß der **Abgabenbelastung** leistungsfeindlich und insoweit unsozial ist, als so persönlicher Einsatz und Leistung letzten Endes bestraft werden.

(Jürgen Spinnarke: Soziale Sicherheit
in der Bundesrepublik Deutschland)

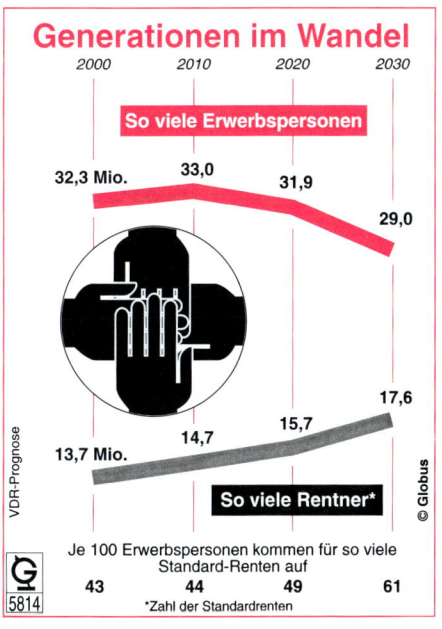

Generationen im Wandel   **M5**

| 2000 | 2010 | 2020 | 2030 |

So viele Erwerbspersonen

32,3 Mio.   33,0   31,9   29,0

17,6   15,7   14,7   13,7 Mio.

So viele Rentner*

VDR-Prognose   © Globus

Je 100 Erwerbspersonen kommen für so viele Standard-Renten auf

43   44   49   61

*Zahl der Standardrenten

G 5814

■ Aufgaben

1. Wie finanziert man in der Bundesrepublik die Sozialleistungen?

2. Wie wirkt sich der Grundsatz des sozialen Ausgleichs bei Beiträgen zur gesetzlichen Krankenversicherung aus?

3. Geben Sie zwei Beispiele für Sozialleistungen aus öffentlichen Mitteln.

4. Welcher Zusammenhang besteht zwischen der Höhe der Sozialleistungen und der Höhe der Abzüge vom Lohn?

5. Warum begrenzt die wirtschaftliche Leistungskraft langfristig die sozialen Leistungen des Staats (M1+M4+M5)?

6. Wie stellen Sie sich zu der Behauptung, die Verbesserung der sozialen Sicherheit würde zu Anspruchsdenken sowie zum Wohlfahrtsstaat führen und dabei die eigenen Vorsorgeanstrengungen der Bürger lähmen?

7. Diskutieren Sie den Stellenwert sozialer Verbesserungen im Vergleich zum Umweltschutz und anderen wichtigen Aufgaben (M10 von 2.3.3).

8. Welche sozialen Verbesserungen wünschen Sie, selbst dann, wenn Sie dadurch finanziell noch stärker belastet werden?

9. Inwiefern führt eine ungünstige konjunkturelle Entwicklung zur Gefährdung des Sozialstaats? Diskutieren Sie in diesem Zusammenhang die „Grenzen der Belastbarkeit" (M2 + M4).

10. Den „Standort Deutschland" kennzeichnet die gute soziale Absicherung aber auch die hohen Lohnkosten. Nennen Sie günstige und ungünstige Merkmale. Sammeln Sie Argumente für ein **Streitgespräch** zwischen den Positionen einerseits der Arbeitnehmer und andererseits der Arbeitgeber. Nehmen Sie dazu Stellung.

11. Warum ist Schwarzarbeit sozial unfair? Diskutieren Sie die Gründe, die dazu führen, dass jemand „schwarz" arbeitet.

Finanzierung der Sozialleistungen durch

– **Beiträge von Arbeitnehmer + Arbeitgeber**
– **Zahlungen der Arbeitgeber**
– **Staat über Steuereinnahmen**

Höhere Sozialleistungen führen zu

– **höherer Belastung von Bürgern + Wirtschaft**

3 Probleme der Weimarer Republik

3.1 Zeittafel zur deutschen Geschichte bis 1933

Vom Fränkischen Reich zum Deutschen Reich

800   **Karl der Große** (M1) wird in Rom zum Kaiser gekrönt. Er herrscht über ein riesiges Reich, das das heutige Frankreich, Österreich, die Schweiz, Ober- und Mittelitalien sowie den Großteil des heutigen Deutschlands umfasst. 843 zerfällt dieses **Fränkische Reich** in das westfränkische Reich, das ostfränkische Reich und Italien.

919   Der **Sachsenherzog Heinrich** wird zum ostfränkischen König gewählt. Im gleichen Jahr taucht zum ersten Mal der Begriff „Deutsches Reich" auf.

936   Heinrichs Sohn **Otto** wird zum König des deutschen Reiches gewählt. Die vier Reichsstämme der Schwaben, Bayern, Franken und Sachsen einigen sich darauf, dass das Deutsche Reich ungeteilt weiter bestehen soll.

962   **Otto I** wird vom Papst zum Kaiser des „**Heiligen Römischen Reiches Deutscher Nation**" gekrönt. Das Kaisertum bleibt für fast 850 Jahre an das Deutsche Reich gebunden.

1806   **Napoleon,** Kaiser der Franzosen, zerschlägt das Heilige Römische Reich Deutscher Nation.

Vom Deutschen Bund zum Deutschen Kaiserreich

1814/15 **Napoleon** muss abdanken und wird verbannt. Der Wiener Kongress beschließt, dass an die Stelle des früheren Deutschen Reiches der **Deutsche Bund** tritt, der aus 37 selbstständigen Staaten und 4 freien Städten besteht.

1834   Im **Zollverein** werden die meisten deutschen Staaten wirtschaftlich zusammengeschlossen.

1848/49 In ganz Europa kommt es zu Revolutionen. Die **deutsche Revolution** scheitert in ihrem Bemühen um einen einheitlichen und freiheitlichen Nationalstaat.

1866/67 Preußen besiegt Österreich im Kampf um die Vorherrschaft in Deutschland. Der **Deutsche Bund** wird aufgelöst. Stattdessen gründet Preußen den **Norddeutschen Bund. Otto von Bismarck** (M2) vollzieht damit den ersten Schritt zur Einheit Deutschlands.

M1: Karl der Große (747–814)

M2: Otto von Bismarck (1815–1898)

1870/71 Im Anschluss an den deutsch-französischen Krieg wird das **Deutsche Kaiserreich** ausgerufen: Der preußische König **Wilhelm I** wird Deutscher Kaiser, der preußische Ministerpräsident **Bismarck** wird Reichskanzler.

1914 Ausbruch des Ersten Weltkriegs.

Von der Weimarer Republik zum Dritten Reich

1918/19 Niederlage Deutschlands.
Es kommt zu einer **Revolution,** auf deren Druck hin Kaiser **Wilhelm II** (M 3) abdankt.
Deutschland wird eine demokratische Republik, die **Weimarer Republik.** Erster Reichspräsident wird **Friedrich Ebert** (Bild M 3 von 3.3.1).
Im **Friedensvertrag von Versailles** beschließen die Siegermächte, dass Deutschland einen Teil seines Staatsgebiets und sämliche Kolonien abgeben, hohe Reparationszahlungen leisten und abrüsten muss. Deutschland wird die Alleinschuld am Ersten Weltkrieg zugewiesen.

1922 Annäherung zwischen Deutschland und der Sowjetunion im **Vertrag von Rapallo.**

1923 Krisenjahr der Weimarer Republik:
französische Truppen besetzen das Ruhrgebiet; in Deutschland kommt es zur **Wirtschaftskrise** und extremen **Inflation;**
Aufstände und Putsch-Versuche gegen die Republik scheitern, u. a. der **Hitler-Putsch.**

1925 **Paul v. Hindenburg** (M 4) wird zum zweiten Reichspräsidenten der Weimarer Republik gewählt.
Im **Vertrag von Locarno** erkennt Deutschland die Grenzen von 1919 an.

1926 Aufnahme Deutschlands in den **Völkerbund.**

1928 **Kellogg-Pakt** zur Ächtung des Kriegs.

1929–32 **Weltwirtschaftskrise:** In Deutschland werden 6 Millionen Menschen arbeitslos.

1933 **Hindenburg** ernennt **Adolf Hitler** zum Reichskanzler. Hitler setzt nach und nach die Demokratie außer Kraft und führt eine **Diktatur** in Deutschland ein.

M 3: Kaiser Wilhelm II (1859–1941)

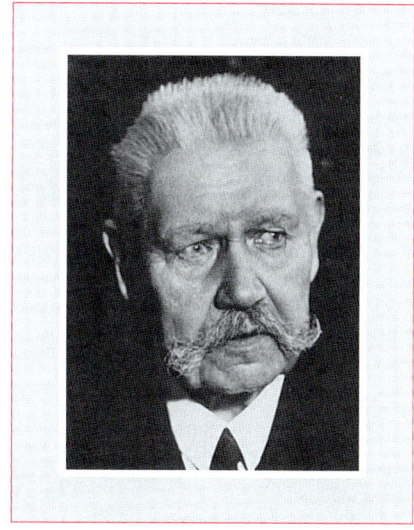

M 4: Paul von Hindenburg (1847–1934)

3.2 Das Ende des Ersten Weltkriegs

3.2.1 Die Revolution von 1918

Die **Revolution von 1918** war der Ausgangspunkt für die Gründung der Weimarer Republik. Schon 1917 hatte ein großer Teil des deutschen Volkes das Ende des Krieges herbeigesehnt. Als im Oktober 1918 die deutsche Flotte trotz einer hoffnungslosen militärischen Situation noch einmal gegen England auslaufen sollte, meuterten die Matrosen. Von Kiel aus griff die Meuterei auf Soldaten und Arbeiter in ganz Deutschland über. Überall bildeten sich **Arbeiter- und Soldatenräte,** die auf Flugblättern die **Einführung einer Republik** forderten. Am 9. November 1918 wurde die **Abdankung des Kaisers** verkündet (M1), und Wilhelm II floh in das Exil nach Holland.

M1

Spaltung der Revolution

Das revolutionäre Lager war jedoch gespalten. Auf der einen Seite stand die **SPD** mit ihrem Vorsitzenden *Friedrich Ebert*, die für die Errichtung einer **parlamentarischen Demokratie** eintrat. Auf der anderen Seite standen die **USPD,** eine Abspaltung der SPD, und der Spartakusbund, die spätere KPD.

Zwei Republiken

Diese Gruppierungen strebten eine **Räterepublik** nach russischem Vorbild an. Innerhalb von nur zwei Stunden rief am 9. November 1918 *Philip Scheidemann* für die SPD die **deutsche Republik** und *Karl Liebknecht* für den Spartakusbund die **sozialistische Republik** aus. So prallten die Forderungen nach **bürgerlicher Demokratie** einerseits und **Diktatur des Proletariats** andererseits aufeinander. Um einen Kompromiss zu finden und die bedrohte Ordnung aufrechtzuerhalten, bildete *Ebert* eine vorläufige Regierung mit je drei Mitgliedern der SPD und der USPD, den **Rat der Volksbeauftragten** (M4).

▲
M2:
Regierungstruppen
im Straßenkampf
gegen revolutionäre
Arbeiter

M3:
Die Beisetzung
Karl Liebknechts
und der anderen
Revolutionsopfer

Der Rat der Volksbeauftragten

Dabei kam es insbesondere in der Frage der Verstaatlichung wichtiger Industriezweige zu Meinungsverschiedenheiten und schließlich zu heftigen **Straßenkämpfen** zwischen den Anhängern der SPD-Regierung und der linken
Opposition (M 2).

Ebert rief die Reichswehr um Hilfe an. Daraufhin schie-
den die Regierungsmitglieder der USPD im Protest aus
der Regierung aus. Die Gegensätze verschärften sich,
als die beiden KPD-Führer *Karl Liebknecht* und *Rosa
Luxemburg* im Januar 1919 von Freikorps-Soldaten ermordet wurden (M 3). **Freikorps** waren Kampfverbände
außerhalb der Reichswehr, die überwiegend republik-
feindlich eingestellt waren.

Letztendlich konnte die SPD die Bewegung der Arbeiter-
und Soldatenräte mit Hilfe der Reichswehr niederschla-
gen. Der Sieg war teuer erkauft, denn viele traditionelle
Anhänger der SPD gingen von Anfang an auf Distanz zur
neuen Republik.

Wahl zur Nationalversammlung

Am 19. Januar 1919 wurde die **Nationalversammlung** gewählt. Es war die **erste demokratische Wahl** der deutschen
Geschichte. Daran beteiligten sich die SPD als deutlicher
Gewinner der Wahl, die USPD, die katholische Zentrumspartei, die DDP (Deutsche Demokratische Partei), die
DVP (Deutsche Volkspartei) und die gegen die Republik
und die Demokratie eingestellte DNVP (Deutschnationale Volkspartei).

Da die SPD zwar die stärkste Partei im Reichstag blieb,
aber keine absolute Mehrheit erringen konnte, bildete sie
die so genannte „Weimarer Koalition" mit dem Zentrum
und der DDP.

▲
M 4: Der Rat der Volksbeauftragten

■ **Aufgaben**

1. Wie kam es zur Revolution von 1918?
2. Welche Ziele verfolgten die an der Revolution beteiligten Parteien?
3. Auf welche Weise konnte sich die SPD
   durchsetzen?
4. Inwiefern war der Ausgang der Revolution von 1918 für die SPD problematisch?

Die Revolution von 1918:
- **Meuterei der Hochseeflotte,
  Arbeiter- und Soldatenaufstände
  in ganz Deutschland**
- **Abdankung Kaiser Wilhelms II,
  Ausrufung der Republik**
- **Bildung des
  Rats der Volksbeauftragten
  als provisorische Regierung**
- **Wahl zur Nationalversammlung:
  erste demokratische Wahl der
  deutschen Geschichte**

3.2.2 Kriegsende und Versailler Friedensvertrag

Am 4. Oktober 1918 bot die Oberste Heeresleitung Deutschlands den USA Friedensverhandlungen an. Damit wurde dem deutschen Volk plötzlich klar, dass der Krieg verloren war. Da man bis zuletzt Siegesmeldungen gehört hatte, war dies vielen Deutschen völlig unverständlich.

„Dolchstoßlegende"

So fiel die so genannte **„Dolchstoßlegende"** (M 1), die vor allem von Reichswehrgenerälen wie *Hindenburg* und *Ludendorff* verbreitet wurde, auf fruchtbaren Boden. Viele Deutsche glaubten daran, dass innenpolitische Gegner wie die Sozialdemokraten dem im Felde unbesiegten deutschen Heer von hinten den Dolchstoß versetzt hätten. Dafür schien auch zu sprechen, dass nicht hochrangige Militärs die Waffenstillstandsverhandlungen auf deutscher Seite führten, sondern Zivilisten wie der Zentrumsabgeordnete *Erzberger*. Damit wälzte die militärische Führung die Schuld an der Niederlage ab und erschütterte das Vertrauen eines Teiles des Volkes in die Parteien, die demokratisch gesinnt waren und die Weimarer Republik trugen. Die **Dolchstoßlegende** wurde zwar in einem Prozess 1925 eindeutig widerlegt, blieb aber in Deutschland, insbesondere nach 1933, weit verbreitet (M 2).

Versailler Friedensvertrag

Am 18. Januar 1919 begann in Versailles die Friedenskonferenz der Alliierten. Insbesondere der französische Ministerpräsident *Clemenceau* drängte auf eine nachhaltige Schwächung und Bestrafung Deutschlands. Frankreich sollte für alle Zeiten sicher vor deutschen Angriffen sein. In Deutschland stießen die Forderungen der Alliierten in allen politischen Lagern auf Enttäuschung und Verärgerung, sodass es zu zahlreichen Demonstrationen gegen den **Versailler Friedensvertrag** kam (M 3).

Deutschland und seine Verbündeten wurden als **Alleinschuldige** für den Ausbruch des Krieges verantwortlich gemacht (M 4). Damit musste Deutschland auch für alle Schäden des Krieges aufkommen.

Über die Höhe dieser **Reparationszahlungen** konnten die Siegermächte zunächst keine Einigung erzielen. 1921 einigte man sich auf 269 Milliarden Goldmark in 42 Jahresraten, senkte diese Summe aber kurze Zeit später auf 132 Milliarden. Außerdem musste Deutschland auch umfangreiche Reparationen in Form von Sachlieferungen leisten, z.B. Chemikalien, Industriegüter, Vieh und Eisenbahnmaterial und verlor fast seine gesamte Handelsflotte.

Als äußerst hart wurden auch die **territorialen Bestimmungen** des Versailler Vertrages empfunden, denn Deutschland musste insgesamt etwa 15 Prozent seines Staatsgebietes abtreten und verlor damit 10 Prozent seiner Bevölkerung (M 6). Elsass-Lothringen, das seit 1871 zu Deutschland gehörte, musste an Frankreich zurückgegeben werden; Posen und Westpreußen gingen an Polen.

M 1: Ausschnitt aus einem Plakat der Deutschnationalen Volkspartei (DNVP) im Wahlkampf 1924

M 2: Die „Dolchstoßlegende"

„Selten ist an einem Volk ein größerer Betrug verübt worden, und doch wurde die Lüge hartnäckig wiederholt und von vielen geglaubt – weil man gern an sie glaubte."
(der englische Historiker Alan Bullock)

M 3: Demonstration in Berlin gegen den Versailler Vertrag

M 4: Die Kriegsschuldfrage

„Die alliierten Regierungen erklären, dass Deutschland und seine Verbündeten als Urheber für alle Verluste und Schäden verantwortlich sind."
(Artikel 231, Versailler Vertrag)

M 5

Weitere Gebiete musste Deutschland an Belgien, Dänemark und die neu entstandene Tschechoslowakei abtreten.

Das Saarland wurde für 15 Jahre dem 1920 gegründeten **Völkerbund** unterstellt, der die Aufgabe hatte, die Einhaltung dieser Vertragsbestimmungen zu kontrollieren und weltweit den Frieden zu sichern. Die Nachfolgeorganisation des Völkerbundes sind heute die **UN**.

Durch all diese Gebietsabtretungen verlor Deutschland auch einen erheblichen Teil seiner jährlichen Getreideernte und war damit noch mehr als zuvor auf Importe angewiesen. Außerdem musste Deutschland auf sämtliche Kolonien wie Kamerun, Togo und Südwestafrika verzichten.

Auch militärisch verlor Deutschland jegliche Bedeutung. Die allgemeine Wehrpflicht wurde abgeschafft. Das deutsche Heer wurde auf 100 000 Mann reduziert und fast völlig entwaffnet.

Trotz größter Bedenken sah sich die deutsche Regierung gezwungen, den Versailler Vertrag zu akzeptieren, um eine vollständige Besetzung Deutschlands durch die Alliierten zu verhindern. Nach heftigen Debatten stimmte auch die Nationalversammlung im Juni 1919 den Friedensbedingungen zu. Innenpolitisch aber blieb der Versailler Vertrag ein Sprengsatz für die junge Republik (M5).

■ **Aufgaben**

1. Warum verbreiteten Teile der militärischen Führung Deutschlands 1918 die Dolchstoßlegende?

2. Wie wurde der Versailler Vertrag in Deutschland empfunden?

3. Welche territorialen Bestimmungen enthielt der Versailler Vertrag?

4. Warum erkannte die deutsche Regierung den Versailler Vertrag trotzdem an?

5. Interpretieren Sie die Karikatur M5, in der Hitler dem Versailler Vertrag entschlüpft.

Die wesentlichen Bestimmungen des Versailler Friedensvertrages:

– **Gebietsabtretungen**
– **Reparationen**
– **Heeresbeschränkung und Entwaffnung**
– **Alleinschuld Deutschlands am Krieg**

M 6

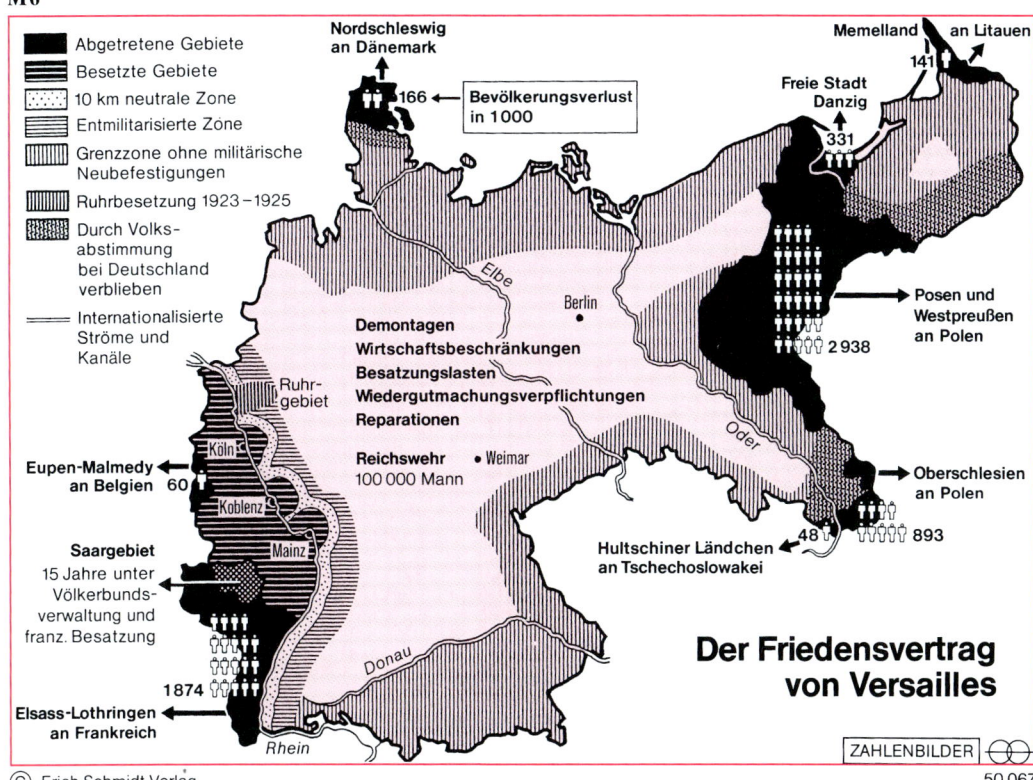

Der Friedensvertrag von Versailles

(schwarz)	Abgetretene Gebiete
	Besetzte Gebiete
	10 km neutrale Zone
	Entmilitarisierte Zone
	Grenzzone ohne militärische Neubefestigungen
	Ruhrbesetzung 1923–1925
	Durch Volksabstimmung bei Deutschland verblieben
	Internationalisierte Ströme und Kanäle

Nordschleswig an Dänemark — 166

Bevölkerungsverlust in 1000

Memelland an Litauen — 141

Freie Stadt Danzig — 331

Posen und Westpreußen an Polen — 2 938

Eupen-Malmedy an Belgien — 60

Saargebiet 15 Jahre unter Völkerbundsverwaltung und franz. Besatzung

Elsass-Lothringen an Frankreich — 1874

Oberschlesien an Polen — 893

Hultschiner Ländchen an Tschechoslowakei — 48

Demontagen
Wirtschaftsbeschränkungen
Besatzungslasten
Wiedergutmachungsverpflichtungen
Reparationen

Reichswehr 100 000 Mann

Köln · Koblenz · Mainz · Berlin · Weimar

Elbe · Oder · Rhein · Donau · Ruhrgebiet

ZAHLENBILDER 50 067

3.3 Aufbau und Krisenjahre der Weimarer Republik

3.3.1 Die Weimarer Verfassung

Am 19. Januar 1919 wählte das deutsche Volk die **Nationalversammlung.** Erstmals durften auch Frauen wählen und gewählt werden (aktives und passives Wahlrecht). Aufgabe der Nationalversammlung war es, eine Verfassung zu erarbeiten. Diese trat schließlich am 11. August 1919 in Kraft.

Aufgrund der Revolutionswirren in Berlin trat die Nationalversammlung in Weimar zusammen. Daher spricht man von der **Weimarer Republik** und der **Weimarer Verfassung** (M1 + M2).

Der SPD-Vorsitzende *Friedrich Ebert* (M3) wurde zum Reichspräsidenten gewählt und ernannte die erste Reichsregierung der Weimarer Republik.

M2: Bestimmungen aus der Weimarer Verfassung

Art. 25: Der Reichspräsident kann den Reichstag auflösen.

Art. 47: Der Reichspräsident hat den Oberbefehl über die gesamte Wehrmacht des Reichs.

Art. 48: Der Reichspräsident kann, wenn im Deutschen Reiche die öffentliche Sicherheit erheblich gestört oder gefährdet wird, vorübergehend die Grundrechte ganz oder teilweise außer Kraft setzen.

Art. 53: Der Reichskanzler und auf seinen Vorschlag die Reichsminister werden vom Reichspräsidenten ernannt und entlassen.

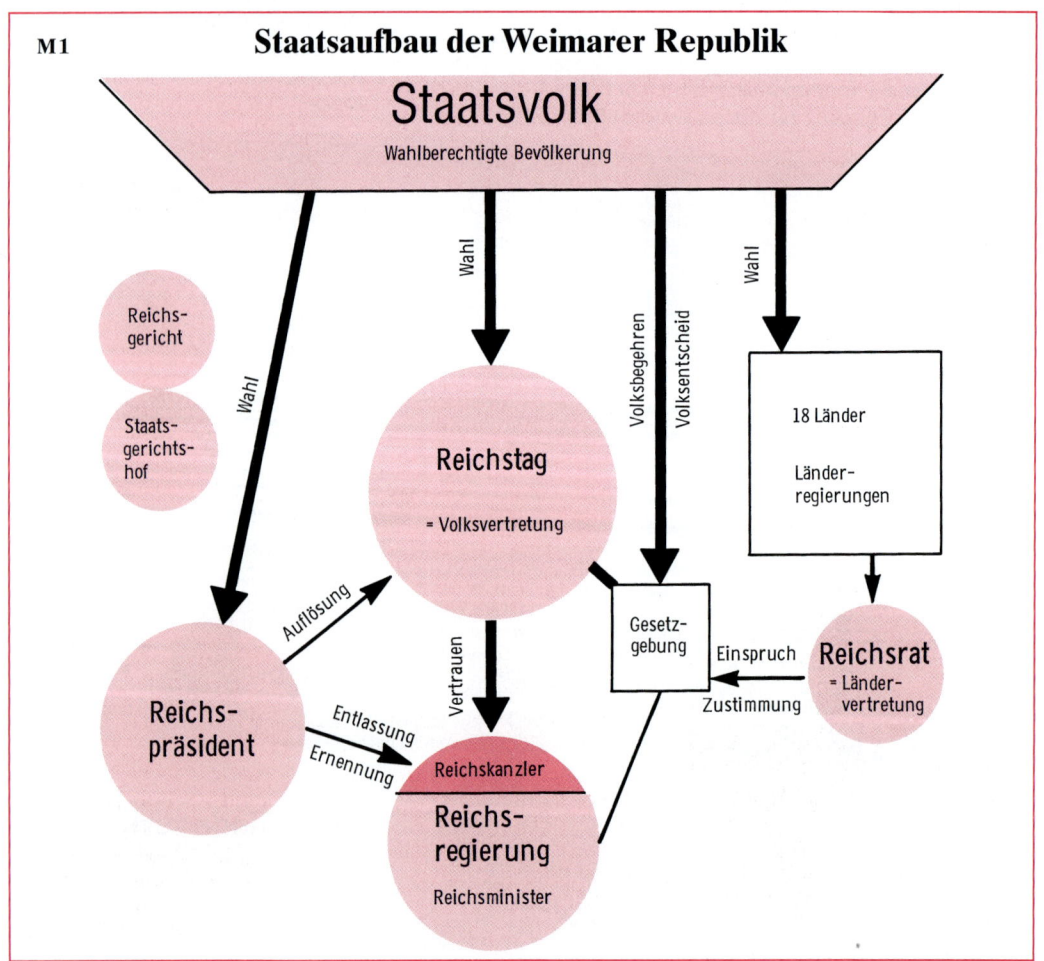

M1 — Staatsaufbau der Weimarer Republik

Die erste demokratische Verfassung

Mit der Weimarer Verfassung wurden erstmals in der deutschen Geschichte demokratische Prinzipien in der Staatsordnung eingeführt: Im Mittelpunkt stand der **Reichstag,** der für vier Jahre gewählt wurde und die Aufgabe hatte, Gesetze zu beschließen (Legislative). An der Gesetzgebung und Verwaltung des Reiches war auch der **Reichsrat** beteiligt, der sich aus 66 Vertretern der 18 Länder zusammensetzte.

An der Spitze der ausführenden Gewalt (Exekutive) stand der **Reichspräsident,** der direkt vom Volk gewählt wurde. Seine Amtszeit betrug sieben Jahre. Die Regierung bestand aus dem **Reichskanzler** und den Reichsministern.

Im Rückblick erkannte man, dass die kurze Überlebensdauer der Weimarer Republik (1919–1933) auch auf **Schwächen in der Verfassung** zurückzuführen war:

- Der **Reichspräsident** hatte eine außerordentlich **starke Stellung** im Staat. Er konnte den Reichstag auflösen, Grundrechte außer Kraft setzen, den Reichskanzler ernennen und entlassen, und er hatte den Oberbefehl über die Reichswehr.
- Durch das Wahlverfahren zum Reichstag (**Verhältniswahlrecht:** auf 60 000 Stimmen kam ein Sitz im Reichstag) waren bis zu 15 Parteien im Parlament vertreten. Unter ihnen waren auch zahlreiche sehr kleine Parteien und Interessenverbände, was zu häufig wechselnden Mehrheiten führte.
  Aufgrund dieser **schwierigen Mehrheitsverhältnisse** kam es innerhalb von nur 14 Jahren zu 8 Reichstagswahlen, 20 Regierungen und 12 verschiedenen Kanzlern.
- Die Verfassung sagte nichts über den Umgang mit **republikfeindlichen Parteien** und Gruppierungen aus. Zudem gab es kein **Verfassungsgericht,** sodass die Republik sich nur unzureichend gegen ihre inneren Feinde wehren konnte.

Lehren aus der Weimarer Verfassung

Im **Grundgesetz** der Bundesrepublik hat man daher bewusst und erfolgreich versucht, aus den Fehlern der Weimarer Republik zu lernen:

- Wahlrecht, das **klare Mehrheitsverhältnisse** schafft: Bei der Verteilung der Sitze werden nur Parteien berücksichtigt, die mindestens 5 Prozent der abgegebenen Zweitstimmen erhalten oder in mindestens drei Wahlkreisen einen Sitz errungen haben.
  Durch die Einführung dieser **5-Prozent-Klausel** wurde die Zahl der im Bundestag vertretenen Parteien begrenzt.
- Beschränkte Macht des Bundespräsidenten und Stärkung des Parlaments
- Möglichkeit des Verbots verfassungsfeindlicher Parteien durch das **Bundesverfassungsgericht.**

M 3: Friedrich Ebert (1871–1925), Reichspräsident 1919–1925

■ **Aufgaben**

1. Welche politischen Rechte bekam das Volk durch die Weimarer Republik?
2. Inwiefern hatte der Reichspräsident in der Weimarer Republik eine starke Stellung?
3. Welche Folgen hatte das Verhältniswahlsystem ohne 5-Prozent-Sperrklausel bei den Reichstagswahlen?
4. Welche politischen Lehren wurden im Grundgesetz aus den Mängeln der Weimarer Verfassung gezogen?
5. Wie stabil ist unsere Demokratie heute einzuschätzen?

Schwächen der Weimarer Verfassung:

- **starke Stellung des Reichspräsidenten**
- **kein wirksamer Schutz gegen die Feinde der Demokratie**
- **schwierige Mehrheitsfindung und instabile politische Verhältnisse im Reichstag durch reines Verhältniswahlrecht**

3.3.2 Krisen in Deutschland bis 1923

In ihren Anfangsjahren wurde die Weimarer Republik von zahlreichen politischen und wirtschaftlichen Krisen erschüttert. Die deutsche Wirtschaft war durch den Krieg und dessen Folgen zerrüttet. Deutschland war international verachtet und isoliert.

Zudem wurden die Bestimmungen des Versailler Vertrages in Deutschland als äußerst hart und ungerecht empfunden.

Diese Situation nutzten **antidemokratische Kräfte,** um die Republik mit allen Mitteln zu bekämpfen. Auf der rechten Seite waren dies die **NSDAP** (Nationalsozialistische Deutsche Arbeiterpartei) und die **DNVP** (Deutschnationale Volkspartei), die später Hitler zur Machtübernahme verhalfen, auf der linken Seite die **KPD** (Kommunistische Partei Deutschlands), die für eine Revolution des Proletariats eintrat.

Diese radikalen Parteien hatten so genannte **Parteiarmeen,** die sich regelmäßig Saal- und Straßenschlachten lieferten und eine Atmosphäre des Terrors erzeugten. Bei den Nationalsozialisten waren dies die **SA** (Sturmabteilung) und die **SS** (Sicherheitsstaffel). Auch der **„Stahlhelm",** in dem sich rechts eingestellte ehemalige Soldaten sammelten, stand der NSDAP nahe. Die Kommunisten stützten sich auf den **„Rotfrontkämpfer-Bund".** Selbst die Sozialdemokraten hatten mit dem **„Reichsbanner Schwarz-Rot-Gold"** eine regelrechte Parteiarmee.

Kapp-Putsch

In dieser politisch aufgeheizten Situation, in der sich nur ein relativ geringer Teil der Bevölkerung mit der Weimarer Republik identifizierte (M1), versuchten 1920 Teile des Militärs, die Regierung mit Gewalt zu stürzen. Die Unzufriedenheit im Militär war groß, denn durch die im Versailler Vertrag angeordnete Reduzierung der deutschen Armee wurden hunderttausende Soldaten und mehr als 20000 Offiziere arbeitslos. Der Putschversuch, nach dem Anführer **Kapp-Putsch** genannt, scheiterte an einem Generalstreik, den die SPD und Gewerkschaften ausgerufen hatten.

Terror von rechts

Trotzdem waren damit die Angriffe auf die Republik nicht beendet (M2). Eine ganze Reihe bekannter Vertreter der Republik wurden zwischen 1919 und 1922 von **rechten Terrorgruppen** ermordet oder verletzt, unter ihnen Finanzminister *Erzberger,* der für den Versailler Vertrag verantwortlich gemacht wurde, Außenminister *Rathenau* und Reichskanzler *Wirth.*

Unter *Hitler* wurde einige Jahre später den beiden Rathenau-Attentätern sogar ein Denkmal gesetzt.

M1: Demokratie ohne Demokraten

(Karikatur aus dem Simplicissimus, 1927)

„Sie tragen die Buchstaben der Firma – aber wer trägt den Geist?"

M2: Aufruf rechtsradikaler Terrorgruppen

„Wenn einst der Kaiser kommen wird, schlagen wir zu Krüppel den Wirth, knallen die Gewehre, tack tack tack aufs schwarze und auf das rote Pack. Haut immer feste auf den Wirth! haut seinen Schädel, dass es klirrt, knallt ab den Walter Rathenau, die gottverfluchte Judensau."

M3

Ruhrbesetzung, Inflation und Hitler-Putsch

Im Jahre 1923 fanden die Anfangskrisen der Weimarer Republik ihren Höhepunkt. Französische und belgische Truppen besetzten das Ruhrgebiet, um ihren Forderungen nach deutschen Reparationszahlungen Nachdruck zu verleihen, nachdem es über Umfang und Art der Zahlungen zu Unstimmigkeiten gekommen war. Die deutsche Reichsregierung reagierte darauf mit der Ausrufung eines Generalstreiks (M3). Dadurch wurde die ohnehin durch Krieg und Staatsverschuldung angeschlagene deutsche Wirtschaft vollends lahm gelegt.

Nachdem der Staat die Geldumlaufmenge zur Finanzierung des Krieges und der Reparationen stark erhöht hatte, brach die Währung Mitte 1923 endgültig zusammen. Die **Inflation** (Geldentwertung) nahm riesige Ausmaße an und die Preise kletterten ins Unermessliche (M4). Viele Bürger verloren ihre gesamten Ersparnisse.

In dieser Situation formierte sich erneut der politische Widerstand gegen die Republik von links und rechts. In Thüringen und Sachsen kam es zu **kommunistischen Aufständen.** Von München aus versuchte *Adolf Hitler*, seit 1921 Vorsitzender der NSDAP, einen **Putsch gegen die Regierung.** Diese Aufstände wurden niedergeschlagen, wobei Reichswehr und Justiz gegen den Terror von links wesentlich schärfer vorgingen als gegen den Terror von rechts (M5). *Hitler* bekam vor Gericht Gelegenheit zu einer Propagandarede für die NSDAP. Bereits 1924, lange vor Ende seiner Haftstrafe, wurde er aus der Festungshaft entlassen.

Währungsreform

Im November 1923 wurde eine neue Währung, die Rentenmark, eingeführt. Die Weimarer Republik überstand sowohl innen- als auch wirtschaftspolitisch das Krisenjahr 1923.

Die „Goldenen Zwanziger Jahre"

In den folgenden Jahren konnte sich die Demokratie in Deutschland vorübergehend stabilisieren. In allen Bereichen des Öffentlichen Lebens, im Wohnungsbau, in der Sozialpolitik, in Wissenschaft, Kunst und Architektur brachten diese Jahre in Deutschland wichtige neue Errungenschaften, sodass man rückblickend auf die Jahre 1924–1928 auch von den **„Goldenen Zwanziger Jahren"** spricht. Zudem schaffte es die Reichsregierung, durch Verträge mit der Sowjetunion (**Rapallo,** 1922) und mit den Westmächten (**Locarno,** 1925) sowie durch die **Aufnahme in den Völkerbund** 1926, die außenpolitische Isolierung Deutschlands zu durchbrechen.

M4: Preise für 1 kg Brot

Dezember 1915	0,40 Mark
Dezember 1920	2,37 Mark
Dezember 1922	163 Mark
Juni 1923	1 428 Mark
August 1923	69 000 Mark
September 1923	1 512 000 Mark
Oktober 1923	1 743 000 000 Mark
November 1923	201 000 000 000 Mark

M5: Der Staatsanwalt im Hitler-Prozess

„Hitler ist aus einfachen Verhältnissen hervorgegangen, er hat im großen Krieg als tapferer Soldat seine deutsche Gesinnung bewiesen und nachher aus kleinsten Verhältnissen heraus, in mühsamer Arbeit eine große Partei, die nationalsozialistische deutsche Arbeiterpartei geschaffen, wobei die Bekämpfung des internationalen Marxismus und Judentums, die Abrechnung mit den Novemberverbrechern und die Ausbreitung des nationalen Gedankenguts in allen Volkskreisen die wesentlichen Programmpunkte waren." (aus dem Plädoyer des Staatsanwaltes im Münchener Hitler-Prozess am 27. März 1924)

■ Aufgaben

1. Welche Parteien bekämpften die Weimarer Republik?
2. Wie ist die Karikatur M1 zu interpretieren?
3. Warum konnte sich ein großer Teil der deutschen Gesellschaft zunächst nicht mit der Republik identifizieren?
4. Inwiefern war das Jahr 1923 ein besonderes Krisenjahr für die Weimarer Republik?
5. Welcher Zusammenhang besteht zwischen den verschiedenen Krisen dieses Jahres?
6. Wie konnte die Krisensituation des Jahres 1923 überwunden und der Weg in die Goldenen Zwanziger Jahre gefunden werden?

Die Krisen des Jahres 1923:

- **Ruhrbesetzung durch Frankreich verschärft die deutsche Wirtschaftskrise und den Verfall der Währung**
- **extreme Inflation und dadurch extreme Preissteigerungsrate**
- **Aufstände und Putschversuche antidemokratischer Kräfte – Hitler-Putsch**

3.4 Niedergang der Weimarer Republik

3.4.1 Die Weltwirtschaftskrise und ihre Folgen

1929 begann mit einem Kurssturz an der New Yorker Börse die **Weltwirtschaftskrise.** Die Krise hatte folgende Ursachen:

Die amerikanische Wirtschaft hatte seit dem Ersten Weltkrieg einen ungeheuren Aufschwung erlebt. Es wurde immer mehr produziert. Ende der zwanziger Jahre konnten oder wollten die Menschen nicht mehr so viel kaufen. Die Produktion überstieg seit 1927 die Nachfrage. Die **Überproduktion** nahm solche Ausmaße an, dass z. B. 1929 in den USA fast 5,5 Millionen Autos nicht verkauft werden konnten. Die Produktion musste also gedrosselt werden. So kam es zu Entlassungen und **Arbeitslosigkeit.**

„Schwarzer Freitag"

Am 25. Oktober 1929 verkauften Millionen von Aktionären fast gleichzeitig ihre Wertpapiere an der New Yorker Börse, sodass die Kurse ins Bodenlose fielen. Dieser Tag ging als **„Schwarzer Freitag"** in die Geschichte ein.

M 1: Arbeitslose in Berlin während der Weltwirtschaftskrise

M 2: Die Arbeitslosigkeit in Deutschland 1928–1932

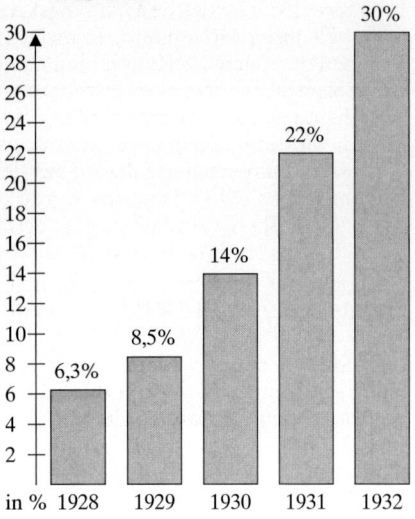

M 3

„Kleiner Mann – was nun?"

„Er denkt daran, dass er bestimmt keine Stellung mehr bekommt. Und bei der jetzigen Wirtschaftslage auf der ganzen Welt keine mehr. Er denkt daran, dass er mal ein Vierteljahr arbeitslos war, und wie schrecklich das damals schon war, allein, und jetzt erst zu zweien, ein Drittes erwartend! Er denkt daran, dass, wenn er kündigt, er erstmal eine ganze Zeit kein Anrecht auf Arbeitslosenunterstützung hat, zur Strafe dafür, dass er eine Arbeit aufgegeben hat ... Massen von Menschen sind da, grau in der Kleidung, fahl in den Gesichtern, Arbeitslose, die warten, die wissen selbst nicht mehr auf was, denn wer wartet noch auf Arbeit? Sie stehen so herum, planlos, in den Wohnungen ist es auch schlimm, warum sollten sie nicht herumstehen? Es hat gar keinen Zweck, irgendwo nach Haus zu gehen, man kommt schon ganz von selbst in dies Zuhaus, und viel zu früh. ... Irgendwann geht er dann doch nach Haus. Er zeigt sein Portemonnaie, sie zeigt ihr Portemonnaie. Und der Wandkalender zeigt den Siebzehnten. Draußen klopft die Milchfrau, sie will Geld haben, der Kalender blättert sich um: Achtzehnter, Neunzehnter, Zwanzigster ... bis zum Einunddreißigsten! Der Mann stützt den Kopf in die Hände, die paar Groschen liegen neben den geleerten Geldtaschen ..."

(aus dem Roman „Kleiner Mann – was nun?" von Hans Fallada, 1932)

Wirtschaftskrise in Deutschland

Aufgrund der internationalen Verflechtung insbesondere durch Kredite führte die amerikanische Wirtschaftskrise auch in Deutschland und anderen europäischen Staaten zu einer wirtschaftlichen Krise größten Ausmaßes. Die Amerikaner verlangten ihre Kredite zurück. Viele Unternehmen in Deutschland kamen in Zahlungsschwierigkeiten und mussten aufgeben. Die Produktion ging drastisch zurück. Die Zahl der Arbeitslosen stieg von Jahr zu Jahr; auf dem Höhepunkt der Weltwirtschaftskrise 1932 waren es in Deutschland mehr als 6 Millionen (M1, M2). Dies entsprach einer Arbeitslosenquote von 33 Prozent. Zwei Millionen dieser Arbeitslosen bekamen keinerlei staatliche Unterstützung. Eine weit verbreitete Notlage war die Folge (M3).

In dieser Zeit der wirtschaftlichen Not brachen die **sozialen Gegensätze** in Deutschland in aller Schärfe auf. Es wuchs die Abneigung vieler Deutscher gegen ihren demokratischen Staat, der keine rasche Linderung der Not erreichte. Andererseits behaupteten radikale Parteien, sie könnten aus der Notsituation herausführen. Solche Versprechungen fanden offene Ohren. Viele gaben ihre Stimmen den radikalen Parteien. Bei den Reichstagswahlen vom 14. September 1930 steigerte sich die NSDAP von 12 auf 107 Sitze und wurde zur zweitstärksten Partei im Reichstag. Auch die Kommunisten gehörten zu den Wahlsiegern und konnten die Zahl ihrer Reichstagssitze erheblich steigern. Damit waren Regierungsbildungen ohne die radikalen Parteien kaum mehr möglich.

Die zunehmende Bedeutung radikaler Parteien in Deutschland hatte ungünstige Auswirkungen auf das Ausland. Das starke Anwachsen der Nationalsozialisten wirkte alarmierend und beeinträchtigte das Vertrauen zu Deutschland. Die wirtschaftliche Lage verschlechterte sich dadurch noch mehr.

Sparprogramm

Reichskanzler *Brüning* reagierte auf die Wirtschaftskrise mit einem **Sparprogramm,** um eine erneute Inflation wie 1923 zu verhindern. Dadurch wurde die Krise verschärft. Löhne, Gehälter und öffentliche Ausgaben wurden stark gekürzt. Allein die Gehälter der Beamten wurden um 25 Prozent gesenkt. Auch die erst 1927 eingeführte Arbeitslosenunterstützung wurde entsprechend gekürzt. Gleichzeitig wurden Einkommensteuer und Arbeitslosenversicherungsbeiträge erhöht. Da die Preise nur leicht sanken (M4), ging diese Politik in erster Linie auf Kosten derer, die vorher schon wenig hatten, nämlich der Kleinbürger, Arbeiter und Arbeitslosen. Sie verarmten noch mehr. Da der Staat seiner sozialen Verantwortung nicht mehr gerecht werden konnte, wandten sich viele Menschen endgültig von der Weimarer Republik und der Demokratie ab. Die Folge waren weitere enorme Stimmengewinne von NSDAP und KPD bei den Reichstagswahlen 1932.

M4: Lohnsenkung – Preissenkung

„Das richtige Verhältnis macht's!"

◼ Aufgaben

1. Wie kam die Wirtschaftskrise in den USA zustande?

2. Wir wirkte sich die Weltwirtschaftskrise in Deutschland aus?

3. Welche politischen Auswirkungen brachten Massenarbeitslosigkeit und Massenelend mit sich?

4. Welche Sparmaßnahmen ergriff Reichskanzler Brüning, und wer waren die Leidtragenden seiner Wirtschafts- und Finanzpolitik?

5. Wodurch unterscheidet sich die Situation der Arbeitslosen in der Weimarer Republik von der gegenwärtigen Situation der Arbeitslosen in Deutschland?

Weltwirtschaftskrise:

– **Kurssturz an der Börse in New York**

– **Zusammenbruch vieler Unternehmen**

– **hohe Arbeitslosigkeit, wirtschaftliche Not und politische Radikalisierung**

3.4.2 Das Ende der Weimarer Republik

Schon nach der Reichstagswahl vom 20. Mai 1928 sah sich die Große Koalition unter Reichskanzler *Hermann Müller* (SPD) einer starken deutschnationalen Opposition von DNVP und NSDAP gegenüber. Diese Opposition richtete sich vor allem gegen die Außenpolitik *Gustav Stresemanns*, die auf Versöhnung und Integration Deutschlands in die Völkergemeinschaft ausgerichtet war.

In der Zeit der Weltwirtschaftskrise nahm der Einfluss der **radikalen Parteien** in Deutschland weiter zu. Sie waren zu keinerlei Zusammenarbeit mit den demokratischen Parteien bereit.

Präsidialkabinette

Im März 1930 scheiterte die Regierung unter Reichskanzler *Müller* an der Frage der Arbeitslosenversicherungsbeiträge und Haushaltssanierung. Der Fraktionsvorsitzende der Zentrumspartei, *Heinrich Brüning* (M2), wurde von dem seit 1925 amtierenden Reichspräsidenten *Paul von Hindenburg* (M7; Bild M4 von 3.1) mit der Regierungsbildung beauftragt. *Brüning* musste ohne parlamentarische Mehrheit regieren, weil sich die einzelnen Parteien nicht zu einer regierungsfähigen Mehrheit zusammenschließen konnten. Die Gesetze wurden auf Veranlassung des Reichskanzlers vom Reichspräsidenten in Form von Notverordnungen nach Artikel 48 der Weimarer Verfassung erlassen. Daher war der **Reichskanzler** auf die Unterstützung des **Reichspräsidenten** angewiesen und von ihm abhängig. Deshalb sprach man von **Präsidialkabinetten**.

M2: Heinrich Brüning (1885–1970)

M1 — **Reichstagswahlen 1930–1932**

14. Sept. 1930		%	31. Juli 1932		%	6. November 1932		%
Kommunistische Partei	77	13,1	Kommunistische Partei	89	14,2	Kommunistische Partei	100	16,8
Sozialdemokratische Partei	143	24,5	Sozialdemokratische Partei	133	21,5	Sozialdemokratische Partei	121	20,4
Deutsche Demokratische Partei	20	3,7	Deutsche Demokratische Partei	4	1,0	Deutsche Demokratische Partei	2	0,9
Zentrum	68	11,7	Zentrum	75	12,4	Zentrum	70	11,9
Bayerische Volkspartei	19	3,0	Bayerische Volkspartei	22	3,2	Bayerische Volkspartei	20	2,9
Deutsche Volkspartei	30	4,5	Deutsche Volkspartei	7	1,1	Deutsche Volkspartei	11	1,7
Deutschnationale Volkspartei	41	7,0	Deutschnationale Volkspartei	37	5,9	Deutschnationale Volkspartei	52	7,2
Nationalsozialistische Deutsche Arbeiterpartei	107	18,3	Nationalsozialistische Deutsche Arbeiterpartei	230	37,2	Nationalsozialistische Deutsche Arbeiterpartei	196	33,0
Deutsches Landvolk	19	3,1						
Deutsche Bauernpartei	6	0,8	Splitterparteien und Fraktionslose	11	3,5			
Landbund	3	0,5				Splitterparteien	12	5,2
Wirtschaftspartei	23	3,9						
Deutsch-Hannoversche Partei	3	0,4						
Andere Parteien und Fraktionslose	18	5,5						
Gesamtzahl der Mandate	577		Gesamtzahl der Mandate	608		Gesamtzahl der Mandate	584	

Hinweise zur Arbeit mit historischem Bildmaterial

Wir erfassen die Aussage eines Bildes nicht nur aus
unserer heutigen Sicht, sondern auch aus der Perspektive des Künstlers bzw. Fotografen. Dadurch kann es
gelingen, sich in eine andere Zeit und deren Menschen
hineinzuversetzen und den historischen Hintergrund
einer bildlichen Darstellung zu erarbeiten und zu erkennen.

Grundsätzlich ist es sehr wichtig, ein historisches Bild
genau zu beschreiben, unabhängig davon, ob es sich
um ein Gemälde, ein Plakat, eine Karikatur oder eine
Fotografie handelt.

Auch Fotografien veranschaulichen historische Ereignisse, sind aber nur scheinbar objektiv. Der Betrachter
muss immer berücksichtigen, in welchem geschichtlichen Zusammenhang und zu welchem Zweck ein Foto
gemacht wurde.

Gesichtspunkte zu M 3:
a) Formulieren Sie kurz Ihren ersten Eindruck.
b) Beschreiben Sie die Menschen, die auf dem Plakat
   dargestellt sind.
c) Warum sind die Menschen gerade so dargestellt?
   Bedenken Sie dabei den historischen Hintergrund.
d) Welchem Zweck diente dieses Plakat?
   Beachten Sie den Text.
e) Welche Wirkung hat das Plakat auf den heutigen
   Betrachter?
   Überprüfen Sie Ihren ersten Eindruck.
f) Wie beurteilen Sie die Aussage des Plakats aus
   heutiger Sicht?

M 3: Wahlplakat der NSDAP 1932

M 4: Harzburger Front ▼

Übergang zur Diktatur

Damit war aber auch die parlamentarische Demokratie in Deutschland ausgehöhlt. Stattdessen entwickelte sich eine **Präsidialdemokratie,** die bereits Züge einer Diktatur trug, weil die Gesetze nicht mehr vom Reichstag beschlossen wurden.

Als der Reichstag Notverordnungen zur Lösung der finanziellen und wirtschaftlichen Probleme ablehnte, löste Reichspräsident *von Hindenburg* nach Artikel 25 der Weimarer Verfassung das Parlament auf (M 5).

Es kam zu Neuwahlen am 14. September 1930, bei denen die NSDAP die Zahl ihrer Reichstags-Sitze von 12 auf 107 steigern konnte. Sie war damit der große Gewinner der Wahl (M 1).

1931 vereinigten sich die verschiedenen radikalen und republikfeindlichen Gruppierungen der Rechten in der **Harzburger Front** (M 4). Dazu gehörten die **NSDAP,** die **DNVP,** Teile der **DVP** und der **„Stahlhelm".**

Die Reichsregierung hatte in der Zwischenzeit eine allmähliche Linderung der Not in Deutschland erreicht. 1932 erfolgte die endgültige Regelung der Reparationsfrage.

M 5

Verordnung

des Reichspräsidenten über die Auflösung des Reichstags

vom 18. Juli 1930.

Nachdem der Reichstag heute beschlossen hat, zu verlangen, dass meine auf Grund des Artikel 48 der Reichsverfassung erlassene Verordnung vom 16.Juli über Deckungsmaßnahmen für den Reichshaushalt 1930 ausser Kraft gesetzt wird, löse ich auf Grund Artikel 25 der Reichsverfassung den Reichstag auf.

Berlin, den 18.Juli 1930.

Der Reichspräsident

von Hindenburg.

Der Reichskanzler

M. Brüning

M 6: Hindenburg und Hitler

M 7: Reichspräsident Paul von Hindenburg

Der 1847 geborene Paul von Hindenburg entstammte einer preußischen Adelsfamilie. Er wurde nach dem Besuch des Gymnasiums und der Kadettenanstalt Offizier in der preußischen Armee. Er nahm an den Kriegen 1866 und 1870/71 teil.

1914 wurde er Oberbefehlshaber der 8. Armee, nachdem die deutschen Truppen in Ostpreußen schwere Niederlagen erlitten hatten. Als Oberbefehlshaber besiegte Hindenburg die russische Armee bei Tannenberg und wurde zu einem der berühmtesten Heerführer des Ersten Weltkriegs. 1916 übernahm er die Oberste Heeresleitung und bestimmte mit General Ludendorff bis zum Kriegsende die Kriegsführung und die deutsche Politik. Nach dem Rückzug und der Demobilisierung des deutschen Heeres legte Hindenburg seine Ämter nieder. Die Unterzeichnung des Versailler Vertrages hatte er abgelehnt mit der Bemerkung: „Ich muss als Soldat den ehrenvollen Untergang einem schmählichen Frieden vorziehen."

Großes Aufsehen erregte er durch die von ihm 1919 öffentlich vertretene „Dolchstoßlegende".

1925 wurde Hindenburg als Kandidat der Rechtsparteien vom Volk zum Reichspräsidenten gewählt (Nachfolge Eberts). 1932 wurde er, unterstützt von der politischen Mitte und der gemäßigten Linken (u.a. SPD) wiedergewählt. Seine Gegenkandidaten waren Adolf Hitler (NSDAP) und Ernst Thälmann (KPD).

Am 30. 1. 1933 berief er Hitler zum Reichskanzler.

Nach seinem Tode am 2. August 1934 ging das Reichspräsidentenamt an Hitler über, der sich nun „Führer und Reichskanzler" nannte.

M 8: Der Marsch ins Grab – Karikatur von A. P. Weber von 1932

Zu diesem Zeitpunkt aber war Reichskanzler *Brüning* schon nicht mehr im Amt. Reichspräsident *von Hindenburg* hatte ihm das Vertrauen entzogen und ihn dadurch gestürzt.

Es folgten zwei Zwischenregierungen von kurzer Dauer unter den Reichskanzlern *von Papen* und *von Schleicher*, die der NSDAP sogar noch entgegenkamen, indem sie z. B. das SA-Verbot aufhoben. Bei den Reichstagswahlen im Juli 1932 verzeichnete die NSDAP erneut enorme Stimmengewinne und steigerte sich von 107 auf 230 Reichstags-Sitze (M 1).

Am 30. Januar 1933 ernannte Reichspräsident *von Hindenburg* den Führer der NSDAP, *Adolf Hitler* zum **Reichskanzler** und beauftragte ihn mit der Regierungsbildung.

Hitler war der Führer der stärksten Partei im Reichstag. Er und seine Partei hatten aber keine Mehrheit im Parlament hinter sich. Außerdem war es problematisch, dass der Reichspräsident einen Mann an die Spitze der Regierung berief, der freimütig bekannt hatte, er wolle die demokratische Verfassung abschaffen und einen totalitären Staat errichten (M 8).

Gründe für das Scheitern

Damit war die Weimarer Republik endgültig gescheitert. Die wesentlichen Gründe lagen in der **Weltwirtschaftskrise**, in **Mängeln der Verfassung** und in der Tatsache, dass sich zu **viele Kreise der Gesellschaft gegen** die **Republik** und die **Demokratie** stellten.

■ **Aufgaben**

1. Was sagt die Biographie des Reichspräsidenten von Hindenburg (M 7) über seine grundsätzliche Einstellung zur Weimarer Republik aus?

2. Warum gab es nach 1930 im Reichstag keine regierungsfähige Mehrheit (M 1)?

3. Auf welche Weise wurden Notverordnungen erlassen?

4. Warum war für Reichskanzler Brüning das Vertrauen des Reichspräsidenten unerlässlich?

5. Warum war die Ernennung Hitlers zum Reichskanzler ein Fehler?

6. Welche Bedeutung hatte der Artikel 48 der Weimarer Verfassung (M 2 von 3.3.1) für den Niedergang der demokratischen Republik?

Ende der Weimarer Republik:
– **Weltwirtschaftskrise und weit verbreitete Not**
– **Zunahme des Radikalismus**
– **Regierungen mit Hilfe von Notverordnungen des Reichspräsidenten**
– **Ernennung Hitlers zum Reichskanzler am 30. 1. 1933**

4 Deutschland in der Zeit des Nationalsozialismus

4.1 Zeittafel zur deutschen Geschichte von 1933 bis 1945

M 1: Adolf Hitler (1889–1945)

1933 30. 1.:
Reichspräsident *Hindenburg* ernennt den Vorsitzenden der NSDAP, *Hitler* (M1), zum Reichskanzler an der Spitze einer Koalitionsregierung aus NSDAP und DNVP.

27. 2.:
Der Reichstag wird durch Brandstiftung zerstört. Nach ersten Vermutungen sollen Kommunisten dafür verantwortlich sein.

28. 2.:
Unter Berufung auf Art. 48 der Weimarer Verfassung erlässt der Reichspräsident eine „Notverordnung zum Schutz von Volk und Staat zur Abwehr kommunistischer Umtriebe". Auf Grund dieser Verordnung werden die führenden Kommunisten verhaftet.

5. 3.:
Reichstagswahlen. Die NSDAP erhält 43,9% der Stimmen und hat zusammen mit der DNVP die absolute Mehrheit im Reichstag.

24. 3.:
Der Reichstag verabschiedet mit großer Mehrheit gegen die Stimmen der SPD das „Gesetz zur Behebung der Not von Volk und Staat" (sog. **Ermächtigungsgesetz**). Wichtige Regelungen: Gesetze können durch die Reichsregierung beschlossen werden; diese Gesetze können auch von der Verfassung abweichen.

1. 4.:
Aufruf der NSDAP zum Boykott aller jüdischen Geschäfte in Deutschland

7. 4.:
Gesetz „zur Wiederherstellung des Berufsbeamtentums". Entfernung vieler jüdischer Beamter.

April:
Die Länder werden abgeschafft. An die Stelle der Länderregierungen treten Reichsstatthalter, die von der Hitler-Regierung eingesetzt sind.

2. 5.:
Die Gewerkschaften werden aufgelöst: An ihre Stelle tritt die Deutsche Arbeitsfront (DAF).

22.6.:
Die SPD wird verboten. Die anderen Parteien lösen sich in den folgenden Wochen selbst auf. Die KPD ist schon seit dem 28. 2. 1933 verboten. Seit dem 14. 7. 1933 ist die NSDAP die einzige Partei.

14. 10.:
Austritt Deutschlands aus dem Völkerbund

12. 11.:
Keine freien Wahlen mehr: Die NSDAP erhält 92 Prozent der Stimmen bei der Reichstagswahl.

1934 26. 1.:
Deutsch-polnischer Freundschaftsvertrag

2. 8.:
Nach dem Tod *Hindenburgs* werden durch Regierungsbeschluss die Ämter des Reichskanzlers und des Reichspräsidenten in der Person des **„Führers"** *Adolf Hitler* vereinigt.

© Holland + Josenhans

1935 März:
Einführung der allgemeinen Wehrpflicht (Verletzung des Versailler Vertrages)
15. 9.:
Reichsparteitag der NSDAP. Der Reichstag beschließt die antisemitischen **„Nürnberger Gesetze"** und das **„Gesetz zum Schutze des deutschen Blutes und der deutschen Ehre".** Sie sind die Grundlage für die Ausschaltung der Juden aus allen öffentlichen Arbeitsverhältnissen und für die Deklassierung der jüdischen Bürger in ihren politischen Rechten.

1936 7. 5.:
Kündigung des Vertrags von Locarno (1925)
Einmarsch deutscher Truppen ins Rheinland (entmilitarisierte Zone laut Versailler Vertrag)
25. 11.:
Militärischer Beistandspakt Deutschlands mit Japan (Jan. 1937: Beitritt Italiens, März 1939: Beitritt Spaniens)

1937 Hoßbach-Niederschrift:
ideologische Grundlage von *Hitlers* Außenpolitik – expansives Regierungsprogramm *Hitlers;* Gewinnung von Lebensraum im slawischen Osten, Krieg als Mittel der Außenpolitik (= deutliches Abrücken von der Politik der Revision des Versailler Vertrags)

1938 Februar:
Hitler **wird Oberbefehlshaber der Wehrmacht**
März:
Einmarsch deutscher Truppen in Österreich
„Anschluss" Österreichs an das Deutsche Reich (13. März)
Juli/September:
Verordnung über Streichung der Approbationen und Zulassungen aller jüdischen Ärzte und Rechtsanwälte ab 30. 9. bzw. 30. 11. 1938.
29./30. 9.:
Münchner Konferenz (Deutschland, Frankreich, England, Italien): Die sude-

tendeutschen Gebiete werden von den Tschechoslowaken geräumt und von Deutschen besetzt.
9./10. 11.:
Reichspogromnacht: Staatlich organisierter Pogrom gegen die Juden in Deutschland:
Zerstörung von Synagogen, Geschäften und Wohnhäusern. Verhaftung von über 26 000 Juden und Einweisung in Konzentrationslager

1939 15./16. 3.:
Einmarsch deutscher Truppen in die Tschechoslowakei
Errichtung des „Protektorats Böhmen und Mähren"
28. 4.:
Kündigung des Freundschaftsvertrages mit Polen und des Flottenabkommens mit England
23. 8.:
Deutsch-russischer Nichtangriffspakt
1. 9.:
Deutscher Angriff auf Polen:
Beginn des **Zweiten Weltkrieges**

1940 Deutscher Einmarsch und Besetzung von Dänemark, Norwegen, den Niederlanden und Belgien sowie Frankreich

1941 Deutscher Überfall auf die Sowjetunion am 22. Juni

1942 „Wannsee-Konferenz" von Staatssekretären und wichtigen SS-Führern über die Deportation und Ausrottung des europäischen Judentums („Endlösung")

1943 Kapitulation der 6. deutschen Armee in Stalingrad und der deutschen Truppen in Afrika

1944 Landung der Engländer und Amerikaner in der Normandie

1945 27. 1.:
Befreiung des Konzentrationslagers Auschwitz
8. 5.:
Kapitulation Deutschlands

4.2 Die Machtergreifung Hitlers und die Gleichschaltung

Am 30. Januar 1933 wurde *Hitler* (Bild M1 von 4.1) von Reichspräsident *Hindenburg* zum Reichskanzler ernannt.

Großindustrie unterstützt Hitler

Führende Großindustrielle und Bankiers verbanden die Machtergreifung *Hitlers* mit der Hoffnung auf staatliche Großaufträge für Militär, Autobahnen und Großbauten. Sie sahen vor allem in der Abschaffung des Parlamentarismus und im Abbau von Arbeitnehmerrechten die entscheidenden Voraussetzungen für die Abwendung des Bolschewismus und den Wiederaufstieg der deutschen Wirtschaft. Dies alles schien mit *Hitler* viel eher realisierbar als in den instabilen politischen und wirtschaftlichen Verhältnissen der letzten Jahre der Weimarer Republik. Daher ist es nicht verwunderlich, dass das Spendenkonto der NSDAP allein im Februar und März 1933 über 2 Millionen Mark Spenden aus der Industrie aufweist (M2). Sehr schnell erfüllte *Hitler* die Hoffnungen dieser einflussreichen Kreise.

Auf *Hitlers* Druck hin löste Reichspräsident *Hindenburg* am 1. Februar 1933 den Reichstag auf.

Die Zeit bis zu den Wahlen am 5. März 1933 nutzte *Hitler* zum Kampf gegen seine politischen Gegner. Es kam ihm daher sehr gelegen, dass am 27. Februar 1933 das Reichstagsgebäude in Berlin brannte (M3). Die Hintergründe dieses Brandes sind noch immer nicht geklärt.

MILLIONEN
stehen hinter mir

M 2: Fotomontage von John Heartfield, 1932

M 1

(Völkischer Beobachter vom 24. März 1933)

**M 3: Reichstagsbrand,
27. 2. 1933**

Die Kommunisten waren der Auffassung, ein nationalsozialistisches Geheimkommando habe den Brand gelegt. *Hitler* jedoch wertete ihn als Zeichen für einen bevorstehenden kommunistischen Aufstand und nahm ihn zum Anlass für eine Notverordnung, die wichtige Grundrechte der Bürger aufhob, z. B. die Presse- und Meinungsfreiheit oder das Briefgeheimnis (M 4).

Reichstagsbrandverordnung

Aufgrund dieser so genannten **Reichstagsbrandvernung** wurden viele politische Gegner der NSDAP, vor allem Kommunisten, verhaftet und in Konzentrationslager gesperrt. Zeitungen wurden zensiert und die Versammlungsfreiheit aufgehoben. Die **Reichstagsbrandverordnung** war ein wichtiges Machtinstrument der Nationalsozialisten zur Ausschaltung politischer Gegner und blieb dementsprechend bis 1945 in Kraft.

Durch massive Propaganda versuchten die Nationalsozialisten das Volk für sich zu gewinnen. Trotzdem erreichte die NSDAP bei den Reichstagswahlen Anfang März 1933 nicht die angestrebte absolute Mehrheit. Sie konnte daher nicht alleine regieren und bildete eine Koalition mit der DNVP (Deutsch-nationale Volkspartei), deren Vorsitzender *Alfred Hugenberg* die deutsche Presse beherrschte.

M 4

Verordnung des Reichspräsidenten zum Schutz von Volk und Staat vom 28. Februar 1933
„Reichstagsbrandverordnung"
Auf Grund des Artikels 48 Absatz 2 der Reichsverfassung wird zur Abwehr kommunistischer staatsgefährdender Gewaltakte Folgendes verordnet:
§ 1
Die Artikel 114, 115, 117, 118, 123, 124 und 153 der Verfassung des Deutschen Reiches werden bis auf weiteres außer Kraft gesetzt. Es sind daher Beschränkungen der persönlichen Freiheit, des Rechtes der freien Meinungsäußerung, einschließlich der Pressefreiheit, des Vereins- und Versammlungsrechts, Eingriffe in das Brief-, Post-, Telegrafen- und Fernsprechgeheimnis, Anordnungen von Haussuchungen und von Beschlagnahme sowie Beschränkungen des Eigentums auch außerhalb der sonst hierfür bestimmten Grenzen zulässig.

M5

Zusammensetzung des Reichstags nach den Wahlen vom 5. März 1933 und Abstimmung zum Ermächtigungsgesetz

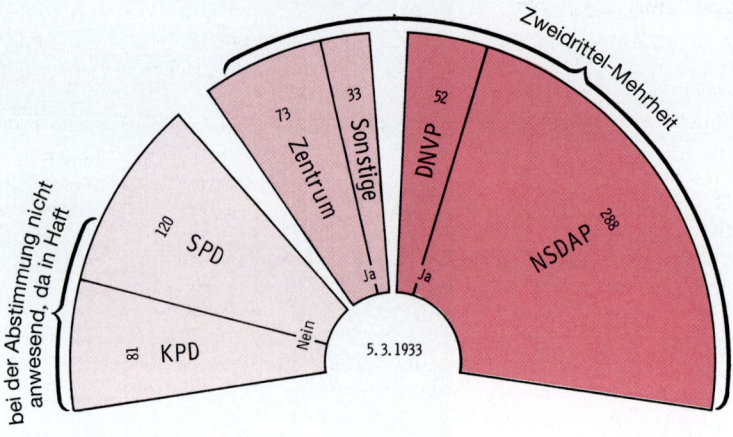

M6

Gesetz zur Behebung der Not von Volk und Staat (Ermächtigungsgesetz), vom 24. März 1933

Artikel 1

Reichsgesetze können außer in dem in der Reichsverfassung vorgesehenen Verfahren auch durch die Reichsregierung beschlossen werden. Dies gilt auch für die in den Artikeln 85, Absatz 2, und 57 der Reichsverfassung bezeichneten Gesetze.

Artikel 2

Die von der Reichsregierung beschlossenen Reichsgesetze können von der Reichsverfassung abweichen, soweit sie nicht die Einrichtung des Reichstags und des Reichsrats als solche zum Gegenstand haben. Die Rechte des Reichspräsidenten bleiben unberührt.

M7

„Das deutsche Volk hat am 5. März eine absolute Mehrheit der Rechten in den Reichstag gewählt und damit seinen Willen bekundet, die Führung seines Staates der gegenwärtigen Regierung anzuvertrauen.

Wir hoffen und wünschen, dass das deutsche Volk unter der jetzigen Leitung seinen seit vierzehn Jahren zäh und opfervoll geführten Kampf um Freiheit und Wiedererstarken der deutschen Nation erfolgreich zu Ende bringen möge.

Wir fühlen uns in den großen nationalen Zielen durchaus mit der Auffassung verbunden, wie sie heute vom Herrn Reichskanzler hier vorgetragen wurde. Wir leugnen auch keineswegs, dass Notzeiten besondere Maßnahmen erfordern …

Im Interesse von Volk und Vaterland und in der Erwartung einer gesetzmäßigen Entwicklung werden wir unsere ernsten Bedenken zurückstellen und dem Ermächtigungsgesetz zustimmen.“

(Stellungnahme des württembergischen Abgeordneten Dr. Reinhold Maier für die Deutsche Staatspartei in der Debatte über das Ermächtigungsgesetz)

M8: Aus dem Gesetz gegen die Neubildung von Parteien vom 14. 7. 1933:

Einparteienstaat

§ 1. In Deutschland besteht als einzige politische Partei die Nationalsozialistische Deutsche Arbeiterpartei.

§ 2. Wer es unternimmt, den organisatorischen Zusammenhalt einer anderen Partei aufrechtzuerhalten oder eine neue politische Partei zu bilden, wird … mit Zuchthaus bis zu drei Jahren oder mit Gefängnis von sechs Monaten bis zu drei Jahren bestraft.

Ermächtigungsgesetz

Zug um Zug wurden die Grundsätze der Demokratie ausgehöhlt. Am 24. März 1933 schaltete *Hitler* durch das **Ermächtigungsgesetz** den Reichstag aus (M 1 + M 6). Die Reichsregierung, also die ausführende Gewalt (Exekutive), konnte von nun an Gesetze erlassen, sogar solche Gesetze, die gegen die Weimarer Verfassung verstießen. Der Reichstag, also die gesetzgebende Gewalt (Legislative) wurde entmachtet. Damit war die Gewaltenteilung aufgehoben und die Weimarer Verfassung praktisch außer Kraft gesetzt. Mit Ausnahme der SPD stimmten alle im Reichstag vertretenen Parteien dem Gesetz und damit ihrer eigenen Entmachtung zu (M 7).

Mit Hilfe des **Ermächtigungsgesetzes** konnte *Hitler* seine Macht ausbauen. Er verstärkte die Verfolgung politischer Gegner. Die Gewerkschaften wurden aufgelöst und durch die Deutsche Arbeitsfront (DAF) ersetzt. Nach der KPD wurde am 22. Juni 1933 auch die SPD verboten. Die anderen Parteien wurden zur Selbstauflösung gezwungen. Damit war Deutschland ein Einparteienstaat geworden (M 8).

Gleichschaltung

Außerdem veränderte *Hitler* den **Aufbau des Deutschen Reiches,** indem er die Länderparlamente und den Reichsrat auflöste. Die Reichsregierung übte nun die Herrschaft zentral über Reichsstatthalter in ganz Deutschland aus. In diesem Zusammenhang spricht man auch von der **Gleichschaltung der Länder.** Parallel dazu erfolgte auch die **Gleichschaltung von Verwaltung und Justiz.** Sämtliche Bereiche des Lebens kamen unter die direkte Kontrolle des Staates bzw. der NSDAP. Zeitungen, der Rundfunk, Filme, Theater und Kunst wurden zensiert. Es gab nur noch eine von oben verordnete Meinung. Moderne Kunstrichtungen wurden als „entartet" und „undeutsch" bezeichnet und verboten. Andersdenkende wurden von den Nationalsozialisten, insbesondere von der **Gestapo (Geheime Staatspolizei)** gnadenlos verfolgt, terrorisiert und in Konzentrationslager verschleppt.

Hitler wird „Führer und Reichskanzler"

So band die NSDAP sämtliche Alters- und Berufsgruppen fest an sich, von den 10- bis 14jährigen im **Jungvolk** und bei den **Jungmädchen** über die **Hitlerjugend** bis zu den nationalsozialistischen Verbänden der Juristen, Ärzte und Lehrer.

Nach dem Tod des Reichspräsidenten *Hindenburg* am 2. August 1934 vereinigte *Hitler* die Ämter des Reichskanzlers und Reichspräsidenten in seiner Person und nannte sich von nun an **„Führer und Reichskanzler".** Schließlich übernahm er 1938 auch noch den **Oberbefehl** über die gesamte Wehrmacht und damit die uneingeschränkte Alleinherrschaft in Deutschland. Die Soldaten der Reichswehr wurden auf *Hitler* persönlich vereidigt (M 9). Damit hatte *Hitler* innerhalb weniger Jahre die Demokratie in eine Diktatur umgewandelt, ohne dass ihm aus dem In- oder Ausland ernsthafter Widerstand entgegengebracht wurde. Er stand an der Spitze von Staat, Regierung, Partei und Militär.

M 9: Vereidigung der Reichswehr auf Hitler am 2. August 1934

„Ich schwöre bei Gott diesen heiligen Eid, dass ich dem Führer des deutschen Reiches und Volkes, Adolf Hitler, dem Obersten Befehlshaber der Wehrmacht, unbedingt Gehorsam leisten und als tapferer Soldat bereit sein will, jederzeit für diesen Eid mein Leben einzusetzen."

(Informationen zur politischen Bildung 123/126/127, Neudruck 1986: Der Nationalsozialismus, S. 26)

■ Aufgaben

1. Inwiefern kam Hitler der Reichstagsbrand sehr gelegen?
2. Gegen wen war die Reichstagsbrandverordnung (M 4) gerichtet?
3. Diskutieren Sie die Beweggründe bei der Abstimmung zum Ermächtigungsgesetz (M 5 + M 7).
4. Welche Befugnisse erhielt die Regierung durch das Ermächtigungsgesetz?
5. Welche Auswirkungen hatte das Ermächtigungsgesetz für die Demokratie?
6. Was versteht man unter „Gleichschaltung"?

Machtergreifung Hitlers:
- **Hitler wird am 30. Januar 1933 Reichskanzler**
- **Notverordnung nach dem Reichstagsbrand: Einschränkung von Grundrechten**
- **Ermächtigungsgesetz: Entmachtung des Reichstages, Abschaffung der Gewaltenteilung**

Ausbau der Macht:
- **Verbot von Parteien und Gewerkschaften**
- **Gleichschaltung der Länder und des gesamten öffentlichen Lebens**
- **Hitler übernimmt das Amt des Reichspräsidenten und den Oberbefehl über die Wehrmacht**

4.3 Die Weltanschauung des Nationalsozialismus

4.3.1 Rassismus und Antisemitismus

Dem Nationalsozialismus lag keine einheitliche Ideologie zugrunde. Seine Weltanschauung setzte sich aus unterschiedlichen Ansichten und Einstellungen zusammen, die es in Deutschland schon lange vor der Machtergreifung *Hitlers* gab. Schon das **Parteiprogramm der NSDAP** von 1920 sah vor, dass den Juden staatsbürgerliche Rechte, also zum Beispiel das Wahlrecht entzogen werden sollten. Außerdem sollten Juden aus allen öffentlichen Ämtern entfernt werden.

Hitlers Buch „Mein Kampf"

Hitler selbst fasste all jene Gedanken, die später auf so schreckliche Weise in die Tat umgesetzt wurden, bereits 1924 zusammen, als er in Festungshaft nach seinem Putschversuch von 1923 sein Buch **„Mein Kampf"** schrieb (M 2). Darin nimmt rassistisches und antisemitisches, also gegen die Juden gerichtetes, Gedankengut einen breiten Raum ein. Es diente den Nationalsozialisten als Rechtfertigung für die Verfolgung Andersdenkender und die **Lebensraumpolitik,** die auf eine Ausweitung des deutschen Staatsgebietes nach Osten und die Bekämpfung slawischer Völker abzielte.

Insbesondere dadurch, dass er andere Rassen zum verachtenswerten Feind erklärte, stärkte *Hitler* das Selbstbewusstsein und Zusammengehörigkeitsgefühl seiner eigenen Anhänger. So führte der **Rassismus** in Deutschland einerseits zur Selbstverherrlichung der eigenen „nordischen Rasse", der **Arier,** andererseits zur Missachtung von Menschenrechten und der Unmenschlichkeit, die in der systematischen Ermordung von Menschen gipfelte, die man als „minderwertig" und „lebensunwert" bezeichnete (M 1 und M 2).

Dazu gehörten nach nationalsozialistischer Vorstellung vor allem die Juden. Mit seiner **antisemitischen Einstellung** knüpfte *Hitler* an eine lange unheilvolle Tradition an, denn schon im Mittelalter, aber auch wieder verstärkt am Ende des 19. Jahrhunderts, waren Juden in ganz Europa immer wieder Anfeindungen, Diskriminierungen und organisierten Verfolgungen ausgesetzt.

M 1: Biologie-Unterricht im Nationalsozialismus

„Hauptsächlich war der Unterricht in Biologie für jüdische Schülerinnen nicht angenehm. Man hörte von der Herrenrasse und der Minderwertigkeit der anderen ...
So kam eines Tages, 1933, eine Dame und hielt einen Vortrag und am Ende stellte sie dann einige der verschiedenen Rassetypen vor. Zum Erstaunen aller wurde ich dann als Exemplar der nordischen Rasse gezeigt. Sie kannte uns nicht, und sie wusste nicht, dass jüdische Schülerinnen anwesend waren."
(Erinnerungen der Jüdin Gretchen Cohen in einem Brief vom 30. 1. 1983)

M 2: Urteil über Hitler

„Nie in der Geschichte hat ein Herrscher, ehe er an die Macht kam, so genau wie Adolf Hitler schriftlich entworfen, was er danach tat."
(Historiker Eberhard Jäckel)

M 3: Hitler über Rassen und Rassenkreuzung

„Den europäischen Rassen stehen die Fremdrassen gegenüber, zu denen wir außer den farbigen die vorderasiatischen und orientalischen Rassen zählen ...
Das Ergebnis jeder Rassenkreuzung ist körperlicher und geistiger Rückgang. Ein völkischer Staat kann daher die Rassenschande in der Ehe nicht zulassen. Nur so kann es gelingen, Ebenbilder des Herrn zu zeugen und nicht Missgeburten zwischen Mensch und Affe.
Alles weltgeschichtliche Geschehen besteht nur aus dem Selbsterhaltungstrieb der Rassen im guten oder schlechten Sinne. Die europäischen Rassen werden vielfach unter der Bezeichnung ,Arier' zusammengefasst. Was wir heute an menschlicher Kultur, an Ergebnissen der Kunst, Wissenschaft und Technik vor uns sehen, ist nahezu ausschließlich schöpferisches Produkt der Arier."
(aus: Adolf Hitler, Mein Kampf)

M 4: Hitler über Antisemitismus

„Wenn die Gefahr, die das Judentum heute bildet, seinen Ausdruck findet, in einer nicht wegzuleugnenden Abneigung großer Teile unseres Volkes, so ist die Ursache dieser Abneigung nicht zu suchen in der klaren Erkenntnis des planmäßig verderblichen Wirkens der Juden als Gesamtheit auf unsere Nation, sondern sie entsteht meist durch den persönlichen Umgang ... dadurch erhält der Antisemitismus nur zu leicht den Charakter einer bloßen Gefühlserscheinung ...
Der Antisemitismus als politische Bewegung darf nicht und kann nicht bestimmt werden durch Momente des Gefühls, sondern durch die Erkenntnis von Tatsachen. Tatsachen aber sind: Zunächst ist das Judentum unbedingt eine Rasse und nicht Religionsgemeinschaft. Der Antisemitismus der Vernunft muss führen zu planmäßiger gesetzlicher Bekämpfung und Beseitigung der Vorrechte des Juden. Sein letztes Ziel aber muss unverrückbar die Entfernung der Juden überhaupt sein."
(Aus einem Brief Hitlers vom 16. September 1919, W. Maser, Hitlers Briefe und Notizen, S. 223–226)

M 5 **Fackeln**

Die Brandfackeln Judas find der Untergang der Völker

Der Wahrheit Fackel ist das Licht der Welt

(Aus der nationalsozialistischen Zeitung „Der Stürmer" von 1935, in der nationalsozialistische Hetze gegen Juden verbreitet wurde)

Nationalsozialistische Rassenlehre

Den „gefühlsmäßigen Antisemitismus", der in der Bevölkerung recht weit verbreitet war, griff *Hitler* auf und formte ihn um zur **nationalsozialistischen Rassenlehre** (M 4). Er versuchte alte Vorurteile „wissenschaftlich" zu rechtfertigen und übertrug die Theorie des englischen Biologen *Charles Darwin*, dass nur der Starke überleben könne und der Schwache untergehen müsse, auf die Menschheit.

Demzufolge sei es eine wichtige Aufgabe der Deutschen, die Juden planmäßig zu verfolgen und zu vernichten. Andernfalls würden die Juden ihrerseits nach der Weltherrschaft streben (M 5 + M 6).

Diesen zentralen Punkt ihrer Weltanschauung setzten die Nationalsozialisten in katastrophaler Weise in die Realität um. Dies kündigte *Hitler* am 30. Januar 1939 noch einmal ausdrücklich an (M 7). Nicht nur Juden, sondern auch geistig Behinderte („Geisteskranke") sowie Sinti und Roma („Zigeuner") und andere wurden zu Tausenden umgebracht, weil sie nicht dem nationalsozialistischen Ideal entsprachen.

Unser **Grundgesetz** betont dagegen die **Gleichberechtigung** der Menschen. Niemand darf wegen seines Geschlechtes, seiner Abstammung, seiner Rasse, seiner Sprache, seiner Heimat und Herkunft, seines Glaubens, seiner Behinderung, seiner religiösen oder politischen Anschauungen benachteiligt oder bevorzugt werden.

M 6: Hetze gegen Juden

„Den gewaltigsten Gegensatz zum Arier bildet der Jude. Der Jude besitzt keine Kultur bildende Kraft. Er ist und bleibt der typische Parasit, ein Schmarotzer, der wie ein schädlicher Bazillus sich immer mehr ausbreitet. Wenn wir dies nicht erkennen, wird ein Wiederaufstieg der deutschen Nation nicht mehr erfolgen …

Das Ende aber ist nicht nur das Ende der Freiheit der vom Juden unterdrückten Völker, sondern auch das Ende dieser Völkerparasiten selber."

(Adolf Hitler: Mein Kampf)

M 7: Hitler droht die Vernichtung der Juden an

„Wenn es dem internationalen Finanzjudentum gelingen sollte, die Völker noch einmal in einen Weltkrieg zu stürzen, dann wird das Ergebnis nicht der Sieg des Judentums sein, sondern die Vernichtung der jüdischen Rasse in Europa."

(Hitler am 30. Januar 1939 vor dem Reichstag in Berlin)

■ **Aufgaben**

1. Welche politischen Zwecke verfolgte Hitler mit Hilfe des Rassismus?
2. Warum führt Rassismus zu einer Missachtung von Menschenrechten?
3. Auf welche Weise konnte der Rassismus Eroberungskriege rechtfertigen?
4. Welche katastrophalen Folgen hatte das nationalsozialistische Gedankengut für ganz Europa (M 5)?

Rassismus und Antisemitismus:
- **nordische Rasse wird als Herrenrasse dargestellt**
- **als „minderwertig" gelten insbesondere Juden und Slawen**
- **Rassismus dient zur Hebung des deutschen Selbstbewusstseins**
- **die Juden werden als Tyrannen dargestellt, die fremde Völker versklaven und unterdrücken wollen**
- **Rassismus und Antisemitismus führen zu Missachtung von Menschenrechten und zu Eroberungskriegen**

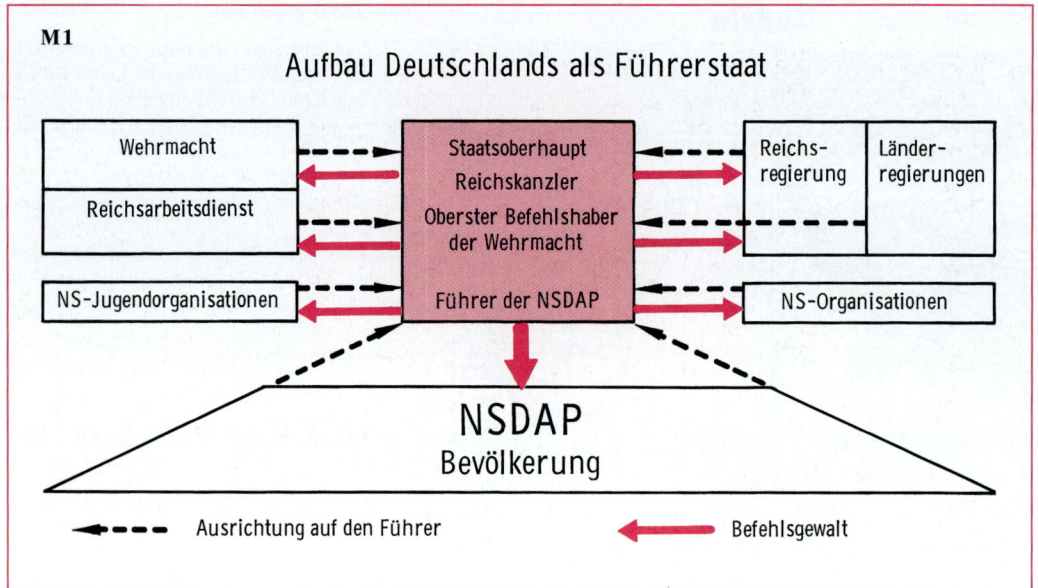

M1

Aufbau Deutschlands als Führerstaat

| Wehrmacht | Staatsoberhaupt | Reichs-regierung | Länder-regierungen |

Wehrmacht

Reichsarbeitsdienst

NS-Jugendorganisationen

Staatsoberhaupt
Reichskanzler
Oberster Befehlshaber
der Wehrmacht

Führer der NSDAP

Reichs-regierung

Länder-regierungen

NS-Organisationen

NSDAP
Bevölkerung

◄--- Ausrichtung auf den Führer   ◄── Befehlsgewalt

4.3.2 Führerprinzip

Das **Führerprinzip** orientiert sich an militärischen Ordnungsvorstellungen: Der Führer gibt Befehle, der Untergebene hat sie bedingungslos auszuführen. *Hitler* hat das Führerprinzip beim Aufbau der NSDAP und der nationalsozialistischen Organisationen verwirklicht. Nach der Machtergreifung konnten die Nationalsozialisten den deutschen Staat umgestalten zu einem zentral gesteuerten **Führerstaat** mit *Hitler* an der Spitze (M1 + M2).

Alle wesentlichen politischen Entscheidungen wurden von *Hitler* getroffen. Dabei spielte er die unterschiedlichen Gruppen, die ihn unterstützten, gegeneinander aus. Seine Anhängerschaft reichte vom wohlhabenden Besitzbürgertum bis zur Arbeiterklasse. Sie alle setzten ihre Hoffnung auf *Hitler* und verbanden damit ganz unterschiedliche Zielsetzungen.

Propaganda und Führerkult

Durch **Propaganda,** Meinungslenkung, und Erziehung in den **nationalsozialistischen Jugendorganisationen** wurde die Bevölkerung massiv beeinflusst. Propagandaminister *Joseph Goebbels* und die NSDAP stellten *Hitler* als eine überragende Persönlichkeit der Geschichte mit geradezu übermenschlichen Fähigkeiten dar (M3 + M5). Dies sollte auch die offizielle Anrede für *Hitler* – **„Mein Führer"** – zum Ausdruck bringen. Die Reichswehr wurde noch am Todestag des Reichspräsidenten *von Hindenburg*, dem 2. August 1934, persönlich auf *Hitler* vereidigt.

M2: Das Führerprinzip

„Nach diesem Prinzip hat jeder Führer das Recht zu regieren, zu verwalten oder Befehle zu erlassen, unter Ausschaltung jeder irgendwie gearteten Kontrolle und vollständig nach eigenem Ermessen, einzig und allein durch die etwaigen Befehle eingeschränkt, die er von seinen Vorgesetzten erhielt.

Dieses Prinzip galt in erster Linie für Hitler daselbst als dem Führer der Partei und in geringerem Maße für alle anderen Parteifunktionäre."

(aus dem Urteil von Nürnberg 1946)

M3: Goebbels über Hitler

„Hitler ist die größte unter den Persönlichkeiten, die heute Geschichte machen; ihnen steht er weit voran in der Voraussicht der Dinge, die kommen. Er überragt sie nicht nur an Willenskraft. Nie kommt ein Wort der Falschheit oder eine niedrige Gesinnung über seine Lippen. Er ist die Wahrheit selbst! Er hat den sechsten Sinn, das heißt die Gabe, zu sehen, was den anderen Menschen verborgen bleibt.

Er ist das Wunder der Deutschen; er allein ist das Unerklärliche, das Geheimnis unseres Volkes."

(aus einer Rede des Reichspropagandaministers Joseph Goebbels)

In seinen Reden sprach *Hitler* vor allem die Gefühle der Menschen an. So wurde Kritik verdrängt und der Einzelne als Bestandteil einer großen Volksgemeinschaft angesprochen (M 4 + M 6).

Hitler konnte in Deutschland jederzeit von oben eingreifen und Untergebene zur Rechenschaft ziehen oder aus ihren Ämtern entfernen. Er hatte die **umfassende Befehlsgewalt.** Niemand durfte seine Befehle und Anweisungen kritisieren, kontrollieren oder korrigieren. **Unbedingter Gehorsam** war Pflicht.

Eine politische Beteiligung der Bürger im demokratischen Sinne war nicht vorgesehen. Treue und Gehorsam wurden missbraucht und führten dazu, dass Befehle kritiklos befolgt wurden, auch wenn sie gegen Recht und Menschlichkeit verstießen.

M 4: Hitler als Redner

Hitlers Redestil, Gestik und Mimik waren genau einstudiert. Es ging ihm nicht um sachliche Argumente, sondern darum, Rache- und Hassgefühle in den Menschen zu wecken. Er schrieb dazu in „Mein Kampf": „Die Aufnahmefähigkeit der großen Masse ist nur sehr beschränkt, das Verständnis klein, dafür jedoch die Vergesslichkeit groß. Aus dieser Tatsache heraus hat sich jede wirkungsvolle Propaganda auf nur sehr wenige Punkte zu beschränken und diese schlagwortartig so lange zu verwerten, bis auch bestimmt der Letzte unter einem solchen Worte das Gewollte sich vorzustellen vermag."

M 5: Die NSDAP über Hitler

„Hitler ist die Parole aller, die an Deutschlands Wiederauferstehung glauben ... Hitler ist die letzte Hoffnung derer, denen man alles nahm ... Hitler ist für Millionen das erlösende Wort. Hitler erfüllt das Vermächtnis von zwei Millionen toten Kameraden des Ersten Weltkrieges ... Hitler ist der seinen Feinden verhasste Mann aus dem Volk, weil er das Volk versteht und für das Volk kämpft ... Hitler, das ist der stürmische Wille der deutschen Jugend ... Hitler wird siegen, weil das Volk seinen Sieg will."

(aus einem Wahlaufruf der NSDAP vom 1. 3. 1932)

M 6: Beschreibung einer Hitlerrede

„Seine Worte waren wie Peitschenschläge. Wenn er von der Schande Deutschlands sprach, fühlte ich mich imstande, jeden Gegner anzuspringen. Sein Appell an die deutsche Mannesehre war wie ein Ruf zu den Waffen, die Lehre, die er predigte, eine Offenbarung. Er erschien mir wie ein zweiter Luther. Ich vergaß alles über diesen Mann. Als ich mich umschaute, sah ich, dass seine Überzeugungskraft die Tausende in Bann hielt wie einen Einzigen ..."

(Erinnerung eines früheren Anhängers Hitlers, der später im Konzentrationslager ums Leben kam)

■ **Aufgaben**

1. Welche Merkmale hat das Führerprinzip?
2. Inwiefern war Deutschland unter Hitler ein Führerstaat?
3. Warum gibt es im Führerstaat keine demokratische Beteiligung der Bürger?
4. Welche Gefahren bestehen in einem Führerstaat?
5. Welche Zusammenhänge bestehen zwischen dem Führerprinzip und der Gleichschaltung in Deutschland?

Führerprinzip:
– **Befehl vom Vorgesetzten**
– **Pflicht zu unbedingtem Gehorsam bei Untergebenen**

Führerstaat:
– **zentral gesteuerter Staat**
– **Führer mit umfassender Befehlsgewalt**

4.4 Lebensraumpolitik und Zweiter Weltkrieg

4.4.1 Hitlers Außenpolitik

Nach der **Gleichschaltung** in Deutschland und der Festigung des Führerstaats wollte *Hitler* seine **Lebensraumpolitik** verwirklichen. Für ihn war Außenpolitik immer wichtiger als Innenpolitik.

Die wichtigsten **außenpolitischen Ziele** waren dabei
– die **„Überwindung" des Versailler Vertrags** vor allem durch die Wiedererlangung der abgetretenen Gebiete und
– die **Vergrößerung Deutschlands,** die *Hitler* auf friedliche Weise oder auch durch militärischen Druck und Krieg zu erreichen versuchte.

In den ersten Jahren seiner Herrschaft verfolgte *Hitler* eine scheinbare Friedenspolitik. Damit täuschte er Nachbarstaaten wie Polen, die Tschechoslowakei und Frankreich, die sich von Hitler-Deutschland bedroht fühlten. Zugleich bereitete er den richtigen Zeitpunkt vor, um loszuschlagen.

So hatte die nationalsozialistische Außenpolitik bis 1935 zwei Seiten (M1). Einerseits trat Deutschland im Oktober 1933 **aus dem Völkerbund aus,** andererseits betonte *Hitler* immer wieder seinen Wunsch nach einer allgemeinen Abrüstung und schloss im Januar 1934 einen **Freundschaftsvertrag mit Polen** für die Dauer von zehn Jahren.

Außenpolitische Erfolge

Ein erster außenpolitischer Erfolg *Hitlers* kam 1935 noch völlig legal zustande. Wie im Versailler Vertrag vorgesehen, kam es im **Saarland** zu einer **Volksabstimmung.** Dabei entschied sich die saarländische Bevölkerung gegen die Schutzmacht Frankreich und für die **Zugehörigkeit zu Deutschland.**

Im Frühjahr 1935 wurde aber immer deutlicher, dass *Hitlers* „Friedenspolitik" nur eine Tarnung war. Er war dabei, die modernste Armee der Welt aufzubauen.

Im März 1935 verkündete er die **allgemeine Wehrpflicht** und hob sämtliche Rüstungsbeschränkungen des Versailler Vertrages eigenmächtig auf. Die europäischen Großmächte unternahmen gegen diesen offenen Vertragsbruch nichts. England setzte auf eine friedliche Beilegung des Konfliktes und glaubte, die deutsche Flottenrüstung durch ein **Flottenabkommen** in Grenzen halten zu können. So wurde im Juni 1935 das Kräfteverhältnis zwischen der deutschen und der britischen Flotte auf etwa 35:100 festgeschrieben. Damit war das britische Sicherheitsbedürfnis befriedigt. Frankreich aber war militärisch zu schwach für einen Alleingang gegen Deutschland. Eine internationale Eingreiftruppe gab es nicht.

M1: Karikatur aus Frankreich, 2. 11. 1933
„Der Mann mit dem Doppelgesicht"

M2: **Wahlplakat der NSDAP zur Reichstagswahl am 10. April 1938**

So hatte *Hitler* zunächst wenig zu befürchten. 1936 ließ er seine Wehrmacht in das laut Versailler Vertrag **entmilitarisierte Rheinland** einmarschieren. Noch im gleichen Jahr kündigte er den **Vertrag von Locarno,** in dem sich Deutschland 1925 zur Anerkennung seiner Westgrenze und zur Gewaltlosigkeit verpflichtet hatte. Damit wurden zwei bestehende, rechtskräftige Verträge von *Hitler* einfach übergangen. Durch Bündnisse mit Italien und Japan verbesserte er seine außenpolitische Situation noch weiter.

Expansion im Osten

Ende 1937 wurden neue außenpolitische Ziele formuliert. Nun ging es nicht mehr nur um die „Überwindung" des Versailler Vertrags, sondern um **Raumgewinn in Osteuropa.** Im März 1938 marschierten deutsche Truppen in Wien ein: **„Anschluss" Österreichs.** *Hitler* war auf dem Höhepunkt seines innenpolitischen Ansehens (M 2).

Das nächste Opfer der deutschen Expansionspolitik war die **Tschechoslowakei,** die erst im Versailler Vertrag 1919 als Staat entstanden war. Dort lebten Tschechen, Slowaken, Ungarn und 3,5 Millionen Deutsche, die 28 Prozent der Bevölkerung ausmachten. In den Sudeten lebte eine starke deutsche Mehrheit. Die Nationalsozialisten vertraten die Ansicht, diese **Sudetendeutschen** würden in der Tschechoslowakei terrorisiert und forderten die Einbeziehung der sudetendeutschen Grenzgebiete in das Deutsche Reich.

Münchner Abkommen

Auf der **Münchner Konferenz** wurde im September 1938 die „sudetendeutsche Frage" behandelt. *Hitler*, der englische Premierminister *Chamberlain*, der französische Ministerpräsident *Daladier* und der italienische Diktator *Mussolini* einigten sich darauf, die **sudetendeutschen Gebiete** Deutschland zuzusprechen (M 3). Die Regierung der Tschechoslowakei wurde dabei völlig übergangen.

Nachdem *Hitler* zuvor den Bestand der „Rest-Tschechei" garantiert hatte, ließ er im März 1939 deutsche Truppen in die **Tschechoslowakei** einmarschieren und erklärte deren westlichen Teil, die Tschechei, zum **„Protektorat Böhmen und Mähren",** das von nun an zu Deutschland gehörte.

Hitler-Stalin-Pakt

Im August 1939 schloss *Hitler* einen Freundschaftsvertrag mit der Sowjetunion. Dieser **Hitler-Stalin-Pakt** war deshalb so überraschend, weil *Hitler* die Sowjetunion zu seinen Eroberungsprojekten zählte.

Deutschland und die Sowjetunion schlossen einen zehnjährigen Nichtangriffspakt. Im geheimen Zusatzprotokoll wurde Polen zwischen beiden Staaten aufgeteilt (M 4). Am 1. September 1939 überfielen deutsche Truppen Polen trotz des deutsch-polnischen Freundschaftsvertrages von 1934. Damit begann der **Zweite Weltkrieg.**

M 3: Münchner Abkommen völkerrechtswidrig

1973 erklärte die Bundesrepublik das Münchner Abkommen für völkerrechtswidrig. In einem deutsch-tschechoslowakischen Freundschaftsvertrag verzichtete Deutschland 1992 gegen den Widerstand der Vertriebenenverbände endgültig auf alle Gebietsansprüche an die Tschechoslowakei.

M 4

■ Aufgaben

1. Welche Ziele verfolgte Hitler mit seiner Außenpolitik?
2. Interpretieren Sie die Karikatur M 1.
3. Durch welche Maßnahmen verstieß Hitler gegen den Versailler Vertrag?
4. Wie reagierten England und Frankreich darauf?
5. Warum kam der Hitler-Stalin-Pakt so überraschend?
6. Welchen Zusammenhang gibt es zwischen Rassismus, Lebensraumpolitik und Eroberungskriegen?

Außenpolitik Hitlers:
- Austritt aus dem Völkerbund
- „Anschluss" Österreichs
- Münchner Abkommen
- Besetzung der Tschechoslowakei
- Hitler-Stalin-Pakt

4.4.2 Der Zweite Weltkrieg

Am **1. September 1939** marschierte die deutsche Wehrmacht ohne Kriegserklärung in **Polen** ein. Wieder einmal brach damit *Hitler* in skrupelloser Weise einen Vertrag, nämlich den deutsch-polnischen Nichtangriffspakt von 1934. Dieses Mal aber ließen ihn die Westmächte nicht gewähren. Am 3. September erklärten England und Frankreich Deutschland den Krieg. *Hitler* war zunächst geschockt, denn er hatte lange darauf gehofft, ein Krieg mit England würde sich vermeiden lassen (M1). Nun aber wurde aus dem deutsch-polnischen Krieg innerhalb weniger Tage ein weltweiter Krieg.

Polen war militärisch klar unterlegen und infolge des **Hitler-Stalin-Paktes** einem Zweifrontenkrieg gegen Deutschland und die Sowjetunion ausgesetzt. Nach zwei Wochen war Polen besiegt. Ostpolen wurde ebenso wie die baltischen Staaten Estland, Lettland und Litauen von der sowjetischen Roten Armee besetzt, Zentralpolen wurde in ein von Deutschland kontrolliertes **Zentralgouvernement** verwandelt und die westpolnischen Bezirke wurden in das Deutsche Reich eingegliedert. Damit war Polen von der europäischen Landkarte verschwunden.

Vormarsch der Wehrmacht

Im April 1940 besetzte Deutschland auch **Dänemark** und **Norwegen.** Dabei waren zum ersten Mal alle drei Teile der deutschen Wehrmacht – Marine, Luftwaffe und Heer – gemeinsam im Einsatz. Norwegen wurde zu einem wichtigen Ausgangspunkt für die deutsche Kriegsführung gegen England.

M 1: Reaktionen auf den Kriegsausbruch

„Ich blieb in einiger Entfernung vor Hitlers Tisch stehen und übersetzte ihm dann langsam das soeben übergebene Ultimatum der britischen Regierung. Als ich geendigt hatte, herrschte völlige Stille. Wie versteinert saß Hitler da und blickte vor sich hin. Dann wandte er sich Ribbentrop zu, der wie erstarrt am Fenster stehen geblieben war. „Was nun?" fragte Hitler seinen Außenminister mit einem wütenden Blick. Im Vorraum herrschte Totenstille. Göring drehte sich zu mir um und sagte: „Wenn wir diesen Krieg verlieren, dann möge uns der Himmel gnädig sein!" Goebbels stand … niedergeschlagen da …"

(Bericht des Dolmetschers Dr. Schmidt über die Reaktionen auf die englische Kriegserklärung an Deutschland vom 3. September 1939)

„Für uns ist dies ein Trauertag und für niemanden mehr als für mich. Alles, wofür ich gearbeitet habe, alles, was ich hoffte, alles, woran ich in meinem öffentlichen Leben geglaubt habe, ist zertrümmert und zerbrochen …"

(Der englische Premierminister Chamberlain, als er das Unterhaus in London am 3. September 1939 über den Kriegszustand mit Deutschland informierte)

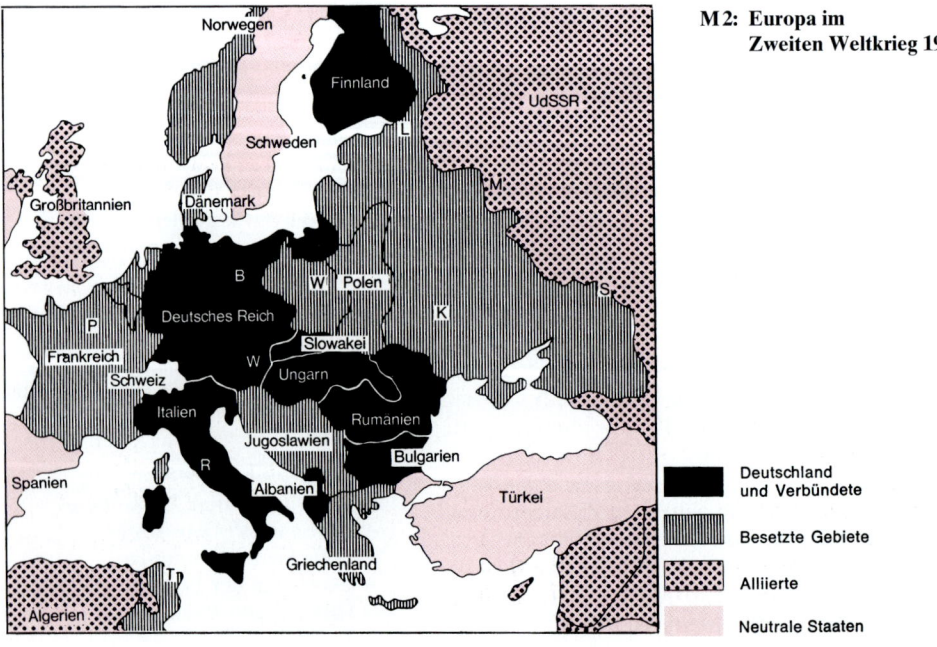

M 2: Europa im Zweiten Weltkrieg 1942

■ Deutschland und Verbündete

▨ Besetzte Gebiete

▒ Alliierte

▨ Neutrale Staaten

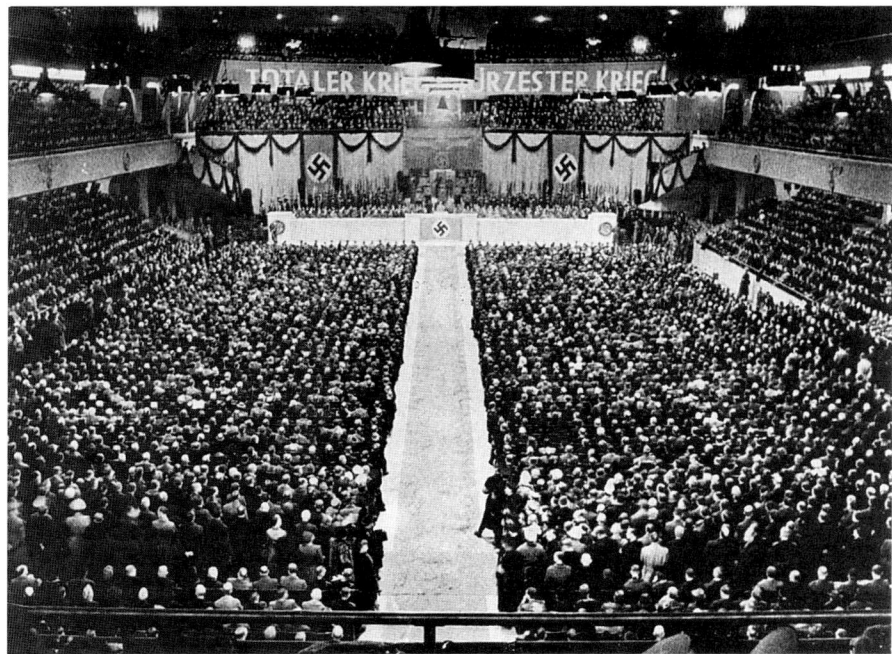

M 3 **Propagandaminister Joseph Goebbels am 18. Februar 1943 im Berliner Sportpalast**

Gleichzeitig begann der Krieg auch im Westen. Im Mai 1940 besetzten deutsche Truppen die **Niederlande** und **Belgien.** So wurde die stark befestigte **Maginot-Linie** entlang der deutsch-französischen Grenze umgangen und Frankreich von Norden her angegriffen.

Am 14. Juni 1940 marschierten deutsche Soldaten in Paris ein. Acht Tage später wurde der **Waffenstillstand zwischen Deutschland und Frankreich** geschlossen. *Hitler* wählte dafür den gleichen Ort im Wald von Compiègne und den gleichen Eisenbahnwaggon, in dem im November 1918 die deutsche Delegation die Bedingungen der Siegermächte unterzeichnen musste. Frankreich wurde geteilt. Der größere Teil wurde von Deutschland besetzt, der andere Teil wurde vom nazitreuen *Marschall Pétain* von Vichy aus regiert.

Hitler plante, **England** zunächst aus der Luft anzugreifen und dann überzusetzen und an der südenglischen Küste zu landen. Allerdings waren die deutschen Verluste in der **Luftschlacht über England** so groß, dass die geplante Landung in England nicht mehr durchführbar war.

Außerdem musste sich *Hitler* im Frühjahr 1941 auf zwei weitere Kriegsschauplätze konzentrieren, um der verbündeten **italienischen Armee** zu helfen. Dies war zum einen **Nordafrika** und zum anderen **Südosteuropa. Rumänien, Ungarn, die Slowakei** und **Bulgarien** traten dem **Dreimächtebündnis von Deutschland, Italien und Japan** bei. Von Bulgarien aus marschierten deutsche Truppen im April 1941 in **Griechenland** und **Jugoslawien** ein.

Aus der Rede von Goebbels:
„Die Engländer behaupten, das deutsche Volk wehrt sich gegen die totalen Kriegsmaßnahmen der Regierung. Es will nicht den totalen Krieg, sondern die Kapitulation. Ich frage euch: **Wollt ihr den totalen Krieg?** Wollt ihr ihn, wenn nötig, totaler und radikaler, als wir ihn uns heute überhaupt noch vorstellen können? (Auf diese Frage scholl Goebbels aus dem Munde von Tausenden von Versammelten ein Ja entgegen, das den Sportpalast erdröhnen ließ.) Ich habe euch gefragt, ihr habt mir eure Antwort gegeben. Ihr seid ein Stück Volk, durch euren Mund hat sich damit die Stellungnahme des Deutschen manifestiert ..."

M 4: Kriegsverbrechen und Massenmorde
Hitlers Massenmorde erkennt man als solche gerade daran, dass sie keine Kriegsverbrechen waren. Massaker an Kriegsgefangenen in Drang und Hitze der Schlacht; Geiselerschießungen im Partisanenkrieg; Bombardierungen reiner Wohngebiete im „strategischen" Luftkrieg; Versenkung von Passagierdampfern und neutralen Schiffen im U-Boot-Krieg: das alles sind Kriegsverbrechen, fürchterlich gewiss.
Massenmord, Ausrottung ganzer Bevölkerungsgruppen, „Ungeziefervertilgung" begangen an Menschen, ist etwas ganz anderes.
(Sebastian Haffner: Anmerkungen zu Hitler)

Angriff auf die Sowjetunion

Trotz dieser militärischen Erfolge wurde dadurch aber das eigentliche Vorhaben *Hitlers* verzögert. Seit Ende 1940 war er entschlossen, die **Sowjetunion** anzugreifen. Der Termin für den Angriff musste nun von Mitte Mai bis Ende Juni 1941 verschoben werden.

Im Krieg ging es nicht nur um die Eroberung dieses riesigen Landes mit all seinen Bodenschätzen, sondern vor allem um die Durchsetzung der nationalsozialistischen Weltanschauung.

Der „jüdisch-bolschewistische Todfeind" sollte vernichtet werden.

Am **22. Juni 1941** begann der Angriff auf die Sowjetunion, das so genannte **„Unternehmen Barbarossa".** Innerhalb weniger Wochen stießen die deutschen Truppen bis vor Moskau vor und kesselten Leningrad ein. Die aufgrund ihrer Industrie und Bodenschätze sehr wichtige Ukraine wurde besetzt. Hunderttausende von sowjetischen Soldaten gerieten in Gefangenschaft, sodass *Hitler* Anfang Oktober 1941 zuversichtlich erklärte, der Feind im Osten werde „sich nie wieder erholen".

M 5: Invasion der alliierten Truppen in der Normandie am 6. Juni 1944

Deutsche Besatzungspolitik

Gerade in der Sowjetunion wurden die besetzten Gebiete von Deutschland rücksichtslos ausgebeutet. Man holte Lebensmittel, Rohstoffe und Arbeitskräfte. Viele Menschen wurden zwangsweise nach Deutschland gebracht und zur Arbeit gezwungen. Auf Befehl *Hitlers* wurden Zivilisten und Juden planmäßig umgebracht (M 4). Durch diese **erbarmungslose deutsche Besatzungspolitik** machte man sich die Bevölkerung der besetzten Gebiete zu erbitterten Gegnern, sodass die deutschen Soldaten auch von Partisanen heftig bekämpft wurden.

Im Oktober 1941 brach der russische Winter herein. Nach heftigen Regenfällen versanken die deutschen Kraftfahrzeuge und Geschütze im Morast. Dann ließ ein Kälteeinbruch die Temperaturen bis auf −40 Grad sinken. Die deutschen Soldaten waren auf den Winterkrieg nur unzureichend vorbereitet, sodass der Vormarsch im Dezember 1941 steckenblieb. Die Sowjetunion mobilisierte nun sämtliche Kraftreserven für den **„Großen Vaterländischen Krieg",** wie *Stalin* ihn bezeichnete, und konnte einige verlorene Gebiete zurückerobern.

Stalingrad

Die deutschen Truppen versuchten ab Juni 1942, **Stalingrad** zu erobern. Als die sowjetische Gegenoffensive begann, wurden Ende 1942 fast 300 000 Soldaten der 6. deutschen Armee in Stalingrad eingeschlossen. Mehr als 70 000 von ihnen fielen oder starben durch Krankheiten, Erfrieren oder Selbstmord. Die 200 000 Überlebenden der 6. Armee kapitulierten Ende Januar 1943. Nur 5 000 von ihnen überlebten die russische Gefangenschaft.

M 6: Folgen des Zweiten Weltkriegs

Verlust-Listen Deutschland und Österreich	
Gefallene Soldaten:	3 000 000
Vermisste Soldaten:	1 300 000
Verluste der Zivilbevölkerung:	500 000
Verluste durch Vertreibung:	2 251 500
Verluste durch rassische, politische oder religiöse Verfolgung:	300 000
Verluste der Zivilbevölkerung in Österreich:	24 300
Verluste insgesamt:	7 375 800
Gefallene Soldaten der westl. Alliierten:	839 000
Zivilbevölkerung:	690 000
Soldaten ost- und südosteuropäischer Länder:	1 000 000
der Zivilbevölkerung:	8 010 000
Soldaten der Sowjetunion:	13 600 000
Zivilbevölkerung:	6 700 000
Soldaten der übrigen Welt:	7 600 000
der Zivilbevölkerung:	6 000 000
Menschenverluste im Zweiten Weltkrieg insgesamt:	55 293 500

(PZ Nr. 20, Oktober 1979)

Rückzug an allen Fronten

Inzwischen hatte sich die Situation der deutschen Truppen an allen Fronten erheblich verschlechtert. Seit Dezember 1941 gab es einen zusätzlichen, überaus mächtigen Gegner, die **USA**. Schon zuvor hatten sie Großbritannien durch umfangreiche Materiallieferungen unterstützt. Nach dem japanischen Überfall auf die vor **Pearl Harbour** liegende amerikanische Flotte traten die USA aktiv in den Krieg ein.

Im Frühjahr 1943 kapitulierten auch die deutschen Truppen in **Afrika**. Spätestens zu diesem Zeitpunkt gab es keinen Zweifel mehr, dass der Krieg für Deutschland verloren war. Trotzdem wurde die Rüstungsproduktion noch einmal angekurbelt. Propagandaminister *Goebbels* verkündete im Berliner Sportpalast den **„totalen Krieg"** (M 3). Dies bedeutete unter anderem, dass bereits 15- und 16-jährige als Flakhelfer eingesetzt wurden. Die Lebensmittelrationen wurden gekürzt und die Bevölkerung war zudem ständigen Bombenangriffen ausgesetzt.

Nach und nach brachen nun alle Fronten zusammen. Die sowjetische Rote Armee rückte von Osten her Richtung Deutschland vor. Millionen Menschen flohen vor dem sowjetischen Vormarsch aus Schlesien, Ostpreußen und den anderen deutschen Ostgebieten. Weitere Millionen starben auf der Flucht durch Hunger und Kälte.

Hunderttausende von Zivilisten wurden verschleppt und mussten jahrelang Zwangsarbeit in der Sowjetunion leisten. Die beiderseitigen Greueltaten gegen die Zivilbevölkerung gehören zu den schrecklichsten Kapiteln dieses Krieges.

Besetzung Deutschlands

Von Westen her rückten Engländer und Amerikaner Richtung Deutschland vor. Im Juni 1944 landeten sie in der Normandie (M 5). Wenige Monate später war Frankreich befreit. Aus allen Richtungen marschierten die alliierten Truppen ins Reichsgebiet vor.

Sämtliche verfügbaren 16- bis 60-jährigen wurden zum **Volkssturm** eingezogen. In einem sinnlosen Kampf bis zum letzten Mann wurden viele geopfert, obwohl der Krieg längst verloren war.

Hitler ordnete an, die wenigen Lebensgrundlagen und den letzten Rest von Infrastruktur (Straßen, Brücken, Gleisanlagen usw.), die dem deutschen Volk geblieben waren, zu zerstören, um sie nicht in die Hände der Feinde fallen zu lassen.

Kapitulation

Kurz vor der endgültigen Eroberung Berlins durch die Rote Armee beging *Adolf Hitler* dort am 30. April 1945 Selbstmord. Zwei Tage später wurde die Stadt nach schwerem Kampf vollständig eingenommen. Am 8. Mai erfolgte die bedingungslose Kapitulation Deutschlands. Damit war der Zweite Weltkrieg in Europa beendet. Am 2. September 1945 kapitulierte auch Japan nach den verheerenden **amerikanischen Atombombenabwürfen auf Hiroshima und Nagasaki** am 6. und 9. August 1945.

■ Aufgaben

1. Warum trifft Deutschland die Schuld am Zweiten Weltkrieg?

2. Warum kann man Stalingrad als Wende des Zweiten Weltkriegs ansehen?

3. Welche Folgen hatte die deutsche Besatzungspolitik im Osten?

4. Nennen Sie ein Beispiel für die unmenschliche deutsche Besatzungspolitik.

5. Wozu diente die Rede des Propagandaministers Goebbels über den „totalen" Krieg (M 3)?

6. Warum kann es keine Ziele geben, die einen Weltkrieg rechtfertigen (M 6)?

Der Zweite Weltkrieg:

- **Angriff auf Polen am 1. September 1939**
- **Besetzung Dänemarks und Norwegens**
- **Westfeldzug: Angriff auf Frankreich unter Missachtung der Neutralität der Niederlande, Belgiens und Luxemburgs 1940**
- **„Luftschlacht" um England 1940**
- **Unterstützung der Italiener beim Krieg in Nordafrika**
- **Balkanfeldzug 1941: Besetzung von Jugoslawien und Griechenland**
- **Überfall auf die Sowjetunion am 22. Juni 1941:**
  - **erbarmungslose Besatzungspolitik im Osten**
  - **deutsche Niederlage in Stalingrad und Kriegswende 1943**
- **Kriegserklärung Deutschlands und Italiens an die USA im Dezember 1941**
- **Kapitulation der deutschen und italienischen Truppen in Nordafrika 1943**
- **Landung der Alliierten in Frankreich**
- **verstärkte Bombenangriffe auf Deutschland ab 1944**
- **Einmarsch in Deutschland**
- **Selbstmord Hitlers am 30. 4. 1944**
- **Kapitulation Deutschlands am 8. Mai 1945**
- **Kapitulation Japans am 2. September 1945**

4.4.3 Der Widerstand im Dritten Reich

Der Widerstand gegen *Hitler* und seine Machtausübung begann, nachdem er Gegner verfolgte und unterdrückte. Verschiedene Widerstandsgruppen bildeten sich unter den **Studenten,** den Anhängern **verbotener politischer Parteien,** früheren **Gewerkschaftsmitgliedern,** innerhalb der **Kirche** und der **Wehrmacht** und in anderen Kreisen der Bevölkerung. Gemeinsam war allen diesen Menschen die Bereitschaft, für die Wiederherstellung der Freiheit, der Menschenwürde und des Rechtsstaats zu kämpfen und notfalls auch ihr eigenes Leben einzusetzen. Denn wer sich gegen *Hitler* und den Nationalsozialismus wandte, wurde durch die **Gestapo (Geheime Staatspolizei)** verfolgt, verhaftet, im Konzentrationslager misshandelt, teilweise gefoltert und häufig zum Tode verurteilt.

Widerstandsgruppen

Häufig waren am Widerstand auch junge Menschen beteiligt. Viele von ihnen waren zunächst noch von der nationalsozialistischen Bewegung begeistert, änderten aber unter dem Eindruck der Kriegserfahrungen ihre Einstellung völlig. Bekanntester Vertreter des Studenten-Widerstandes war die **„Weiße Rose",** eine Gruppe in München um *Hans* und *Sophie Scholl* (M 1), die in Flugblättern für den Rechtsstaat eintrat und gegen den Militarismus protestierte (M 2). Als sie am 18. Februar 1943 in aller Offenheit in der Münchner Universität Flugblätter verteilten und verstreuten, wurden sie von der Gestapo festgenommen und von dem berüchtigten Volksgerichtshof zum Tode verurteilt. Am 22. Februar 1943 wurden *Hans* und *Sophie Scholl*, 24 und 21 Jahre alt, hingerichtet.

Widerstand gegen den Nationalsozialismus gab es auch innerhalb der Kirchen. Die katholischen deutschen Bischöfe erklärten bereits im August 1932 die Zugehörigkeit zur NSDAP für unerlaubt.

Trotz aller Bemühungen hatten aber weder die Studenten noch andere Gruppen, zum Beispiel aus den verbotenen Parteien aus dem kommunistischen und sozialdemokratischen Lager, wirklich die Chance, Hitlers Regierung zu stürzen. Diese Möglichkeit hatten am ehesten die Waffenträger der Nation, also die Wehrmacht. Schon im Mai 1938 warnten einige Generale, wie der Chef des Generalstabes, Generaloberst *Ludwig Beck*, *Hitler* dringend vor einem Überfall auf die Tschechoslowakei, da sie befürchteten, dies könne Krieg mit England und Frankreich bedeuten.

Nachdem *Hitler* Europa tatsächlich in den Krieg gestürzt hatte, scheiterte am 8. November 1939 im Münchner Bürgerbräukeller ein Bombenattentat eines Einzeltäters auf ihn nur knapp.

Zwischen 1933 und 1939 wurden mehr als 200 000 Menschen aus politischen Gründen verurteilt, viele von ihnen hingerichtet oder in Konzentrationslager gebracht, wo viele umkamen oder ermordet wurden, weil sie auf irgendeine Art gegen den Nationalsozialismus protestiert hatten.

M 1: Geschwister **Hans Scholl** (1918–1943) und **Sophie Scholl** (1921–1943), beide am 22. Februar 1943 hingerichtet

M 2: Aufruf zum Widerstand

„Der Tag der Abrechnung ist gekommen, der Abrechnung der deutschen Jugend mit der verabscheuungswürdigsten Tyrannis, die unser Volk je erduldet hat. Im Namen der deutschen Jugend fordern wir vom Staat Adolf Hitlers die persönliche Freiheit, das kostbarste Gut des Deutschen zurück, um das er uns in der erbärmlichsten Weise betrogen.

In einem Staat rücksichtsloser Knebelung jeder freien Meinungsäußerung sind wir aufgewachsen … Der deutsche Name bleibt für immer geschändet, wenn nicht die deutsche Jugend endlich aufsteht, rächt und sühnt zugleich, ihre Peiniger zerschmettert und ein neues geistiges Europa aufrichtet. Studentinnen! Studenten! Auf uns sieht das deutsche Volk! Unser Volk steht im Aufbruch gegen die Verknechtung Europas durch den Nationalsozialismus, im neuen gläubigen Durchbruch von Freiheit und Ehre."

(aus dem letzten Flugblatt der „Weißen Rose")

▲

M 3: Carl Friedrich Goerdeler (1884–1945, am 2. Februar 1945 hingerichtet)   ▲

M 4: Claus Schenk Graf von Stauffenberg (1907–1944, am 20. Juli 1944 erschossen)

M 5

Widerstand gegen den Nationalsozialismus

Kommunistische Widerstandsgruppen
Uhrig-Römer-Gruppe (Berlin)
Saefkow-Jacob-Gruppe (Berlin)
Bästlein-Gruppe (Hamburg)

Rote Kapelle
Harro und Libertas Schulze-Boysen
Arvid und Mildred Harnack
Hans Coppi · Eva-Maria Buch

Sozialistischer und gewerkschaftlicher Widerstand

Kirchliche Opposition

Weiße Rose
(München 1942/43)
Hans und Sophie Scholl · Alexander
Schmorell · Christoph Probst
Willi Graf · Kurt Huber

Denkmal
für die Opfer
des 20. Juli 1944
(Berlin)

Goerdeler-Kreis
Carl Goerdeler · Johannes Popitz
Ulrich von Hassell · Fritz-Dietlof von
der Schulenburg · Jakob Kaiser
Wilhelm Leuschner

Kreisauer Kreis
Helmuth James Graf von Moltke
Peter Graf Yorck von Wartenburg
Adam von Trott zu Solz
Julius Leber · Adolf Reichwein
Pater Alfred Delp

Militärische Opposition
Wilhelm Canaris · Hans Oster
Ludwig Beck · Erwin von Witzleben
Henning von Tresckow · Friedrich
Olbricht · Carl-Heinrich v. Stülpnagel
Albrecht Mertz von Quirnheim
Werner von Haeften · Claus Graf
Schenk von Stauffenberg

**Verschwörung
des 20. Juli 1944**

© Erich Schmidt Verlag

ZAHLENBILDER
50 095

Als während des Krieges die Ermordung von Juden, Behinderten und vielen anderen Menschen immer mehr bekannt wurde und sich die Kriegsniederlage Deutschlands andeutete, wuchs die Entschlossenheit einzelner Offiziere und Generale, *Hitler* zu beseitigen und den Krieg so schnell wie möglich zu beenden. Mehrere Attentatsversuche scheiterten 1943 an Zufälligkeiten.

Das Attentat vom 20. Juli 1944

Nun arbeiteten zivile Widerstandsgruppen wie der **Kreisauer Kreis** und eine Gruppe um den früheren Leipziger Oberbürgermeister *Karl Friedrich Goerdeler* (M 3) im Untergrund mit Offizieren und Generalen wie Oberst *Claus Graf Schenk von Stauffenberg* (M 4) und Generaloberst *Beck* zusammen.

Sie waren im Sommer 1944 endgültig entschlossen, *Hitler* und dem Krieg ein Ende zu bereiten. Am 20. Juli 1944 zündete *Stauffenberg* im Führerhauptquartier Wolfsschanze in Ostpreußen eine Bombe. Nach dem Attentat sollte *Goerdeler* Reichskanzler und *Beck* Reichspräsident werden. Damit wäre das Leben von Millionen von Menschen in der Endphase des Krieges erhalten geblieben. *Hitler* aber wurde bei dem Attentat nur leicht verletzt. Die Verschwörer wurden festgenommen, zum Tode verurteilt und hingerichtet, Generaloberst *Beck* verübte Selbstmord.

Aufgrund dieser Erfahrungen wurde im **Grundgesetz der Bundesrepublik Deutschland** das **Recht zum Widerstand** im **Artikel 20** ausdrücklich festgelegt (M 3 von 5.1.2).

■ **Aufgaben**

1. Aus welchen Kreisen der Gesellschaft kamen die Widerstandskämpfer?
2. Wofür und wogegen kämpften die Widerstandsgruppen im Dritten Reich?
3. Warum war Opposition im Nationalsozialismus riskant?
4. Welche Absicht lag dem Attentat auf Hitler am 20. Juli 1944 zugrunde?
5. Aus welchen Gründen ist Widerstand gegen eine unmenschliche Diktatur gerechtfertigt?

Widerstand gegen Hitler:
– **Studenten**
– **Kommunisten und Sozialdemokraten**
– **kirchliche Opposition**
– **Kreisauer Kreis**
– **Gruppe um Carl Friedrich Goerdeler**
– **Wehrmacht, Graf Stauffenberg: Attentat auf Hitler am 20. Juli 1944 misslingt.**

4.5 Die Judenverfolgung

Unmittelbar nach der Machtergreifung der Nationalsozialisten am 30. Januar 1933 begann die Verfolgung der Juden, die für viele in Konzentrationslagern und mit dem Tod endete.

Dabei gingen die Nationalsozialisten Schritt für Schritt vor, um immer wieder die Reaktionen der deutschen Bevölkerung zu testen. Zunächst wurde den Juden die finanzielle Lebensgrundlage entzogen. Jüdische Geschäfte wurden boykottiert (M 1), jüdische Juristen und Ärzte durften nur noch Juden vertreten und behandeln, jüdische Beamte und Angestellte wurden aus dem Staatsdienst entlassen. Zugleich wurden die Juden aussortiert und aus dem öffentlichen Leben verdrängt. Sie durften zum Beispiel bestimmte Orte nicht mehr betreten, Schulen und Universitäten nicht mehr besuchen. Immer häufiger sah man „Juden unerwünscht"-Schilder an den Straßen, Läden und Restaurants.

Nürnberger Gesetze

Im September 1935 ging die NSDAP noch einen Schritt weiter. Auf ihrem Reichsparteitag in Nürnberg wurde das **„Gesetz zum Schutze des deutschen Blutes und der deutschen Ehre"** beschlossen. Darin wurden Ehen zwischen Juden und Nichtjuden verboten. Dieses Gesetz war die Grundlage für eine strikte **„Rassentrennung"**. Wer diesem Gesetz zuwider handelte, wurde bestraft und in der Öffentlichkeit bloßgestellt (M 2). Diese Form der Abschreckung verfehlte ihre Wirkung nicht. Zugleich wurde die Diskriminierung und Deklassierung der Juden im öffentlichen Leben weitergetrieben.

1938 begann eine neue Phase des nationalsozialistischen Terrors. In der Nacht vom 9. auf den 10. November wurden in ganz Deutschland jüdische Geschäfte und Friedhöfe verwüstet, Synagogen zerstört und jüdische Bürger wahllos verhaftet und in Konzentrationslager eingewiesen oder gar ermordet (M 3). Überall in Deutschland brannten die Häuser von Juden, die Feuerwehr war angewiesen, nur dann einzugreifen, wenn das Feuer auf die Häuser von „Ariern" überzugreifen drohte. Diese staatlich geplante Aktion wurde von den Nationalsozialisten zynisch **„Reichskristallnacht"** genannt.

Die Juden mussten nicht nur die Schäden an ihren Gebäuden selbst beseitigen, sondern zusätzlich noch 1 Milliarde Mark bezahlen.

Völkermord an den Juden

Spätestens zu diesem Zeitpunkt wurde vielen Juden klar, dass die übrige Bevölkerung selbst kriminelle politische Aktivitäten tatenlos duldete, und dass es keine Perspektive und kein sicheres Leben für die Juden in Deutschland mehr gab.

M 1: Diskriminierung der Juden

M 2: „Reichskristallnacht"

„Dieser 9. November war etwas ganz Furchtbares. In der Nacht vom 9. zum 10. November, um zwei Uhr etwa, läutete es … Und dann kamen zu mir herauf: der Herr Schumacher, ein Obersturmbannführer der SA und lauter Geschäftsleute. Das hat mich außerordentlich verwundert, dass sich Reutlinger Geschäftsherren dazu hergegeben haben, mich unter Druck zu setzen und mein Geschäft zu zerstören. Der Obersturmbannführer sagte dann zu mir und meiner Mutter: Ziehen Sie sich an, machen Sie ihr Geschäft auf und schmeißen Sie alles, was im Laden ist, auf die Straße."

(der frühere Reutlinger Kaufmann Heinrich Rosenrauch in einem Interview)

M 3: Vernichtung der Juden

„Ich befehligte Auschwitz bis zum 1. Dezember 1943 und schätze, dass mindestens 2 500 000 Opfer dort durch Vergasung und Verbrennen hingerichtet und ausgerottet wurden; mindestens eine weitere halbe Million starben durch Hunger und Krankheit, was eine Gesamtzahl von ungefähr 3 000 000 Toten ausmacht. Diese Zahl stellt ungefähr 70 oder 80 Prozent aller Personen dar, die als Gefangene nach Auschwitz geschickt wurden; die Übrigen wurden ausgesucht und für Sklavenarbeit in den Industrien des Konzentrationslagers verwendet …

Die „Endlösung" der jüdischen Frage bedeutete die vollständige Ausrottung aller Juden in Europa … Es dauerte 3 bis 15 Minuten …, um die Menschen in der Todeskammer zu töten. Wir wussten, wann die Menschen tot waren, weil ihr Kreischen aufhörte …

(der Kommandant des Vernichtungslagers Auschwitz, Rudolf Höss, während des Kriegsverbrecherprozesses in Nürnberg am 5. April 1946)

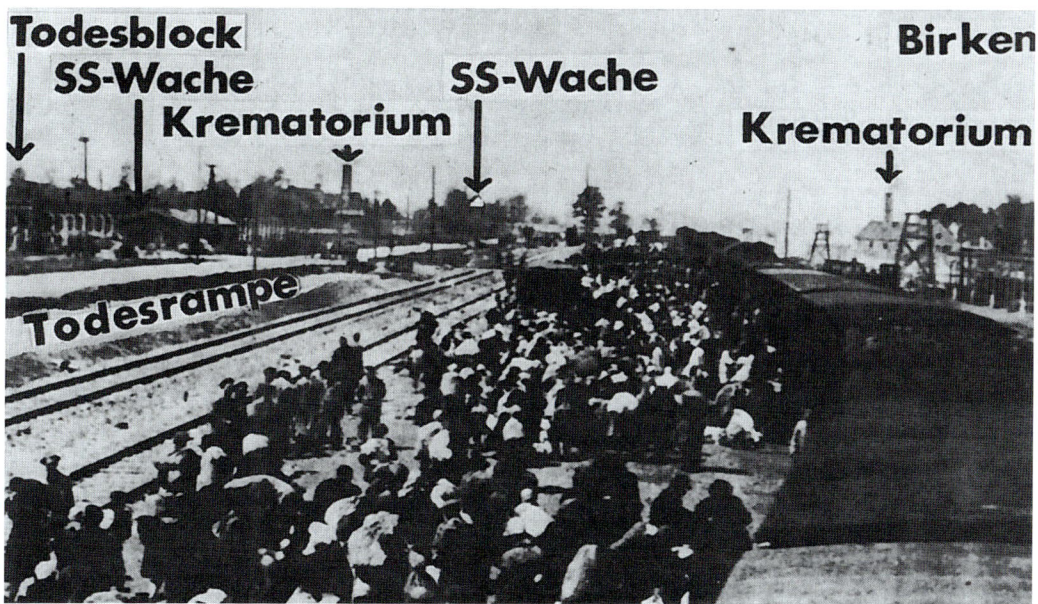

M 4: Konzentrationslager Auschwitz 1944

Bis Oktober 1941 emigrierten etwa 270 000 deutsche Juden. Dann wurde die Auswanderung verboten. Alle Juden mussten einen gelben Stern tragen (M7 von 5.1.1).

Die osteuropäischen Juden wurden unmenschlich behandelt. Nach dem Überfall Deutschlands auf Polen wurden Juden in Lodz und Warschau in Ghettos eingesperrt. Das waren räumlich beschränkte jüdische Wohnviertel, in denen katastrophale Lebensbedingungen herrschten. Allein im Warschauer Ghetto lebten 1940 400 000 Menschen auf engstem Raum. Im Frühjahr 1943 wurde ein Aufstand im **Warschauer Ghetto** brutal niedergeschlagen.

Am 20. Januar 1942 begann das letzte Kapitel der Unmenschlichkeit. Auf der **„Wannsee-Konferenz"** in Berlin wurde die **„Endlösung der Judenfrage"** beschlossen. Hinter dieser zynisch-beschönigenden Bezeichnung verbirgt sich die planmäßige, systematische Erfassung und Vernichtung der in Europa lebenden Juden. Die Judenvernichtung wird heute auch als **Holocaust** bezeichnet.

Juden aus ganz Europa wurden in Vernichtungslager in Osteuropa und damit in den Tod geschickt. Die Tötungsmethoden sollten gewissermaßen industrialisiert werden. Ab Juni 1942 gab es dort und in anderen Vernichtungslagern wie Sobibor, Treblinka und Majdanek Massenvergasungen (M4).

Insgesamt wurden auf diese unfassbare Weise bis Kriegsende etwa 6 Millionen Juden getötet, aber auch andere Minderheiten, die nicht dem Ideal der „Herrenrasse" entsprachen, wie etwa „Zigeuner" und Behinderte.

■ **Aufgaben**

1. Warum legten die Nationalsozialisten so großen Wert auf die Trennung der Rassen?

2. Welche Erkenntnis brachte die so genannte „Reichskristallnacht" für die Juden in Deutschland?

3. Was wurde auf der Wannsee-Konferenz beschlossen?

4. Wie stellen Sie sich zu der Behauptung vieler Deutscher, sie hätten von der Judenverfolgung nichts gewusst?

Phasen der Judenverfolgung:
– **ab 1933: Boykott, Diskriminierung, Aberkennung von Rechten**
– **ab 1935: Eheverbot, Rassentrennung (Nürnberger Gesetze)**
– **ab 1938: Verfolgung, Verhaftung, Ermordung – „Reichskristallnacht"**
– **ab 1942: planmäßige, systematische Vernichtung von Juden in Europa.**

5 Das politische System der Bundesrepublik Deutschland

5.1 Das Grundgesetz

5.1.1 Die Grundrechte

Das **Grundgesetz für die Bundesrepublik Deutschland** vom 23. Mai 1949 ist die **Verfassung** unseres Staats.

Verfassungen regeln neben dem **Staatsaufbau** das Verhältnis der Staatsgewalt zum einzelnen Bürger. Dabei wird von **Verfassungen freiheitlicher, demokratischer Staaten** anerkannt, dass jeder Mensch Rechte hat, die auch die Staatsgewalt achten muss.

Menschenrechte

Die **Menschenrechte,** zu denen vor allem

- das Recht auf Menschenwürde,
- das Recht auf Leben,
- das Recht auf Freiheit und
- das Recht auf Eigentum gehören,

sind unantastbares, unveräußerliches und unverzichtbares Recht. Sie sichern jedem Menschen einen Bereich, in dem er sich in Freiheit und Selbstbestimmung entfalten kann.

M1: Grundgesetz-Beschluss

Der Parlamentarische Rat hat das vorstehende Grundgesetz für die Bundesrepublik Deutschland in öffentlicher Sitzung am 8. Mai des Jahres Eintausendneunhundertneunundvierzig mit dreiundfünfzig gegen zwölf Stimmen beschlossen. Zu Urkunde dessen haben sämtliche Mitglieder des Parlamentarischen Rates die vorliegende Urschrift des Grundgesetzes eigenhändig unterzeichnet.

BONN AM RHEIN, den 23. Mai des Jahres Eintausendneunhundertneunundvierzig.

PRÄSIDENT DES PARLAMENTARISCHEN RATES

I. VIZEPRÄSIDENT DES PARLAMENTARISCHEN RATES

II. VIZEPRÄSIDENT DES PARLAMENTARISCHEN RATES

M2: Meilensteine der Anerkennung der Menschenrechte

- Amerikanische Revolution und Unabhängigkeitserklärung der Vereinigten Staaten von 1776
- Französische Revolution und Erklärung der Menschen- und Bürgerrechte von 1789
- Deutsche Revolution und verfassungsmäßige Festlegung der Grundrechte des deutschen Volks von 1848 gescheitert
- Deutsche Revolution von 1918 und Festlegung der Grundrechte und Grundpflichten der Deutschen in der Weimarer Verfassung von 1919
- Allgemeine Erklärung der Menschenrechte durch die Vereinten Nationen 1948
- Festlegung der Grundrechte im Grundgesetz der Bundesrepublik Deutschland von 1949
- Konvention des Europarates zum Schutze der Menschenrechte und Grundfreiheiten 1950
- Achtung der Menschenrechte und Grundfreiheiten in der Schlussakte der KSZE 1975
- Charta der Grundrechte der Europäischen Union 2000

M3: Artikel 1 des Grundgesetzes:
Schutz der Menschenwürde

(1) Die Würde des Menschen ist unantastbar. Sie zu achten und zu schützen, ist Verpflichtung aller staatlichen Gewalt.
(2) Das Deutsche Volk bekennt sich darum zu unverletzlichen und unveräußerlichen Menschenrechten als Grundlage jeder menschlichen Gemeinschaft, des Friedens und der Gerechtigkeit in der Welt.
(3) Die nachfolgenden Grundrechte binden Gesetzgebung, vollziehende Gewalt und Rechtsprechung als unmittelbar geltendes Recht.

M 4: Wertordnung des Grundgesetzes

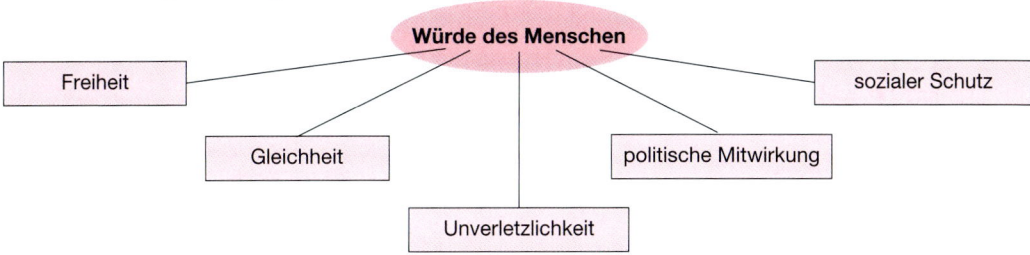

Würde des Menschen

Freiheit

Gleichheit

Unverletzlichkeit

politische Mitwirkung

sozialer Schutz

Freiheitsrechte

- Recht auf freie Entfaltung der Persönlichkeit
- Glaubens-, Gewissens- und Religionsfreiheit, Recht zur Kriegsdienstverweigerung
- Freiheit der Meinungsäußerung, Rede- und Pressefreiheit, Forschungs- und Lehrfreiheit
- Versammlungs- und Vereinigungsfreiheit
- Freizügigkeit
- Recht auf freie Berufswahl
- Freiheit zur Anrufung der Gerichte

Gleichheitsrechte

- Gleichheit vor dem Gesetz
- Gleichberechtigung von Männern und Frauen
- Gleichstellung von nichtehelichen und ehelichen Kindern
- Verbot der Diskriminierung wegen des Geschlechts, wegen Abstammung, Rasse, Sprache, Heimat, Herkunft, wegen des Glaubens, wegen religiöser oder politischer Anschauungen

Soziale Grundrechte

- Recht auf soziale Leistungen des Staats (Fürsorge, Unterstützung)
- Elternrecht, Schutz der Familie
- Recht auf Erziehung und Ausbildung
- Recht auf freie Wahl und Ausübung eines Berufs

Politische Grundrechte auf Mitwirkung im Staatswesen

- Aktives und passives Wahlrecht
- Recht auf Zugang zu öffentlichen Ämtern
- Recht auf Verfassungsbeschwerde beim Bundesverfassungsgericht
- Petitionsrecht

Unverletzlichkeitsrechte

- Recht auf Leben und körperliche Unversehrtheit
- Brief-, Post- und Fernmeldegeheimnis
- Recht der Unverletzlichkeit der Wohnung
- Verbot der Auslieferung an andere Staaten, Asylrecht
- Recht auf Eigentum und Erbrecht

M 5

Recht und Freiheit

Von je 100 Befragten meinen, dass in der Bundesrepublik (eher) verwirklicht ist ...

Quelle: WZB

Stand 2001

WEST		OST
96	Glaubensfreiheit	93
91	Polit. Freiheit	81
89	Schutz des Eigentums	74
87	Freie Berufswahl	49
83	Meinungsfreiheit	64
77	Freiheit der Lebensgestaltung	58
71	Umweltschutz	68
70	Soziale Sicherheit	46
69	Gleichberechtigung von Mann und Frau	55
64	Schutz vor Kriminalität	42
58	Solidarität mit Hilfsbedürftigen	45
54	Recht auf Arbeit	21
50	Chancengleichheit	25
32	Gerechte Verteilung des Wohlstands	12

7599

© Globus

M 6: Grundpflichten der Bürger

1. Pflicht zur Verfassungs- und Gesetzestreue
2. Pflicht der Eltern zur Erziehung der Kinder
3. Pflicht, Eigentum zum Wohle aller zu verwenden
4. Pflicht zu Wehrdienst und Zivildienst

Die Menschenrechte als Bestandteil des Grundgesetzes

Das **Grundgesetz** garantiert die Menschenrechte als Grundlage unseres Staats und stellt sie wegen ihrer überragenden Bedeutung als **„Grundrechte"** an den Anfang des Verfassungstextes. Ihnen geht ein Bekenntnis zur Menschenwürde und zu den Menschenrechten voran (M3). In den folgenden Abschnitten des Grundgesetzes werden **Aufbau und Organisation der Bundesrepublik** geregelt (Abschnitt 5.1.2).

Die Grundrechte im Grundgesetz

Die durch die **Grundrechte** (Teil I des Grundgesetzes, Artikel 1 bis 19) geschützten Werte werden eingeteilt in

– Freiheitsrechte,
– Gleichheitsrechte,
– Unverletzlichkeitsrechte,
– politische Grundrechte,
– soziale Grundrechte (M4).

Alle staatliche Gewalt ist an die Grundrechte gebunden. Auch bei Grundgesetzänderungen darf der Wesensgehalt der Grundrechte nach Artikel 19 Absatz 2 des Grundgesetzes in keinem Fall angetastet werden (M11).

Die **Grundrechte** sind keine unverbindlichen Programmsätze, sondern **unmittelbar geltendes Recht.** Deshalb kann der einzelne Bürger beim Bundesverfassungsgericht klagen, wenn er beispielsweise glaubt, dass eine staatliche Anordnung seine Grundrechte verletzt.

Grundrechte und Grundpflichten

Der Einzelne darf von seinen Grundrechten nur insoweit Gebrauch machen, als er nicht die Rechte anderer verletzt. Außerdem hat er nicht nur Rechte, sondern auch **Grundpflichten** gegenüber der staatlichen Gemeinschaft. Einen besonderen Pflichtenkatalog enthält das Grundgesetz allerdings nicht. Weitere Pflichten können dem Bürger durch Gesetz auferlegt sein. Dazu gehören zum Beispiel die allgemeine Schulpflicht und die Pflicht, Steuern zu zahlen.

Bedeutung der Grundrechte

Die hohe Bedeutung, die das Grundgesetz für die Grundrechte in unserem Staat festlegt, sollte man auch vor dem Hintergrund der deutschen Geschichte sehen: Im Dritten Reich wurden in vielen Fällen **Menschenrechte** wie die Achtung der Würde des Einzelmenschen oder die Freiheitsrechte missachtet. Besonders deutlich belegt dies die Diskriminierung und die Verfolgung der Juden (Abschnitt 4.5).

M7: Artikel 2 des Grundgesetzes:

Freiheitsrechte

(1) Jeder hat das Recht auf die freie Entfaltung seiner Persönlichkeit, soweit er nicht die Rechte anderer verletzt und nicht gegen die verfassungsmäßige Ordnung oder das Sittengesetz verstößt.

(2) Jeder hat das Recht auf Leben und körperliche Unversehrtheit. Die Freiheit der Person ist unverletzlich. In diese Rechte darf nur auf Grund eines Gesetzes eingegriffen werden.

M8: Aus § 1 der Polizeiverordnung vom 9. Januar 1941:

Tragen des Judensterns

Juden, die das sechste Lebensjahr vollendet haben, ist es verboten, sich in der Öffentlichkeit ohne einen Judenstern zu zeigen.

Der Judenstern besteht aus einem handtellergroßen schwarz ausgezogenen Sechsstern aus gelbem Stoff mit der schwarzen Aufschrift „Jude". Er ist sichtbar auf der linken Brustseite des Kleidungsstücks fest aufgenäht zu tragen.

M9: Jude im Dritten Reich

Gleichberechtigung als Beispiel eines Grundrechts

In den letzten Jahrzehnten wurde in Deutschland immer wieder die Frage der **Gleichberechtigung von Mann und Frau** diskutiert. Gesetzliche Bestimmungen berücksichtigten dieses Grundrecht beispielsweise bei der Festlegung des Namens bei der Eheschließung (Abschnitt 1.1.2). Früher musste in der Regel die Frau bei der Heirat den Namen des Mannes annehmen.

Auch im Arbeitsleben wurden immer wieder gesetzliche Bestimmungen und Regelungen unter dem Gesichtspunkt der **Gleichberechtigung von Mann und Frau** überprüft. Auf diesem Wege hat man die Benachteiligung der Frauen verringert.

M10

„Wieso gleicher Lohn? Der Mann hat doch viel größere Hände!"

M11: Artikel 19 des Grundgesetzes:

Absicherung der Grundrechte

(1) Soweit nach diesem Grundgesetz ein Grundrecht durch Gesetz oder auf Grund eines Gesetzes eingeschränkt werden kann, muss das Gesetz allgemein und nicht nur für den Einzelfall gelten. Außerdem muss das Gesetz das Grundrecht unter Angabe des Artikels nennen.

(2) In keinem Fall darf ein Grundrecht in seinem Wesensgehalt angetastet werden.

(3) Die Grundrechte gelten auch für inländische juristische Personen, soweit sie ihrem Wesen nach auf diese anwendbar sind.

(4) Wird jemand durch die öffentliche Gewalt in seinen Rechten verletzt, so steht ihm der Rechtsweg offen. Soweit eine andere Zuständigkeit nicht begründet ist, ist der ordentliche Rechtsweg gegeben. Artikel 10 Absatz 2 Satz 2 bleibt unberührt.

■ Aufgaben

1. Nennen Sie vier grundlegende Menschenrechte.
2. Welche Bedeutung hat es, dass Menschenrechte unveräußerlich und unverzichtbar sind?
3. Welche Gruppen von Grundrechten sind zu unterscheiden?
4. Welche Möglichkeit hat ein Bürger, der sich in seinen Grundrechten verletzt fühlt?
5. Nennen Sie zwei Grundpflichten der Bürger.
6. Welche Bedeutung hat Artikel 19 des Grundgesetzes (M 11) für die Sicherung der freiheitlich-demokratischen Grundordnung der Bundesrepublik Deutschland?
7. Warum steht in der Wertordnung des Grundgesetzes die Würde des Menschen an höchster Stelle (M 4)?
8. Diskutieren Sie die Grundrechte auf Schutz der Menschenwürde (M 3) und die Freiheitsrechte (M 5 + M 7) vor dem Hintergrund der Judenverfolgung im Dritten Reich (M 8 + M 9).
9. In welchem Ausmaß ist die Gleichberechtigung von Mann und Frau in der Familie und im Arbeitsleben verwirklicht (M 10)?

Grundgesetz
= **Verfassung der Bundesrepublik Deutschland**
– **höchster Wert:**
  Schutz der Würde des Menschen
– **Grundrechte: Artikel 1–19**

5.1.2 Aufbau und Organisation der Bundesrepublik

Die Grundlagen für den Aufbau und die Organisation der Bundesrepublik Deutschland sind im Grundgesetz von 1949 festgelegt. Auf dieser Basis kann die politische Ordnung gestaltet und weiterentwickelt werden.

Die Teile des Grundgesetzes

Im **Grundgesetz** stehen nach den Grundrechten ab Artikel 20 die Bestimmungen über den politischen Aufbau der Bundesrepublik Deutschland und das Zusammenwirken der politischen Organe sowie deren Aufgaben.

Zunächst ist im zweiten Teil des Grundgesetzes der grundsätzliche Aufbau als **Bundesstaat,** nämlich die Gliederung des Gesamtstaats in Länder, festgelegt. Als besonders wichtige Grundsätze sind dort aufgeführt

– die **Ausübung der Staatsgewalt,** die vom Volke ausgeht,
– die Bindung der Gesetzgebung an die **verfassungsmäßige Ordnung,**
– die Mitwirkung der Parteien an der politischen Willensbildung des Volkes oder
– der Umweltschutz als ein wichtiges Staatsziel und
– das Verbot des Angriffskrieges.

M 2: Grundgesetz – Inhaltsübersicht

– **Die Grundrechte**
– **Der Bund und die Länder**
– **Der Bundestag**
– **Der Bundesrat**
– **Der Bundespräsident**
– **Die Bundesregierung**
– **Die Gesetzgebung des Bundes**
– **Die Ausführung der Gesetze und die Bundesverwaltung**
– **Die Rechtsprechung**
– **Das Finanzwesen**
– **Verteidigungsfall**

M 1

Bundesrepublik Deutschland und ihre Länder

Schleswig-Holstein
Kiel
Hamburg
Schwerin
Mecklenburg-Vorpommern
Bremen
Brandenburg
Niedersachsen
Hannover
Magdeburg
Potsdam
Berlin
Nordrhein-Westfalen
Düsseldorf
Sachsen-Anhalt
Dresden
Sachsen
Hessen
Erfurt
Wiesbaden
Rheinland-Pfalz
Mainz
Thüringen
Saarland
Saarbrücken
Bayern
Stuttgart
München
Baden-Württemberg

© Erich Schmidt Verlag
ZAHLENBILDER
24 110

Die folgenden Abschnitte des Grundgesetzes enthalten die Bestimmungen über die **Verfassungsorgane des Bundes** (siehe 5.3), nämlich Bundestag, Bundesrat, Bundespräsident, Bundesregierung und Bundesverfassungsgericht. Die Gesetzgebung des Bundes und die Rechtsprechung sind ebenfalls im Grundgesetz geregelt.

Unveränderliche Grundlagen des Bundesstaats

Die Grundstruktur der Bundesrepublik Deutschland als Bundesstaat kann nach Artikel 79 Absatz 3 des Grundgesetzes (M 1 von 5.1.3) nicht geändert werden. Dies gilt für die Gliederung in Länder, die Mitwirkung der Länder bei der Gesetzgebung. Auch die Grundsätze, die in Artikel 1 (M 3 von 5.1.1) und in Artikel 20 niedergelegt sind, darf man keinesfalls ändern.

Die Länder der Bundesrepublik

Zwar ist die Gliederung der Bundesrepublik in Länder unveränderlich. Doch die Zahl der Länder kann sich ändern. 1949 waren es ursprünglich 12 Länder. Hinzu kam 1957 das Saarland. 1952 vereinigten sich die Länder Baden, Württemberg-Baden und Württemberg-Hohenzollern zum Land Baden-Württemberg.

Nach der deutschen Einigung kamen 1990 die Länder Brandenburg, Mecklenburg-Vorpommern, Sachsen, Sachsen-Anhalt und Thüringen dazu. 1995 beschlossen die Parlamente und Regierungen von Berlin und Brandenburg die Vereinigung zu einem großen Bundesland; doch wurde diese in einer Volksabstimmung 1996 abgelehnt.

Eine **Neuordnung der Länder** insgesamt wird immer wieder gefordert und diskutiert insbesondere unter dem Gesichtspunkt, dass die Größe und wirtschaftliche Kraft der Länder ungefähr gleich sein sollten.

Arbeitshinweise zum Gesetzestext M 3
im Zusammenhang mit Frage **5.**

1. **Klären** Sie die Formulierungen im Gesetzestext:
   Das **Recht zum Widerstand** gilt nach Artikel 20 Absatz 4
   – für alle Deutschen,
   – wenn andere Abhilfe nicht möglich ist und
   – für den Fall, dass jemand die Verfassungsordnung nach Absatz 1–3 beseitigen will.
2. Stellen Sie die **Kennzeichen dieser Ordnung** zusammen.
3. Suchen Sie **Beispiele** für Versuche zur Beseitigung der verfassungsmäßigen Ordnung (Abschnitt 3.3.2 + Abschnitt 4.2).
4. **Klären** Sie, was „andere Abhilfe" als gesetzmäßiges Verhalten bedeuten kann im Unterschied zu „Widerstand" als letzter Möglichkeit, die nicht an gesetzliche Schranken gebunden ist.
5. **Diskutieren** Sie anhand der Beispiele und denkbarer Situationen in der Gegenwart, in welchen Fällen Ungehorsam und Gewaltanwendung zu erwägen sind.
6. Ziehen Sie zur Absicherung Ihrer Auffassung einen **Kommentar** zum Grundgesetz zu Rate z.B. von Hesselberger oder von Seifert/Hömig.

M 3: Artikel 20 des Grundgesetzes

Bundesstaatliche Verfassung und Widerstandsrecht

(1) Die Bundesrepublik Deutschland ist ein demokratischer und sozialer Bundesstaat.
(2) Alle Staatsgewalt geht vom Volke aus. Sie wird vom Volke in Wahlen und Abstimmungen und durch besondere Organe der Gesetzgebung, der vollziehenden Gewalt und der Rechtsprechung ausgeübt.
(3) Die Gesetzgebung ist an die verfassungsmäßige Ordnung, die vollziehende Gewalt und die Rechtsprechung sind an Gesetz und Recht gebunden.
(4) Gegen jeden, der es unternimmt, diese Ordnung zu beseitigen, haben alle Deutschen das Recht zum Widerstand, wenn andere Abhilfe nicht möglich ist.

■ Aufgaben

1. Beschreiben Sie den Aufbau Deutschlands als Bundesstaat.
2. Welche Grundsätze gelten in Deutschland für die demokratische Mitwirkung des Volkes?
3. Welche Bestimmungen des Grundgesetzes dürfen nicht verändert werden?
4. Welche Gründe führten Ihrer Meinung nach dazu, bestimmte Grundsätze und den bundesstaatlichen Aufbau der Bundesrepublik Deutschland als unveränderlich festzulegen (M 3)? Bedenken Sie dabei die geschichtliche Entwicklung in Deutschland und die Erfahrungen mit der Weimarer Reichsverfassung von 1919 (Abschnitt 3.3.1).
5. Diskutieren Sie die Möglichkeit von Widerstand gegen eine Beseitigung der demokratischen Verfassung der Bundesrepublik Deutschland (M 3). Hinweise dazu in der linken Spalte.

Aufbau der Bundesrepublik Deutschland:

– **Bundesstaat = Bund + Länder**
– **Verfassungsorgane des Bundes sind**
  – **Bundestag**
  – **Bundesrat**
  – **Bundespräsident**
  – **Bundesregierung**
  – **Bundesverfassungsgericht**

5.1.3 Gesellschaftlicher Wandel und Änderungen des Grundgesetzes

Das **Grundgesetz** hat die Aufgabe, dem gesellschaftlichen Leben in Deutschland eine grundsätzliche, **dauernde Ordnung** zu geben. Da sich aber die Auffassungen der Menschen ändern, verändert sich auch die Auffassung, wie die gesellschaftliche Ordnung zu gestalten ist. In solchen Fällen kann die Verfassung den geänderten gesellschaftlichen Vorstellungen entsprechend weiterentwickelt werden.

Tagespolitische und nur vorübergehende Bedürfnisse sollen die Grundordnung unseres Staats nicht gefährden. Daher ist eine Änderung des Grundgesetzes auf Ausnahmefälle beschränkt.

Grundgesetzänderungen

Eine **Änderung des Grundgesetzes** setzt

– die Zustimmung von zwei Dritteln der Mitglieder des **Bundestags** und
– die Zustimmung von zwei Dritteln der Stimmen des **Bundesrats** voraus.

Diese breite Zustimmung lässt sich in der Regel nur erreichen, wenn viele Abgeordnete über die Parteigrenzen hinweg eine Änderung als dringend notwendig ansehen.

M 1: Artikel 79 des Grundgesetzes:

Änderungen des Grundgesetzes

(1) Das Grundgesetz kann nur durch ein Gesetz geändert werden, das den Wortlaut des Grundgesetzes ausdrücklich ändert oder ergänzt. ...
(2) Ein solches Gesetz bedarf der Zustimmung von zwei Dritteln der Mitglieder des Bundestages und zwei Dritteln der Stimmen des Bundesrates.
(3) Eine Änderung dieses Grundgesetzes, durch welche die Gliederung des Bundes in Länder, die grundsätzliche Mitwirkung der Länder bei der Gesetzgebung oder die in den Artikeln 1 und 20 niedergelegten Grundsätze berührt werden, ist unzulässig.

M 2

Grundgesetzänderung

Gesetzesbeschluss

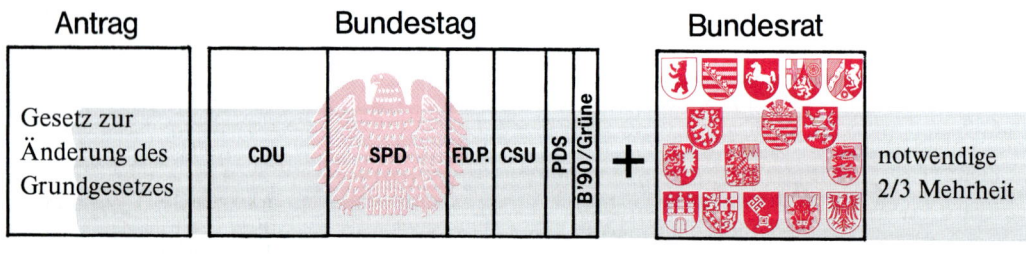

Antrag	Bundestag	Bundesrat
Gesetz zur Änderung des Grundgesetzes	CDU · SPD · F.D.P. · CSU · PDS · B'90/Grüne	+	notwendige 2/3 Mehrheit

Was wurde geändert?

Das Grundgesetz wurde seit 1949 über 50-mal geändert. Schwerwiegende Änderungen, über die man heftig diskutierte, wurden 1956 beschlossen, um den **Aufbau der Bundeswehr** zu ermöglichen. Auch zur **Notstandsverfassung** 1968 und zur Änderung des **Asylrechts** 1993 kam es erst nach langen und teilweise erbitterten Auseinandersetzungen. Änderungen betrafen im Jahr 2000 den Wehrdienst von Frauen (Artikel 12a, M 2 von 7.3.2) und die Auslieferung deutscher Staatsbürger z. B. an einen internationalen Gerichtshof (Artikel 16).

M 3: Beispiel für Grundgesetzänderungen

Um die verfassungsrechtlichen Voraussetzungen für den Aufbau der Bundeswehr zu schaffen, waren Grundgesetzänderungen nötig, die am 6. März 1956 mit 390 zu 20 Stimmen beschlossen wurden. Damit war **die Wehrverfassung** für die Bundesrepublik gegeben. Hinzu kommt die **Notstandsverfassung** vom 30. 5. 1968.

(Günter Walpuski: Verteidigung + Entspannung = Sicherheit)

M 4

Drucksache 11/10   Deutscher Bundestag – 11. Wahlperiode

Entwurf eines Sechsunddreißigsten Gesetzes zur Änderung des Grundgesetzes

Artikel I	**Artikel 20 a** **Umweltschutz**
Das Grundgesetz für die Bundesrepublik Deutschland vom 23. Mai 1949 (BGBl. I S. 1), zuletzt geändert durch das Gesetz vom 21. Dezember 1983 (BGBl. I S. 1481), wird wie folgt geändert:	Die natürlichen Lebensgrundlagen stehen unter dem besonderen Schutz des Staates.
1. Nach Artikel 20 wird folgender Artikel 20 a eingefügt:	2. In Artikel 28 Abs. 1 wird nach Satz 1 folgender Satz eingefügt: „Sie muss auch der Verantwortung des Staates für die natürlichen Lebensgrundlagen gerecht werden."

Der Umweltschutz im Grundgesetz

Wie lange es dauern kann, bis eine Änderung des Grundgesetzes beschlossen wird, zeigt die Diskussion um den **Umweltschutz.** Das im Grunde erwünschte Ziel wurde in Form eines Artikels für das Grundgesetz formuliert und bereits im 11. Bundestag (1987–1990) beraten (M 4). Der Beschluss, den Artikel 20 a (M 5) in das Grundgesetz einzufügen, erfolgte im 12. Bundestag im Jahr 1994.

Die deutsche Vereinigung

Die bedeutendste Veränderung im Staatswesen der Bundesrepublik war der Beitritt der DDR. Eine Änderung des Grundgesetzes war dafür nicht erforderlich, weil Artikel 23 des Grundgesetzes den Beitritt der neuen Bundesländer zugelassen hat. Damit wurden die Länder Brandenburg, Mecklenburg-Vorpommern, Sachsen, Sachsen-Anhalt und Thüringen Länder der Bundesrepublik Deutschland.

Durch den **Einigungsvertrag** von 1990 wurde die Präambel des Grundgesetzes geändert sowie verschiedene Artikel geändert, ergänzt oder neu eingefügt. Der alte Artikel 23 über den „Geltungsbereich des Grundgesetzes" war überflüssig geworden und wurde aufgehoben. Er sah vor, dass das Grundgesetz in anderen Teilen Deutschlands nach deren Beitritt in Kraft zu setzen ist.

Was kann nicht geändert werden?

Die Gliederung der Bundesrepublik in Länder, der Schutz der Menschenwürde als Kernbereich der Grundrechte und wichtige Grundsätze (M 3 von 5.1.1 und M 3 von 5.1.2) können nicht geändert werden. Eine Grundgesetzänderung ist in diesen Fällen nicht möglich.

M 5: Artikel 20 a des Grundgesetzes

Umweltschutz

Der Staat schützt auch in Verantwortung für die künftigen Generationen die natürlichen Lebensgrundlagen und die Tiere im Rahmen der verfassungsmäßigen Ordnung durch die Gesetzgebung und nach Maßgabe von Gesetz und Recht durch die vollziehende Gewalt und die Rechtsprechung.

■ Aufgaben

1. Unter welchen Voraussetzungen sind Änderungen des Grundgesetzes möglich?

2. Welche Verfassungsbestimmungen dürfen grundsätzlich nicht geändert werden?

3. Zeigen Sie an einem Beispiel, welche Gründe zu einer Änderung des Grundgesetzes geführt haben.

4. Überlegen Sie, welche politischen und gesellschaftlichen Auffassungen zu Änderungen und Ergänzungen des Grundgesetzes führen können. Bedenken Sie, dass z. B. der Artikel 20 a über den Umweltschutz erst 1994 eingefügt wurde (M 4 + M 5).

Änderung des Grundgesetzes *möglich*

– **aufgrund tief greifender gesellschaftlicher Veränderungen**
– **nur unter erschwerten Bedingungen**

Änderung des Grundgesetzes *unmöglich* **hinsichtlich**

– **Aufbau der Bundesrepublik**
– **Kernbereich der Grundrechte**

5.2 Politische Beteiligung der Bürger

5.2.1 Meinungsbildung und politisches Handeln

Eine der wichtigen Grundlagen eines demokratischen Staats ist die Mitwirkung der Bürger bei der Gestaltung des Staats und bei der Ausübung der Macht. Dies setzt voraus, dass sie ihre Interessen frei und zusammen mit anderen vertreten können. Eine freie Gesellschaft bildet deshalb eine Vielzahl von Gruppen (Abschnitte 5.2.2 + 5.2.3), die den **Pluralismus** kennzeichnen. Naturgemäß kommt es dann aufgrund der gegensätzlichen Interessen auch zu Konflikten.

Meinungsbildung und Medien

Eine verantwortungsvolle **politische Beteiligung** der Bürger setzt voraus, dass sich diese eine begründete eigene Meinung gebildet haben. **Meinungsbildung** ist abhängig von **Informationsmöglichkeiten.** Die wichtigsten **Informationsmittel** oder **Medien** sind Fernsehen, Rundfunk, Zeitungen, Zeitschriften und Bücher.

Neue Medien und Multimedia

Die Entwicklung **neuer Medien** und neuer Medientechniken schreitet rasch voran. Digitales Fernsehen und digitales Radio ermöglichen die Verbesserung der Informationsübermittlung auch von Video und Teletext. Die Nutzung von CD-ROM erlaubt auf große Datenmengen zuzu-

M2

Multimedia ist eine Mixtur aus Unterhaltungselektronik und Computertechnik zum Spielen, Lernen und Kommunizieren.

Heute steht Multimedia für die Kombination von Medien wie Text, Sprache, Bilder, Musik oder Videos, die mit moderner Computertechnik bearbeitet, zusammengestellt und miteinander verknüpft werden können, auf die aber auch in besonderer Weise – das Schlagwort lautet hier „interaktiv" - zugegriffen werden kann.

Spielen, lernen, verkaufen

Die Einsatzfelder einer solchen Medienaufbereitung sind weit gestreut, sie reichen von realistisch wirkenden Spielen über das Lernen mit elektronischen Medien, computerunterstützte Auskunftssysteme, elektronische Werbe- und Verkaufshilfen in Supermärkten bis zu Computersimulationen in der Wissenschaft und Produktplanung und -herstellung.

Der oft beschriebene Datenhighway ist die Telefonleitung, über die sich PC-Nutzer Auffahrt in ein internationales Datennetz, wie etwa das Internet, verschaffen.

(test 10/95)

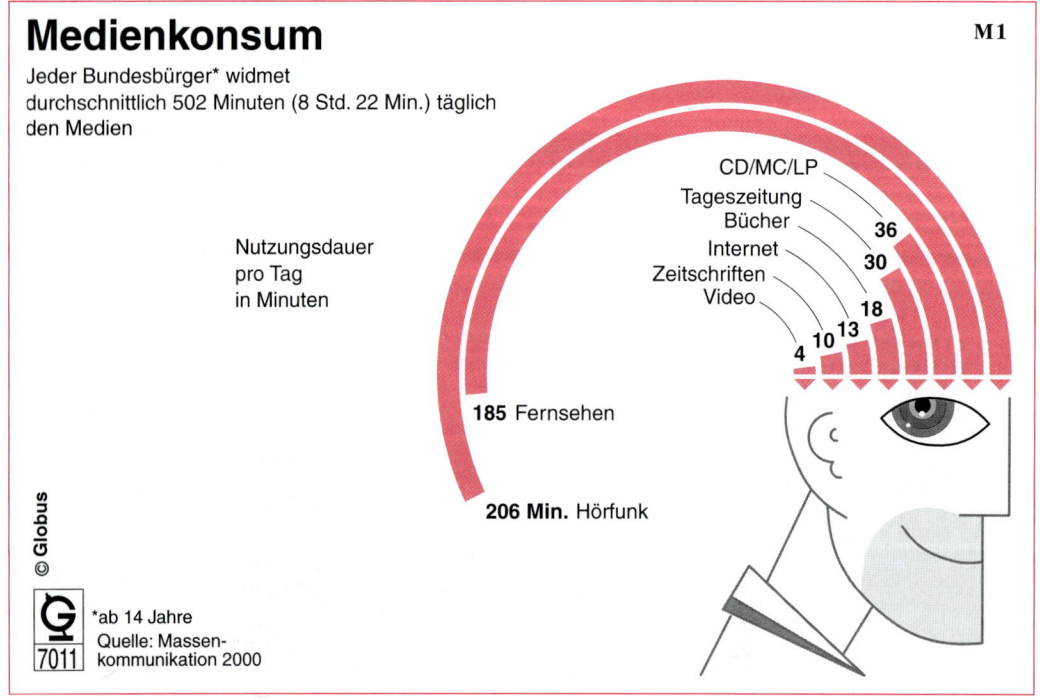

Medienkonsum

M1

Jeder Bundesbürger* widmet durchschnittlich 502 Minuten (8 Std. 22 Min.) täglich den Medien

Nutzungsdauer pro Tag in Minuten

CD/MC/LP
Tageszeitung
Bücher · · · · · 36
Internet · · · · 30
Zeitschriften
Video · · · · 18
· · 13
4 10

185 Fernsehen

206 Min. Hörfunk

© Globus

*ab 14 Jahre
Quelle: Massenkommunikation 2000

7011

M 3   **Meinungen und politisches Handeln**

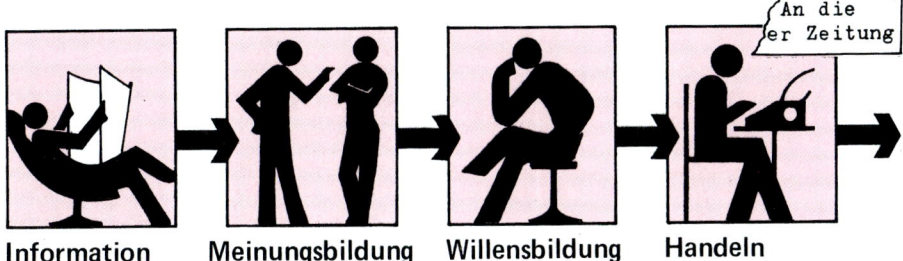

Information   Meinungsbildung   Willensbildung   Handeln

greifen. Beispielsweise hat ein umfangreiches Lexikon Platz auf einer CD und die Stichworte oder Bilder sind rasch auf dem Bildschirm.

Interaktive Medien erlauben nicht nur die Auswahl, sondern auch eine Steuerung durch den Nutzer. Die **Multimedia-Technik** verbindet Bild, Ton, Film, Text und die Möglichkeiten der Computer.

Die Informations- und Kommunikationsmöglichkeiten über Telefon, Telefax, Konferenzschaltungen mit Bildübertragung usw. sind in großem Umfang ausgeweitet worden. Die Entwicklung zu multimedialer Vernetzung über das **Internet** ist in vollem Gang und die Nutzer können in kurzer Zeit fast jede Information erhalten.

Informationsfreiheit

Die Vielfalt der Medien und die **Informationsfreiheit** führen dazu, dass Ereignisse meist von verschiedenen Seiten beleuchtet und kommentiert werden. Dies erleichtert eine eigene **Meinungsbildung.**

Im Gegensatz dazu gibt es Staaten, in denen die Regierung wünscht, dass die Bürger nicht in freier Weise ihre eigene Meinung bilden. Eine gewünschte, wenn auch einseitige Meinung der Bürger kann man erreichen durch **Manipulation** der Berichterstattung, absichtliche Verfälschung von Informationen, Einschränkung der Medienfreiheit und Kontrolle von Veröffentlichungen über die **Zensur.** Deshalb gehört **Informationsfreiheit** zu den Grundlagen eines freiheitlichen und demokratischen Staats.

Meinungsbildung und politische Willensbildung

Um zu einer **begründeten Meinung** zu kommen, genügt es nicht, sich zu informieren. Wenn man sich mit einem Problem beschäftigt, sind neben **Informationen** über das Ereignis selbst auch **Kenntnisse** über Hintergründe und Zusammenhänge notwendig. Außerdem ist die Auseinandersetzung mit anderen Meinungen und die **Diskussion** wichtig, um die **Meinungsbildung** abzuschließen. Meist schließen sich daran Überlegungen an, was man tun will. Deshalb nennt man diesen Vorgang **Willensbildung.**

M 4: Manipulation

Manipulation bedeutet Beeinflussung, durch die ein anderer gelenkt und in seinen Denkgewohnheiten geprägt wird, ohne dass er es merkt. Zum Beispiel kann jemand durch aufdringliche Reklame dazu verführt werden, bestimmte Dinge zu kaufen.
(Jugendlexikon Gesellschaft)

M 5: Meinungsbildung und politische Beteiligung der Bürger

Meinungsfreiheit, Presse- und Informationsfreiheit sind unerlässliche Voraussetzungen für die Herrschaftsform der Demokratie. Eine **Beteiligung der Bürger** an der Ausübung der Staatsgewalt (durch Wahlen und Abstimmungen) und deren Kontrolle ist ohne freie Bildung einer **politischen Meinung,** diese ohne ungehinderte und ausreichende **Informationen** unmöglich.
(Reinhart Beck: Sachwörterbuch der Politik)

M 6: Beispiele für staatliche Anweisungen für Zeitungen im Dritten Reich

Pressekonferenz vom 19. September 1938:

„Das Londoner Kommuniqué (amtliche Mitteilung) soll nur klein wiedergegeben und nicht kommentiert werden. ... Im Vordergrund stehen ausschließlich die Zustände im Sudetengebiet. ... Die zahlreichen Meldungen über neue Greuel, Mordtaten, Misshandlungen sollen in knapper und dramatischer Form ohne Beiwerk herausgebracht werden. Es geht darum, zu zeigen, was für eine barbarische Nation die Tschechen sind und dass dieser Staat unmöglich ist. Die Außenpolitik interessiert weniger, sie gehört auf die dritte Seite."

Pressekonferenz vom 1. September 1939:

„Keine Überschriften, in denen das Wort Krieg enthalten ist. Der Rede des Führers zufolge ,schlagen wir nur zurück' ..."
(Walter Hofer: Der Nationalsozialismus)

M 7

Beispiele für politisches Verhalten

Leserbrief an die Zeitung	Öffentliche Diskussion	Bildung einer Interessengruppe	Demonstration

Politische Willensäußerungen

Meinungs- und Willensbildung sind die Grundlage für **politische Willensäußerungen** oder **politisches Handeln.** Durch seine Willensäußerungen und durch sein Handeln nimmt der Bürger am politischen Leben teil und kann mitwirken bei der Gestaltung von Staat und Gesellschaft.

Zu den **politischen Willensäußerungen** ist alles zu rechnen, mit dem ein Bürger seine politischen Absichten und Ziele äußert. Dazu gehören vor allem

– die Stimmabgabe bei **Wahlen und Abstimmungen.** Hinzu kommen als politische Willensäußerungen
– Klagen, Beschwerden und Petitionen gegen einzelne staatliche Maßnahmen,
– öffentlich geäußerte Meinungen, Wünsche und Forderungen sowie
– demonstratives politisches Verhalten.

Wahrnehmung politischer Grundrechte

Die **Mitwirkungsmöglichkeiten** der Bürger zwischen den Wahlen können insbesondere über die **Wahrnehmung politischer Grundrechte** sowie durch Maßnahmen zur **Kontrolle** erfolgen.

Der Einzelne kann ebenso wie eine Gruppe dadurch **Kontrolle** ausüben, dass er

– staatliche Organe auffordert, Rechenschaft zu geben,
– bestimmte Zustände öffentlich kritisiert,
– gegen einzelne Entscheidungen Beschwerden vorbringt, Widerspruch einlegt und bei Gericht **Klage** erhebt,
– **Petitionen,** also Bitten oder Beschwerden, an Behörden, Ministerien und Parlamente richtet.

Eine **Klage** bei Gericht setzt voraus, dass ein Grundrecht oder ein anderes Recht des Bürgers besteht. Wer sich in seinen Grundrechten verletzt glaubt, kann beim Bundesverfassungsgericht **Verfassungsbeschwerde** einlegen.

Das **Petitionsrecht** ist im Grundgesetz ausdrücklich als ein Grundrecht ebenso festgelegt wie das Recht auf **freie Meinungsäußerung.** Darüber hinaus kann man sich bei Demonstrationen auf das Grundrecht der **Versammlungsfreiheit** berufen.

M 8: Artikel 17 des Grundgesetzes:

Petitionsrecht

Jedermann hat das Recht, sich einzeln oder in Gemeinschaft mit anderen schriftlich mit Bitten oder Beschwerden an die zuständigen Stellen und an die Volksvertretung zu wenden.

M 9: Aus Artikel 5 des Grundgesetzes:

Recht der freien Meinungsäußerung

(1) Jeder hat das Recht, seine Meinung in Wort, Schrift und Bild frei zu äußern und zu verbreiten …
(2) Diese Rechte finden ihre Schranken in den Vorschriften der allgemeinen Gesetze, den gesetzlichen Bestimmungen zum Schutze der Jugend und in dem Recht der persönlichen Ehre.

M 10: Artikel 8 des Grundgesetzes:

Versammlungsfreiheit

(1) Alle Deutschen haben das Recht, sich ohne Anmeldung oder Erlaubnis friedlich und ohne Waffen zu versammeln.
(2) Für Versammlungen unter freiem Himmel kann dieses Recht durch Gesetz oder auf Grund eines Gesetzes beschränkt werden.

M 11: § 14 des Versammlungsgesetzes:

Anmeldungspflicht

(1) Wer die Absicht hat, eine öffentliche Versammlung unter freiem Himmel oder einen Aufzug zu veranstalten, hat dies spätestens 48 Stunden vor der Bekanntgabe der zuständigen Behörde unter Angabe des Gegenstandes der Versammlung oder des Aufzuges anzumelden.
(2) In der Anmeldung ist anzugeben, welche Person für die Leitung der Versammlung oder des Aufzuges verantwortlich sein soll.

Demonstratives Verhalten und Demonstrationen

Zum **demonstrativen Verhalten** gehört es, wenn jemand beispielsweise

- eine Bürgerinitiative gründet,
- sich ausdrücklich und öffentlich einer Gruppe anschließt,
- eine Demonstration anregt und plant oder
- sich Demonstranten anschließt.

Aus Protest gegen eine politische Entscheidung kann man beispielsweise

- aus einer Partei oder aus einem Verband austreten und dies öffentlich begründen,
- eine öffentliche Versammlung unter Protest verlassen,
- sich einer Gruppe Protestierender bei einer Demonstration anschließen oder
- eine Protestversammlung oder eine Flugblattaktion organisieren.

Zu den wichtigen Formen politischer Teilnahme gehören **Demonstrationen.** Ebenso wie andere Formen politischer Willensäußerung dürfen sie allerdings nur auf der Grundlage unserer Verfassung und unter Beachtung der Gesetze erfolgen. Die **Grenzen des Demonstrationsrechts** ergeben sich aus dem Versammlungsgesetz, den Strafgesetzen und anderen Gesetzen.

■ Aufgaben

1. Nennen Sie drei verschiedene Medien.
2. Weshalb ist die Informationsfreiheit als Voraussetzung für die freie Meinungsbildung anzusehen?
3. Welche Auswirkungen hat die Manipulation der Berichterstattung (M4)?
4. Warum ist die Kenntnis von Tatsachen und Zusammenhängen für die Meinungsbildung notwendig?
5. Weshalb erleichtert die Diskussion mit andern die Meinungsbildung?
6. Diskutieren Sie die Auswirkungen der Zensur im Dritten Reich (M6).
7. Welche Bedeutung haben die neuen Medien und Multimedia für die politische Meinungsbildung (M1+M2)?
8. Diskutieren Sie, in welcher Weise die Bürger wirkungsvoller auf politische Entscheidungen Einfluss nehmen können.
9. Was ist bei der Planung einer Demonstration zu beachten (M11+M12+ M13)?
10. Inwiefern kann Informationsvielfalt oder gar Informationsflut die eigene Meinungsbildung erschweren?

M 12

Jeder kann politisch mitwirken – aber nicht mit Gewalt

Jeder hat das Recht und die Chance, am politischen und öffentlichen Leben mitgestaltend teilzunehmen: in Bürgerinitiativen oder Parteien, in Ehrenämtern oder als gewählter Volksvertreter. Aber unsere Demokratie würde Schaden nehmen, wenn notwendige politische Auseinandersetzungen mit Gewalt ausgetragen würden.

(DAS PARLAMENT vom 14./21. 8. 1982)

M 13: Demonstrationsfreiheit

Das Grundrecht der Demonstrationsfreiheit ist für einen freien politischen Prozess unverzichtbar, weil es auch Minderheiten ermöglicht, ihre Anliegen öffentlich darzustellen. Im Rechtsstaat ist die Freiheit, friedlich und ohne Waffen für oder gegen etwas zu demonstrieren, als Grundrecht garantiert. Wer waffenlos und friedlich demonstriert, kann sich auf dieses Grundrecht berufen; wer sich über diese Voraussetzungen hinwegsetzt, kann es nicht.

(Informationen zur politischen Bildung 200)

Politische Beteiligung setzt voraus
- **Meinungsbildung**
- **politisches Handeln**

freie Meinungsbildung setzt voraus
- **Informationsfreiheit**
- **Vielfalt der Medien**

politisches Handeln setzt voraus
- **Meinungsbildung über**
- **Informationen + Berichte**
- **Diskussion**
- **Kenntnisse**

politische Mitwirkung durch
- **Wahlen und Abstimmungen**
- **Kontrolle staatlicher Maßnahmen**
  - **Wahrnehmung politischer Grundrechte**
  - **Recht auf freie Meinungsäußerung**
  - **Demonstrationsrecht**

politisches Verhalten erfordert
- **Beachtung der verfassungsmäßigen Grundlagen**
- **Einhaltung der gesetzlichen Bestimmungen**

5.2.2 Verbände und Interessengruppen

Um ihre wirtschaftlichen, beruflichen und sonstigen Interessen wahrzunehmen, schließen sich die Bürger mit Gleichgesinnten zusammen in

– Vereinen,
– Verbänden und
– Interessengruppen.

Während **Vereine** meist mehr privaten Zielen und Absichten dienen, werden z. B. die wirtschaftlichen Interessen von Unternehmungen oder die sozialen Interessen von Arbeitnehmern durch **Verbände** wahrgenommen (M 6). Ein **Dachverband** wie z. B. der Deutsche Sportbund bündelt die Interessen der Sportvereine. **Interessengruppen** sind oft nur lockere Vereinigungen ohne feste und dauerhafte Organisationsform.

Die **Verbände** bemühen sich um direkten Einfluss auf Parlament, Regierung und Verwaltung. Auch in der Öffentlichkeit werben sie um Verständnis und Unterstützung für ihre Ziele. Eine **Verantwortung** der Verbände und der Verbandsvertreter besteht allerdings nur gegenüber den Mitgliedern.

Vereinigungsfreiheit

Die Möglichkeit, sich mit anderen Bürgern zusammenzuschließen, gehört nach Artikel 9 des Grundgesetzes zu den politischen Grundrechten. Auch die Bildung von **Bürgerinitiativen** ist durch dieses Grundrecht der **Vereinigungsfreiheit** gedeckt.

M 2: Artikel 9 des Grundgesetzes:

Vereinigungsfreiheit

(1) Alle Deutschen haben das Recht, Vereine und Gesellschaften zu bilden.
(2) Vereinigungen, deren Zwecke oder deren Tätigkeit den Strafgesetzen zuwiderlaufen oder die sich gegen die verfassungsmäßige Ordnung oder gegen den Gedanken der Völkerverständigung richten, sind verboten.
(3) Das Recht, zur Wahrung und Forderung der Arbeits- und Wirtschaftsbedingungen Vereinigungen zu bilden, ist für jedermann und für alle Berufe gewährleistet. Abreden, die dieses Recht einschränken oder zu behindern suchen, sind nichtig, hierauf gerichtete Maßnahmen sind rechtswidrig …

M 3: Bürgerinitiativen

Bürgerinitiativen entstanden, um auf die Beseitigung eines Missstandes hinzuwirken, weil sich die Bürger von Behörden, Volksvertretungen, Parteien und Verbänden ungenügend unterstützt fühlten. Meist handelt es sich um örtliche Angelegenheiten, z. B. um die Erhaltung alter Bäume, die dem Straßenbau zum Opfer fallen sollen, oder um die Anlage eines Kinderspielplatzes. Auch bundesweit treten Bürgerinitiativen auf. Am bekanntesten wurde hier die Bewegung gegen den Bau von Kernkraftwerken.
(Tatsachen über Deutschland)

M 1

Beteiligung der Bürger über Parteien und Interessengruppen

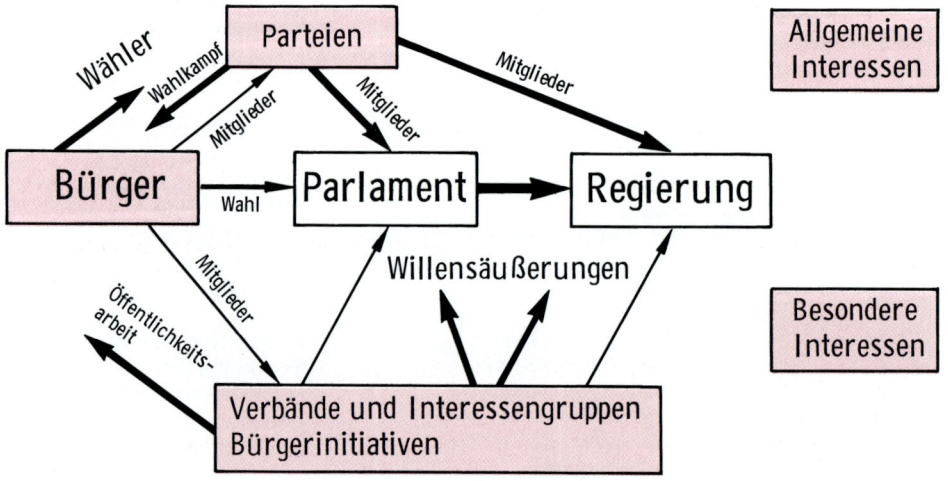

M 4: Demonstration zur Durchsetzung von Interessen

Verbände und politische Willensbildung

Verbände, Interessengruppen und Bürgerinitiativen sind bei der politischen Willensbildung eine wichtige Ergänzung zu den Parteien. Während die Parteien allgemeine Interessen breiter Schichten des Volks vertreten und deshalb möglichst umfassende Lösungen suchen, können sich diese Vereinigungen mehr um Einzelprobleme kümmern und besondere Interessen vertreten.

Die **Macht** der Verbände und der Bürgerinitiativen besteht darin, dass sie die Mittel der politischen Willensäußerung und des politischen Verhaltens auf einzelne Ziele konzentrieren sowie durch ihre Vertreter, die Lobbyisten, auf Abgeordnete und Ministerien Einfluss nehmen. Deshalb ist ihre Wirkung oft groß.

Allerdings besteht die **Gefahr,** dass sie
– die Nachteile ihrer Vorschläge auf andere Gruppen der Bevölkerung nicht berücksichtigen und
– keine direkte politische Verantwortung tragen, da sich die Verbands-Funktionäre nicht öffentlich rechtfertigen und zur Wahl stellen müssen.

M 5: Aufgabe der Verbände

Neben der Aufgabe der **Interessenvertretung** selbst kommt der verbandsmäßigen Interessendarstellung auch die Funktion der **Unterrichtung** von Parlament und Regierung zu. Denn die Verbände verfügen über Informationen, deren die politischen Instanzen bei ihren Entscheidungen häufig bedürfen. Diese Verbindungen von verbandsmäßiger Interessenvertretung und staatlichem Informationsbedürfnis haben zur Errichtung von Beiräten bei den Bundesministerien, der Anhörung von Verbänden durch die Bundesministerien und die öffentliche Anhörung von Verbänden vor Bundestagsausschüssen geführt.
(Materialien zum Bericht zur Lage der Nation, 1974)

M 6: Wichtige Verbände

Verbände der Arbeitnehmer
• Deutscher Gewerkschaftsbund (DGB)
• IG Metall
• Vereinigte Dienstleistungsgewerkschaft (Ver.di)
• Deutscher Beamtenbund (DBB)
Verbände der Arbeitgeber
• Bundesvereinigung der Deutschen Arbeitgeber (BDA)
• Bundesverband der Deutschen Industrie (BDI)
• Deutscher Industrie- und Handelstag (DIHT)
• Zentralverband des Deutschen Handwerks (ZHD)
• Deutscher Bauernverband

■ Aufgaben

1. Auf welche Weise vertritt ein Verband die Interessen seiner Mitglieder?
2. Wodurch unterscheiden sich Verbände von Vereinen?
3. Nennen Sie zwei wichtige Unterschiede zwischen Bürgerinitiativen und Parteien.
4. Erläutern Sie, weshalb Verbände im Gegensatz zu Parteien keine direkte Verantwortung tragen (M1).
5. Aus welchen Gründen haben Verbände oft großen politischen Einfluss (M6)? Bedenken Sie, dass Verbände sich auf spezielle Ziele konzentrieren können (M5).
6. Welche Vor- und Nachteile hat die Mitwirkung von Verbänden bei politischen Entscheidungen?

Politische Einflussnahme außer durch Parteien über

– **Verbände**
– **Interessengruppen**   } – **mit besonderen Zielen und**
– **Bürgerinitiativen**   – **ohne direkte politische Verantwortung**

5.2.3 Parteien

Die wichtigste **Aufgabe der Parteien** besteht in der **Mitwirkung bei der politischen Willensbildung.** Dieser **Verfassungsauftrag** der Parteien ist im Grundgesetz in Artikel 21 festgelegt.

Die **politische Willensbildung** in einem demokratischen Staat ist auf Parteien, die sich als Konkurrenz verstehen, angewiesen. Einzelne Bürger können ihrem politischen Willen vor allem dadurch Geltung verschaffen, dass sie sich Parteien anschließen oder Parteien wählen, die eine ähnliche Meinung haben und deren Vertreter diese politischen Ziele erstreben.

Aufgaben der Parteien

Die Parteien stellen ihre politischen Ziele in **Parteiprogrammen** zusammen und werben um Anhänger für diese Ziele insbesondere im Zusammenhang mit **Wahlen.**

Um den politischen Willen ihrer Wähler zu vertreten, erstreben die Parteien politischen Einfluss. Sie beteiligen sich an Wahlen, um **Abgeordnete** in die **Parlamente** entsenden zu können. Sie erstreben, dass ihre Mitglieder wichtige Stellen im staatlichen Herrschaftsapparat, insbesondere in der **Regierung,** erhalten, um auf diese Weise verantwortlich politische **Macht** auszuüben.

Parteien **organisieren politisches Handeln** vor allem im Zusammenhang mit Wahlen. Im **Wahlkampf,** den die Parteien führen, kommt dies deutlich zum Ausdruck. Auch andere politische Verhaltensäußerungen wie beispielsweise Demonstrationen, Protestversammlungen, Unterschriftenaktionen erhalten ihre Stoßkraft oft erst dann, wenn Parteien dahinter stehen und ihre Organisation einsetzen.

M3: Organisation der Parteien

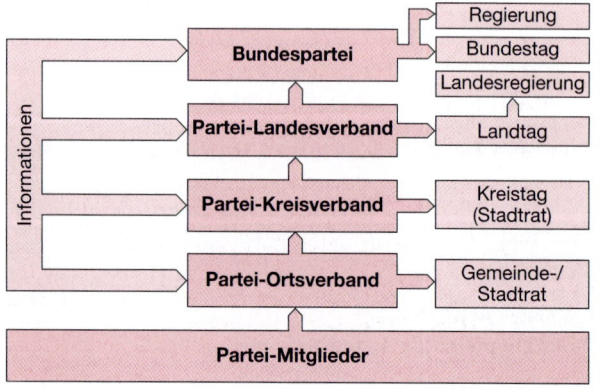

M1: Artikel 21 des Grundgesetzes:

Parteien

(1) Die Parteien wirken bei der politischen Willensbildung des Volkes mit. Ihre Gründung ist frei. Ihre innere Ordnung muss demokratischen Grundsätzen entsprechen. Sie müssen über die Herkunft ihrer Mittel öffentlich Rechenschaft geben.

(2) Parteien, die nach ihren Zielen oder nach dem Verhalten ihrer Anhänger darauf ausgehen, die freiheitliche demokratische Grundordnung zu beeinträchtigen oder zu beseitigen oder den Bestand der Bundesrepublik Deutschland zu gefährden, sind verfassungswidrig. Über die Frage der Verfassungswidrigkeit entscheidet das Bundesverfassungsgericht.

(3) Das Nähere regeln Bundesgesetze.

M2: § 1 des Parteiengesetzes:

Verfassungsrechtliche Stellung und Aufgaben der Parteien

(1) Die Parteien sind ein verfassungsrechtlich notwendiger Bestandteil der freiheitlichen demokratischen Grundordnung. Sie erfüllen mit ihrer freien, dauernden Mitwirkung an der politischen Willensbildung des Volkes eine ihnen nach dem Grundgesetz obliegende und von ihm verbürgte öffentliche Aufgabe.

(2) Die Parteien wirken an der Bildung des politischen Willens des Volkes auf allen Gebieten des öffentlichen Lebens mit, indem sie insbesondere auf die Gestaltung der öffentlichen Meinung Einfluss nehmen,

– die politische Bildung anregen und vertiefen,
– die aktive Teilnahme der Bürger am politischen Leben fördern,
– zur Übernahme öffentlicher Verantwortung befähigte Bürger heranbilden,
– sich durch Aufstellung von Bewerbern an den Wahlen in Bund, Ländern und Gemeinden beteiligen,
– auf die politische Entwicklung in Parlament und Regierung Einfluss nehmen,
– die von ihnen erarbeiteten politischen Ziele in den Prozess der staatlichen Willensbildung einführen und
– für eine ständige lebendige Verbindung zwischen dem Volk und den Staatsorganen sorgen.

(3) Die Parteien legen ihre Ziele in politischen Programmen nieder.

Aufbau der Parteien

Der **Aufbau einer Partei** und die Willensbildung innerhalb der Partei muss demokratischen Grundsätzen entsprechen. Allgemeine Richtlinien dazu gibt das **Parteiengesetz.**

Willensbildung in Parteien

Die **Mitglieder der Parteien** erhalten besonderen Einfluss auf die Willensbildung und Entscheidungen ihrer Partei. Einerseits diskutieren sie in Versammlungen auf den verschiedenen Ebenen der Parteiorganisation (M 3) die Ziele und Vorschläge, die die Parteilinie bestimmen. Diese machen sich die Mitglieder einer Partei zu eigen und vertreten sie z. B. als Abgeordnete im Parlament.

Andererseits wirken die Parteimitglieder bei der Auswahl und Aufstellung der Kandidaten für Wahlen sowie für Parteiämter mit. Dies ist insofern von besonderer Bedeutung, als Persönlichkeiten das Bild einer Partei prägen. Unter diesem Gesichtspunkt erfolgt auch die Wahl der **Parteivorsitzenden** und der **Parteigremien** durch die Mitglieder.

Führung einer Partei

Die Führung einer Partei muss den Willen der Mitglieder berücksichtigen. Die Entscheidungen in den Parteien fallen aufgrund von **Wahlen** und **Abstimmungen.** Doch bestehen in dieser Hinsicht Unterschiede. Die Parteien können wichtige politische Entscheidungen den gewählten Parteigremien, z. B. dem Parteivorstand überlassen oder auch den Mitgliedern, der Basis der Partei, zur Abstimmung vorlegen.

M 4: „Links" und „rechts" als politische Standpunkte

Mit „links" oder „rechts" bezeichnet man noch heute politische Standpunkte, obwohl sich diese Kennzeichnungen als sehr ungenau und verschieden auslegbar erwiesen haben. Der Ursprung der Vokabeln geht auf das französische Parlament nach der Revolution von 1789 zurück. Dort saßen (vom Präsidenten aus gesehen) **links** die Radikalen, die eine grundlegende Veränderung des Staates anstrebten und **rechts** die Konservativen, die möglichst gar nichts oder nur sehr wenig verändern wollten. Diese Sitzordnung wurde von anderen Parlamenten übernommen.

Am deutlichsten erkennbar sind die politischen Richtungsbezeichnungen „links" und „rechts" vielleicht noch in ihren Übersteigerungen:

- Der Linksextremismus zum Beispiel will die bestehenden Verhältnisse gewaltsam ändern, ohne dass es vorher genaue Vorstellungen von einer neuen Ordnung gäbe.
- Der Rechtsextremismus dagegen predigt u. a. übertriebene Wertschätzung der eigenen Nation, gehorsame Unterordnung unter die Staatsführung und Pflichterfüllung ohne Murren.

(Ernst Goyke: Parlaments-ABC)

M 5: Grundvorstellungen von Parteien

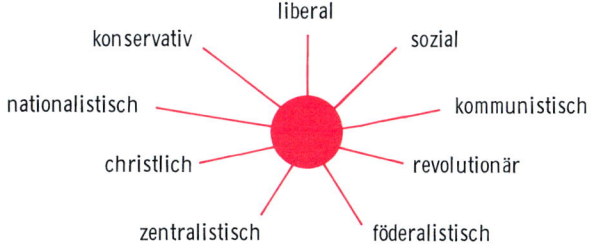

liberal — sozial — konservativ — nationalistisch — kommunistisch — christlich — revolutionär — zentralistisch — föderalistisch

Das Programm der Parteien

Die **Parteien** und ihre Abgeordneten können allerdings nicht die Interessen jedes Einzelnen berücksichtigen. In der Diskussion in der Partei werden die extremen Meinungen und Forderungen der Parteimitglieder abgeschwächt. Die Partei wirkt als **Gruppenfilter.** Sie muss ein umfassendes **Programm** bieten und hat deshalb weit mehr **Verantwortung** gegenüber der Allgemeinheit als **Verbände** und **Interessengruppen.**

M 6: Opposition

Die Opposition ist also der gewählte Aufpasser. Die eigentliche Kontrolle der Regierung geht immer von der Opposition aus. Sie als der natürliche Gegenspieler der Regierung und der Regierungsparteien ist von Grund auf misstrauischer gegen Unternehmungen der politisch Verantwortlichen.

(Bundestag von a–z, Nr. 5)

M7

Abgeordnete im Deutschen Bundestag

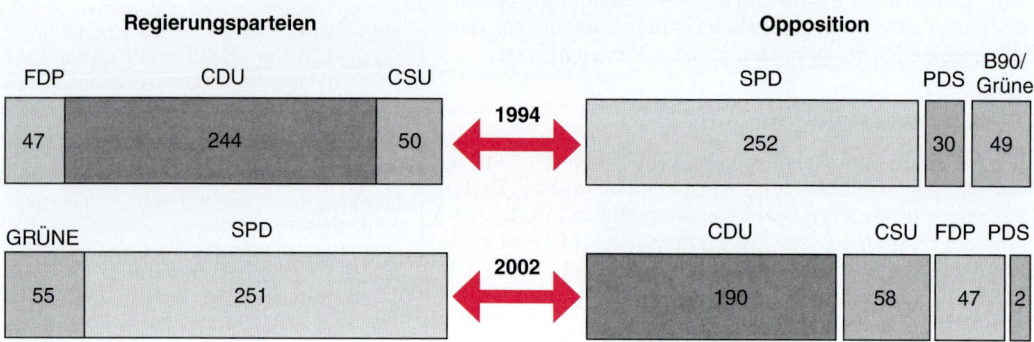

Regierungsparteien

Opposition

FDP	CDU	CSU
47	244	50

1994

SPD	PDS	B90/Grüne
252	30	49

GRÜNE	SPD
55	251

2002

CDU	CSU	FDP	PDS
190	58	47	2

Positionen von Parteien

Die politische Position einer Partei, die sie im **Parteiprogramm** festlegt, kommt in der Regel im Namen der Partei zum Ausdruck. Auch die Begriffe „rechts" und „links" kennzeichnen die politische Einstellung (M 4).

Eine Partei, die sich nicht an der **Regierung** und an der Ausübung staatlicher Herrschaft direkt beteiligen kann, übernimmt die Aufgaben der **Opposition.** Dazu gehört vor allem die **Kontrolle** der Regierung.

Parteien in der Bundesrepublik

Die Bundesrepublik Deutschland ist nach dem Grundgesetz ein **Mehrparteienstaat.** Die demokratische Herrschaft soll unter Mitwirkung verschiedener Parteien erfolgen, die in gegenseitigem Wettbewerb um die Wähler und Anhänger stehen.

Parteien im Bundestag

Im Bundestag sind folgende Parteien vertreten (1996): Die **Christlich-Demokratische Union Deutschlands (CDU),** die **Sozialdemokratische Partei Deutschlands (SPD),** die **Freie Demokratische Partei (FDP),** die **Christlich-Soziale Union (CSU)** in Bayern, die **Partei des Demokratischen Sozialismus (PDS)** und **Bündnis 90/DIE GRÜNEN (GRÜNE).**

Extremistische Parteien

Als **extremistisch** bezeichnet man jene Parteien, deren Ziele oder Vorgehensweisen unserer freiheitlichen demokratischen Grundordnung widersprechen. Zu den rechtsextremistischen Parteien gehören **Die Republikaner (REP)** und die **Nationaldemokratische Partei Deutschlands (NPD).** Zu den linksextremistischen Parteien kann man die **Partei des Demokratischen Sozialismus (PDS)** zählen.

M8: Merkmale demokratischer Parteien

1951 wurde die **Sozialistische Reichspartei (SRP)** und 1956 wurde die **Kommunistische Partei Deutschlands (KPD)** vom Bundesverfassungsgericht nach Artikel 21 Absatz 2 des Grundgesetzes für verfassungswidrig erklärt und verboten.

Nach den Feststellungen des Gerichts versuchten beide Parteien, die **freiheitliche demokratische Grundordnung** zu beeinträchtigen. Hierunter versteht es eine Ordnung, die unter Ausschluss jeglicher Gewalt- und Willkürherrschaft eine rechtsstaatliche Herrschaftsordnung auf der Grundlage der Selbstbestimmung des Volkes nach dem Willen der jeweiligen Mehrheit und der Freiheit und Gleichheit darstellt.

Zu den **grundlegenden Prinzipien** dieser Ordnung sind mindestens zu rechnen die Achtung vor den im Grundgesetz konkretisierten Menschenrechten, vor allem vor dem Recht der Persönlichkeit auf Leben und freie Entfaltung, die Volkssouveränität, die Gewaltenteilung, die Verantwortlichkeit der Regierung, die Gesetzmäßigkeit der Verwaltung, die Unabhängigkeit der Gerichte, das Mehrparteienprinzip und die Chancengleichheit für alle politischen Parteien mit dem Recht auf verfassungsmäßige Bildung und Ausübung einer Opposition.

(Dieter Hesselberger: Das Grundgesetz)

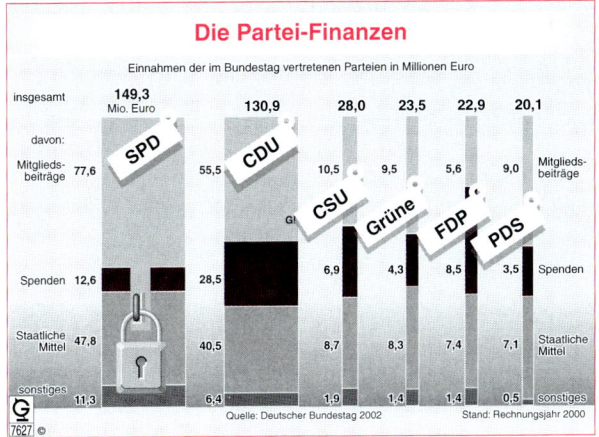

M 9

Verbot von Parteien

Auch extremistische Parteien können sich in der Bundesrepublik betätigen, solange sie nicht verboten sind. Auf
Antrag der Bundesregierung, des Bundestags oder des
Bundesrats kann das Bundesverfassungsgericht durch Urteil die **Verfassungswidrigkeit einer Partei** feststellen.

Anschließend ist diese Partei zu verbieten und aufzulösen.
Durch das **Verbot** von verfassungswidrigen Parteien soll
verhindert werden, dass Parteien an die Macht kommen,
die die demokratische Ordnung abschaffen wollen.

M 10: Wahlkampf

■ Aufgaben

1. Nennen Sie wichtige Aufgaben der Parteien.
2. Nach welchen Grundsätzen muss die Willensbildung in einer Partei erfolgen
   (M 1 + M 2)? Ermitteln Sie, in welcher
   Weise die politische Position einer Partei
   (M 3) unter Beteiligung der Parteimitglieder entsteht.
3. Welche Parteien sind in den Parlamenten
   der Bundesrepublik Deutschland vertreten?
4. Welche Aufgaben hat die Opposition?
   Welche Parteien gehören zur Opposition
   im Bundestag?
5. In welchen Fällen und unter welchen
   Voraussetzungen kann eine Partei in
   Deutschland verboten werden (M 8)?
6. Welche Gefahren sehen Sie in extremisti-
   schen Parteien?
7. Warum kann die Bundesregierung eine
   Oppositionspartei nicht einfach verbieten?
8. Warum sollten die Wähler wissen, wer die
   Parteien finanziell unterstützt (M 9)? In
   wiefern kann über die finanzielle Unterstützung auf eine Partei Einfluss genommen werden?
9. Beschaffen Sie sich die Parteiprogramme.
   Stellen Sie die Auffassungen der Parteien
   zu bestimmten Fragen — beispielsweise
   zur Bekämpfung der Arbeitslosigkeit –
   zusammen.
   Bereiten Sie eine **Diskussion** vor, indem
   Sie jeweils eine oder mehrere Personen
   damit beauftragen, eine dieser Positionen
   zu vertreten. Die Diskussion des ausge-
   wählten Themas soll zunächst zwischen
   diesen Vertretern auf dem Podium unter
   einem Gesprächsleiter und dann mit allen
   – im Plenum – stattfinden. Diskutieren
   Sie im Anschluss daran die grundsätzlichen Positionen der politischen Parteien
   in Deutschland.

> **Aufgaben und Ziele der Parteien:**
> – **Mitwirkung bei der politischen**
>   **Willensbildung**
> – **verantwortliche Beteiligung an**
>   **der staatlichen Herrschaft oder**
> – **Opposition + Kontrolle**
>
> **Verbot von Parteien**
> – **nur durch Urteil des Bundesver-**
>   **fassungsgerichts möglich**

5.2.4 Wahlen

Wahlen gehören zu einer freiheitlichen Demokratie, denn über **Wahlen** und **Abstimmungen** kann der Bürger seinen politischen Willen verbindlich äußern. Deshalb sind Wahlen der Ausdruck der **Volkssouveränität.**

Durch **Wahlen** beauftragt das Volk bestimmte Parteien und Politiker, für die Dauer einer **Wahlperiode** die Herrschaft im Staat zu übernehmen und die staatliche Ordnung zu gestalten.

Demokratische **Wahlen** setzen voraus, dass sich der Bürger frei zwischen verschiedenen Möglichkeiten entscheiden kann. Bei **Abstimmungen** antworten die Bürger auf eine bestimmte Frage mit „ja" oder „nein".

Wahlrecht

Bei der Wahlberechtigung unterscheidet man

– das **Wahlrecht** oder das aktive Wahlrecht, das zum Wählen berechtigt und
– die **Wählbarkeit** oder das passive Wahlrecht, was bedeutet, dass ein Bürger gewählt werden kann.

Wahlgrundsätze und Wahlsysteme

Eine **Wahl** kann den politischen Willen der Bevölkerung dann richtig zum Ausdruck bringen, wenn sie nach demokratischen **Wahlgrundsätzen** und über ein gerechtes **Wahlsystem** erfolgt. Bei den Wahlsystemen unterscheidet man

– die **Mehrheitswahl** oder Personenwahl, bei der in den Wahlkreisen jeweils der Kandidat mit den meisten Stimmen gewählt ist und
– die **Verhältniswahl,** bei der die Zahl der gewählten Kandidaten dem Verhältnis der abgegebenen Stimmen entspricht.

In Großbritannien und den USA besteht beispielsweise eine Mehrheitswahl; in der Weimarer Republik war die Verhältniswahl maßgeblich.

M 1: Der Grundsatz der Volkssouveränität

Volkssouveränität = Grundsatz, nach dem die Herrschaftsgewalt in Demokratien ausgeübt wird. Das Volk darf nicht als Mittel der Herrschenden missbraucht werden, sondern setzt die Herrschenden ein, damit Herrschaft im Sinne des Volkes ausgeübt wird. (Jugendlexikon Gesellschaft)

M 2

M 3: Artikel 20 Absatz 2 des Grundgesetzes:

Alle Staatsgewalt geht vom Volke aus. Sie wird vom Volke in Wahlen und Abstimmungen und durch besondere Organe der Gesetzgebung, der vollziehenden Gewalt und der Rechtsprechung ausgeübt.

M 4: § 33 Absatz 1 des Bundeswahlgesetzes:

Wahrung des Wahlgeheimnisses

Es sind Vorkehrungen dafür zu treffen, dass der Wähler den Stimmzettel unbeobachtet kennzeichnen und in den Umschlag legen kann. Für die Aufnahme der Umschläge sind Wahlurnen zu verwenden, die die Wahrung des Wahlgeheimnisses sicherstellen.

M 5: § 31 des Bundeswahlgesetzes:

Öffentlichkeit der Wahlhandlung

Die Wahlhandlung ist öffentlich. Der Wahlvorstand kann Personen, die die Ordnung und Ruhe stören, aus dem Wahlraum verweisen.

M 6: Wahlgrundsätze für die Bundestagswahl nach Artikel 38 Absatz 1 des Grundgesetzes

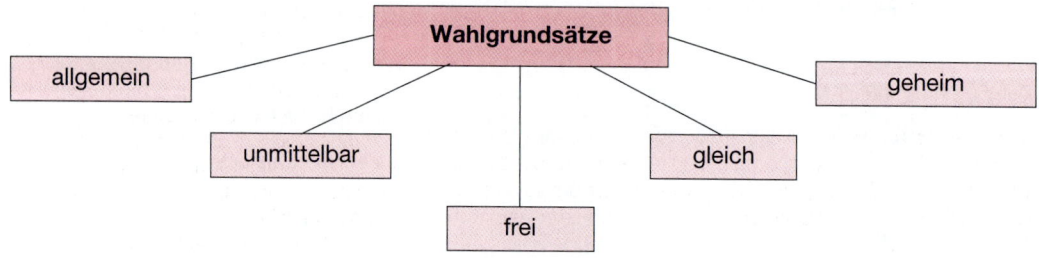

M 7

Beispiele für die Auswirkung des Wahlsystems

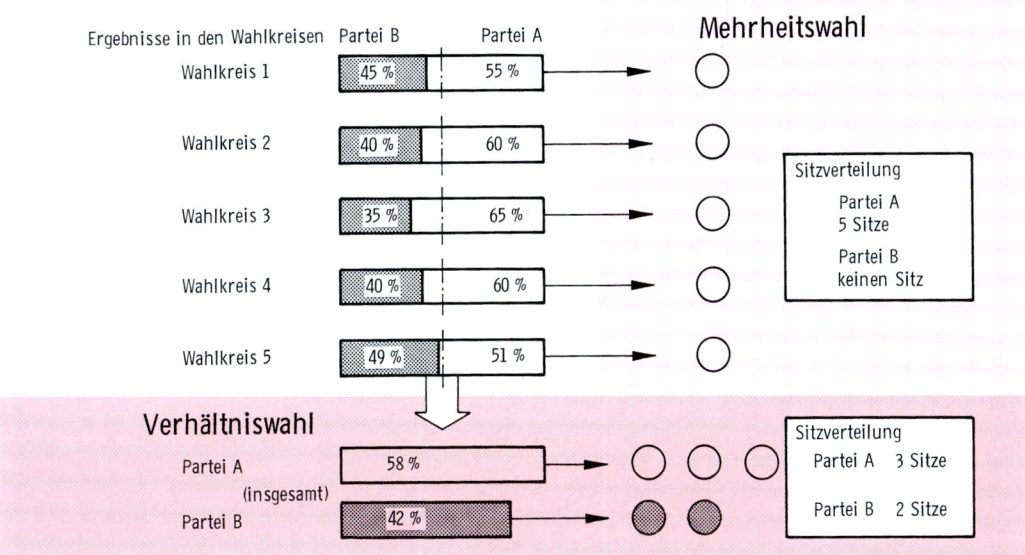

Auswirkungen von Wahlen

Bei den **Wahlen in der Bundesrepublik Deutschland** wird über die Ziele und Forderungen der einzelnen Gruppen unserer pluralistischen Gesellschaft entschieden. Das Wahlergebnis ist die Zusammenfassung der Willensäußerungen des Volks. Der Wahlerfolg der einzelnen Parteien und ihrer Kandidaten zeigt, welche Auffassung sich bei den Wählern durchgesetzt hat. Die gewählten Volksvertreter entsprechen insofern dem politischen Willen der Wähler.

Eine Voraussetzung für freie Wahlen sind verschiedene Parteien, die in gegenseitiger Konkurrenz stehen. Deshalb ist der **Wahlkampf** ein Höhepunkt in der Auseinandersetzung zwischen den unterschiedlichen politischen Auffassungen und Meinungen. Als Ergebnis der Wahl soll

- eine **regierungsfähige Mehrheit** im Parlament entstehen und
- eine **Opposition,** die in der Lage ist, diese Mehrheit und die Regierung zu kontrollieren.

Bundestagswahl

Die **Bundestagswahl** findet nach dem **Verhältniswahlsystem** statt. Verbunden damit ist eine Personenwahl, da aus jedem Wahlkreis jener Kandidat als direkt gewählter Abgeordneter ins Parlament kommt, der die meisten Stimmen erhielt.

M 8: Wahlen zum Deutschen Bundestag

In der Bundesrepublik finden Wahlen zum Deutschen Bundestag alle 4 Jahre, jeweils im Herbst statt. Nur für den seltenen Fall einer Auflösung des Parlaments durch den Bundespräsidenten ist auch eine vorzeitige Beendigung einer **Legislaturperiode** (Gesetzgebungsperiode, Amtszeit des Bundestags) möglich. Die vorzeitige Ansetzung von Neuwahlen kommt nur zustande, wenn der Bundeskanzler die Vertrauensfrage stellt, dafür keine Mehrheit erhält und der Bundestag sich nicht in der Lage sieht, innerhalb von 21 Tagen einen neuen Bundeskanzler zu wählen.

(Kurt Sontheimer: Grundzüge des politischen Systems der Bundesrepublik Deutschland)

M 9: Artikel 38 des Grundgesetzes der Bundesrepublik Deutschland:

Bundestagswahl

(1) Die Abgeordneten des Deutschen Bundestages werden in allgemeiner, unmittelbarer, freier, gleicher und geheimer Wahl gewählt. Sie sind Vertreter des ganzen Volkes, an Aufträge und Weisungen nicht gebunden und nur ihrem Gewissen unterworfen.
(2) Wahlberechtigt ist, wer das achtzehnte Lebensjahr vollendet hat; wählbar ist, wer das Alter erreicht hat, mit dem die Volljährigkeit eintritt.
(3) Das Nähere bestimmt ein Bundesgesetz.

M 10

Bundestagswahl – Wahlverfahren

Jeder Stimmzettel zur Bundestagswahl hat ein Feld für die Erst- und ein weiteres für die Zweitstimme. Der Teil für die Erststimme enthält für jede Partei den Namen ihres Kandidaten für den entsprechenden Wahlkreis. Wer die meisten Stimmen auf sich vereint hat, vertritt seinen Wahlkreis im Deutschen Bundestag. Damit sind 299 der 598 Sitze im Bundestag durch die Wähler an je eine bestimmte Person vergeben. *Das ist Teil der Persönlichkeitswahl an diesem Wahlsystem.*

Mit seiner Zweitstimme entscheidet der Wähler für eine Partei und damit über den Wahlausgang. Von allen Sitzen, die einer Partei aufgrund ihres Zweitstimmen-Ergebnisses zustehen, zieht sie nämlich die Zahl der durch die Erststimmen direkt gewählten Abgeordneten ab. Die ihr bleibenden Sitze besetzt sie durch die Kandidaten, die die Partei selbst bestimmt und auf die sogenannte Landesliste gesetzt hat. *Das ist der Teil der Verhältniswahl an diesem Wahlsystem.*

dimitag ——— B 177

Um eine Zersplitterung im Parlamant durch kleinste Parteien zu vermeiden, besteht bei der Bundestagswahl und bei den Landtagswahlen eine **Sperrklausel.** Im Bundestag sind nur Parteien vertreten, die mindestens 5% der abgegebenen Zweitstimmen oder 3 direkt gewählte Abgeordnete haben. Bei der Bundestagswahl von 2002 erhielt die PDS 2 direkt gewählte Abgeordnete.

Am Wahlergebnis von 2002 und an der Sitzverteilung im Bundestag (M 12) ist besonders bemerkenswert, dass **5 Überhangmandate** dafür sorgten, dass die Zusammensetzung des Bundestags nicht genau dem Verhältnis der abgegebenen Zweitstimmen entspricht. Überhangmandate entstehen nur dann, wenn eine größere Zahl von Abgeordneten direkt gewählt wurde, als einer Partei nach den abgegebenen Zweitstimmen zusteht.

M 11: Bundestagswahl 2002 – Wähler

Wahlberechtigte (in Tausend)	61 432,9
Wähler	48 582,8
Gültige Zweitstimmen	47 996,5
SPD	18 488,7
CDU	14 167,6
CSU	4 315,1
GRÜNE	4 110,4
FDP	3 538,8
PDS	1 916,7
Sonstige	1 459,3

M 12: Bundestagswahl 2002 – Sitzverteilung

Stimmzettel ↓		Gesamtzahl der Sitze: 603[1]					
		SPD	CDU	CSU	GRÜNE	FDP	PDS
Zweitstimmen (Verhältnis- wahl) →	Ergibt die Zahl der jeder Partei zustehenden Sitze im Verhältnis der abgegebenen Stimmen →	251[2]	190[3]	58	55	47	0[4]
Erststimmen (Personen- wahl) →	Direkt gewählte Abgeordnete (328 Wahlkreise) → Mit Kandidaten der Landeslisten der Parteien wird aufgefüllt →	171[2]	82[3]	43	1	0	2
		80	108	15	54	47	0
		251	190	58	55	47	2

[1] einschließlich 5 Überhangmandate
[2] einschließlich 4 Überhangmandate
[3] einschließlich 1 Überhangmandat
[4] da weniger als 5 %

M 13

M 14: Wahlbeteiligung

Jahr	Wahl zum Deutschen Bundestag	Jahr	Wahl zur Volks- kammer der Deutschen Demokra- tischen Republik
1972	91,1%		
1987	84,3%	1971	98,48%
2002	79,1%	1986	99,74%

M 15: Gründe für das Wählerverhalten

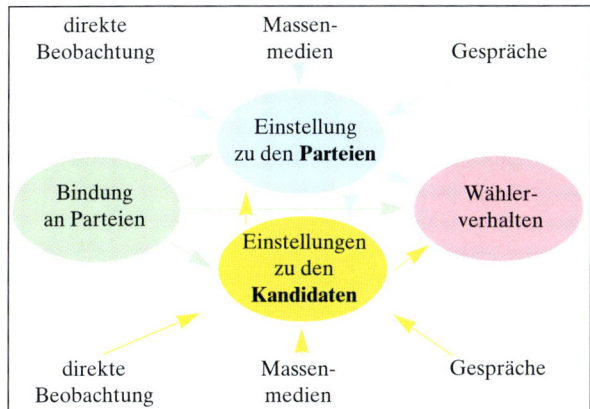

Wahl	= Ausdruck des politischen Willens des Volks
Wahlrecht	**= aktives Wahlrecht = Recht zu wählen**
Wählbarkeit	**= passives Wahlrecht = Recht, sich als Kandidat zu bewerben**

Wahlsysteme:
- **Verhältniswahl**
- **Mehrheitswahl**

Bundestagswahl:
- **Verhältniswahlsystem verbunden mit**
- **Personenwahl + Sperrklausel**

■ **Aufgaben**

1. Welcher Unterschied besteht zwischen einer Wahl und einer Abstimmung?

2. Nennen Sie den Unterschied zwischen aktivem und passivem Wahlrecht.

3. Welche Wahlgrundsätze gelten in der Bundesrepublik Deutschland?

4. Auf welche Weise bestimmt man im Verhältniswahlsystem die Zahl der Abgeordneten?

5. Welches Wahlsystem liegt Bundestagswahlen zugrunde (M 10)?

6. Stellen Sie die Vorteile und die Nachteile des Verhältniswahlsystems den Vorteilen und Nachteilen des Persönlichkeitswahlsystems gegenüber (M 7).

7. Welche Bedeutung hat es, dass in der Bundesrepublik die Wahl geheim, die Wahlhandlung und Auszählung hingegen öffentlich ist (M 4 + M 5)?

8. Welche Auswirkungen hat die Sperrklausel bei der Bundestagswahl? Beachten Sie dabei, dass das Wahlsystem der Bundesrepublik die Erfahrungen der Weimarer Republik berücksichtigt.

9. Diskutieren Sie die Ursachen für eine geringe Wahlbeteiligung. Vergleichen Sie die Angaben in M 14 über die Wahlbeteiligung und setzen Sie sich mit der Karikatur M 13 auseinander. Wie stehen Sie zu der Forderung nach Einführung einer gesetzlichen Wahlpflicht?

10. Abgeordnete sind nicht an Aufträge und Weisungen gebunden (M 9). Diskutieren Sie unter diesem Aspekt die einheitlichen Abstimmungen von Fraktionen z.B. bei der Verabschiedung des Bundeshaushalts.

11. Welche Gründe für das Wählerverhalten sind nach Ihrer Ansicht ausschlaggebend (M 15)?

5.3 Der Staatsaufbau und die Verfassungsorgane

5.3.1 Bund und Länder

Die Bundesrepublik Deutschland ist ein **Bundesstaat.**
Der Gesamtstaat besteht aus Gliedstaaten, den **Ländern.**

M1

Bundesstaat und Einheitsstaat

Der staatliche Aufbau Deutschlands war im Verlauf der Geschichte sehr unterschiedlich. Im Dritten Reich und in der DDR bestand ein **Einheitsstaat** oder **Zentralstaat.** Heute ist unsere staatliche Organisation wie in der Weimarer Republik nach dem Muster des **Bundesstaates** gestaltet.

Im **Einheitsstaat** liegt die staatliche Gewalt bei den zentralen Organen, die für das gesamte Staatsgebiet zuständig sind. So konzentriert sich beispielsweise in Frankreich die Staatsmacht in Paris. Als **Zentralismus** bezeichnet man diese Form der staatlichen Organisation, weil z.B. die Verwaltung für das gesamte Staatsgebiet von zentraler Stelle aus geleitet wird und einheitliche Gesetze überall gelten.

M2: Artikel 20 Absatz 1 des Gundgesetzes:

Staatsform

Die Bundesrepublik Deutschland ist ein demokratischer und sozialer Bundesstaat.

M3: Föderalismus und Zentralismus

Zentralismus, die Regierung eines Staats von einem zentralen Punkt aus, ohne Autonomie (=Recht der Selbstverwaltung) für die einzelnen Teile oder Regionen. Das Gegenteil ist der **Föderalismus,** das System des Bundes, bei dem die Einzelteile eine mehr oder minder weitgehende Autonomie besitzen und die Macht der Zentralregierung beschränkt ist.
(Walter Theimer: Lexikon der Politik)

In **Bundesstaaten** ist das Staatsgebiet aufgeteilt in die Gliedstaaten und den zentralen Bereich. Nach diesem Muster des **Föderalismus** sind auch die USA, Österreich, die Schweiz und viele andere Staaten organisiert.

M 5: Artikel 30 Absatz 1 des Grundgesetzes:

Funktionen der Länder

Die Ausübung der staatlichen Befugnisse und die Erfüllung der staatlichen Aufgaben ist Sache der Länder, soweit dieses Grundgesetz keine andere Regelung trifft oder zulässt.

M 4: Bundesrepublik Deutschland

Länder	Fläche in 1000 km^2	Einwohner in Millionen Anfang 2002
Baden-Württemberg	35,8	10,6
Bayern	70,5	12,3
Berlin	0,9	3,4
Brandenburg	29,5	2,6
Bremen	0,4	0,7
Hamburg	0,8	1,7
Hessen	21,1	6,1
Mecklenburg-Vorpommern	23,2	1,8
Niedersachsen	47,6	7,9
Nordrhein-Westfalen	34,1	18,0
Rheinland-Pfalz	19,8	4,0
Saarland	2,6	1,1
Sachsen	18,4	4,4
Sachsen-Anhalt	20,4	2,6
Schleswig-Holstein	15,7	2,8
Thüringen	16,2	2,4
Bundesgebiet	357,0	82,4

(Quelle: Statistisches Bundesamt)

Aufteilung der staatlichen Aufgaben

Die staatlichen Aufgaben sind aufgeteilt auf die einzelnen Länder und den Bund. Die Zuständigkeit legt das Grundgesetz fest. Dieser Aufbau der Bundesrepublik gehört nach Artikel 79 des Grundgesetzes zu den unabänderlichen Grundlagen unserer Verfassung.

Der **föderative Staatsaufbau,** also die Aufteilung des Gesamtstaats in Länder, ermöglicht den Gliedstaaten selbstständige politische Gestaltung in Teilbereichen. Das Prinzip des **Föderalismus** führt deshalb zu einer Teilung der staatlichen Macht.

Selbständigkeit der Länder

Die **Länder** (Bundesländer) sind selbstständige Staaten mit eigener Staatsgewalt. Man spricht deshalb von der **Länderhoheit.** Die Regierungen und die Gesetzgebung der Länder sind unabhängig.

Aufgrund ihrer Selbstständigkeit haben die einzelnen Länder unterschiedliche Verfassungen und unterschiedliche Landesgesetze. Allerdings legt das Grundgesetz bestimmte Sachgebiete fest, für die nicht die Länder, sondern der Bund zuständig ist.

M 6: Regelung der Berufsausbildung durch Bund und Länder

In der **Berufsausbildung** wirken sich die Zuständigkeitsbereiche von Bund und Ländern aus: Die gesetzlichen Rahmenbedingungen für die Berufsausbildung in den **Betrieben** sind im Berufsbildungsgesetz und in Ausbildungsordnungen für ganz Deutschland festgelegt. Für jeden Ausbildungsberuf gibt es deshalb einheitliche Bestimmungen zum Beispiel für die Berufsbezeichnung und das Ausbildungsberufsbild.

Für den Bereich der **Berufsschulen** sind hingegen die Länder zuständig. Die Schulgesetze sind von Land zu Land verschieden. In einem aufwendigen und langwierigen Verfahren stimmt man die Lehrpläne der einzelnen Länder soweit mit den Ausbildungsordnungen ab, dass ein gemeinsamer Mindeststandard für alle Berufsschulen sichergestellt ist.

Wie sehen es die Bürger?

Aus der Sicht der Bürger bestehen in einem Bundesstaat wie der Bundesrepublik Deutschland somit sowohl staatliche Regelungen, für die die Länder zuständig sind, als auch solche, für die der Bund verantwortlich zeichnet.

Das Schulgesetz beispielsweise gehört zu den Länderangelegenheiten, während das Berufsbildungsgesetz für die ganze Bundesrepublik gilt. Deshalb gibt es für einen Ausbildungsberuf nur eine einzige Ausbildungsordnung in Deutschland, während eine baden-württembergische Schulart wie die zweijährige Berufsfachschule, die zum mittleren Bildungsabschluss führt, in anderen Ländern in der Regel nicht eingerichtet ist.

Zusammenarbeit zwischen Bund und Ländern

Da die politischen Entscheidungen des Bundes auch die Länder berühren, müssen die Organe des Bundes eng mit den Ländern zusammenarbeiten. Dies geschieht auf Bundesebene vor allem bei der Gesetzgebung über das Zusammenwirken von Bundesregierung und Bundestag mit dem **Bundesrat,** in dem die Regierungen der Länder vertreten sind (M 7).

Die politische Gesamtsituation in der Bundesrepublik ist durch Vielgestaltigkeit und Kooperation geprägt. In den Ländern bestehen Regierungen, die aufgrund der Zusam-

M 8: Föderalismus in Deutschland

Föderalismus ist das politische, wirtschaftliche und gesellschaftliche Ordnungsprinzip der Freiheit. Föderalismus ist die Brücke zwischen Einzelbedürfnis und Gemeinschaftsinteresse, wie es im **Subsidiaritätsprinzip** allgemeingültig formuliert ist.

Die föderative Ordnung ermöglicht die Mitwirkung aller Länder bei der Gestaltung des Ganzen und war die Grundlage für eine annähernd gleichmäßige Entwicklung aller Landesteile in Deutschland. Durch das Aufblühen des landsmannschaftlichen Bewusstseins hat der Föderalismus auch in den neuen Ländern rasch Fuß gefasst.

(Bundesratspräsident Stoiber am 3. 11. 1995)

M 7: Das Preußische Herrenhaus in Berlin – Sitz des Bundesrats

M 9

mensetzung der Landtage möglicherweise gegensätzlichen parteipolitischen Auffassungen folgen.

Deshalb kommt es vor, dass eine Bundesregierung, die sich auf CDU/CSU und FDP stützt, einer Mehrheit von Länderregierungen gegenübersteht, in denen diese Parteien nicht vertreten sind. Dies zwingt zum Kompromiss und zur Zusammenarbeit.

Abstimmung zwischen den Ländern

Die Abstimmung der Länder untereinander sowie mit den Bedürfnissen und Interessen des Gesamtstaats fällt oft schwer und erfordert langwierige Verhandlungen.

Besonders deutlich ist das bei der Abstimmung in der **Bildungspolitik,** die jedes Land selbstständig gestalten kann. Doch sollten trotz der Unterschiede zwischen den Ländern die Schulabschlüsse in den einzelnen Ländern andererseits vergleichbar sein und in ganz Deutschland anerkannt werden. Für solch eine Abstimmung im Bildungswesen hat die **Konferenz der Kultusminister der Länder (KMK)** große Bedeutung.

Verfassungsorgane

Der Staatsaufbau der Bundesrepublik Deutschland ist einerseits gekennzeichnet durch Verfassungsorgane des Bundes und andererseits durch Organe der Länder. Die Verfassungsorgane des Bundes sind

- der Bundestag (Abschnitt 5.3.2),
- der Bundesrat (Abschnitt 5.3.3),
- der Bundespräsident (Abschnitt 5.3.4),
- die Bundesregierung (Abschnitt 5.3.5) und
- das Bundesverfassungsgericht (Abschnitt 5.3.6).

In den Ländern gibt es jeweils Parlamente wie z.B. den Landtag in Stuttgart und Regierungen sowie Landesverfassungsgerichte.

■ **Aufgaben**

1. Erläutern Sie die Bezeichnung „Bundesstaat".

2. Geben Sie je ein Beispiel für die Zuständigkeit des Bundes und der Länder.

3. Nennen Sie die Länder der Bundesrepublik Deutschland.

4. Welche Verfassungsorgane bestehen auf Bundesebene?

5. Zeigen Sie an einem Beispiel, dass die Länder selbstständige Staaten sind.

6. Diskutieren Sie die Vorteile und die Nachteile des föderativen Staatsaufbaus (M3 + M9).

7. Nennen Sie Beispiele für einheitliche Regelungen in Deutschland und für länderspezifische Gesetze (M6). Welche Vorteile hat eine bundeseinheitliche Regelung im Vergleich zu unterschiedlichen Regelungen in den einzelnen Ländern? Berücksichtigen Sie dabei M2 von 5.4.6.

Staatsaufbau der Bundesrepublik:

– **Bundesstaat mit 16 Ländern als Gliedstaaten**
– **föderativer Staatsaufbau: Länder in Teilbereichen selbständig**
– **Verfassungsorgane des Bundes und Organe der Länder**

5.3.2 Der Bundestag

Der **Bundestag** hat als Volksvertretung eine zentrale Stellung unter den Verfassungsorganen der Bundesrepublik Deutschland. Er ist das einzige Organ des Bundes, das vom Volk direkt gewählt wird.

Die Mitglieder des Bundestags als Volksvertreter

Weil in einer Demokratie die Staatsgewalt vom Volk ausgeht, haben die Volksvertreter als Abgeordnete im Bundestag besondere Rechte und wichtige Aufgaben. Sie genießen deshalb auch besonderen Schutz (M 8). Von ihren Entscheidungen hängen andere Verfassungsorgane des Bundes ab.

M 2: Absatz 1 Artikel 38 des Grundgesetzes
Bundestagsabgeordnete

Die Abgeordneten des Deutschen Bundestages werden in allgemeiner, unmittelbarer, freier, gleicher und geheimer Wahl gewählt. Sie sind Vertreter des ganzen Volkes, an Aufträge und Weisungen nicht gebunden und nur ihrem Gewissen unterworfen.

M 1

Der Bundestag
und die anderen
Verfassungsorgane der Bundesrepublik Deutschland

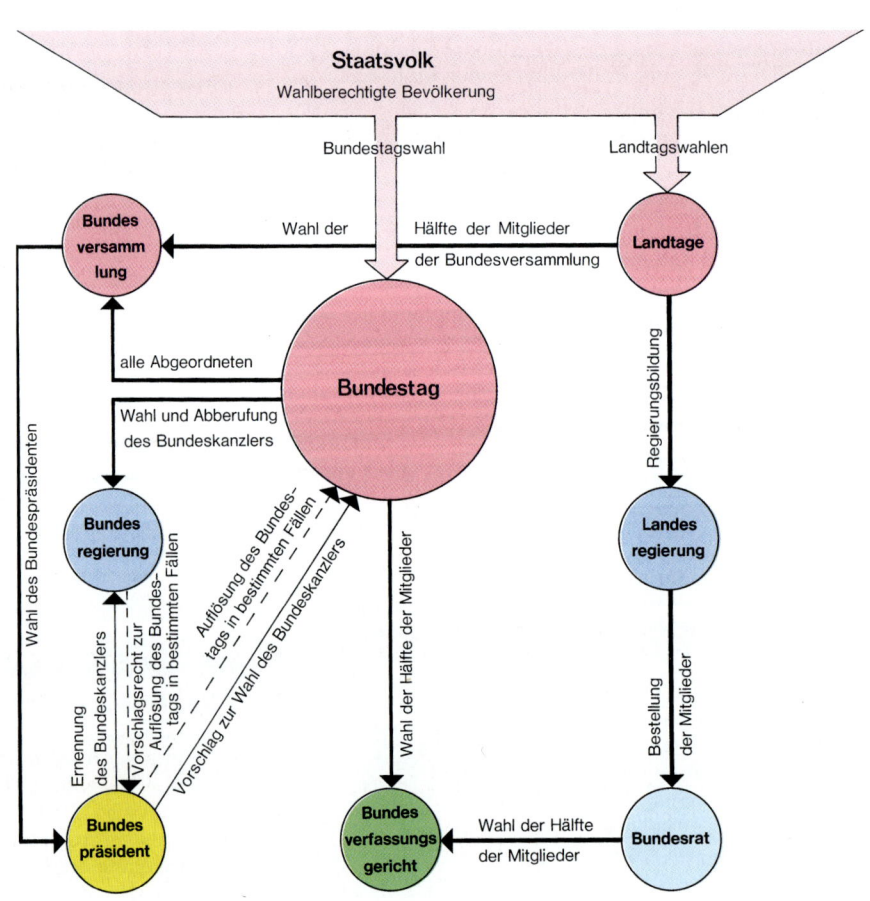

M 3: Reichstagsgebäude in Berlin – Sitz des Bundestags

In erster Linie ist die **Bundesregierung** vom Bundestag abhängig, was vor allem durch die Wahl des Bundeskanzlers und das Recht, den Staatshaushaltsplan zu beschließen, zum Ausdruck kommt. An der Wahl des **Bundespräsidenten** und der **Bundesverfassungsrichter** sind die Bundestagsabgeordneten maßgeblich beteiligt. Nicht zuletzt beschließen die Bundestagsabgeordneten die Gesetze, welche die Rahmenbedingungen und die Ordnung in unserem Staat festlegen. Aber auch darüber hinaus hat der Bundestag entscheidenden Einfluss auf die Gestaltung der Politik und des Lebens in Deutschland.

M 5: Artikel 40 des Grundgesetzes

Präsident, Geschäftsordnung

(1) Der Bundestag wählt seinen Präsidenten, dessen Stellvertreter und die Schriftführer. Er gibt sich eine Geschäftsordnung.

(2) Der Präsident übt das Hausrecht und die Polizeigewalt im Gebäude des Bundestages aus. Ohne seine Genehmigung darf in den Räumen des Bundestages keine Durchsuchung oder Beschlagnahme stattfinden.

M 4: Bundestag – Blick in den Plenarsaal im Berliner Reichstagsgebäude

Bundestagsabgeordnete und Bundestagspräsident

Die **Mitglieder des Bundestags (MdB)** werden von der wahlberechtigten Bevölkerung gewählt (Abschnitt 5.2.4). Die Abgeordneten wählen ihrerseits den **Bundestagspräsidenten** und seine Stellvertreter sowie die Schriftführer. Der Bundestagspräsident repräsentiert die Volksvertretung und steht deshalb im Rang noch vor dem Bundeskanzler.

Wie ist der Bundestag strukturiert?

Der Bundestagspräsident leitet die Sitzungen des Bundestags. Diese finden im Reichstagsgebäude in Berlin (M 3 + M 4 + M 3 von 4.2) statt. Als **Plenarsitzung** bezeichnet man Sitzungen, an denen alle Mitglieder des Bundestags teilnehmen sollen. Deshalb haben alle Abgeordneten einen bestimmten Sitz im Plenarsaal.

Die Abgeordneten einer Partei schließen sich zu einer **Fraktion** zusammen. Wenn keine Partei die absolute Mehrheit, also mehr als die Hälfte aller Abgeordneten hat, verbünden sich mehrere Parteien zu einer **Koalition,** die den Bundeskanzler wählt und die Regierung unterstützt. Als **Opposition** bezeichnet man andere Fraktionen, die der Regierungskoalition nicht angehören und der Regierung kritisch gegenüber stehen.

M7: Aus Artikel 42 des Grundgesetzes

Sitzungen des Bundestags

(1) Der Bundestag verhandelt öffentlich. Auf Antrag eines Zehntels seiner Mitglieder oder auf Antrag der Bundesregierung kann mit Zweidrittelmehrheit die Öffentlichkeit ausgeschlossen werden. Über den Antrag wird in nichtöffentlicher Sitzung entschieden. (2) Zu einem Beschlusse des Bundestages ist die Mehrheit der abgegebenen Stimmen erforderlich, soweit dieses Grundgesetz nichts anderes bestimmt. Für die vom Bundestage vorzunehmenden Wahlen kann die Geschäftsordnung Ausnahmen zulassen.

M8: Aus Artikel 46 des Grundgesetzes

Immunität der Abgeordneten

(1) Ein Abgeordneter darf zu keiner Zeit wegen seiner Abstimmung oder wegen einer Äußerung, die er im Bundestage oder in einem seiner Ausschüsse getan hat, gerichtlich oder dienstlich verfolgt oder sonst außerhalb des Bundestages zur Verantwortung gezogen werden. Dies gilt nicht für verleumderische Beleidigungen. (2) Wegen einer mit Strafe bedrohten Handlung darf ein Abgeordneter nur mit Genehmigung des Bundestages zur Verantwortung gezogen oder verhaftet werden, es sei denn, dass er bei Begehung der Tat oder im Laufe des folgenden Tages festgenommen wird.

M 6

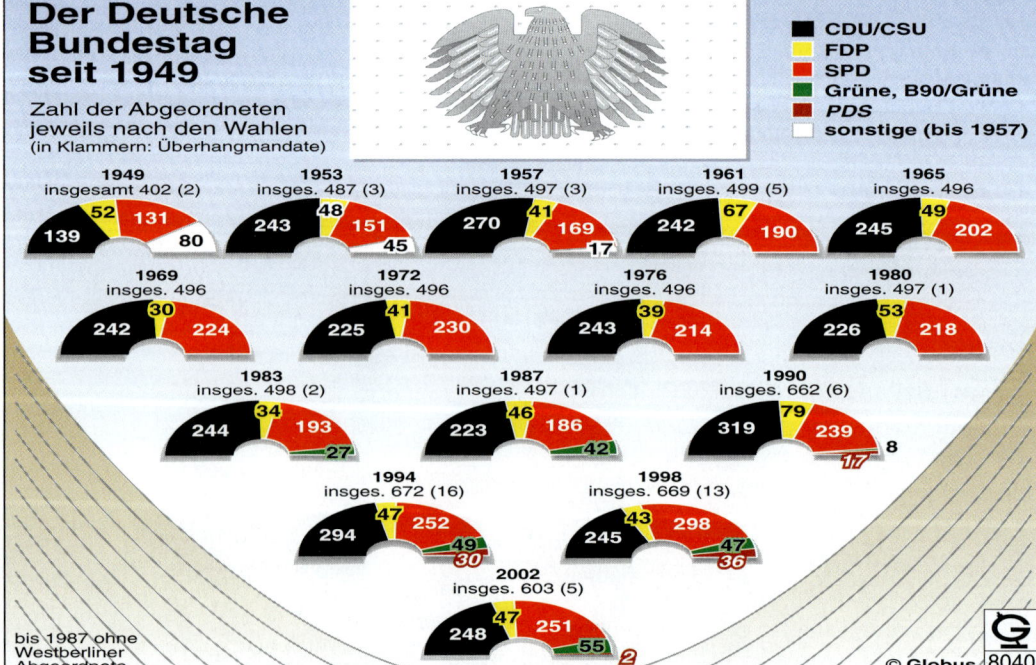

Hinweis: 1972 und 1983 vorzeitige Wahl nach Auflösung des Bundestags durch den Bundespräsidenten

M 9

Reden im Parlament dienen auch dazu, die Meinung von Abgeordneten oder die Ansichten von Parteien in der Öffentlichkeit bekannt zu machen. Solche Ansprachen kann man „Fensterreden" nennen.   Zeichnung: Meinhard (Verlag unser geld)

Aufgaben des Bundestags

Die wichtigsten **Aufgaben des Bundestags** als Volksvertretung sind,
– den Bundeskanzler zu wählen und dadurch bei der Regierungsbildung entscheidend mitzuwirken,
– die Bundesregierung zu kontrollieren (Abschnitt 5.4.4) und zu beeinflussen,
– Gesetze und Haushaltsplan zu beschließen (Abschnitt 5.4.3).

Um seine Aufgaben besser bewältigen zu können, bildet der Bundestag verschiedene **Ausschüsse.** Dort werden die Probleme im kleinen Kreis beraten, ehe sie vor den gesamten Bundestag, das **Plenum,** zur Erörterung und Beschlussfassung kommen. In besonderen Fällen setzt der Bundestag einen **Untersuchungsausschuss** ein. Alle Ausschüsse sind so zusammengesetzt, dass die Stimmverhältnisse weitgehend der Zusammensetzung des gesamten Bundestags entsprechen.

M 10: Tagesplan des Deutschen Bundestags

Sitzungen, Donnerstag, 18. Januar 1996	Beginn
Plenum	
Christliche Morgenfeier	08:40
80. Plenarsitzung	09:00
Ältestenrat	14:00
Ausschüsse	
2. Untersuchungsausschuss	09:00
Ausschuss für Ernährung, Landwirtschaft und Forsten	09:30
Enquete-Kommission „Zukunft der Medien in Wirtschaft und Gesellschaft – Deutschlands Weg in die Informationsgesellschaft"	14:00
1. Untersuchungsausschuss	14:30
Ausschuss für Wahlprüfung, Immunität und Geschäftsordnung	15:30
Vermittlungsausschuss	16:00
Enquete-Kommission „Überwindung der Folgen der SED-Diktatur im Prozess der Deutschen Einheit"	18:30

(Enquete = Untersuchung)

■ Aufgaben

1. Welche wichtigen Aufgaben hat der Bundestag?
2. Warum kann man den Bundestag als Volksvertretung bezeichnen?
3. Welche Fraktionen gibt es zur Zeit im Bundestag?
4. Welche Parteien unterstützen die gegenwärtige Bundesregierung? Welche Fraktionen bilden die Opposition?
5. Welchen Sinn hat es, dass die Sitzungen des Bundestags öffentlich stattfinden (M 7 + M 9)?
6. Im Bundestag sind bei Sitzungen oft nicht alle Abgeordneten anwesend. Nehmen Sie zu dieser Situation Stellung. Bedenken Sie die vielfältigen Aufgaben von Abgeordneten (M 10).
7. Welche Bedeutung hat die Immunität der Abgeordneten (M 8)?

Wichtige Aufgaben des Bundestags:
– **Bundeskanzler wählen**
– **Regierung überwachen und beeinflussen**
– **Haushaltsplan beschließen**
– **Gesetze beschließen**

M 1: Bundesrat – Blick in den Plenarsaal

5.3.3 Der Bundesrat

Der **Bundesrat** besteht aus Mitgliedern der 16 Landesregierungen. Er hat seinen Sitz in Berlin (M 7 von 5.3.1). Durch den **Bundesrat** wirken die Länder bei der Gesetzgebung und Verwaltung des Bundes sowie in Angelegenheiten der Europäischen Union mit. Dabei müssen die Mitglieder des Bundesrats gleichzeitig
– die Belange der Länder wahren und
– die Bedürfnisse des Gesamtstaats beachten.

Aufgaben des Bundesrats

Die wichtigste Aufgabe des Bundesrats besteht in der Mitwirkung an der **Bundesgesetzgebung.** Bei nahezu 60 % der Gesetze ist seine Zustimmung erforderlich. Dabei vertritt er die Interessen der Länder. Dies ist nicht zuletzt deshalb wichtig und berechtigt, weil die Bundesgesetze in der Regel von den Ländern ausgeführt werden (M 8 von 5.4.3).

Der Bundesrat nimmt aber gleichzeitig gesamtstaatliche Verantwortung wahr, indem er über die Länderinteressen hinaus Aufgaben des Bundes berät und darüber mitentscheidet.

M 2: Artikel 51 des Grundgesetzes:

Zusammensetzung des Bundesrats

(1) Der Bundesrat besteht aus Mitgliedern der Regierungen der Länder, die sie bestellen und abberufen. Sie können durch andere Mitglieder ihrer Regierungen vertreten werden.

(2) Jedes Land hat mindestens drei Stimmen, Länder mit mehr als zwei Millionen Einwohnern haben vier, Länder mit mehr als sechs Millionen Einwohnern fünf, Länder mit mehr als sieben Millionen Einwohnern sechs Stimmen.

(3) Jedes Land kann so viele Mitglieder entsenden, wie es Stimmen hat. Die Stimmen eines Landes können nur einheitlich und nur durch anwesende Mitglieder oder deren Vertreter abgegeben werden.

Mitwirkung bei der Gesetzgebung

Der Bundesrat hat das Recht,

– von sich aus Gesetzentwürfe einzubringen,
– zu den Gesetzentwürfen der Bundesregierung Stellung zu nehmen – „erster Durchgang" –,
– sich mit allen Gesetzesbeschlüssen des Bundestags zu befassen – „zweiter Durchgang" –.

Etwa die Hälfte aller **Gesetze,** nämlich alle, die die Belange der Länder in besonderer Weise berühren, können nur mit **Zustimmung** des Bundesrats in Kraft treten. Dazu gehören

– Verfassungsänderungen,
– alle wichtigen Steuergesetze und
– Gesetze, die das Verwaltungsverfahren der Länder regeln.

Zustimmungsbedürftig sind auch die meisten **Rechtsverordnungen** der Bundesregierung.

Gegen die anderen Gesetze kann der Bundesrat **Einspruch** einlegen. Wenn der Bundestag die Einwände des Bundesrats nicht berücksichtigen will, dann kann er in einer erneuten Abstimmung den Einspruch ablehnen, sodass das Gesetz verabschiedet ist.

Der Bundesrat kann auch den **Vermittlungsausschuss** anrufen, der sich im Fall eines Konflikts zwischen Bundesrat und Bundestag um einen Ausgleich der verschiedenen Standpunkte bemüht. Den Vermittlungsausschuss kann bei Zustimmungsgesetzen auch der Bundestag oder die Bundesregierung anrufen.

Mitwirkung bei der Entwicklung der EU

Wichtig ist auch die Mitwirkung des Bundesrats bei der Entwicklung der Europäischen Union (M 9 von 5.4.6). Dies ist darin begründet, dass die Länder von vielen Regelungen, die für alle Staaten der Europäischen Union (EU) gelten, betroffen sind. Besonders beispielsweise in Fragen des Bildungswesens, denn in diesem Bereich können die Länder in Deutschland ihrerseits entscheiden. Im Zuge der europäischen Integration überträgt aber die Bundesrepublik unter Mitwirkung des Bundesrats Hoheitsrechte auf die Europäische Union. Deren Organe können dann gesetzliche Bestimmungen beschließen, die auch für Deutschland gelten.

Der Bundesratspräsident

Der **Präsident des Bundesrats** wird von den Mitgliedern des Bundesrats für ein Jahr gewählt. Es ist jeweils der Ministerpräsident eines Bundeslands. Der Präsident des Bundesrats beruft den Bundesrat ein und leitet dessen Sitzungen. Er vertritt den Bundespräsidenten in dessen Abwesenheit, beispielsweise wenn er auf Auslandsreisen ist.

M 3: Aufgaben und Stellung des Bundesrats

Ein schwer wiegender Grund für die Schaffung des **Bundesrats** war, dass er nach den Vorstellungen der Väter des Grundgesetzes auch ein Gegengewicht zum Bundestag werden sollte. Er sollte – falls erforderlich – hemmend, kontrollierend oder verbessernd auf die Beschlüsse der Volksvertretung einwirken können. Diese Funktion wird ihm dadurch sehr erleichtert, dass er ganz anders zusammengesetzt ist als der Bundestag.

Daneben spielte jedoch das Argument, dass die Länder nicht zu „ungefragten Befehlsempfängern" des Bundes werden sollten, eine wichtige Rolle, zumal sie die meisten Gesetze des Bundes auszuführen haben. Man wollte ihnen über den Bundesrat weitreichende Möglichkeiten geben, auf die Gesetzgebung und die Verwaltung des Bundes Einfluss zu nehmen. Andererseits sollte sich der Bund über dieses Organ den Sachverstand und die Verwaltungserfahrung der Politiker und der Beamten der Länder nutzbar machen können.

(Ziller/Oschatz: Der Bundesrat)

■ Aufgaben

1. Wie setzt sich der Bundesrat zusammen?
2. Nennen Sie zwei wichtige Aufgaben des Bundesrats.
3. In welcher Weise wirkt der Bundesrat bei der Gesetzgebung mit? Suchen Sie aktuelle Beispiele und beachten Sie dabei auch Abschnitt 5.4.3.
4. Welche Aufgaben hat der Präsident des Bundesrats?
5. Diskutieren Sie die Stellung des Bundesrats im Vergleich zum Bundestag. Inwiefern bildet der Bundesrat ein Gegengewicht zum Bundestag (M 3)?
6. In welchen Fällen muss der Bundesrat in Angelegenheiten der Europäischen Union beteiligt werden? Bedenken Sie, dass die Europäische Union in vielen Bereichen Entscheidungen für alle Mitgliedstaaten trifft (M 9 von 5.4.6).

Bundesrat = Ländervertretung

Aufgaben des Bundesrats:

– **Mitwirkung bei der Gesetzgebung des Bundes**
– **Vertretung der Länderinteressen**

5.3.4 Der Bundespräsident

Der **Bundespräsident** ist das Staatsoberhaupt der Bundesrepublik Deutschland. Er hat weitgehend repräsentative
Aufgaben und ist nicht für die Politik der Bundesrepublik
verantwortlich. Er übt das Begnadigungsrecht aus.

Aufgaben des Bundespräsidenten

Zu den **Aufgaben** des Bundespräsidenten gehören

– die völkerrechtliche Vertretung der Bundesrepublik gegenüber anderen Staaten,
– die Ausfertigung von Gesetzen,
– die Ernennung von Bundeskanzler, Bundesministern,
  Bundesrichtern und Bundesbeamten sowie der Offiziere.

In **besonderen Situationen** kann der Bundespräsident

– den Bundestag auflösen, wenn dieser nicht mit der
  Mehrheit seiner Mitglieder einen Bundeskanzler wählt
  oder wenn ein Vertrauensantrag des Bundeskanzlers
  nicht die Zustimmung der Mehrheit des Bundestags findet.
– Er kann den Gesetzgebungsnotstand erklären und
– den Verteidigungsfall verkünden.

Gesetzgebungsnotstand und Verteidigungsfall

Der **Gesetzgebungsnotstand,** der bis 2002 noch nicht eintrat, kann auf Antrag der Bundesregierung dann erklärt
werden, wenn ein unüberbrückbarer Konflikt zwischen
Bundestag und Bundesregierung die Verabschiedung eines wichtigen Gesetzes blockiert. Im Fall des Gesetzge-
bungsnotstands kann ausnahmsweise ein Gesetz ohne das
normale Gesetzgebungsverfahren in Kraft treten.

Die Verkündung des **Verteidigungsfalls** durch den Bundespräsidenten setzt einen Beschluss des Bundestags oder
des Gemeinsamen Ausschusses von Bundestag und Bundesrat voraus, dass der Verteidigungsfall eingetreten ist.
Um die Verteidigung des Landes zu sichern, geht dann die
Befehls- und Kommandogewalt über die Streitkräfte vom
Verteidigungsminister auf den Bundeskanzler über.

Wahl des Bundespräsidenten

Die **Wahl** des Bundespräsidenten erfolgt durch die **Bundesversammlung.** Sie besteht aus den Abgeordneten des
Bundestags und ebenso vielen Mitgliedern, die von den
Parlamenten der Bundesländer gewählt werden. Die Bundesversammlung hat nur die Aufgabe, den Bundespräsidenten zu wählen.

M 1: Die Bundespräsidenten und ihre Amtszeit

1949–1959	Theodor Heuss
1959–1969	Heinrich Lübke
1969–1974	Gustav Heinemann
1974–1979	Walter Scheel
1979–1984	Karl Carstens
1984–1994	Richard von Weizsäcker
1994–1999	Roman Herzog
1999–	Johannes Rau

M 2: Präsidenten der Bundesrepublik Deutschland

Theodor Heuss
(1884–1963)

Heinrich Lübke
(1894–1972)

Gustav Heinemann
(1899–1976)

Walter Scheel
(*1919)

Johannes Rau
(*1931)

Karl Carstens
(1914–1992)

Richard von Weizsäcker
(*1920)

Roman Herzog
(*1934)

M 3: Aus Artikel 54 des Grundgesetzes:

Wahl des Bundespräsidenten

(1) Der Bundespräsident wird ohne Aussprache von der Bundesversammlung gewählt. Wählbar ist jeder Deutsche, der das Wahlrecht zum Bundestage besitzt und das vierzigste Lebensjahr vollendet hat.

(2) Das Amt des Bundespräsidenten dauert fünf Jahre. Anschließende Wiederwahl ist nur einmal zulässig.

■ **Aufgaben**

1. Nennen Sie vier wichtige Aufgaben des Bundespräsidenten.
2. In welcher Weise wird der Bundespräsident gewählt?
3. Welche Zusammensetzung hat die Bundesversammlung?
4. In welchen besonderen Situationen liegen wichtige politische Entscheidungen beim Bundespräsidenten?
5. Welche Vorteile hat das Wahlverfahren bei der Bundespräsidentenwahl im Vergleich zur Wahl des Reichspräsidenten in der Weimarer Republik (M3+M1 von 3.3.1)?

Bundespräsident = Staatsoberhaupt der Bundesrepublik Deutschland

Aufgaben des Bundespräsidenten:
– **Völkerrechtliche Vertretung der Bundesrepublik**
– **Ausfertigung der Gesetze**
– **Ernennung von Bundeskanzler, Ministern, Beamten**
– **Verkündung von Verteidigungsfall, Gesetzgebungsnotstand**

Aufgabe der Bundesversammlung:
– **Wahl des Bundespräsidenten**

5.3.5 Die Bundesregierung

Die **Bundesregierung,** die man auch als **Kabinett** bezeichnet, besteht aus dem **Bundeskanzler** und den **Bundesministern.**

Der **Bundeskanzler** wird vom Bundestag gewählt (M5) und vom Bundespräsidenten ernannt. Die **Bundesminister** ernennt der Bundespräsident auf Vorschlag des Bundeskanzlers. **Vizekanzler** ist jener Bundesminister, den der Bundeskanzler zu seinem Stellvertreter bestimmt.

Welche Aufgaben hat die Bundesregierung?

Die Bundesregierung ist das **politische Führungsorgan** der Bundesrepublik. Sie legt in der **Regierungserklärung** politische Ziele im eigenen Land und gegenüber anderen Staaten fest.

Um diese innenpolitischen und außenpolitischen Ziele zu erreichen, muss die Regierung vor allem grundsätzliche Entscheidungen treffen und entsprechend planen. Sie gibt dann der Verwaltung, also den Behörden und Beamten, Anweisungen, in bestimmter Weise zu handeln, damit die erstrebten Ziele erreicht werden.

M 2: Grundsätze für die Entscheidungen der Bundesregierung

● **Kanzlerprinzip:**
Der Kanzler entscheidet allein kraft seiner Richtlinienkompetenz und ist insofern Vorgesetzter seiner Minister.

● **Kabinettprinzip:**
Bei wichtigen Entscheidungen, wie zum Beispiel bei Meinungsverschiedenheiten zwischen Bundesministern, beschließt die Regierung gemeinsam, das heißt, der Kanzler hat auch nur eine Stimme.

● **Ressortprinzip:**
Im Rahmen der Zuständigkeit des Ministeriums können die Minister selbstständig entscheiden.

M1

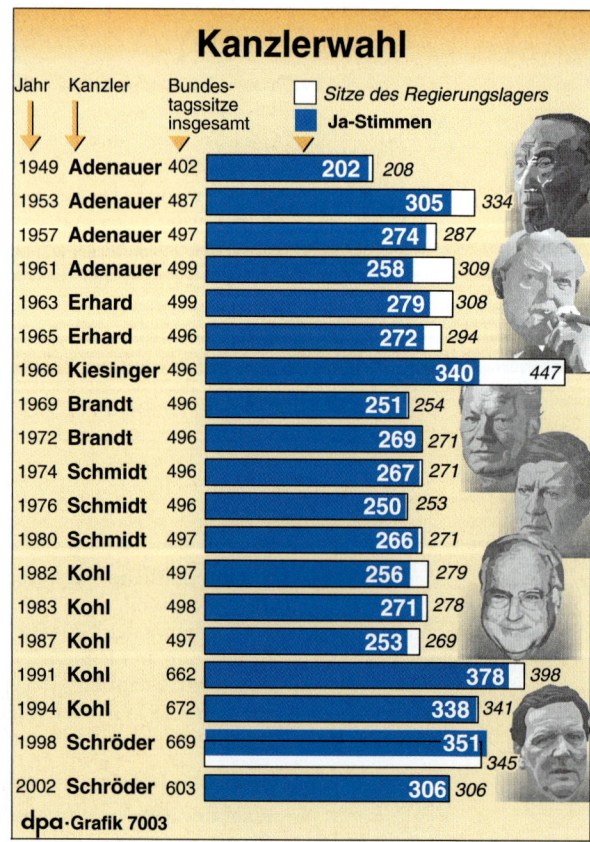

Kanzlerwahl

Jahr	Kanzler	Bundes- tagssitze insgesamt	□ Sitze des Regierungslagers ■ Ja-Stimmen	
1949	**Adenauer**	402	202	208
1953	**Adenauer**	487	305	334
1957	**Adenauer**	497	274	287
1961	**Adenauer**	499	258	309
1963	**Erhard**	499	279	308
1965	**Erhard**	496	272	294
1966	**Kiesinger**	496	340	447
1969	**Brandt**	496	251	254
1972	**Brandt**	496	269	271
1974	**Schmidt**	496	267	271
1976	**Schmidt**	496	250	253
1980	**Schmidt**	497	266	271
1982	**Kohl**	497	256	279
1983	**Kohl**	498	271	278
1987	**Kohl**	497	253	269
1991	**Kohl**	662	378	398
1994	**Kohl**	672	338	341
1998	**Schröder**	669	351	345
2002	**Schröder**	603	306	306

dpa·Grafik 7003

Zu den **Aufgaben** der Bundesregierung als politischem Führungsorgan der Bundesrepublik gehören

– die politische Planung und das Fällen von Grundsatzentscheidungen,
– das Vorbereiten und Entwerfen von Gesetzen als Vorlage für den Bundestag,
– die Ausführung von Gesetzen und Beschlüssen sowie
– die Außenpolitik.

Verantwortlichkeit in der Regierung

Die übergeordneten Richtlinien der Politik bestimmt der Bundeskanzler; er hat die **Richtlinienkompetenz.** Innerhalb dieser Richtlinien leitet jeder Bundesminister den Geschäftsbereich seines Ministeriums in eigener Verantwortung. Dies nennt man **Ressortkompetenz.**

Der Bundeskanzler und die Bundesminister müssen gegenüber dem Bundestag ihre Politik verantworten. Der Bundestag kontrolliert die Bundesregierung (Abschnitt 5.4.4.).

Politische Gestaltung

Die politische Gestaltungsaufgabe kommt vor allem darin zum Ausdruck, dass die Bundesregierung **Gesetzentwürfe** verfasst und zur Beschlussfassung einbringt (Abschnitt 5.4.3)

Die Bundesregierung hat neben der Aufgabe der politischen Führung auch noch **Verwaltungsaufgaben,** zu denen die Aufsicht über die Ausführung von Bundesgesetzen und Beschlüssen durch die Bundesbehörden und in eingeschränktem Maße auch über die Landesbehörden gehört.

M 3: Sitzung der Bundesregierung

M 4: Artikel 65 des Grundgesetzes:

Verteilung der Verantwortung

Der Bundeskanzler bestimmt die Richtlinien der Politik und trägt dafür die Verantwortung. Innerhalb dieser Richtlinien leitet jeder Bundesminister seinen Geschäftsbereich selbstständig und unter eigener Verantwortung. Über Meinungsverschiedenheiten zwischen den Bundesministern entscheidet die Bundesregierung. Der Bundeskanzler leitet ihre Geschäfte nach einer von der Bundesregierung beschlossenen und vom Bundespräsidenten genehmigten Geschäftsordnung.

M 5: Qualifizierte Mehrheit, Kanzlermehrheit

Für besonders schwer wiegende Entscheidungen im Bundestag verlangt das Grundgesetz eine **qualifizierte Mehrheit:** Bei einer Änderung des Grundgesetzes (M 1 von 5.1.3) ist eine **Zweidrittelmehrheit** erforderlich. Bei der Wahl des Bundeskanzlers müssen mehr als die Hälfte *aller* Abgeordneten zustimmen. Dies bezeichnet man als **absolute Mehrheit** oder auch als **Kanzlermehrheit.**

■ **Aufgaben**

1. Wie setzt sich die Bundesregierung zusammen?
2. Auf welche Weise erfolgt die Regierungsbildung?
3. Nennen Sie vier wichtige Aufgaben der Bundesregierung.
4. Was versteht man unter der Richtlinienkompetenz des Bundeskanzlers?
5. Beschaffen Sie sich die letzte Regierungserklärung und diskutieren Sie diese im Zusammenhang mit den Zielen der Bundesregierung.
6. Diskutieren Sie am Beispiel eines Gesetzes die Position und die Aufgaben der Bundesregierung als politisches Führungsorgan der Bundesrepublik.
7. Begründen Sie, weshalb die Kanzlerwahl eine absolute Mehrheit erfordert (M 5).

Bundesregierung = politisches Führungsorgan der Bundesrepublik

Aufgaben der Bundesregierung:

– **Politische Planung**
– **Grundsatzentscheidungen treffen = Regierungsbeschlüsse**
– **Gesetze entwerfen**
– **Gesetze und Beschlüsse ausführen**
– **Außenpolitik**

5.3.6 Das Bundesverfassungsgericht

Das **Bundesverfassungsgericht** ist das höchste Gericht der Bundesrepublik. Alle anderen Staatsorgane sind an seine Entscheidungen gebunden. Insofern steht das Bundesverfassungsgericht über den anderen Bundesorganen.

Die Bundesverfassungsrichter

Die Aufgaben des Bundesverfassungsgerichts sind auf 2 **Senate** verteilt. Jeder Senat besteht aus 8 Richtern.

Die 16 **Bundesverfassungsrichter** werden je zur Hälfte vom Bundesrat und vom Bundestag für 12 Jahre gewählt. Eine Wiederwahl ist nicht möglich.

Das Bundesverfassungsgericht ist **unabhängig** und **nur dem Grundgesetz verpflichtet.**

Aufgaben des Bundesverfassungsgerichts

Das Bundesverfassungsgericht entscheidet
– über Verfassungsbeschwerden einzelner Bürger wegen Verletzung von Grundrechten,
– bei Meinungsverschiedenheiten oder Zweifeln über die Vereinbarkeit von gesetzlichen Bestimmungen mit dem Grundgesetz,
– bei Streitigkeiten zwischen obersten Bundesorganen,
– bei Meinungsverschiedenheiten oder Streitigkeiten zwischen Bund und Ländern,
– über das Verbot von Parteien. Es kann
– Gesetze für ungültig erklären, wenn sie mit dem Grundgesetz nicht vereinbar sind.

M 1: Ein Senat des Bundesverfassungsgerichts in Karlsruhe

M 2: Aus Artikel 93 Absatz 1 des Grundgesetzes:

Verfassungsbeschwerde

Das Bundesverfassungsgericht entscheidet:
4a. über Verfassungsbeschwerden, die von jedermann mit der Behauptung erhoben werden können, durch die öffentliche Gewalt in einem seiner Grundrechte oder in einem seiner in Artikel 20 Abs. 4, 33, 38, 101, 103 und 104 enthaltenen Rechte verletzt zu sein;
4b. über Verfassungsbeschwerden von Gemeinden und Gemeindeverbänden wegen Verletzung des Rechts auf Selbstverwaltung nach Artikel 28 durch ein Gesetz, bei Landesgesetzen jedoch nur, soweit nicht Beschwerde beim Landesverfassungsgericht erhoben werden kann …

M 3: Normenkontrollverfahren

Die besondere Bedeutung der **Verfassungsgerichte** des Bundes und der Länder liegt darin, dass sie überprüfen, ob anzuwendende Gesetze verfassungsmäßig zustande gekommen sind und ob sie mit dem Grundgesetz bzw. der Landesverfassung übereinstimmen. Hierbei kann das Verfassungsgericht über den konkreten Rechtsstreit hinaus Meinungsverschiedenheiten und Zweifel klären. Dieses **Normenkontrollverfahren** dient der Prüfung von Rechtsnormen am Maßstab des Grundgesetzes oder der Landesverfassung.
(Staatsbürger-Taschenbuch)

Anrufung des Bundesverfassungsgerichts

Zu beachten ist, dass das Bundesverfassungsgericht nicht von sich aus tätig wird, sondern – wie alle Gerichte – nur dann entscheidet, wenn es angerufen wird.

Eine **Verfassungsbeschwerde** gegen Gerichtsurteile oder Gesetze wegen Verletzung von Grundrechten kann jedermann stellen. **Verfassungsstreitigkeiten** zwischen Organen des Bundes oder zwischen Bund und Ländern kann das Bundesverfassungsgericht entscheiden auf Antrag von Organen des Bundes oder der Länder. Die Feststellung der **Verfassungswidrigkeit von Parteien** können Bundestag, Bundesrat und Bundesregierung beantragen. Die **Vereinbarkeit von Gesetzen mit dem Grundgesetz** können bei Zweifeln oder Meinungsverschiedenheiten die Bundesregierung, Landesregierungen, ein Drittel der Mitglieder des Bundestags und alle Gerichte überprüfen lassen (M10 von 5.4.5 + M11 von 5.4.5).

M4: Tätigkeit des Bundesverfassungsgerichts

Neue Verfahren im Jahr	1988	1995	2001	Insgesamt bis 2001
Normenkontrollen	48	54	27	3174
Verfassungsbeschwerden	3613	5766	4483	131445
Sonstige Verfahren	41	91	110	2003

(Quelle: Stat. Jahrbuch)

M 5: Verfassungsbeschwerden

2001 eingegangen	4483
Im Jahr 2001 erledigte Verfahren:	
nicht angenommen	4473
stattgegeben	89
zurückgewiesen	13
zurückgenommen	50
auf sonstige Weise erledigt	40

(Quelle: Bundesverfassungsgericht)

M 6

Das Bundesverfassungsgericht hat das Zuwanderungsgesetz für ungültig erklärt

Der zweite Senat des Bundesverfassungsgerichts hat über die Normenkontrollklage beraten. Das Bundesverfassungsgericht hat am 18. Dezember 2002 entschieden, dass das Zuwanderungsgesetz im Bundesrat am 22. März dieses Jahres keine Mehrheit fand und damit ungültig ist. Jetzt muss das Gesetzgebungsverfahren von Neuem beginnen. Das Gericht hatte nicht über den Inhalt des Gesetzes, sondern allein über die Abstimmung im Bundesrat zu urteilen. Die Karlsruher Richter bewerten das Votum des Bundesrates vom 22. März als nicht verfassungskonform.
Damals hatte Bundesratspräsident Klaus Wowereit (SPD) das uneinheitliche Abstimmen des von der SPD-CDU-regierten Landes Brandenburg letztendlich als Zustimmung gewertet.

(DAS PARLAMENT vom 23./30.12.2003)

M 7: Wichtige Entscheidungen des Bundesverfassungsgerichts

Beispiele für wichtige Entscheidungen des Bundesverfassungsgerichts, die große Bedeutung hatten sowie in der Regel eine längere Zeit der Diskussion und der Zweifel beendeten.

– Verbot der Sozialistischen Reichspartei (SRP) 1952
– Verbot der Kommunistischen Partei Deutschlands (KPD) 1956
– Verfassungsrechtliche Überprüfung des Grundlagenvertrags 1973
– Fristenregelung bei Schwangerschaftsabbruch verfassungswidrig 1975
– Verfassungsrechtliche Überprüfung des Anerkennungsverfahrens für Kriegsdienstverweigerer 1978
– Verfassungsrechtliche Überprüfung des Einigungsvertrages 1991 (M6 von 6.5.1)

■ Aufgaben

1. Nennen Sie vier Entscheidungsbereiche für das Bundesverfassungsgericht.
2. Inwiefern steht das Bundesverfassungsgericht über den anderen Bundesorganen?
3. In welchem Fall kann ein Bürger das Bundesverfassungsgericht anrufen?
4. Wie erfolgt die Wahl der Bundesverfassungsrichter?
5. Warum sind die Richter des Bundesverfassungsgerichts unabhängig, obwohl sie gewählt wurden?
6. Welche Aufgaben des Bundesverfassungsgerichts sind nach ihrer Ansicht besonders wichtig (M4)?
7. Wodurch unterscheiden sich Verfassungsbeschwerden von Normenkontrollen (M2+M3 + M6)? Stellen Sie die Unterschiede anhand von Antragstellung und zugrunde liegenden Sachverhalten heraus.
8. Inwiefern kann man das Bundesverfassungsgericht als Hüter der Verfassung bezeichnen? Legen Sie dies anhand der Aufgaben des Bundesverfassungsgerichts dar (M5+M6+M7).

Aufgaben des Bundesverfassungsgerichts:

– **Schutz der Verfassung**
– **Auslegung des Grundgesetzes**
– **Verfassungsbeschwerden**
– **Streitigkeiten zwischen Bund, Ländern und Bundesorganen entscheiden**

5.4 Gewaltenteilung und Machtkontrolle

5.4.1 Das Prinzip der Gewaltenteilung

Gewaltenteilung ist ein wichtiger Grundsatz demokratischer Staaten. Im Gegensatz dazu waren früher Kaiser und Könige oft **unbeschränkte Herrscher** ebenso wie Diktatoren. Sie besaßen die ungeteilte Macht im Staat und konnten regieren, wie sie wollten. Sie mussten sich nicht nach gültigen Gesetzen richten und konnten neue Gesetze erlassen oder alte aufheben. Sogar die Rechtsprechung stand solchen absoluten Herrschern zu. Deshalb konnten sie frei bestimmen, was als Recht oder Unrecht gelten sollte.

Die gesamte Staatsgewalt lag in diesen Fällen in einer Hand und die Herrscher konnten willkürlich oder nach eigenem Gutdünken entscheiden und handeln. Infolgedessen wurden oft die Menschenrechte missachtet und die Freiheit der Bürger beschnitten.

Um diese umfassende Macht zu beschränken, um Willkür zu verhindern und um Rechtssicherheit zu schaffen, wurde die **Unabhängigkeit der Gerichte** sowie die **Trennung von Gesetzgebung und Ausführung der Gesetze** gefordert. Im Verlauf der Entwicklung zu demokratischen Staaten konnte man solch eine Aufteilung der Staatsgewalt erreichen.

Teilung der Staatsgewalt

Die Gewaltenteilung besteht darin, dass die staatliche Macht auf verschiedene Organe aufgeteilt wird. Jede Teilgewalt ist in ihrem Bereich selbstständig. Doch sie beeinflussen und kontrollieren sich gegenseitig.

Deshalb führt die Gewaltenteilung zur **Kontrolle** und Hemmung staatlicher Organe sowie zur **Beschränkung** staatlicher Macht. Machtkonzentration wird vermieden.

Warum Gewaltenteilung?

Durch die Gewaltenteilung soll der einzelne Bürger geschützt werden vor missbräuchlicher und willkürlicher Ausübung staatlicher Herrschaft. Die Gewaltenteilung hilft deshalb, persönliche Freiheit und Rechtssicherheit zu gewährleisten.

Darüber hinaus erleichtert diese Aufteilung der Staatsgewalt auf verschiedene Organe zu erkennen, in welcher Weise diese entscheiden und handeln. Dies verhilft zu einem besseren Überblick über die staatlichen Tätigkeiten

M 1: Horizontale Gewaltenteilung

**Aufteilung der staatlichen Aufgaben
nach drei Funktionen**

Gesetzgebung	Ausführung der Gesetze	Rechtsprechung

M 2: Gewaltenteilung

Ein wesentlicher Grundsatz der parlamentarischen Demokratie ist die **Gewaltenteilung.** Sie besagt zunächst, dass die Staatsgewalt nicht in der Hand eines Einzelnen und auch nicht bei einer Gruppe liegt, sondern aufgeteilt von verschiedenen verfassungsmäßigen Organen wahrgenommen wird. Grundgedanke ist, dass durch die Aufteilung von Macht deren Missbrauch verhindert oder doch erheblich erschwert und damit der persönliche Freiheitsbereich gesichert werden soll.
(Ernst Goyke: Parlaments-ABC)

M 3: Gewaltenteilung und Gewaltenkonzentration

Das Prinzip der **Gewaltenteilung** bildet einen Grundbestandteil der freiheitlichen demokratischen Grundordnung der Bundesrepublik Deutschland und unterscheidet diese von allen Diktaturen, deren Kennzeichen die **Gewaltenkonzentration** ist, das heißt die Vereinigung der gesamten Staatsgewalt bei einem Staatsorgan oder in der Hand einer politischen Gruppe.
(Reinhart Beck: Sachwörterbuch der Politik)

M 4

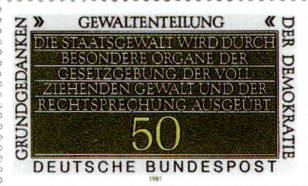

M 5: Aus Artikel 28 des Grundgesetzes

Verfassung der Länder, Selbstverwaltungsrecht

(1) Die verfassungsmäßige Ordnung in den Ländern muss den Grundsätzen des republikanischen, demokratischen und sozialen Rechtsstaates im Sinne dieses Grundgesetzes entsprechen. In den Ländern, Kreisen und Gemeinden muss das Volk eine Vertretung haben, die aus allgemeinen, unmittelbaren, freien, gleichen und geheimen Wahlen hervorgegangen ist. …

(2) Den Gemeinden muss das Recht gewährleistet sein, alle Angelegenheiten der örtlichen Gemeinschaft im Rahmen der Gesetze in eigener Verantwortung zu regeln. Auch die Gemeindeverbände haben im Rahmen ihres gesetzlichen Aufgabenbereiches nach Maßgabe der Gesetze das Recht der Selbstverwaltung. Die Gewährleistung der Selbstverwaltung umfasst auch die Grundlagen der finanziellen Eigenverantwortung.

M 6: Vertikale Gewaltenteilung

Aufteilung der staatlichen Aufgaben auf 2 Ebenen

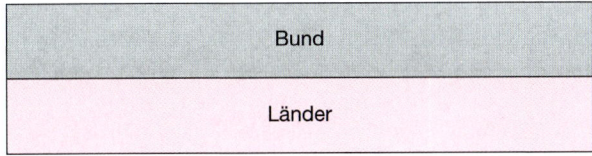

Bund
Länder

und Maßnahmen. Bürger und Öffentlichkeit haben auf diese Weise ihrerseits die Möglichkeit zur Kontrolle.

Formen der Gewaltenteilung

In der Bundesrepublik Deutschland besteht **Gewaltenteilung** in der Form von
– horizontaler Gewaltenteilung und
– vertikaler Gewaltenteilung.

Horizontale Gewaltenteilung

Die **horizontale Gewaltenteilung** bezweckt eine Aufteilung der staatlichen Aufgaben nach Aufgabenbereichen. Das Grundgesetz schreibt vor, in welcher Weise die Aufgaben auf die verschiedenen Verfassungsorgane des Bundes (Abschnitte 5.3.2–5.3.6) aufgeteilt sind (Abschnitt 5.4.2).

In ähnlicher Weise sind auf Länderebene die staatlichen Aufgaben verteilt nach den Bestimmungen der Länderverfassungen.

Vertikale Gewaltenteilung

Als **vertikale Gewaltenteilung** bezeichnet man dagegen die Aufteilung der staatlichen Befugnisse auf die verschiedenen Ebenen des Bundesstaats, nämlich auf Bund, Länder und Gemeinden (Abschnitt 5.4.6).

Subsidiaritätsprinzip und Selbstverwaltung

Auch auf der Ebene der Länder sind die staatlichen Aufgaben zu einem Teil den Gemeinden und Kreisen zur selbstständigen Erledigung zugewiesen (M 5). Hierbei erkennt man den Grundsatz der **Subsidiarität** (M 8 von 5.4.6). Das **Subsidiaritätsprinzip** verlangt, dass größere Organisationseinheiten nur jene Aufgaben übernehmen, die man im Kleinen nicht selbständig bewältigen kann. In diesem Grundsatz ist das Recht auf **Selbstverwaltung** der Gemeinden begründet.

Aufgrund des **Selbstverwaltungsrechts** können Gemeinden und Kreis ihre Angelegenheiten selbstständig regeln. Deshalb kann z.B. eine Stadt in eigener Verantwortung einen Bebauungsplan aufstellen sowie die Stadtwerke betreiben und Gebühren für Wasser und Abwasser für die Finanzierung erheben. Die Selbstverwaltung von Gemeinde und Kreis unterliegt allerdings der Aufsicht des Landes.

M 7: Bund, Länder und Gemeinden

Die Bundesrepublik Deutschland ist ein dezentral organisiertes politisches System. Das bedeutet, es existieren mehrere eigenständige politische Ebenen: Bund, Länder und Gemeinden, mit eigenen inhaltlichen Zuständigkeiten, eigener Finanzwirtschaft und einem dazugehörigen politischen Willensbildungsprozess. Staatsqualität besitzen jedoch nur Bund und Länder.
(Baden-Württemberg, eine kleine politische Landeskunde)

■ Aufgaben

1. Welchen Zweck hat die Gewaltenteilung?
2. Was versteht man unter horizontaler Gewaltenteilung, was unter vertikaler Gewaltenteilung?
3. Nach welchen Gesichtspunkten erfolgt die horizontale Gewaltenteilung?
4. Nennen Sie die verschiedenen Ebenen der vertikalen Gewaltenteilung in Deutschland.
5. Warum muss man die Gewaltenteilung als Grundlage der parlamentarischen Demokratie ansehen (M 2)?
6. Inwiefern kann Gewaltenteilung Machtmissbrauch verhindern? Erläutern Sie anhand des Dritten Reichs die Gefahren einer Gewaltenkonzentration (M 3 + Abschnitt 4.3.2)?
7. Nennen Sie Staaten, in denen es keine Gewaltenteilung gibt. Welche Auswirkungen hat dies dort auf das Leben der Bürger?

Gewaltenteilung:
– **horizontale Gewaltenteilung**
   = Aufteilung nach
      Aufgabenbereichen
– **vertikale Gewaltenteilung**
   = Aufteilung auf
      Bund und Länder

Zweck der Gewaltenteilung:
– **Machtbeschränkung einzelner staatlicher Organe**
– **Machtkontrolle**

5.4.2 Aufteilung der Staatsgewalt auf Bundesebene

Die Staatsgewalt wird in Deutschland entsprechend den **Aufgaben** oder **Funktionen des Staats** aufgeteilt in

- die **gesetzgebende Gewalt** (Legislative),
- die **vollziehende** oder ausführende Gewalt (Exekutive) und
- die **rechtsprechende Gewalt** (Judikative).

Horizontale Gewaltenteilung auf Bundesebene

Im Sinne einer **horizontalen Gewaltenteilung** weist das Grundgesetz diese Funktionen des Staats verschiedenen Organen zu. Auf Bundesebene üben Bundestag und Bundesrat die gesetzgebende Gewalt aus. Die vollziehende Gewalt liegt bei der Bundesregierung, beim Bundespräsidenten und bei den Verwaltungsbehörden. Die rechtsprechende Gewalt üben das Bundesverfassungsgericht und die obersten Gerichtshöfe des Bundes aus.

Gesetzgebende und vollziehende Gewalt

Im **parlamentarischen Regierungssystem** der Bundesrepublik sind zwischen gesetzgebender und vollziehender Gewalt zwar die Aufgaben getrennt, doch besteht personell keine Trennung. So sind die Mitglieder der Bundesregierung meist gleichzeitig Bundestagsabgeordnete.

Bundestag und Bundesregierung

In vielen Fällen arbeiten **Bundesregierung und Bundestag** eng zusammen. Eine Gewaltenteilung zwischen Regierung und Gesetzgeber besteht bei den Personen nicht. Der Bundeskanzler kann z. B. mit seiner Regierung ein Gesetz vorschlagen. In seiner Eigenschaft als Bundestagsabgeordneter stimmt er im Bundestag diesem Gesetz zu. Für die Ausführung des Gesetzes ist er wiederum als Bundeskanzler mit seiner Regierung verantwortlich.

Somit ist die Trennung der staatlichen Funktionen gewährleistet. Doch kann man von einer personellen Verschränkung von Regierung und Parlament sprechen.

Die Bundesregierung muss das Vertrauen des Parlaments besitzen und ist deshalb auf die Unterstützung durch eine Mehrheit im Bundestag angewiesen. Die Abhängigkeit der vollziehenden Gewalt vom Parlament kommt deutlich darin zum Ausdruck, dass der Bundestag den Bundeskanzler wählt und auch die Bundesregierung stürzen kann, indem er einen neuen Bundeskanzler wählt.

M 1: Gewaltenteilung in der Bundesrepublik Deutschland

In parlamentarisch regierten Staaten ist nur der Grundsatz der **Unabhängigkeit der Justiz** voll gewahrt. Zwischen Legislative und Exekutive besteht dagegen keine strenge Gewaltenteilung; sie sind, da die Mitglieder der Regierung meist auch Abgeordnete des Parlaments sind, personell eng miteinander verknüpft und politisch voneinander abhängig, da die Regierung vom Parlament gewählt wird und von diesem abgewählt werden kann.

(Reinhart Beck: Sachwörterbuch der Politik)

M 2: Gesetzgebung und Rechtsprechung

Bei Gesetzentwürfen und Gesetzesbeschlüssen überlegt man sich selbstverständlich, ob das Gesetz einer **richterlichen Überprüfung** standhalten kann.

Wenn beispielsweise die Opposition bezweifelt, dass ein Gesetz mit dem Grundgesetz vereinbar ist, dann kann sie das Bundesverfassungsgericht anrufen, das ein Gesetz für nichtig erklären kann. Diesem Antrag der Opposition muss ein Drittel der Mitglieder des Bundestags zustimmen (Abschnitt 5.3.6). Die strikte Trennung der rechtsprechenden Gewalt von den anderen staatlichen Funktionen sowie von Parlament und Regierung gewährleistet die **Unabhängigkeit der Richter.** Diese können ohne Rücksicht auf künftige Zusammenarbeit z. B. mit dem Bundestag die Vereinbarkeit eines Gesetzes mit dem Grundgesetz beurteilen.

M 3: Regierung und Opposition im parlamentarischen Regierungssystem

Die **parlamentarische Opposition** umfasst alle diejenigen Abgeordneten und Fraktionen eines Parlaments, die sich, vor allem bei Abstimmungen, gegen die Regierung stellen. An die Stelle der Gewaltenteilung zwischen Regierung und Gesamtparlament ist in parlamentarischen Demokratien das Gegeneinander von Regierung und parlamentarischer Mehrheit der Regierungsparteien auf der einen und parlamentarischer Minderheit der Oppositionsparteien auf der anderen Seite getreten.

(Reinhart Beck: Sachwörterbuch der Politik)

Zusammenarbeit von Regierung und Parlament

Am Beispiel der Gesetze wird die Zusammenarbeit zwischen Regierung und Parlament deutlich: Bundestag und Bundesrat beschließen zwar letztlich ein Gesetz in seinem endgültigen Wortlaut. In den meisten Fällen wurde aber der Gesetzentwurf von der **Bundesregierung** vorbereitet. Dabei wurde selbstverständlich auch überlegt, ob der **Bundestag** einzelne Bestimmungen gutheißen würde und ob das Gesetz insgesamt in der vorgeschlagenen Form eine Chance für eine Verabschiedung hat, weil die Mehrheit des Parlaments und der **Bundesrat** zustimmen müssen.

Auch aus dem **Zwang zur Zusammenarbeit** zwischen Bundesregierung und Bundestag entsteht eine gegenseitige Hemmung und Machtbeschränkung. Doch die eigentliche **Kontrolle der Regierung** liegt bei der **Opposition** im Bundestag (Abschnitt 5.4.4) und bei der richterlichen Kontrolle (Abschnitt 5.4.5).

Unabhängigkeit der Rechtsprechung

Im Fall der **rechtsprechenden Gewalt** ist die Trennung von den anderen staatlichen Funktionen gewahrt; Richter des Bundesverfassungsgerichts und der obersten Gerichtshöfe des Bundes können weder ein Regierungsamt innehaben noch Mitglieder des Bundestags sein.

■ Aufgaben

1. Welche staatlichen Funktionen unterscheidet man?
2. Zwischen welchen Teilgewalten besteht in der Bundesrepublik eine strikte Gewaltenteilung?
3. Welche Organe gehören in der Bundesrepublik zur gesetzgebenden Gewalt?
4. Zeigen Sie an Beispielen die personelle Verschränkung zwischen Bundesregierung und Bundestag.
5. Diskutieren Sie am Beispiel der Gesetzgebung (Abschnitt 5.4.3) die Behauptung, dass Gewaltenteilung zur Zusammenarbeit zwingt.
6. Diskutieren Sie im Zusammenhang mit der Gewaltenteilung die Möglichkeit eines Bundesministers, sowohl beim Entwurf eines Gesetzes und bei dessen Ausführung mitzuwirken als auch beim Beschluss des Gesetzes.
7. Zeigen Sie anhand einer Bundestagsdebatte auf, dass die eigentliche Kontrolle der Regierung bei der Opposition liegt (M3).
8. Halten Sie es für berechtigt, dass man die Massenmedien als 4. Gewalt ansieht? Bedenken Sie dabei, dass die Kontrolle staatlicher Macht durch die Bürger auf Informationen und deren Übermittlung angewiesen ist. Oft werden Unregelmäßigkeiten und Skandale im staatlichen Bereich durch Journalisten aufgedeckt und erst über die Berichterstattung in den Medien der Öffentlichkeit bekannt.

M 4:
Bundeskanzleramt **Bundestag** **Bundesverfassungsgericht**
Bundesrat

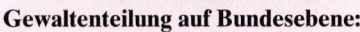

Gewaltenteilung auf Bundesebene:

Bundesregierung	**Bundestag, Bundesrat**	**Bundesgerichte**
vollziehende Gewalt	**gesetzgebende Gewalt**	**rechtsprechende Gewalt**

5.4.3 Gesetzgebung und Ausführung der Gesetze

Bei der Gesetzgebung ist das Zusammenwirken verschiedener staatlicher Organe gut zu erkennen. Der **Weg eines Gesetzes** ist deshalb so kompliziert, weil man im Sinne der Gewaltenteilung vermeiden will, dass eine einzige Stelle willkürlich sowie ohne Beschränkung und Kontrolle durch andere Organe Gesetze erlassen kann. Alle gesetzlichen Vorschriften müssen sorgfältig überlegt und abgewogen sein, weil die **Ausführung der Gesetze (Gesetzesvollzug)** die Entfaltungsmöglichkeiten der Bürger entscheidend festlegen oder beeinträchtigen kann.

Gang der Gesetzgebung

Die **Gesetzgebung** kann man unterteilen in folgende Abschnitte:

– Einbringung des Gesetzentwurfs
– Beratung und Beschlussfassung der gesetzgebenden Organe
– Ausfertigung
– Verkündung und Inkrafttreten als Voraussetzung für den Gesetzesvollzug.

Vorlage von Gesetzentwurf und Beratungen

Gesetzentwürfe können die Bundesregierung, der Bundestag und der Bundesrat einbringen, das heißt zur Beratung und Beschlussfassung vorlegen (M2).

Die **Beratung und Beschlussfassung** im **Bundestag** erfolgt in drei **Lesungen** mit den abschließenden **Abstimmungen.** Nach der **ersten Lesung** finden meist ausführliche Beratungen in den Ausschüssen statt. Zur Einzelberatung der geplanten Vorschriften und der Änderungsanträge kommt es in der **zweiten Lesung.** Die **dritte Lesung,** verbunden mit einer erneuten Gesamtaussprache, endet mit der Schlussabstimmung.

Mitwirkung des Bundesrats

Alle vom Bundestag beschlossenen Gesetze werden abschließend vom **Bundesrat** beraten. Falls der Bundesrat Bedenken gegen ein vom Bundestag beschlossenes Gesetz hat, kann er den **Vermittlungsausschuss** anrufen (M4). Dieser erwägt Kompromissvorschläge und schlägt möglichst eine Fassung des Gesetzes vor, die Bundestag und Bundesrat annehmen können.

Gesetzgebung umfasst nicht nur gesetzliche Bestimmungen, die beispielsweise wie das Strafgesetzbuch ausdrücklich „Gesetz" heißen (M1). Auch der Bundeshaushalt (M7), in dem alle geplanten Ausgaben und erwarteten Einnahmen des Bundes zusammengestellt sind, wird jährlich als **Bundeshaushaltsgesetz** verabschiedet.

M1: Wichtige Gesetze

Wichtige Gesetze, die für die Politik und die Gemeinschaftskunde eine Rolle spielen:

- Arbeitsförderungsgesetz (AFG)
- Arbeitszeitgesetz (ArbZG)
- Bundesausbildungsförderungsgesetz (BAföG)
- Berufsbildungsgesetz (BBiG)
- Bürgerliches Gesetzbuch (BGB)
- Bundes-Imissionsschutzgesetz (BImSchG)
- Bundeswahlgesetz
- Ehegesetz
- Grundgesetz (GG)
- Handelsgesetzbuch (HGB)
- Jugendschutzgesetz (JgSchG)
- Jugendarbeitsschutzgesetz (JgArbSchG)
- Parteiengesetz
- Soldatengesetz
- Sozialgesetzbuch (SGB)
- Straßenverkehrsgesetz
- Strafgesetzbuch (StGB)
- Versammlungsgesetz
- Wehrpflichtgesetz
- Zivildienstgesetz
- Zivilprozessordnung (ZPO)

**M2: Gesetzesvorlagen –
      Gesetzesbeschlüsse**

1.–14. Wahlperiode des Deutschen Bundestags, 1949–2002

Gesetzesvorlagen von	
Bundesregierung	5297
Bundestag	3232
Bundesrat	1224
Gesetzesvorlagen zusammen	9256
Gesetzesbeschlüsse	6057

Von 6057 vom Bundesrat behandelten Gesetzesbeschlüssen des Bundestags sind 5944 wirksam geworden; 66 Gesetzen hat der Bundesrat endgültig seine Zustimmung versagt.

(Gebhard Ziller, DAS PARLAMENT vom 20.1.2003)

M 3

Gesetzgebung

Verfahrensweise bei der Vorlage eines **zustimmungsbedürftigen Gesetzes** durch die Bundesregierung*

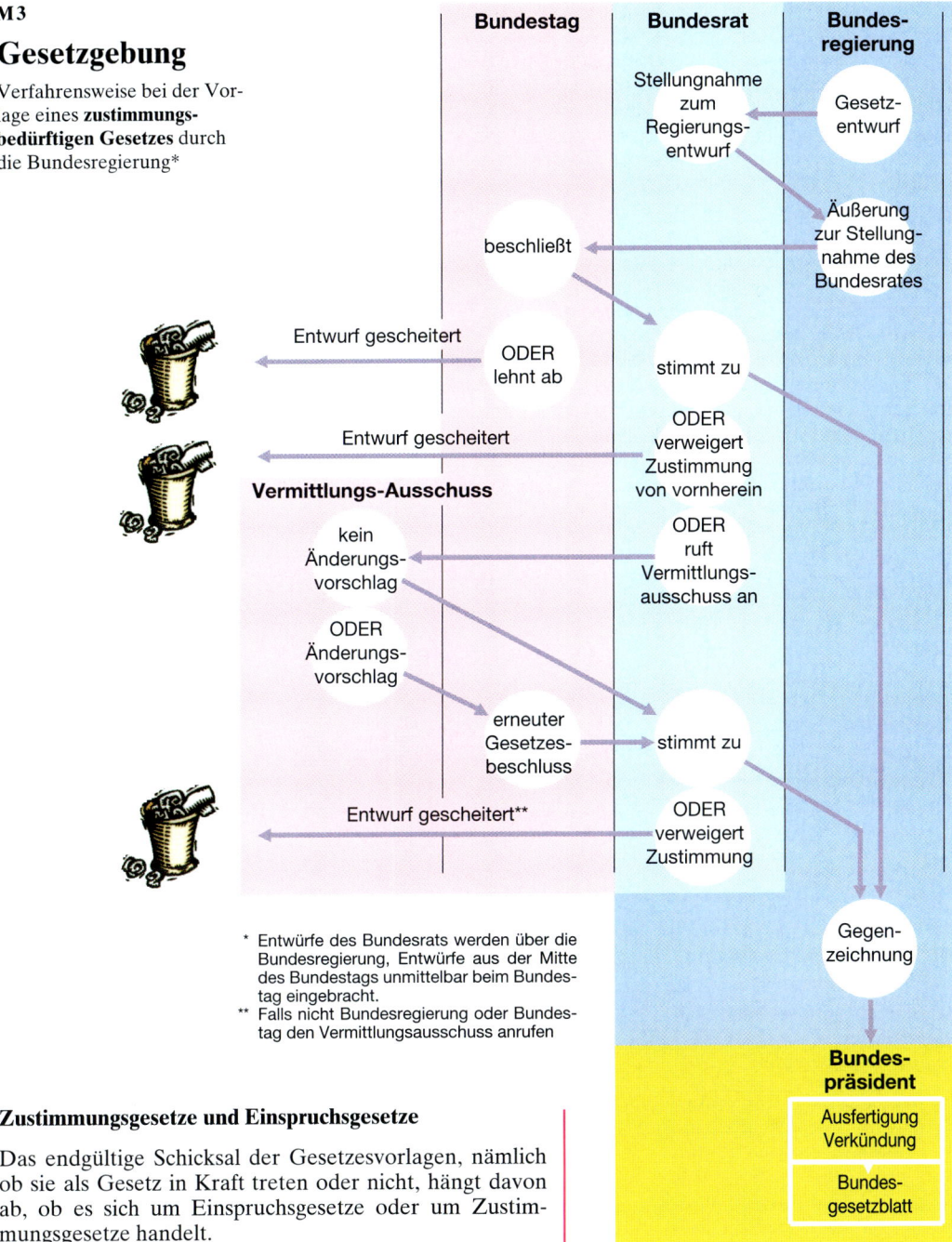

Bundestag	Bundesrat	Bundes-regierung
	Stellungnahme zum Regierungs-entwurf	Gesetz-entwurf
		Äußerung zur Stellung-nahme des Bundesrates
beschließt		
Entwurf gescheitert ODER lehnt ab	stimmt zu	
Entwurf gescheitert	ODER verweigert Zustimmung von vornherein	
Vermittlungs-Ausschuss		
kein Änderungs-vorschlag	ODER ruft Vermittlungs-ausschuss an	
ODER Änderungs-vorschlag		
erneuter Gesetzes-beschluss	stimmt zu	
Entwurf gescheitert**	ODER verweigert Zustimmung	
		Gegen-zeichnung
		Bundes-präsident
		Ausfertigung Verkündung
		Bundes-gesetzblatt

* Entwürfe des Bundesrats werden über die Bundesregierung, Entwürfe aus der Mitte des Bundestags unmittelbar beim Bundestag eingebracht.

** Falls nicht Bundesregierung oder Bundestag den Vermittlungsausschuss anrufen

Zustimmungsgesetze und Einspruchsgesetze

Das endgültige Schicksal der Gesetzesvorlagen, nämlich ob sie als Gesetz in Kraft treten oder nicht, hängt davon ab, ob es sich um Einspruchsgesetze oder um Zustimmungsgesetze handelt.

Einspruchsgesetze nennt man jene Gesetze, gegen die der Bundesrat Einspruch einlegen kann. Bei einem Einspruch muss der Bundestag erneut über die Gesetzesvorlage beraten. Wenn der Bundestag die Einwände des Bundesrats ablehnt und den Gesetzentwurf nochmals mit absoluter Mehrheit (M 5 von 5.3.5) beschließt, dann ist der Bundesrat überstimmt, und das Gesetz kann in Kraft treten.

Zustimmungsgesetze können hingegen nur mit Zustimmung des Bundesrats in Kraft treten, weil die Belange der Länder in besonderem Maß betroffen sind. In diesem Fall hat der Bundesrat sozusagen das letzte Wort (M3). Dies gilt auch, wenn von Seiten des Bundestags oder der Bundesregierung der Vermittlungsausschuss angerufen wurde und Änderungsvorschläge gemacht wurden (M5+M6).

Der Haushaltsplan

Auch den Entwurf für den **Haushaltsplan** für die Bundesrepublik (M7) bringt die Bundesregierung in das Gesetzgebungsverfahren zur Beschlussfassung ein. Er wird wie andere Gesetze beraten und verabschiedet. In der Diskussion der einzelnen Posten des Haushaltsplans kommt es bei der Beratung im Bundestag zur Auseinandersetzung mit den Zielen der Regierung und deren Gewichtung. Insofern hat das Haushaltsgesetz eine besondere Bedeutung. Nicht zuletzt kann der Bundestag über Kürzungen oder Erweiterungen Einfluss auf die Tätigkeit von Regierung und Verwaltung nehmen sowie seinerseits die Gewichtung der politischen Ziele und Aufgaben bestimmen.

M6: Artikel 77 Absatz 2 des Grundgesetzes:

Vermittlungsausschuss

Der Bundesrat kann binnen drei Wochen nach Eingang des Gesetzesbeschlusses verlangen, dass ein aus Mitgliedern des Bundestages und des Bundesrates für die gemeinsame Beratung von Vorlagen gebildeter Ausschuss einberufen wird. Die Zusammensetzung und das Verfahren dieses Ausschusses regelt eine Geschäftsordnung, die vom Bundestag beschlossen wird und der Zustimmung des Bundesrates bedarf. Die in diesen Ausschuss entsandten Mitglieder des Bundesrates sind nicht an Weisungen gebunden. Ist zu einem Gesetz die Zustimmung des Bundesrates erforderlich, so können auch der Bundestag und die Bundesregierung die Einberufung verlangen. Schlägt der Ausschuss eine Änderung des Gesetzesbeschlusses vor, so hat der Bundestag erneut Beschluss zu fassen.

M4

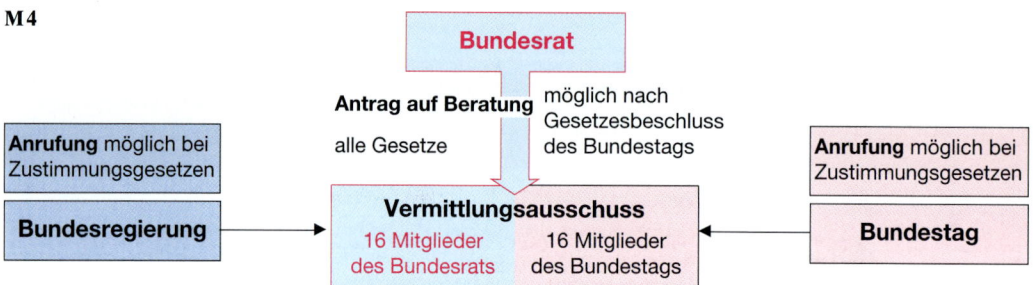

M5: Anrufung Vermittlungsausschuss

Zeitraum	Anrufung durch				davon bei einem Gesetz		Gesetz verkündet	nicht verkündet
	BReg.	BTag	BRat	insg.*	2×	3×		
1. Legislaturperiode (1949–1953)	3	2	70	75	3	–	63	9
2. Legislaturperiode (1953–1957)	3	3	59	65	1	1	56	6
3. Legislaturperiode (1957–1961)	3	–	46	49	–	–	47	2
4. Legislaturperiode (1961–1965)	3	2	34	39	2	–	35	2
5. Legislaturperiode (1965–1969)	4	1	34	39	1	1	30	7
6. Legislaturperiode (1969–1972)	2	–	31	33	2	–	31	1
7. Legislaturperiode (1972–1976)	7	1	96	104	6	1	89	7
8. Legislaturperiode (1976–1980)	7	1	69	77	4	1	57	14
9. Legislaturperiode (1980–1983)	3	–	17	20	–	–	17	3
10. Legislaturperiode (1983–1987)	–	–	6	6	–	–	6	–
11. Legislaturperiode (1987–1990)	–	–	13	13	–	–	11	2
12. Legislaturperiode (1990–1994)	14	–	71	85	2	–	71	12
13. Legislaturperiode (1994–1998)	10	8	74	92	7	1	73	10
14. Legislaturperiode (1998–2002)	10	1	66	77	2	–	65	12
insgesamt:	69	19	686	774	30	5	651	87

* insgesamt = Gesamtzahl der Anrufungen des Vermittlungsausschusses   (Quelle: Bundesrat)

Ausfertigung und Verkündung

Wenn der Beschluss über einen Gesetzesentwurf endgültig vorliegt, wird das Gesetz von Seiten der Bundesregierung unterzeichnet durch die zuständigen Minister und dem Bundespräsidenten übermittelt. Nach der **Ausfertigung** und **Verkündung** durch den **Bundespräsidenten** erfolgt die Veröffentlichung im **Bundesgesetzblatt.** Damit tritt das Gesetz in Kraft, wenn nicht ein bestimmter Termin dafür im Gesetz festgelegt ist.

Ausführung der Gesetze

Die meisten Bundesgesetze führen die Länder mit ihren Verwaltungen selbstständig aus: Der Bundesregierung steht in diesen Fällen nur die Aufsicht über die Verwaltungstätigkeit zu. So werden beispielsweise die Steuergesetze von der Steuerverwaltung der Länder, den Finanzämtern ausgeführt und bei der Besteuerung der Bürger angewandt. Nur in einzelnen Bereichen wie z. B. der Außenpolitik veranlasst die Bundesregierung selbst den **Gesetzesvollzug.**

M8: Artikel 83 des Grundgesetzes:

Länderexekutive

Die Länder führen die Bundesgesetze als eigene Angelegenheit aus, soweit dieses Grundgesetz nichts anderes bestimmt oder zulässt.

■ **Aufgaben**

1. Welche Abschnitte unterscheidet man bei der Gesetzgebung?

2. Wer kann Gesetzentwürfe in das Gesetzgebungsverfahren einbringen?

3. Welche Organe sind bei der Beratung und Beschlussfassung von Gesetzen beteiligt?

4. Was versteht man unter einem zustimmungsbedürftigen Gesetz? Welche Besonderheiten gelten für die Verabschiedung von zustimmungsbedürftigen Gesetzen im Gegensatz zu Einspruchsgesetzen (M3)?

5. Welche Bedeutung hat der Vermittlungsausschuss für die Gesetzgebung des Bundes (M4+M5+M6)? Von welcher Seite kann der Vermittlungsausschuss angerufen werden?

6. Warum kann in der Diskussion um den Haushaltsplan eine Auseinandersetzung mit den grundsätzlichen Zielen sowie den speziellen Vorhaben der Regierung erfolgen (M7)? In welcher Weise kann der Bundestag hierbei eigene Ziele fördern?

7. Halten Sie es für sinnvoll, dass die Ausführung von Gesetzen in der Regel Sache der Länder ist (M8)? Begründen Sie Ihre Ansicht.

Gesetzgebung durch Zusammenwirken von:
– **Bundestag**
– **Bundesrat**
– **Bundesregierung**

Gesetzesausführung durch:
– **Bundesregierung**
– **Landesregierungen**
– **Verwaltungen der Länder**

M 7: Der Bundeshaushalt 2003

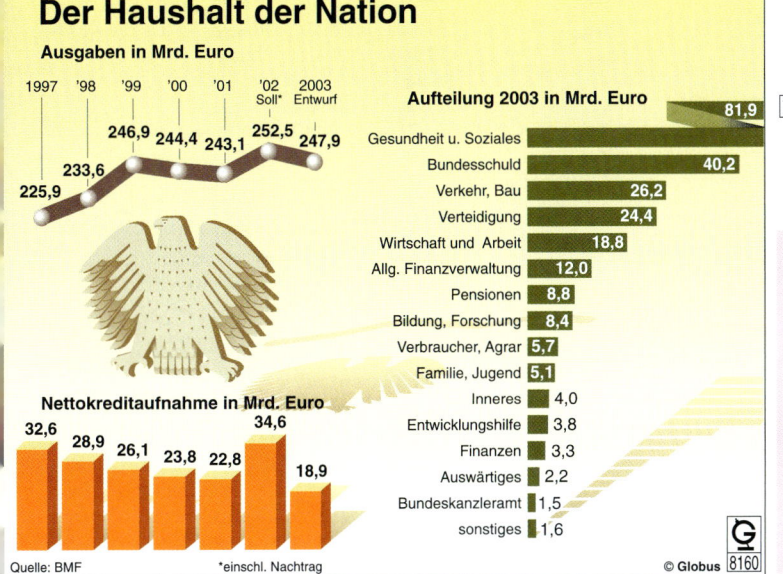

Der Haushalt der Nation

Ausgaben in Mrd. Euro

1997	'98	'99	'00	'01	'02 Soll*	2003 Entwurf
225,9	233,6	246,9	244,4	243,1	252,5	247,9

Aufteilung 2003 in Mrd. Euro

Gesundheit u. Soziales	81,9
Bundesschuld	40,2
Verkehr, Bau	26,2
Verteidigung	24,4
Wirtschaft und Arbeit	18,8
Allg. Finanzverwaltung	12,0
Pensionen	8,8
Bildung, Forschung	8,4
Verbraucher, Agrar	5,7
Familie, Jugend	5,1
Inneres	4,0
Entwicklungshilfe	3,8
Finanzen	3,3
Auswärtiges	2,2
Bundeskanzleramt	1,5
sonstiges	1,6

Nettokreditaufnahme in Mrd. Euro

32,6	28,9	26,1	23,8	22,8	34,6	18,9

Quelle: BMF *einschl. Nachtrag © Globus 8160

5.4.4 Die Kontrollfunktion des Bundestags

Der Bundestag übt die **parlamentarische Kontrolle** über die **Regierung** aus. Im Sinne der Gewaltenteilung gehört dies nicht nur zu den Rechten der Volksvertretung, sondern auch zu ihren Pflichten.

Zum Zwecke der Kontrolle stehen den Abgeordneten verschiedene Mittel zu Verfügung. Sie können nicht zuletzt verlangen, dass bestimmte Minister als Mitglieder der Bundesregierung an einer Sitzung des Bundestags oder der Ausschüsse teilnehmen, damit an den Vertreter der Regierung Fragen gestellt werden können.

Mittel zur Kontrolle der Bundesregierung

Eine Kontrolle der Bundesregierung durch den Bundestag geschieht vor allem durch

- die **Bewilligung des Bundeshaushalts** und die damit verbundene Kontrolle der Ausgaben der Regierung,
- **Anfragen** an die Regierung,
- **Beschlüsse,** durch die die Regierung aufgefordert wird, in bestimmter Weise zu handeln,
- die Möglichkeit, **Untersuchungsausschüsse** einzusetzen, um beispielsweise vermutete Missstände aufzuklären,
- das **Misstrauensvotum** als Möglichkeit, den Bundeskanzler und damit die Bundesregierung zu stürzen.

M 1

> Untersuchungsausschüsse
> des Bundestages
> ### Schärfste politische Waffe
> ### des Parlaments

(DAS PARLAMENT vom 28. 2. 1984)

Kontrolle durch die Opposition

Prinzipiell hat der Bundestag insgesamt die Pflicht, die Bundesregierung zu kontrollieren. Allerdings kommt die Aufgabe der Kontrolle besonders der **Opposition** im Parlament zu. Dies kommt in den Debatten zum Haushaltsplan regelmäßig deutlich zum Ausdruck.

Anfragen und Anträge auf **Beschlüsse** gehen oft von der Opposition aus und zwingen die Regierung, ihre Politik zu begründen und zu verteidigen. An die Beantwortung **großer Anfragen** schließt sich in der Regel eine Debatte an. Die regelmäßige **Fragestunde** dient der Beantwortung von Einzelfragen und in der **aktuellen Stunde** werden mit kurzen Redebeiträgen oft brisante Themen diskutiert.

Untersuchungsausschüsse

Untersuchungsausschüsse gehen bei der Aufklärung von Sachverhalten ähnlich vor wie Gerichte bei Strafprozessen. Damit eine Mehrheit im Parlament die Einsetzung

M 2: Anfragen

Die Geschäftsordnung des Bundestags der Bundesrepublik Deutschland unterscheidet zwischen einer **Großen Anfrage,** einer **Kleinen Anfrage** und der in der Fragestunde vorzutragenden **Mündlichen Anfrage.** – Anfragen sind Mittel der Kontrolle der Regierung durch das Parlament. Sie vorzubringen ist ein Grundrecht der Abgeordneten.

(Reinhart Beck: Sachwörterbuch der Politik)

M 3: Untersuchungsausschüsse

Die Untersuchungsausschüsse sind Organe des Parlaments und haben die Aufgabe, dessen Arbeit zu fördern … Gleichzeitig dienen sie aber auch der Kontrolle der Regierung durch das Parlament und sind eine Waffe der Opposition gegen die Regierungsparteien.

Die Untersuchungsausschüsse werden von Fall zu Fall eingesetzt, wobei der Antrag eines Viertels der Mitglieder des Bundestages ausreicht. Damit ist sichergestellt, dass die Regierungsmehrheit die Bildung des Ausschusses nicht ohne weiteres verhindern kann.

(Dieter Hesselberger: Das Grundgesetz)

M 4: Artikel 44 des Grundgesetzes:

Untersuchungsausschüsse

(1) Der Bundestag hat das Recht und auf Antrag eines Viertels seiner Mitglieder die Pflicht, einen Untersuchungsausschuss einzusetzen, der in öffentlicher Verhandlung die erforderlichen Beweise erhebt. Die Öffentlichkeit kann ausgeschlossen werden.

(2) Auf Beweiserhebungen finden die Vorschriften über den Strafprozess sinngemäß Anwendung. Das Brief-, Post- und Fernmeldegeheimnis bleibt unberührt.

(3) Gerichte und Verwaltungsbehörden sind zur Rechts- und Amtshilfe verpflichtet.

(4) Die Beschlüsse der Untersuchungsausschüsse sind der richterlichen Erörterung entzogen. In der Würdigung und Beurteilung des der Untersuchung zugrunde liegenden Sachverhaltes sind die Gerichte frei.

M 5: Artikel 67 Absatz 1 des Grundgesetzes:

Misstrauensvotum

Der Bundestag kann dem Bundeskanzler das Misstrauen nur dadurch aussprechen, dass er mit der Mehrheit seiner Mitglieder einen Nachfolger wählt und den Bundespräsidenten ersucht, den Bundeskanzler zu entlassen. Der Bundespräsident muss dem Ersuchen entsprechen und den Gewählten ernennen.

M6

Parlamentarische und richterliche Kontrolle

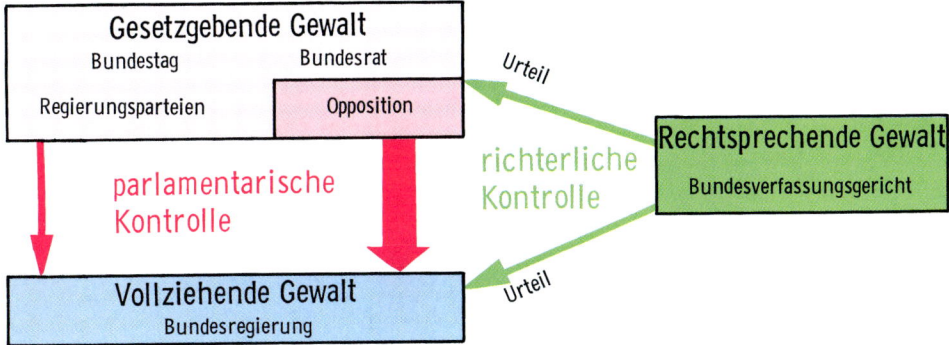

eines Untersuchungsausschusses, der möglicherweise unangenehme Tatsachen ans Licht bringt, nicht verhindern kann, genügt für diesen Beschluss die Zustimmung von einem Viertel der Abgeordneten.

Im Jahre 1988 versuchten z. B. Untersuchungsausschüsse den Atommüll-Skandal (verbotene Geschäfte mit strahlendem Müll) und die unerlaubte Lieferung von Konstruktionsunterlagen für U-Boote an Südafrika zu klären; 1999 wurde ein Untersuchungsausschuss eingesetzt, um zu klären, ob durch Spenden an Regierungsparteien politische Entscheidungsprozesse beeinflusst wurden.

Das Misstrauensvotum

Die Regierung muss in einer parlamentarischen Demokratie das Vertrauen des Parlaments besitzen, denn zum Regieren ist die Unterstützung durch eine Mehrheit der Volksvertreter notwendig. Wenn das Parlament mit einer Regierung nicht mehr einverstanden ist, kann sie ihr durch eine Abstimmung das **Misstrauen** aussprechen. In diesem Fall muss die Regierung zurücktreten.

Für die Bundesrepublik sieht das Grundgesetz Folgendes vor:

1. Das Misstrauen kann nur gegenüber dem Bundeskanzler ausgesprochen werden und nicht gegen einzelne Minister.
2. Mit der Abstimmung über das Misstrauen muss die Wahl eines neuen Bundeskanzlers verbunden sein. Man spricht deshalb von einem *konstruktiven* Misstrauensvotum, weil gleichzeitig die Unterstützung einer neuen Regierung gesichert ist.

Die Ablösung einer Bundesregierung durch ein **konstruktives Misstrauensvotum** erfolgte 1982. Damals wählte der Bundestag *Helmut Kohl* als neuen Bundeskanzler. Damit war *Helmut Schmidt* und seine Regierung gestürzt, und der neue Bundeskanzler konnte seine Regierung bilden (M1 von 5.3.5).

■ **Aufgaben**

1. Welche Möglichkeiten hat der Bundestag zur Kontrolle der Bundesregierung?
2. Warum kann der Bundestag durch die Bewilligung des Bundeshaushalts die Regierung kontrollieren (M7 von 5.4.3)?
3. Suchen Sie in den Medien aktuelle Beispiele für Anfragen. Weshalb sind auch Anfragen ein Mittel zur Kontrolle?
4. Warum ist die parlamentarische Kontrolle der Regierung vor allem eine Aufgabe der Opposition? Bedenken Sie dabei die personelle Verschränkung zwischen Bundestag und Bundesregierung.
5. Auf welche Weise kann die Opposition gegen den Willen der Parlamentsmehrheit Kontrolle ausüben (M6)?
6. Aus welchen Gründen betrachtet man Untersuchungsausschüsse als schärfste Waffe des Parlaments (M3)?
7. Gibt es z. Zt. einen Untersuchungsausschuss? Welchen Auftrag hat er? Inwiefern kommt darin eine Kontrolle der Regierung zum Ausdruck?

Kontrolle der Regierung durch den Bundestag:
- **Bewilligung des Bundeshaushalts**
- **Anfragen an die Regierung**
- **Beschlüsse als Aufträge an die Regierung**
- **Untersuchungsausschüsse**
- **konstruktives Misstrauensvotum**

5.4.5 Rechtsstaatlichkeit und richterliche Kontrolle

Die **rechtsprechende Gewalt** kontrolliert sowohl die gesetzgebende als auch die vollziehende Gewalt. Sie prüft, ob sich Parlament und vollziehende Gewalt (Regierung und Verwaltung) rechtmäßig verhalten. Als Maßstab dienen

– die Verfassung,
– die Gesetze und in zunehmendem Maße
– das Europarecht.

Kontrolle durch das Bundesverfassungsgericht

Das **Bundesverfassungsgericht** entscheidet verfassungsrechtliche Streitigkeiten zwischen Bund und Ländern sowie zwischen den Verfassungsorganen des Bundes. Die vollziehende Gewalt unterliegt somit einer parlamentarischen und richterlichen Kontrolle (M 6 von 5.4.4).

Das Bundesverfassungsgericht wird aber nur auf **Antrag** tätig (M 11). Es kann also nicht von sich aus richterliche Kontrolle ausüben.

M 2

M 3: Rechtsstaat und Polizeistaat

Den Gegensatz zum Rechtsstaat bildet der Polizeistaat: Heute im übertragenen Sinn jeder Staat, der mit Hilfe polizeilicher Gewalt und unter Verletzung der menschlichen und politischen Grundrechte seiner Bürger diese unterdrückt. Als Polizeistaaten können alle Diktaturen, insbesondere die totalitären Diktaturen, bezeichnet werden.
(Reinhart Beck: Sachwörterbuch der Politik)

M 1

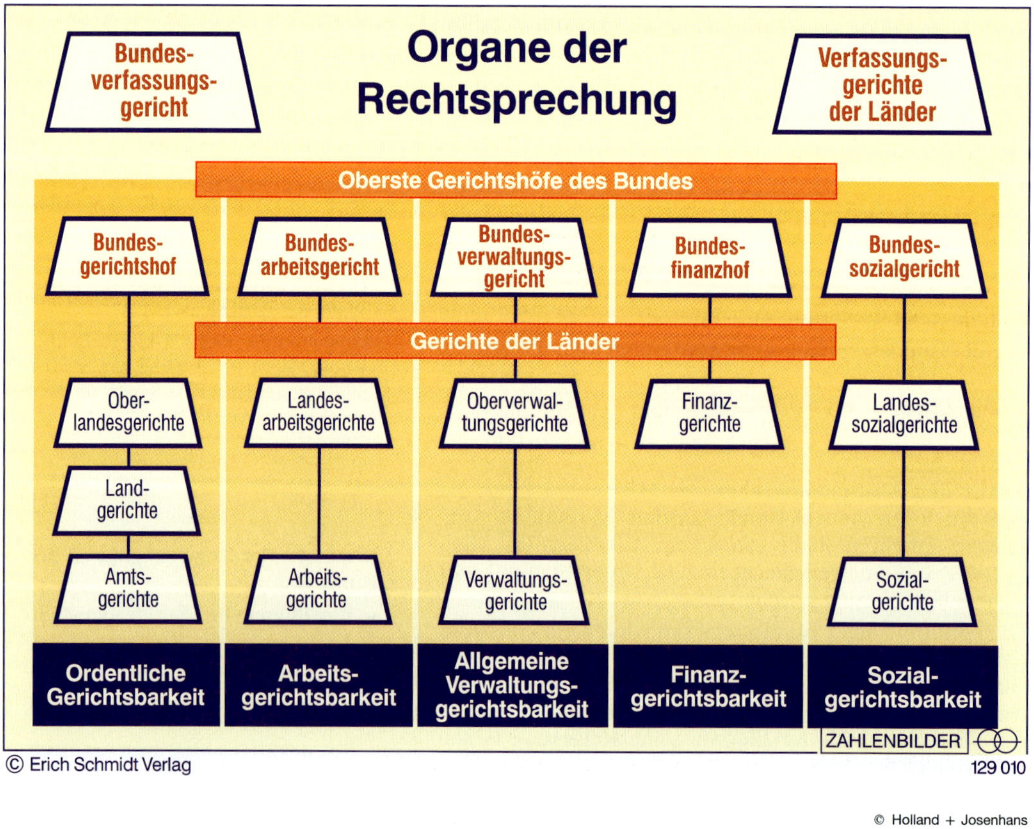

Organe der Rechtsprechung

Bundes-verfassungs-gericht				Verfassungs-gerichte der Länder
Oberste Gerichtshöfe des Bundes				
Bundes-gerichtshof	Bundes-arbeitsgericht	Bundes-verwaltungs-gericht	Bundes-finanzhof	Bundes-sozialgericht
Gerichte der Länder				
Ober-landesgerichte	Landes-arbeitsgerichte	Oberverwal-tungsgerichte	Finanz-gerichte	Landes-sozialgerichte
Land-gerichte				
Amts-gerichte	Arbeits-gerichte	Verwaltungs-gerichte		Sozial-gerichte
Ordentliche Gerichtsbarkeit	**Arbeits-gerichtsbarkeit**	**Allgemeine Verwaltungs-gerichtsbarkeit**	**Finanz-gerichtsbarkeit**	**Sozial-gerichtsbarkeit**

ZAHLENBILDER

129 010

Rechtmäßigkeit und Zweckmäßigkeit

Allerdings können Gerichte nur die **Rechtmäßigkeit** staatlichen Handelns prüfen und rechtswidrige Maßnahmen des Staats aufheben. Die **Zweckmäßigkeit** von Gesetzen und Verwaltungsentscheidungen hingegen können die Gerichte nicht überprüfen; dafür sind die Parlamente und Behörden selbst zuständig.

Hat die gesetzgebende oder die vollziehende Gewalt Grundrechte oder sonstige staatsbürgerliche Rechte verletzt, kann **Verfassungsbeschwerde** erhoben werden. Hält das Bundesverfassungsgericht die Beschwerde für begründet, so hebt es die rechtswidrige Maßnahme des Staates auf (M 10). Voraussetzung für eine Anrufung des Bundesverfassungsgerichts ist allerdings, dass zuvor versucht wurde, vor den zuständigen Gerichten (M 5) Recht zu bekommen.

M 5: Beispiel

Einem 19-jährigen wird der Führerschein vom Landratsamt oder von seiner Stadtgemeinde entzogen, weil er mit 110 km/h durch eine Ortschaft gefahren ist. Er kann Klage beim Verwaltungsgericht erheben, wenn er glaubt, dass die Teilnahme an einem Nachschulungskurs genügt. Das Gericht prüft, ob die Gesetze die Entziehung des Führerscheins zulassen. Stellt das Verwaltungsgericht durch Urteil fest, dass der Führerscheinentzug zu Recht erfolgte, kann Berufung beim Verwaltungsgerichtshof eingelegt werden.

M 4

Rechtsbereiche

Privatrecht	Öffentliches Recht	
Bürgerliches Recht Handelsrecht Arbeitsrecht u. a.	Verfassungsrecht Verwaltungsrecht Steuerrecht Sozialrecht u. a.	Strafrecht
Streitigkeiten zwischen Bürgern z. B. um eine Kündigung	*Streitigkeiten zwischen Bürger und Staat z. B. um eine Bauerlaubnis*	*Ahndung von Straftaten*

Richterliche Kontrolle und Gerichte

Um die **richterliche Kontrolle** zu gewährleisten, besteht in einem Rechtsstaat ein kompliziertes System von Gerichten, denn die **Streitigkeiten zwischen Bürger und Bürger,** wie z. B. eine Klage auf Schadenersatz wegen eines Verkehrsunfalls oder eine Scheidungsklage, und **Strafrechtssachen** werden vor den **Ordentlichen Gerichten,** nämlich den Amtsgerichten, Landgerichten, Oberlandesgerichten und dem Bundesgerichtshof entschieden.

Streitigkeiten aus dem Arbeitsrecht, wie z. B. eine Klage gegen eine Kündigung, werden vor den **Arbeitsgerichten** entschieden.

Klage gegen den Staat

Für **Streitigkeiten zwischen Staat und Bürger** sind verschiedene Gerichte zuständig:

– die **Verwaltungsgerichte** für Streitigkeiten, die das **Verwaltungsrecht** betreffen, wie z. B. eine Klage auf Erteilung einer Baugenehmigung oder eine Klage auf Anerkennung als Kriegsdienstverweigerer,
– die **Finanzgerichte** für **Steuerstreitigkeiten,**
– die **Sozialgerichte** für Streitigkeiten in der **Sozialversicherung,** wie z. B. eine Klage wegen der Höhe der Rente,
– die **Verfassungsgerichte** für **Verfassungsstreitigkeiten.**

M 6

Artikel 97 Absatz 1 des Grundgesetzes:

Die Richter sind unabhängig und nur dem Gesetze unterworfen.

M 7: Richterliche Unabhängigkeit

Der Grundsatz der richterlichen Unabhängigkeit bedeutet, dass die Richter bei ihrer Tätigkeit keinerlei dienstlicher Anweisung einer vorgesetzten Behörde unterliegen, sondern nur der Verfassung und den Gesetzen unterworfen sind und unabhängig vom Einfluss oder Druck eines Staatsorgans, einer anderen politischen Institution oder der öffentlichen Meinung urteilen sollen.

(Reinhart Beck: Sachwörterbuch der Politik)

M 8: Justitia, die Göttin der Gerechtigkeit

Aufbau des Gerichtswesens

Die Organisation des Gerichtswesens der Bundesrepublik Deutschland ermöglicht es, dass man das Urteil eines unteren Gerichts in der Regel durch ein höheres Gericht, eine **höhere Instanz** nachprüfen lassen kann.

Die Prozesse beginnen bei den unteren Gerichten: Amtsgericht (in bedeutsameren Fällen Landgericht), Arbeitsgericht, Verwaltungsgericht, Finanzgericht, Sozialgericht. Gegen deren Urteil ist das **Rechtsmittel** der **Berufung** an das nächsthöhere Gericht zulässig. Dieses Gericht überprüft den gesamten Rechtsstreit, nämlich die Sachlage und die Rechtslage, noch einmal.

Gegen die Urteile der Berufungsgerichte ist das Rechtsmittel der **Revision** möglich. Das Revisionsgericht überprüft nur die Rechtsfragen, nicht aber die vom Berufungsgericht festgestellte Sachlage.

Rechtsstaatlichkeit als Verfassungsprinzip

Die Rechtsstaatlichkeit ist grundlegendes Verfassungsprinzip der Bundesrepublik; sie dient der **Sicherung** der **persönlichen Freiheit** des Bürgers und der **rechtlichen Bindung** der Staatsgewalt. Kein Gesetz darf im Widerspruch zur Verfassung stehen. Gesetzgebung, Verwaltung und Rechtsprechung sind damit an die Verfassung gebunden.

Rechtsstaatlichkeit sichert aber nicht nur die Bindung der Staatsgewalt an Verfassung und Gesetz, sondern bedeutet außerdem, dass man die Gesetze richtig anwenden muss und dass alle staatlichen Maßnahmen **gerecht** sein müssen.

M 9: Beispiel für vermutete Verfassungswidrigkeit

Wann ein Gericht „vorlegt"

(Ba) Das Bundessozialgericht hält wesentliche Teile des Rentenüberleitungsgesetzes (RÜG/AAÜG) für verfassungswidrig, hat die bei ihm anhängigen Verfahren ausgesetzt und dem Bundesverfassungsgericht zur Entscheidung vorgelegt. Grundlage hierfür ist Art. 100 Abs. 1 Satz 1 Grundgesetz, wonach ein Gericht, das einen Paragraphen, auf den es in dem anhängigen Verfahren ankommt, für verfassungswidrig „hält", verpflichtet ist, den anhängigen Rechtsstreit auszusetzen und dem Bundesverfassungsgericht vorzulegen. Dabei muss das vorlegende Gericht von der Verfassungswidrigkeit des Paragraphen überzeugt sein; Zweifel oder Bedenken genügen nicht.

(Aus der Zeitschrift „Im Ruhestand" vom Juli 1995)

M 10: Beispiel für Verfassungswidrigkeit

Bundesverfassungsgericht korrigiert die baden-württembergische Gemeindeordnung

do. KARLSRUHE. Das **Bundesverfassungsgericht** hat eine Vorschrift der baden-württembergischen Gemeindeordnung für nichtig erklärt, wonach geschiedene Ehepartner in Gemeinden unter 20 000 Einwohnern nicht beide dem Gemeinderat angehören dürfen.

Eine gewählte Kandidatin, deren geschiedener Ehepartner ebenfalls gewählt worden war, zog vor das **Verwaltungsgericht** Karlsruhe, das die Sache sogleich dem höchsten Gericht vorlegte. Wie die Klägerin waren auch die Verwaltungsrichter der Auffassung, dass der Ausschluss geschiedener Ehepartner das passive Wahlrecht betroffener Kandidaten in übermäßiger Weise beschränke.

(Stuttgarter Zeitung vom 26. 1. 1996)

M 11: Beispiel für Normenkontrolle

Die niedersächsische Landesregierung hat einen Antrag auf **Normenkontrolle** (M3 von 5.3.6) beim Bundesverfassungsgericht gestellt. Dieses soll überprüfen, ob **Überhangmandate** bei der Bundestagswahl (M12 von 5.2.4) die Gleichheit der Wahl beeinträchtigen.

(Quelle: DAS PARLAMENT vom 25. 10./1. 11. 1996)

Wenn ein Bürger glaubt, dass ihm durch staatliche Maßnahmen Unrecht geschieht, so steht ihm der Weg zu den **Gerichten** offen. So kann das Handeln der **Regierung** und der **Verwaltung** durch Verwaltungsgerichte und Verfassungsgerichte überprüft werden.

Grundgesetzbestimmungen zum Rechtsstaat

Die **Rechtsstaatlichkeit** der Bundesrepublik Deutschland ist in mehreren Artikeln des Grundgesetzes fixiert:

- Die Bundesrepublik ist nach Artikel 20 und Artikel 28 des Grundgesetzes ein **Rechtsstaat** (M3 von 5.1.2 und M5 von 5.4.1). Deshalb muss sich auch die Staatsgewalt selbst an das Recht halten.
- Grundrechte binden Gesetzgebung, vollziehende Gewalt und Rechtsprechung als unmittelbar geltendes Recht (Artikel 1 Absatz 3 des Grundgesetzes; M3 von 5.1.1).
- Die Gesetzgebung ist an die verfassungsmäßige Ordnung, die vollziehende Gewalt und die Rechtsprechung sind an Gesetz und Recht gebunden (Artikel 20 Absatz 3 des Grundgesetzes, M3 von 5.1.2).
- Bei Verhaftung und Prozess bestehen Garantien des Rechtsschutzes, wie z.B. der Anspruch auf rechtliches Gehör vor Gericht (Artikel 103 Absatz 1 des Grundgesetzes) oder die Verpflichtung der Polizei, nach Verhaftung unverzüglich eine richterliche Entscheidung (Haftbefehl) herbeizuführen (Artikel 104 des Grundgesetzes).

Unabhängigkeit der Richter

Die **Richter** sind bei ihren Entscheidungen nur an das Gesetz und die Verfassung gebunden. Ihnen können weder ihre Vorgesetzten, noch Parlament, Regierung oder Verwaltung Weisungen erteilen, wie sie zu urteilen haben. Dies nennt man **richterliche Unabhängigkeit.**

Bürger und Rechtsstaat

Zum Rechtsstaat gehört nicht nur, dass ein Bürger mit Hilfe der Gerichte sein Recht erhalten kann. Auch die Bürger müssen die Gesetze achten und ein rechtskräftiges Urteil eines Gerichts als abschließende Entscheidung anerkennen und sich danach richten.

■ Aufgaben

1. Warum ist die Unabhängigkeit der rechtsprechenden Gewalt von den anderen Gewalten unerlässlich? Warum setzt richterliche Kontrolle die Unabhängigkeit der Richter voraus (M7)?
2. Warum muss sich die richterliche Kontrolle auf die Rechtmäßigkeit beschränken? Diskutieren Sie die Auswirkungen, wenn auch Zweckmäßigkeit überprüft würde.
3. Halten Sie es für richtig, dass eine richterliche Entscheidung nur möglich ist, wenn Klage erhoben wurde?
4. Welche Gerichte gehören zur ordentlichen Gerichtsbarkeit?
5. Welche Gerichte sind für Streitigkeiten zwischen Staat und Bürger zuständig?
6. Welche Merkmale unterscheiden den Rechtsstaat vom „Polizeistaat" (M2 + M3)? Diskutieren Sie die rechtsstaatlichen Grundsätze.
7. Welche Gerichte können feststellen, ob Regierung und Verwaltung gesetzmäßig handeln?
8. Welche Kontrolle gibt es bei Gerichtsurteilen?
9. Nur ein Gericht kann ein Gesetz dem Bundesverfassungsgericht zur Überprüfung vorlegen (M9 + M10). Halten Sie dies für richtig? Begründen Sie Ihre Ansicht.
10. Warum wird die Göttin Justitia mit verbundenen Augen dargestellt (M8)?

Rechtsstaat:

- **Bindung der Gesetzgebung an die Verfassung**
- **Bindung von vollziehender Gewalt an Verfassung und Gesetze**
- **Kontrolle von Parlament**
  von Regierung
  von Verwaltung
  durch Gerichte
- **Kontrolle von Gerichten durch höhere Gerichte**

– **Kontrolle der Vereinbarkeit allen staatlichen Handelns mit dem Grundgesetz durch Bundesverfassungsgericht**

Richterliche Kontrolle überprüft

– **Verfassungsmäßigkeit und Gesetzmäßigkeit des staatlichen Handelns**

Voraussetzung für richterliche Kontrolle:

– **Klageerhebung**

5.4.6 Vertikale Gewaltenteilung

Die **vertikale Gewaltenteilung** besteht in der Aufteilung der Staatsgewalt auf Bund und Länder (M6 von 5.4.1). Auch das **Selbstverwaltungsrecht** von Kreis und Gemeinde wirkt als vertikale Gewaltenteilung.

Zuordnung der Aufgaben auf Bund und Länder

Auf der **Ebene des Bundes** geht es um Angelegenheiten, die die Bundesrepublik insgesamt betreffen. Dazu gehören beispielsweise die Außenpolitik oder die Verteidigung Deutschlands (M4).

Auf **Länderebene** können unterschiedliche Gesetze z.B. im Schulwesen dazu führen, dass die beruflichen Schulen in Baden-Württemberg anders organisiert sind als in Sachsen (M6 von 5.3.1), weil man die regionalen Besonderheiten berücksichtigt.

Selbstverwaltung

In den Ländern wiederum können **Kreise** und **Gemeinden** ihre kommunalen Angelegenheiten wie Krankenhäuser, Müllbeseitigung usw. nach den örtlichen Bedürfnissen eigenständig regeln. Auch das **Selbstverwaltungsrecht** beruht auf dem Grundsatz der **Subsidiarität,** wonach die demokratischen Entscheidungen möglichst auf der untersten, bürgernahen Ebene getroffen werden sollten. Dabei berücksichtigt man, dass sich alle Bürger für die politischen Entscheidungen, die ihren eigenen Wohnort betreffen, ganz besonders interessieren. Deshalb liegt dort die Keimzelle des politischen Engagements.

M2: Aufgabenverteilung in Deutschland

Bund
- soziale Sicherung
- Verteidigung
- Wissenschaft und Forschung
- Verkehr

Länder
- Schulen, Hochschulen
- Justiz, Polizei
- Soziale Sicherung
- Wirtschaftsförderung

Gemeinden
- Sozialhilfe, Jugendhilfe
- Krankenhäuser
- Sport, Erholungseinrichtungen
- Müll, Wasser, Abwasser
- Schulgebäude

M1   **Gewaltenteilung in der Bundesrepublik Deutschland**

Grundgesetz			
Gesetzgebende Gewalt		Vollziehende Gewalt	Rechtsprechende Gewalt
Bundestag Volksvertretung im Bund	**Bundesrat** Vertretung der Länderregierungen	**Bundesregierung** Bundesverwaltung	**Bundesverfassungsgericht**
Verfassungen der Länder Landtage Volksvertretungen in den Ländern		Länderregierungen Länderverwaltungen	Bundesgerichtshof Bundesverwaltungsgericht Bundesarbeitsgericht Bundesfinanzhof Bundessozialgericht
Kreis- und Gemeindeordnungen Kreistage Gemeinderäte	Volksvertretung auf kommunaler Ebene	Kreisverwaltungen Stadtverwaltungen Gemeindeverwaltungen	Gerichte der Länder

In lokalen Angelegenheiten wie z.B. dem Bau eines Sportplatzes und eines Gemeindezentrums oder der Müllabfuhr und der Straßenreinigung sind außerdem die Kenntnisse der Bürger besser als in der Außenpolitik. Deshalb kann man sich eher mit Sachverstand an der Diskussion beteiligen.

Vertikale und horizontale Gewaltenteilung

Da auf verschiedenen Ebenen wiederum zwischen gesetzgebender und ausführender sowie richterlicher Gewalt eine horizontale Teilung der Staatsgewalt besteht, überlagern sich vertikale und horizontale Gewaltenteilung. Die rechtsprechende Gewalt ist allerdings nicht auf verschiedene Ebenen aufgeteilt.

Machtkontrolle und Föderalismus

Die Aufteilung auf verschieden Ebenen erleichtert die Machtkontrolle nicht zuletzt, weil die Bürger politische Entscheidungen im Land oder in Kreis und Gemeinde besser überblicken können als auf Bundesebene.

M3: Raumplanung im Überblick

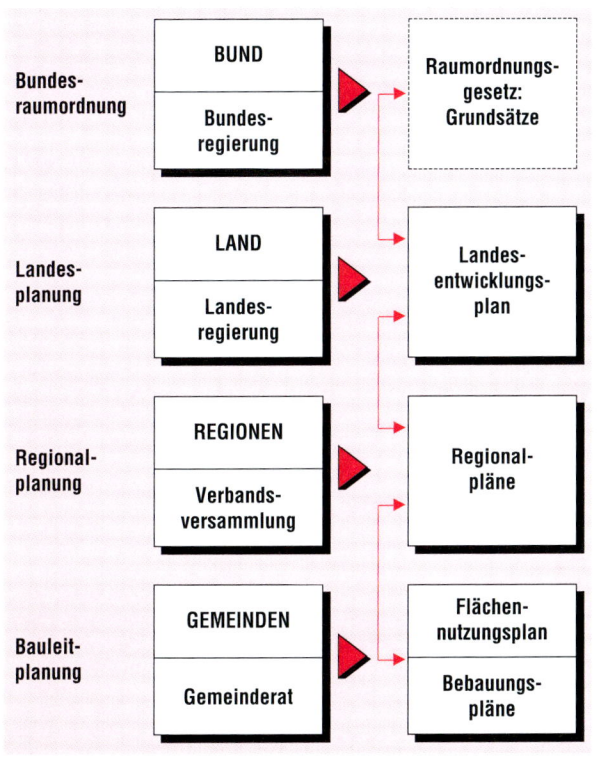

M4: Aus Artikel 73 des Grundgesetzes:

Ausschließliche Gesetzgebung des Bundes

Der Bund hat die ausschließliche Gesetzgebung über:

1. die auswärtigen Angelegenheiten sowie die Verteidigung einschließlich des Schutzes der Zivilbevölkerung;
2. die Staatsangehörigkeit im Bunde;
3. die Freizügigkeit, das Passwesen, die Ein- und Auswanderung und die Auslieferung;
4. das Währungs-, Geld- und Münzwesen, Maße und Gewichte sowie die Zeitbestimmung;
5. die Einheit des Zoll- und Handelsgebietes, die Handels- und Schifffahrtsverträge, die Freizügigkeit des Warenverkehrs und den Waren- und Zahlungsverkehr mit dem Auslande einschließlich des Zoll- und Grenzschutzes;
6. den Luftverkehr;
6a. den Verkehr von Eisenbahnen …
7. das Postwesen und die Telekommunikation;
8. die Rechtsverhältnisse der im Dienste des Bundes … stehenden Personen;
9. den gewerblichen Rechtsschutz, das Urheberrecht und das Verlagsrecht;
10. die Zusammenarbeit des Bundes und der Länder
    a) in der Kriminalpolizei,
    b) zum Schutze der freiheitlichen demokratischen Grundordnung, des Bestandes und der Sicherheit des Bundes oder eines Landes (Verfassungsschutz) …
    sowie die Einrichtung eines Bundeskriminalpolizeiamtes und die internationale Verbrechensbekämpfung;
11. die Statistik für Bundeszwecke.

M5: Aus Artikel 72 des Grundgesetzes:

Gesetzgebung des Bundes und der Länder

(1) Im Bereich der konkurrierenden Gesetzgebung haben die Länder die Befugnis zur Gesetzgebung solange und soweit der Bund von seiner Gesetzgebungszuständigkeit nicht durch Gesetz Gebrauch gemacht hat.
(2) Der Bund hat in diesem Bereich das Gesetzgebungsrecht, wenn und soweit die Herstellung gleichwertiger Lebensverhältnisse im Bundesgebiet oder die Wahrung der Rechts- oder Wirtschaftseinheit im gesamtstaatlichen Interesse eine bundesgesetzliche Regelung erforderlich macht.

Allerdings erschwert die Betonung des Föderalismus andererseits die Einsicht, dass die Gemeinsamkeit und Verbundenheit verschiedener Landsleute in Deutschland als Wurzel des politischen Lebens in unserem Staat ebenso lebendig bleiben muss wie die landsmannschaftliche Besonderheit.

Somit hat dieses Prinzip des **Föderalismus** und der Verlagerung politischer Angelegenheiten auf möglichst niedrige Ebenen auch Nachteile. Die unterschiedlichen Bestimmungen in den einzelnen Ländern können z. B. die Mobilität und berufliche Veränderungen erschweren.

Nachteile der vertikalen Gewaltenteilung

Als **Nachteil** der vertikalen Gewaltenteilung kann man die Unterschiedlichkeit bei Gesetzen und politischen Entscheidungen in einem Staat ansehen. Auch kann die Zusammenarbeit zwischen den Ländern untereinander sowie zwischen Ländern und dem Bund manchmal sehr schwierig und deshalb auch langwierig sein.

M 6

Gesetzgebungskompetenz
Zuständigkeit für die Gesetzgebung in Deutschland

1. **Alleinige Kompetenz des Bundes**
   z. B. Verteidigung

   Bundestag + Bundesrat
   ↓
   Bundesgesetze

2. **Konkurrierende Gesetzgebung**
   z. B. bürgerliches Recht

   Bundestag + Bundesrat
   ↓
   Bundesgesetze   oder, falls kein   Landtag
                     Bundesgesetz   ↓
                                          Landesgesetz

3. **Rahmenkompetenz des Bundes**
   z. B. Hochschulen

   Bundestag + Bundesrat   Landtag
   ↓   ↓
   Rahmengesetz - - - - - - - →   Landesgesetz
                                          Ausführungsgesetz

4. **Länderkompetenz**   z. B. Kultur, Bildungswesen

                                          Landtag
                                          ↓
                                          Landesgesetz

M 7: Aus Artikel 74 des Grundgesetzes:

Bereiche der konkurrierenden Gesetzgebung

Die konkurrierende Gesetzgebung erstreckt sich auf folgende Gebiete:

1. das bürgerliche Recht, das Strafrecht und den Strafvollzug, die Gerichtsverfassung, das gerichtliche Verfahren, die Rechtsanwaltschaft, das Notariat und die Rechtsberatung;
2. das Personenstandswesen;
3. das Vereins- und Versammlungsrecht;
4. das Aufenthalts- und Niederlassungsrecht der Ausländer;
4a. das Waffen- und das Sprengstoffrecht; ...
7. die öffentliche Fürsorge; ...
10. die Versorgung der Kriegsbeschädigten und Kriegshinterbliebenen und die Fürsorge für die ehemaligen Kriegsgefangenen;
10a. die Kriegsgräber und Gräber anderer Opfer des Krieges und Opfer von Gewaltherrschaft;
11. das Recht der Wirtschaft (Bergbau, Industrie, Energiewirtschaft, Handwerk, Gewerbe, Handel, Bank- und Börsenwesen, privatrechtliches Versicherungswesen);
11a. die Erzeugung und Nutzung der Kernenergie ...
12. das Arbeitsrecht einschließlich der Betriebsverfassung, des Arbeitsschutzes und der Arbeitsvermittlung sowie die Sozialversicherung einschließlich der Arbeitslosenversicherung ...
17. die Förderung der land- und forstwirtschaftlichen Erzeugung ...
18. den Grundstücksverkehr, das Bodenrecht ...
22. den Straßenverkehr, das Kraftfahrwesen, den Bau und die Unterhaltung von Landstraßen für den Fernverkehr ...
24. die Abfallbeseitigung, die Luftreinhaltung und die Lärmbekämpfung ...

M 8: Das Prinzip der Subsidiarität

Subsidiarität ist der Grundsatz, dass eine größere gesellschaftliche Einheit nur dann zur Erfüllung einer gesellschaftlichen Funktion herangezogen werden soll, wenn diese von der kleineren Einheit nicht erfüllt werden kann.

(Creifelds: Rechtswörterbuch)

Gesetzgebung des Bundes und konkurrierende Gesetzgebung

Im Grundgesetz ist in Artikel 73 festgelegt, für welche Angelegenheiten der Bund zuständig ist (M 4). Im Bereich der konkurrierenden Gesetzgebung (M 5), zu dem beispielsweise das Recht der Wirtschaft und die Berufsausbildung gehören, kann der Bund Gesetze erlassen. Falls es aber keine Bundesgesetze gibt, können die Länder ihrerseits einen Bereich gesetzlich regeln.

Vertikale Gewaltenteilung und Europäische Union

Das Prinzip des **Föderalismus,** das den staatlichen Aufbau der Bundesrepublik Deutschland prägt, soll auch Vorbild sein für die Gestaltung der **Europäischen Union.** Unter dem Aspekt der vertikalen Gewaltenteilung steht Europa als höhere und umfassendere Ebene über der Bundesrepublik. Immer mehr treffen die Organe der EU politische Entscheidungen für alle Mitgliedstaaten der Europäischen Union.

Ein besonderes Problem entsteht aufgrund der vertikalen Gewaltenteilung in Deutschland. Wenn die EU beispielsweise eine gemeinsame Regelung für das Bildungswesen trifft, so berührt dies Kompetenzen, die eigentlich den Ländern zustehen. Die gemeinsame europäische Ordnung überlagert aber deutsche Gesetze. Deshalb müssen sich die Länder in Deutschland nach den Vorschriften richten, die einheitlich für die Europäische Union getroffen wurden.

Aus diesem Grund sind auch die Länder an Entscheidungen auf europäischer Ebene zu beteiligen. Sie wirken deshalb durch den Bundesrat mit, wenn beispielsweise in der Europäischen Union Regelungen für das Bildungswesen ausgearbeitet werden (M 9).

M 9: Aus Artikel 23 des Grundgesetzes:

Mitwirkung bei der Entwicklung der EU

(1) Zur Verwirklichung eines vereinten Europas wirkt die Bundesrepublik Deutschland bei der Entwicklung der Europäischen Union mit, die demokratischen, rechtsstaatlichen, sozialen und föderativen Grundsätzen und dem Grundsatz der Subsidiarität verpflichtet ist und einen diesem Grundgesetz im Wesentlichen vergleichbaren Grundrechtsschutz gewährleistet. Der Bund kann hierzu durch Gesetz mit Zustimmung des Bundesrates Hoheitsrechte übertragen.

(2) In Angelegenheiten der Europäischen Union wirken der Bundestag und durch den Bundesrat die Länder mit. Die Bundesregierung hat den Bundestag und den Bundesrat umfassend und zum frühestmöglichen Zeitpunkt zu unterrichten.

(4) Der Bundesrat ist an der Willensbildung des Bundes zu beteiligen, soweit er an einer entsprechenden innerstaatlichen Maßnahme mitzuwirken hätte oder soweit die Länder innerstaatlich zuständig wären.

M 10: Subsidiarität als Grundsatz für Europa

Das **Subsidiaritätsprinzip** gehört zu einem funktionierenden Föderalismus. So, wie wir in Deutschland Föderalismus verstehen, würde er auch in Europa Einheit in Vielfalt gewährleisten.

Mit der Ratifizierung des **Maastrichter Vertragswerkes** sind sowohl innerstaatlich als auch auf europäischer Ebene wichtige Weichenstellungen erfolgt: Innerstaatlich wurden in Artikel 23 des Grundgesetzes die **Mitwirkungsrechte der Länder** in Angelegenheiten der **Europäischen Union** auf eine klare Grundlage gestellt. Im Maastrichter Vertragswerk ist festgelegt, dass die Europäische Union dem **Subsidiaritätsprinzip** verpflichtet ist.

■ Aufgaben

1. Nach welchen Grundsätzen erfolgt bei der vertikalen Gewaltenteilung die Aufteilung der staatlichen Aufgaben?

2. Zeigen Sie an Beispielen, inwiefern in der Bundesrepublik eine doppelte Gewaltenteilung besteht (M 1).

3. Warum bringt auch das Selbstverwaltungsrecht der Gemeinden eine Machtteilung?

4. Welche Vorteile können sich für die Bürger ergeben aufgrund der vertikalen Gewaltenteilung? Wie erklären Sie sich, dass der Föderalismus breite Zustimmung genießt (M 8 von 5.3.1)?

5. Die Berufsbildung gehört in den Bereich der konkurrierenden Gesetzgebung (M 5), soweit sie nicht die Schulen betrifft, und wurde im Berufsbildungsgesetz bundeseinheitlich geregelt (M 6 von 5.3.1). Diskutieren Sie das duale System der Berufsausbildung unter dem Gesichtspunkt der Gewaltenteilung und stellen Sie an diesem Beispiel die Vor- und Nachteile des Föderalismus heraus.

6. Erklären Sie das Subsidiaritätsprinzip (M 8 + M 10).

7. Inwiefern gewährleistet Föderalismus die Einheit in Vielfalt auch in der EU? Diskutieren Sie die Probleme, die mit einer Gesetzgebung für alle Mitgliedstaaten der EU verbunden sind (M 9).

Vertikale Gewaltenteilung:
– **Aufteilung der Staatsgewalt auf verschiedene Ebenen**
– **auf Bund und Länder**

6 Deutschland nach dem Zweiten Weltkrieg

6.1 Zeittafel zur Geschichte Deutschlands von 1945 bis 1990

1945   **Kapitulation Deutschlands am 8. Mai;**
Vertreibung der Deutschen aus den Ostgebieten, Flüchtlingselend;
Konferenzen von Jalta und Potsdam: Aufteilung Deutschlands in **vier Besatzungszonen,** Bildung eines Alliierten Kontrollrates, Entnazifizierung, Reparationen und Demontage, Vertreibung wird gebilligt;
Beginn des Nürnberger Prozesses gegen 24 Hauptkriegsverbrecher;
Zulassung von Parteien, Zusammenschluss von SPD und KPD zur SED in der sowjetischen Zone;
Bodenreform in der sowjetischen Zone: Enteignung und Neuverteilung von Grundbesitz.

1946/47   Wahlen in Gemeinden und Ländern;
Die ersten Landtage treten zusammen.

1947   Zunächst Bildung der Bizone aus amerikanischer und englischer Besatzungszone und schließlich Zusammenschluss mit der französischen Besatzungszone

1948   Marshall-Plan; **Währungsreform;**
Blockade Berlins und Luftbrücke zur Versorgung von Berlin;
Besatzungsstatut;
Parlamentarischer Rat:
Verfassunggebende Versammlung in Westdeutschland.

1949   Verkündung des **Grundgesetzes** am 23. Mai; Gründung der Bundesrepublik Deutschland (Hauptstadt Bonn);
erste Bundestagswahl: Bundeskanzler wird *Konrad Adenauer* (CDU);
erster Bundespräsident: *Theodor Heuss* (FDP).
Viermächte-Abkommen über Aufhebung von Blockade und Gegenblockade in Berlin;
Wahl zum Volksrat in der sowjetischen Besatzungszone;
Aus der sowjetischen Besatzungszone entsteht die **Deutsche Demokratische Republik (DDR):** Ost-Berlin wird Hauptstadt der DDR.

1952   **Deutschlandvertrag:** Aufhebung des Besatzungsstatuts in der Bundesrepublik Deutschland;
Umbildung der 5 Länder in 14 Verwaltungsbezirke in der DDR;
Beginn der Massenflucht aus der DDR;
sowjetisches Angebot zur Wiedervereinigung; Abstimmung und Vereinigung von Württemberg-Hohenzollern, Württemberg-Baden und Baden zum Bundesland **Baden-Württemberg.**

1953   Volksaufstand in der DDR am **17. Juni** wird von sowjetischen Truppen niedergeschlagen.

1954   Ende der Besatzung in der Bundesrepublik Deutschland: Westen erkennt Souveränität der DDR an;
Aufnahme der Bundesrepublik in die NATO.

1956   Aufbau der Bundeswehr und Einführung der allgemeinen Wehrpflicht in der Bundesrepublik;
Aufbau der Nationalen Volksarmee in der DDR.

1957   Römische Verträge: Gründung der **Europäischen Wirtschaftsgemeinschaft (EWG);**
Saarland kommt nach Volksabstimmung als 11. Bundesland zur Bundesrepublik Deutschland, nachdem Frankreich zuvor versucht hatte, sich das Saarland wirtschaftlich anzugliedern.

1958   2. Sowjetisches Berlin-Ultimatum, um die Westmächte aus Berlin zu verdrängen;
Massenflucht aus der DDR.

1961   Bau der **Berliner Mauer** am 13. August als innerdeutsche Abgrenzung

1962   DDR führt allgemeine Wehrpflicht ein.

1964   Freundschaftsvertrag der DDR mit der Sowjetunion

1968   Protestbewegung in der Bundesrepublik: Außerparlamentarische Opposition (APO)

1969   Beginn der sozial-liberalen Regierungskoalition in Bonn unter Bundeskanzler *Willy Brandt* (SPD)

1970 Verträge der Bundesrepublik Deutschland mit der Sowjetunion und Polen (1972 in Kraft getreten); Gewaltverzicht und Anerkennung der Grenzen

1971 **Viermächte-Abkommen** über Berlin, Abkommen über den Transitverkehr nach Berlin (1972 in Kraft getreten)

1972 **Grundlagenvertrag** zwischen der Bundesrepublik Deutschland und der Deutschen Demokratischen Republik (1973 in Kraft getreten)

1982 *Helmut Kohl* (CDU) wird Bundeskanzler

1989 Juli/August:
Zunahme der Fluchtbewegung:
Tausende von DDR-Bürgern flüchten sich in die Bonner Botschaften in Budapest, Ostberlin, Prag und Warschau.

September:
Beginn der Flucht von DDR-Bürgern über Ungarn und Österreich in die Bundesrepublik

Oktober:
Größte Protestdemonstrationen in der DDR seit dem 17. Juni 1953:
Hunderttausende von Menschen demonstrieren für demokratische Reformen;
Rücktritt von Staats- und Parteichef *Honecker* (SED) am 18. Oktober

November:
Rücktritt der Regierung der DDR;
Am 9. November 1989 öffnet die DDR die Grenzübergänge zur Bundesrepublik und nach West-Berlin:
Millionen DDR-Bürger strömen in den Westen; Am 13. November wird *Hans Modrow* (SED) Ministerpräsident der DDR;
Bundeskanzler *Kohl* legt ein **Zehn-Punkte-Programm** zur deutschen Wiedervereinigung vor.

Dezember:
Führungsanspruch der SED in der DDR-Verfassung gestrichen;
Führende Politiker wie der langjährige Generalsekretär und Staatsratsvorsitzende *Erich Honecker* werden aus der SED ausgeschlossen;
Bundesbürger können ohne Visum und Zwangsumtausch in die DDR reisen.

1990 18. März:
Erste freie Volkskammerwahlen in der DDR

April:
Lothar de Maiziere (CDU) wird Ministerpräsident der DDR.

Mai: Beginn der **„Zwei-plus-Vier-Gespräche"** zwischen den Siegermächten des Zweiten Weltkrieges und den beiden deutschen Staaten über die Herstellung der deutschen Einheit.

Juni:
Abriss der Berliner Mauer

Juli:
Die **Wirtschafts-, Währungs- und Sozialunion** zwischen den beiden deutschen Staaten tritt in Kraft:
Die D-Mark ist damit die einheitliche deutsche Währung;
Die DDR-Volkskammer beschließt die Bildung von fünf Ländern auf dem Gebiet der DDR.

August:
Unterzeichnung des **Einigungsvertrages** zwischen der Bundesrepublik und der DDR

September:
Die DDR tritt aus dem Warschauer Pakt aus.

3. Oktober:
Tag der Deutschen Einheit:
Vereinigung der beiden deutschen Staaten nach 41-jähriger Teilung;
Nationalfeiertag;
Berlin wieder Hauptstadt Deutschlands

6.2 Die Teilung Deutschlands

6.2.1 Das Ende des Zweiten Weltkriegs

Am 8. Mai 1945 kapitulierte Deutschland bedingungslos. *Hitler* hatte schon acht Tage zuvor im Bunker der Berliner Reichskanzlei Selbstmord begangen, als Berlin von den sowjetischen Streitkräften erobert wurde.

In Ostasien endete der Krieg am 2. September 1945. Die USA erzwangen die bedingungslose Kapitulation Japans Anfang August 1945 durch die Atombombenabwürfe auf Hiroshima und Nagasaki.

Damit ging nach sechs Jahren ein Krieg zu Ende, den Hitler begann und der unermessliches Leid brachte (M 6 von 4.4.2).

Obdachlosigkeit und Unterernährung

Auch viele deutsche Städte waren völlig zerstört (M 1 + M 2). 20 Millionen Menschen in Deutschland lebten obdachlos zwischen Ruinen und Trümmern, weitere 11 Millionen Deutsche waren in Kriegsgefangenschaft. Die industrielle Produktion und die Verkehrsanlagen waren fast völlig lahmgelegt. Die Bevölkerung war derartig unzureichend bekleidet und ernährt, dass zum Beispiel im Juli 1945 im amerikanischen Sektor Berlins 95 Prozent der Neugeborenen an Unterernährung starben. Riesige Ströme von Flüchtlingen, Heimkehrern, Kriegsgefangenen und Fremdarbeitern waren in Deutschland unterwegs. Deutschland war vernichtet und viele Menschen nach dem Irrglauben an den Nationalsozialismus völlig verunsichert (M 3).

M 1: Aufruf zur Trümmerbeseitigung:

Stuttgarter!

Wir müssen nun an den Wiederaufbau unserer Stadt gehen ... Leider stehen uns im Augenblick die zu den Instandsetzungen unerlässlichen Materialien, die nicht aus den Trümmern gewonnen werden können, wie z.B. Dachziegel, Zement und Gips nicht zur Verfügung ... In den Trümmern der zerstörten Gebäude liegen noch viele verwertbare Materialien, die auch zum Wiederaufbau benötigt werden. Unsere Aufgabe ist es daher, um die Instandsetzungen an den Häusern und den Aufbau unserer Stadt rechtzeitig vorzubereiten, die noch brauchbaren Materialien zu bergen und bereitzulegen ... Bei dieser Arbeit wird neben Bauholz, das sorgfältig aufzubewahren ist, auch das für den Winter so wichtige Brennholz anfallen ...

Ich fordere daher alle Stuttgarter Hausbesitzer und Mieter auf, sofort ans Werk zu gehen ... Besonders die Jugend wird aufgefordert, eine solche Beschäftigung aufzunehmen.

(Aufruf des Stuttgarter Oberbürgermeisters Dr. Klett vom 15. 8. 1945)

M 2: Stuttgart nach dem Zweiten Weltkrieg

Foto: Landesbildstelle
Württemberg

M 3: „Katastrophe oder Befreiung?"

(Zeichnung: F. Behrendt, Frankfurter Allgemeine Zeitung, 26. 1. 1985)

Die Alliierten hatten sich schon während des Krieges mit der Zukunft Deutschlands befasst. Anfängliche Pläne, Deutschland zu zerstückeln und wirtschaftlich völlig zu zerschlagen, wurden später fallen gelassen. Auf der **Konferenz von Jalta** im Februar 1945 einigten sich die USA, Großbritannien und die Sowjetunion darauf, dass die deutschen Grenzen von 1937 im Wesentlichen wiederhergestellt werden sollten. Über den genauen Verlauf der Ostgrenzen wollte man sich bei einer späteren Friedenskonferenz einigen. Außerdem wurde beschlossen, auch Frankreich eine Besatzungszone zu überlassen. Wenige Wochen später war Deutschland fast vollständig von amerikanischen, russischen, britischen und französischen Truppen besetzt.

Stalin schuf dabei vollendete Tatsachen, die später nicht mehr rückgängig gemacht werden konnten. Er stellte die von der Roten Armee eroberten deutschen Gebiete östlich von Oder und Neiße unter polnische Verwaltung, ohne die westlichen Verbündeten darüber zu informieren. Diese Grenze nennt man die **Oder-Neiße-Linie.**

M 4: 8. Mai 1945: Befreiung – Niederlage

Die Mehrheit der Deutschen sieht im Ende des Zweiten Weltkrieges am 8. Mai 1945 einen „Tag der Befreiung". 72 Prozent verbinden mit der bedingungslosen Kapitulation Deutschlands in erster Linie die Befreiung von der Nazi-Diktatur, elf Prozent empfinden das historische Datum als Niederlage. 53 Prozent der Befragten sind der Auffassung, dass der 50. Jahrestag des Kriegsendes als stiller Gedenktag ohne große Feierlichkeiten begangen werden sollte. 26 Prozent wünschen sich am 8. Mai eine Gedenkveranstaltung mit den Alliierten, 20 Prozent ein Versöhnungsfest mit dem israelischen Staatspräsidenten Eser Weizman.

(Reutlinger General-Anzeiger vom 18. 1. 1995)

Daher wurde die **Potsdamer Konferenz** (17. Juli – 2. August 1945) der Siegermächte (M 6) von zunehmenden Konflikten überschattet. Es zeigte sich sehr deutlich, dass die Sowjetunion völlig andere Zielsetzungen und eine andere Vorstellung von Demokratie hatte als die westlichen Alliierten (M 8). So konnte man sich nur darauf einigen, in Deutschland Nationalsozialismus und Militarismus auszurotten und das deutsche Volk entsprechend umzuerziehen .

In Nürnberg wurden führende Nationalsozialisten als Kriegsverbrecher vor einem internationalen Gerichtshof angeklagt und zum Tode bzw. zu langjährigen Freiheitsstrafen verurteilt – **Nürnberger Prozess** (M 7). Insgesamt kam es in den drei Westzonen im Rahmen der Entnazifizierung zu mehr als 50 000 Verurteilungen und fast 500 vollstreckten Todesurteilen wegen Kriegsverbrechen und Verbrechen gegen die Menschlichkeit. In der sowjetisch besetzten Zone wurden sogar 45 000 Menschen verurteilt, ein Drittel von ihnen wurde zur Zwangsarbeit in die Sowjetunion verschleppt.

Auf der **Potsdamer Konferenz** wurde beschlossen, Deutschland in vier **Besatzungszonen** und Berlin in vier **Sektoren** aufzuteilen (M 5).

Die deutsche Bevölkerung sollte aus Ungarn, Polen und der Tschechoslowakei ausgesiedelt werden. Damit begann ein unermessliches Elend für **Millionen von Flüchtlingen und Vertriebenen** aus Schlesien, Ostpreußen und Pommern, deren Heimat unter polnische und sowjetische Verwaltung kam.

M 6: Churchill, Truman und Stalin auf der **Potsdamer Konferenz** am 23. Juli 1945

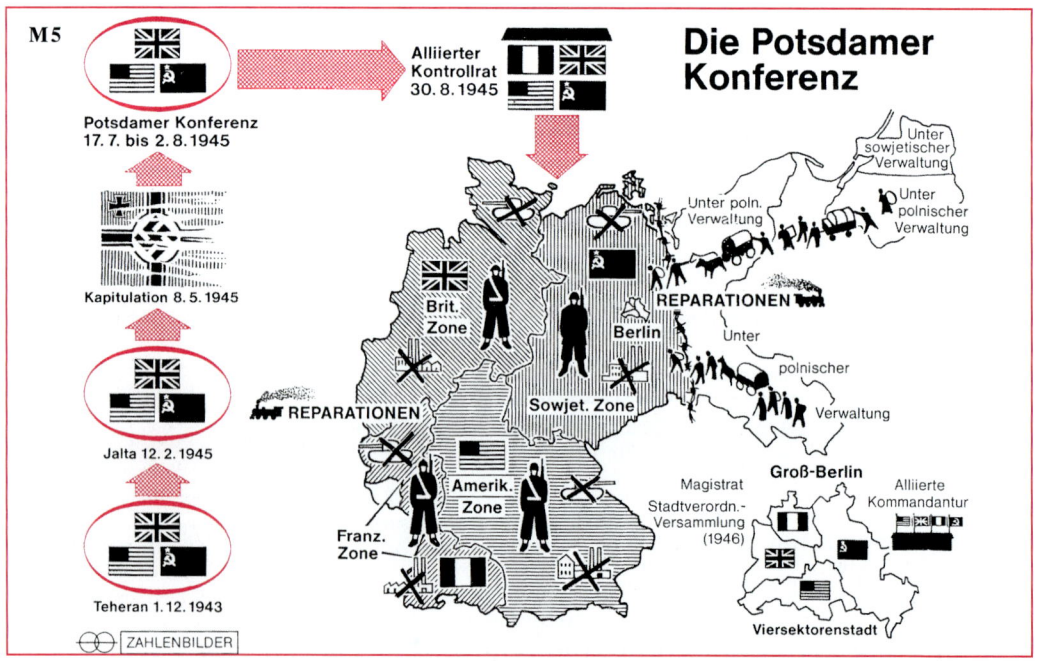

**M 7: Der Nürnberger Prozess 1945/46:
Anklagebank**

**M 8: Einschätzungen
der Potsdamer Konferenz:**

„Es waren lauter faule Kompromisse, die auf der Potsdamer Konferenz erzielt wurden, das lag in der Natur der Sache: Drei Großmächte mit grundverschiedenen Gesellschaftssystemen und Ideologien beherrschten ein Land, in dem es keine Regierungen und keine Verwaltungen mehr gab ... der Zerfall in vier Zonen war vorgezeichnet."

(Wolfgang Malinowski, 1945. Deutschland in der Stunde Null, Reinbek 1985, S. 44)

„Ich kann mich an kein politisches Dokument erinnern, das mich je so deprimiert hätte ... Auch die unpräzise Ausdrucksweise, die Verwendung so dehnbarer Begriffe wie „demokratisch", „friedlich", „gerecht" in einem Abkommen mit den Russen lief allem direkt zuwider, was 17 Jahre Russlanderfahrung mich über die Technik des Verhandelns mit der sowjetischen Regierung gelehrt hatten ..."

(George F. Kennan, US-Botschaftsrat in Moskau 1944–1946, in: Theodor Eschenburg, Jahre der Besatzung 1945–1949, Stuttgart–Wiesbaden 1983, S. 51/52)

■ **Aufgaben**

1. Schildern Sie die Situation nach der deutschen Kapitulation.

2. Zählen Sie die Besatzungsmächte und Besatzungszonen in Deutschland auf.

3. Welche Bedeutung hatte die Oder-Neiße-Linie?

4. Auch 50 Jahre nach Kriegsende hielten die Diskussionen an, ob der 8. Mai 1945 ein Tag des Sieges und der Befreiung war oder ein Tag der Niederlage und des Zusammenbruchs.
   Zeigen Sie anhand von M 3 und M 4 die unterschiedlichen Standpunkte.

5. Warum werden die Beschlüsse der Potsdamer Konferenz in M 8 als „fauler Kompromiss" bezeichnet?

Ende des Zweiten Weltkriegs:
– **Bedingungslose Kapitulation Deutschlands am 8. Mai 1945**
– **Konferenzen in Jalta und Potsdam beschließen:**
  – **Aufteilung Deutschlands in Besatzungszonen**
  – **Ostgebiete unter sowjetischer bzw. polnischer Verwaltung**
  – **Deutschland soll entnazifiziert, demilitarisiert und demokratisiert werden.**

6.2.2 Die Besatzungszeit

Soweit das Gebiet Deutschlands nicht zu den Ostgebieten unter polnischer oder russischer Verwaltung gehörte, wurde es unter den vier **Besatzungsmächten** aufgeteilt, die jeweils in eigener Verantwortung eine Militärregierung unterhielten (M1 von 5.3.1).

Jede **Besatzungszone** hatte einen selbstständigen **Zonenbefehlshaber.** Alle vier Militärbefehlshaber bildeten den Kontrollrat, der Beschlüsse für ganz Deutschland fasste. Der Kontrollrat konnte seine Beschlüsse nur einstimmig fassen. Sowohl Frankreich als auch die Sowjetunion blockierten dies immer wieder.

Als die Gegensätze zwischen den westlichen Siegermächten und der Sowjetunion immer größer wurden, wurde der Kontrollrat arbeitsunfähig. Im März 1948 verließ der sowjetische Vertreter den Kontrollrat, der damit praktisch nicht mehr existierte (M1). Die Positionen der Siegermächte entfernten sich im Laufe etlicher Deutschlandkonferenzen zwischen 1946 und 1949 in Paris, New York, Moskau und London immer weiter voneinander (M2 + M4 + M5). So verlangte die Sowjetunion von Deutschland Reparationszahlungen in Höhe von 10 Milliarden Dollar. Die USA und Großbritannien hielten diese Forderung für zu hoch. Eine wirtschaftspolitische Zusammenarbeit der Besatzungsmächte in Deutschland erwies sich als unmöglich.

M1: Das Ende des Kontrollrats

Sokolowski (der Befehlshaber der SBZ) begann, eine lange Erklärung zu verlesen, die sämtliche alten Vorwürfe gegen die Westmächte in noch schärferer Sprache wiederholte. Der britische Vertreter begann mit einer Erwiderung. Die sowjetische Delegation unterbrach ihn grob, indem sie sich ohne Erklärung, nach einem offensichtlich vorbereiteten Plan, wie ein Mann erhob. Sokolowski erklärte: „Ich finde es sinnlos, die Sitzung fortzusetzen, und ich erkläre sie hiermit für vertagt." Ohne ein weiteres Wort machten die sowjetischen Vertreter auf den Absätzen kehrt und verließen den Konferenzsaal.

Kein Vorsitzender im Kontrollrat hatte jemals versucht, eine Sitzung ohne die Zustimmung seiner Kollegen zu vertagen … Es handelte sich um einen letzten Versuch, im Westen Zweifel darüber hervorzurufen, ob es wirklich ratsam sei, die Pläne für Westdeutschland auszuführen … Als wir an jenem Tag den Konferenzsaal verließen, wussten wir, dass die Viermächteregierung zusammengebrochen war und dass die Spaltung Deutschlands, die angesichts der sowjetischen Unnachgiebigkeit schon seit einigen Monaten unvermeidlich erschien, nun Wirklichkeit geworden war.

(Richard Thilenius: Die Teilung Deutschlands)

M2: Moskauer Konferenz der Außenminister vom 10. März bis 24. April 1947

Sowjetische Besatzungszone

Die Lebensverhältnisse in der **sowjetischen Besatzungszone (SBZ)** entwickelten sich wesentlich schlechter als in den westlichen Besatzungszonen, da die Sowjetunion Reparationen eintrieb und Industrieanlagen demontierte. Hinzu kamen auch zunehmende gesellschaftliche und politische Gegensätze. Die freiheitlich-demokratischen Vorstellungen der westlichen Siegermächte waren mit den kommunistischen Vorstellungen der Sowjetunion nicht in Einklang zu bringen. Die Sowjetunion war bestrebt, ihre Herrschaft nach Westen auszudehnen. Daher wurden in der SBZ die politischen, wirtschaftlichen und gesellschaftlichen Strukturen nach sowjetischem Vorbild grundlegend verändert. Großgrundbesitz wurde enteignet, Industrie, Banken und Versicherungen verstaatlicht. Im April 1946 veranlasste die sowjetische Besatzungsmacht die Vereinigung von SPD und KPD zur **Sozialistischen Einheitspartei Deutschlands (SED)**. Damit begann die Sowjetunion aus ihrer Besatzungszone einen sowjettreuen Einparteienstaat zu entwickeln.

Selbstverwaltung in den West-Zonen

Um dieser sowjetischen Politik wirksam entgegentreten zu können, arbeiteten die USA und Großbritannien in ihrer Deutschlandpolitik immer mehr zusammen. Beide gaben die politische Verantwortung in ihren Zonen immer mehr an deutsche Stellen ab. Es fanden Gemeinderatswahlen und Kreistagswahlen statt. So entstand die Selbstverwaltung von Gemeinden und Kreisen. Dann bildeten sich in den westlichen Besatzungszonen einzelne Länder als selbstständige Staaten mit eigenen Landtagswahlen und Verfassungen. Das Gebiet der Länder richtete sich nach deren früheren Grenzen in der Weimarer Republik und den Abgrenzungen der Besatzungszonen. So entstanden in der britischen, amerikanischen und französischen Zone elf Länder, u. a. **Württemberg-Baden** mit der Hauptstadt Stuttgart in der amerikanischen Besatzungszone, **Baden** (Hauptstadt Freiburg) und **Württemberg-Hohenzollern** (Hauptstadt Tübingen) in der französischen Zone (M3). 1952 vereinigten sich diese drei Länder nach einer Volksabstimmung zum heutigen Bundesland **Baden-Württemberg**.

M4: Interessengegensätze der Siegermächte

„Die Idee, Deutschland gemeinsam mit den Russen regieren zu wollen, ist ein Wahn. Ein ebensolcher Wahn ist es zu glauben, die Russen und wir könnten uns eines schönen Tages höflich zurückziehen, und aus dem Vakuum werde ein gesundes und friedliches, stabiles und freundliches Deutschland steigen. Wir haben keine andere Wahl, als unseren Teil von Deutschland – den Teil, für den wir und die Briten die Verantwortung übernommen haben – zu einer Form von Unabhängigkeit zu führen, die eine befriedigende, eine gesicherte, eine überlegene ist, dass der Osten sie nicht gefährden kann. Im Grunde sind wir in Deutschland Konkurrenten der Russen."
(George F. Kennan, US-Botschaftsrat in Moskau 1944–1946)

M5: Warnungen vor der Kommunistischen Gefahr

„Bis vor wenigen Monaten waren wir der Meinung, das deutsche Problem beschränke sich einzig und allein auf Deutschland selbst und es gehe nur darum, den besten Weg zu finden, den Wiederaufstieg Deutschlands zu einer starken, aggressiven Macht zu verhindern …
Die russische Gefahr ist inzwischen mit Sicherheit genauso groß, möglicherweise aber noch größer als die Gefahr eines wieder erstarkten Deutschland, das gemeinsame Sache mit Russland macht oder von ihm beherrscht würde …
Es geht darum, Schritte zu vermeiden, die die Deutschen auf Dauer von uns entfremden und in die Arme Russlands treiben. Es geht darum, Flagge zu zeigen und nicht den Eindruck zu erwecken, als ob Russland, wenn es zur Sache geht, in Vier-Mächte-Verhandlungen über Deutschland immer das erreicht, was es will …"
(Der britische Außenminister Ernest Bevin am 3. Mai 1946)

M3: Länder und Besatzungszonen in Deutschland

Bayern Württemberg-Baden Hessen Bremen	Baden Rheinland-Pfalz Württemberg-Hohenzollern	Niedersachsen Nordrhein-Westfalen Schleswig-Holstein Hamburg	Brandenburg Mecklenburg Sachsen Sachsen-Anhalt Thüringen
amerikanische Besatzungszone	französische Besatzungszone	britische Besatzungszone	sowjetische Besatzungszone

M 6: Ludwig Erhard (1897–1977)
Wirtschaftsminister 1949–1963
Bundeskanzler 1963–1966

Entwicklung in den westlichen Besatzungszonen

Zum 1. Januar 1947 schlossen sich die amerikanische und die britische Besatzungszone zu einem vereinigten Wirtschaftsgebiet, der **Bizone,** zusammen. Der **Wirtschaftsrat** konnte als Bizonen-Parlament unter der Aufsicht der Besatzungsmächte vor allem im Bereich der Wirtschaft deutsche Interessen vertreten. Daneben bestand ein **Länderrat** aus Vertretern der Landesregierungen.

Der Wirtschaftsrat erhielt später auch gesetzgeberische Befugnisse, und es wurde ein Verwaltungsrat geschaffen, der praktisch eine Regierung darstellte. *Ludwig Erhard* (M 6) wurde Direktor der Verwaltung für Wirtschaft und hatte damit maßgeblichen Einfluss auf die Planung einer **Währungsreform.** Die Bewirtschaftung mit Hilfe von Bezugsscheinen und Lebensmittelkarten wollte man abbauen. Doch zuvor musste über eine Neuordnung der Währung das durch die Rüstungsausgabe im Dritten Reich wertlos gewordene Geld wieder einen Gegenwert für Waren und Dienstleistungen erhalten. Dann konnte man die Zwangsbewirtschaftung beenden und zu einer Marktwirtschaft übergehen. Die **Währungsreform** wurde in den westlichen Besatzungszonen am 20. Juni 1948 durchgeführt (M 7 + M 8).

Entwicklung in der sowjetischen Besatzungszone

In der sowjetischen Besatzungszone (SBZ) entwickelte sich die Wirtschaft nach sowjetischem Vorbild als **Zentralverwaltungswirtschaft** mit einer staatlich gelenkten Planung. Als Reaktion auf die Währungsreform in den Westzonen ließ die Sowjetunion alle Land- und Wasserverbindungen nach Berlin sperren (Abschnitt 6.3.2). In der sowjetischen Besatzungszone und in Ostberlin wurde vom 24. bis 28. Juni 1948 eine eigene **Währungsreform** durchgeführt.

M 7: Die Währungsreform

Der Verfall der deutschen Währung (offizieller Kurs 1 RM = 0,30 Dollar, inoffiziell 1 RM = 0,01 Dollar) macht eine Reform erforderlich, um die deutsche Wirtschaft neu zu beleben und die Produktion zu erhöhen. Die französische Regierung erklärt sich zur Beteiligung an der Reform bereit, während der sowjetische Militärgouverneur die Aufschiebung um eine Woche und neue Beratungen fordert. Da die Westalliierten eine Einigung mit der sowjetischen Militäradministration nicht für möglich halten, wird die Umtauschaktion wie vorgesehen am 18. Juni bekannt gegeben und am 20. durchgeführt.

Von der Bank Deutscher Länder werden die in den USA gedruckten und in Frankfurt eingelagerten Banknoten verteilt. Jeder Bürger der Westzonen erhält zunächst 40,— DM für 40 RM (weitere 20,— DM im August). Die Spareinlagen und Guthaben werden im offiziellen Verhältnis 1:10 umgewertet (tatsächlich 100 RM = 6,50 DM). Die Gesamtausgabe an umlaufenden Noten beträgt zehn Milliarden Mark. Die bisherigen Gehälter und Zahlungen laufen im Verhältnis 1:1 weiter. Im Anschluss an die Währungsreform, das heißt bereits am gleichen Sonntag, sind die Schaufenster der Läden mit bisher zurückgehaltenen Verbrauchsgütern gefüllt.
(PZ Nr. 36)

Besatzungsstatut

Die französische Zone war wirtschaftlich eng mit der Bizone verbunden. Im April 1949 schlossen sich die drei Westzonen zur **Trizone** zusammen. Der Währungsbereich der Deutschen Mark war damit auch politisch näher zusammengerückt. Die Stellung der Besatzungsmächte in der Trizone wurde durch das **Besatzungsstatut** festgelegt. Dieses wurde am 8. April 1949 erlassen und blieb bis zur endgültigen Souveränität der Bundesrepublik 1954/55 in Kraft. Dadurch waren die Bereiche klar, in denen die deutsche Selbstverwaltung frei entscheiden konnte. Dementsprechend begannen die Vorbereitungen zur Gründung eines westdeutschen Staats.

Marshall-Plan

Die wirtschaftlichen Startbedingungen für einen Wiederaufbau nach der Währungsreform waren sehr unterschiedlich. Die Trizone profitierte wie viele andere europäische Länder vom **Marshall-Plan,** benannt nach dem amerikanischen Außenminister *George C. Marshall.* Die offizielle Bezeichnung dafür war **„European Recovery Program"** (Europäisches Wiederaufbauprogramm, ERP-Programm). Dieses Programm umfasste finanzielle Hilfe aus den USA „zur Wiederherstellung gesunder wirtschaftlicher Verhältnisse in der Welt" und zur „Wiederbelebung einer funktionierenden Weltwirtschaft", von der auch die USA selber profitierten. Damit wurden die Voraussetzungen für eine schnelle wirtschaftliche Erholung Europas nach dem Zweiten Weltkrieg und für stabile freiheitlich-demokratische Verhältnisse geschaffen.

Die sowjetische Zone durfte dagegen ebenso wie andere von der Sowjetunion abhängige Staaten keine amerikanischen Gelder annehmen. Dadurch blieb die Bevölkerung in dieser Zone stark unterversorgt.

Besatzungszeit in Deutschland:
- **Kontrollrat der vier Zonenbefehlshaber**
- **Bemühungen um politische Einheit gescheitert**
- **getrennte Wirtschaftsgebiete**

Gegensätzliche Entwicklung:

westliche Besatzungszone ∨ sowjetische Besatzungszone
Währungsreform ∨ Währungsreform

M 8: Das Kaufwunder

Die Deutschen hatten am Sonntag nach stundenlangem Anstehen in Warteschlangen, die manchmal über 100 Meter lang waren, ihre 40 D-Mark in Empfang genommen … voller Skepsis, ob ihnen damit auch wirkliche Kaufkraft an die Hand gegeben war. Am nächsten Morgen dann trauten sie ihren Augen nicht: Siehe da, die Heinzelmännchen hatten den Tisch gedeckt. In den Schaufenstern und Regalen der Geschäfte türmten sich die Waren geradezu. Nicht der alte Ramsch … nein, Kochtöpfe, Fahrräder, Schnürsenkel, Glühbirnen, Dinge, für die man früher von Geschäft zu Geschäft gelaufen war und doch vergeblich, alles war plötzlich wieder da. Und die Händler … bedienten plötzlich wieder freundlich und zuvorkommend. Es war wie im Märchen, ein Wunder war geschehen. Ein Jahr angestauter Konsumbedarf brach sich nun Bahn. Viele Konsumenten gerieten bei dem Erlebnis, mit dem neuen Geld wirklich etwas kaufen zu können, in Rauschzustände. Und die Händler hatten nichts eiligeres zu tun, als mit den frisch verdienten D-Mark sich bei Großhandel und Produzenten mit neuen Waren einzudecken …

(Thomas Berger, Karl-Heinz Müller: Lebenssituationen 1945–1948)

■ Aufgaben

1. Welche Aufgaben hatte der Kontrollrat?
2. Was sagt die Karikatur M 2 über das Verhältnis zwischen den Besatzungsmächten aus?
3. Welche Besatzungszonen gehörten zur Trizone?
4. Welche Länder umfasste die amerikanische Besatzungszone, welche Länder umfasste die französische Besatzungszone?
5. Welche Aufgaben hatte der Wirtschaftsrat?
6. Welche Ziele wollte man mit der Währungsreform erreichen?
7. Warum entwickelten sich in der sowjetischen Besatzungszone die Lebensbedingungen schlechter als in den westlichen Besatzungszonen?

6.2.3 Die Gründung der Bundesrepublik Deutschland

Am 1. Juli 1948 gaben die drei westlichen Militärgouverneure den Ministerpräsidenten der westdeutschen Länder den Auftrag, eine Verfassunggebende Versammlung einzuberufen. Am 1. September trat dann der **Parlamentarische Rat** in Bonn zusammen. Seine Mitglieder waren von den Landtagen bestimmt worden. Unter dem Vorsitz von *Konrad Adenauer* arbeitete der Parlamentarische Rat eine Verfassung für einen gemeinsamen westdeutschen Staat aus. Nach Genehmigung durch die Militärregierungen wurde diese Verfassung, das **Grundgesetz für die Bundesrepublik Deutschland,** am 23. Mai 1949 verkündet (M2).

Das Grundgesetz war als vorläufige Verfassung gedacht, bis die Spaltung zwischen West und Ost überwunden sein würde. Darin wurden der Aufbau des Staates und die Verfassungsorgane festgelegt.

Am 14. August 1949 wählte die westdeutsche Bevölkerung ihre Abgeordneten zum **Bundestag,** der am 7. September 1949 in Bonn zusammentrat. Wenige Tage später wurde *Theodor Heuss* zum **Bundespräsidenten** (M1) und *Konrad Adenauer* zum **Bundeskanzler** gewählt (M3). Der erste Bundestag entschied sich mit knapper Mehrheit für Bonn als Hauptstadt der Bundesrepublik Deutschland (M1 von 5.3.1).

M1: Theodor Heuss (1884–1963) erster Bundespräsident 1949–1959

M2: Unterzeichnung des Grundgesetzes am 23. Mai 1949 in Bonn
▼

M 3: Konrad Adenauer (1876–1967)
erster Bundeskanzler 1949–1963

M 4: Das Petersberger Abkommen

Durch das Petersberger Abkommen vom 22. 11. 1949 zwischen der Alliierten Hohen Kommission und der Bundesregierung erhält die Bundesrepublik das Recht, Konsulats- und Handelsbeziehungen zu ausländischen Staaten aufzunehmen, bei denen dies vorteilhaft erscheinen würde (Westeuropa und USA), sowie entsprechenden internationalen Organisationen beizutreten. Vereinbart wird weiterhin ein faktischer Demontagestop (formale Beendigung: Jan. 1951).
(Ploetz, Die Bundesrepublik Deutschland)

M 5: Die Pariser Verträge

Durch die **Pariser Verträge** von 1954 wurde die Bundesrepublik in die NATO aufgenommen. Mit dem Inkrafttreten dieser Verträge am 5. Mai 1955 endete die Besatzungsherrschaft; aus **Besatzungstruppen** wurden **Stationierungstruppen** mit vertraglich geregeltem Status; die Bundesrepublik war souverän.
(Tatsachen über Deutschland)

■ **Aufgaben**

1. In welcher Reihenfolge entstand die deutsche Selbstverwaltung?
2. Welche Aufgaben hatte der Parlamentarische Rat?
3. Wie setzte sich der Parlamentarische Rat zusammen?
4. Warum war das Grundgesetz nur als vorläufige Verfassung gedacht?
5. Welche Länder umfasste die Bundesre-

Volle Souveränität

Als die Verfassungsorgane der Bundesrepublik gebildet worden waren, trat das **Besatzungsstatut** am 21. September 1949 in Kraft. Dadurch wurde die höchste Staatsgewalt von den Militärbefehlshabern auf die deutschen Verfassungsorgane übertragen. Drei **„Hohe Kommissare"** behielten allerdings das Recht, notfalls die volle Gewalt wieder zu übernehmen.

Durch das **Petersberger Abkommen** erhielt die Bundesrepublik 1949 größere Selbständigkeit (M 4).

Weitere Verbesserungen brachte der **Deutschlandvertrag** vom 26. Mai 1952, in dem die Bundesrepublik Deutschland als gleichberechtigter Staat von den westlichen Alliierten anerkannt wurde.

Im Zusammenhang mit den **Pariser Verträgen** erhielt die Bundesrepublik 1955 die **Souveränität** (M 5). Sie war damit unabhängig von anderen Staaten und konnte frei völkerrechtliche Verträge abschließen.

Das **Saarland** wurde am 1. Januar 1957 als elftes Bundesland in die Bundesrepublik aufgenommen. In einer Volksabstimmung im Oktober 1955 hatte sich die Saarbevölkerung zu Deutschland bekannt. In einem freundschaftlichen Abkommen einigten sich die Bundesrepublik und Frankreich über die Rückkehr des Saarlands.

Gründung der Bundesrepublik Deutschland:

– **Parlamentarischer Rat arbeitet Verfassung aus**
– **Verkündung des Grundgesetzes am 23. Mai 1949**
– **erste Bundestagswahl am 14. August 1949**
– **erste Sitzung des Bundestags und des Bundesrats am 7. September 1949**
– **erster Bundespräsident Theodor Heuss (FDP)**
– **erster Bundeskanzler Konrad Adenauer (CDU)**

6.2.4 Entstehung der Deutschen Demokratischen Republik

Nach der deutschen Kapitulation lag in der sowjetischen Besatzungszone die ganze Macht in den Händen der **Sowjetischen Militäradministration in Deutschland (SMAD).**

Im Juni 1945 wurde als erste Partei die **KPD** (Kommunistische Partei Deutschlands) gegründet; daran schloss sich die Gründung der **SPD** (Sozialdemokratische Partei Deutschlands), der **CDU** (Christlich-Demokratische Union) und der **LDPD** (Liberal-Demokratische Partei Deutschlands) an.

Alle Parteien waren stark von der sowjetischen Besatzungsmacht abhängig. Sie strebten einen demokratischen Neuaufbau Deutschlands an. 1946 vereinigten sich KPD und SPD unter dem Druck der sowjetischen Besatzungsmacht zur **SED,** der **Sozialistischen Einheitspartei Deutschlands.** Mit ihren 1,3 Millionen Mitgliedern erhob die SED einen Führungsanspruch in der sowjetisch besetzten Zone. Die anderen Parteien erkannten den Führungsanspruch der SED an, sodass ein **Block** entstand, in dem sich die Parteien nicht mehr als Konkurrenten verstanden.

M 1: Die DDR als „Gegenstaat" zur Bundesrepublik Deutschland

Die DDR – mit Berlin (Ost) als Hauptstadt – verstand sich – ebenso wie die Bundesrepublik – als Kern Gesamtdeutschlands. Die DDR-Verfassung sprach ausdrücklich davon, dass es nur ein einheitliches Zoll- und Handelsgebiet Deutschland gäbe. Die im Übrigen ihrem Wortlaut nach weitgehend liberaldemokratischen Ansprüchen gerecht werdende DDR-Verfassung lehnt sich im ganzen stärker an die Weimarer Reichsverfassung an als das Bonner Grundgesetz. Jedoch der von Anfang an bestehende krasse Widerspruch von Verfassungstheorie und Verfassungswirklichkeit in der DDR vertiefte sich im Laufe der folgenden Jahre immer mehr. Die unumschränkte Herrschaft der SED-Führung unter dem 1. Sekretär (und zugleich stellvertretenden Ministerpräsidenten) Walter Ulbricht durchbrach überall die in der Verfassung gesetzten Normen.

M 2: Proklamation der DDR am 7. Oktober 1949

Deshalb spricht man von **„Blockparteien".** Nach der **Blockbildung** orientierten sich alle Parteien an den kommunistischen Zielen.

Parallel zu den Parteien entstanden in der sowjetisch besetzten Zone große **Massenorganisationen** wie die Einheitsgewerkschaft **FDGB (Freier Deutscher Gewerkschaftsbund)** und die Jugendorganisation **FDJ (Freie Deutsche Jugend).**

Gliederung in Länder

Die **sowjetische Besatzungszone (SBZ)** war 1946 in Länder gegliedert und umfasste 5 Länder:

– Mecklenburg
– Brandenburg
– Sachsen-Anhalt
– Thüringen
– Sachsen

Schon früh wurde von der SED ein „Deutscher Volkskongress für Einheit und gerechten Frieden" als eine Art Parlament gefordert. Der erste Volkskongress trat Anfang Dezember 1947 zusammen. Der zweite Volkskongress beschloss im März 1948 die Wahl eines **„Volksrats",** der eine Verfassung verabschieden sollte. Am 15./16. Mai 1949 fanden **Wahlen zum Volksrat** statt. Aufgrund der Einheitswahlliste erhielt die SED im Volksrat die Mehrheit.

Gründung der DDR

Die Voraussetzungen für eine Staatsgründung waren damit geschaffen. Aber erst nachdem die Bundesrepublik gegründet war, wurde am 7. Oktober 1949 die **Verfassung der Deutschen Demokratischen Republik** vom Volksrat in Kraft gesetzt (M1 und 2). Der Volksrat wurde zur **Volkskammer** erklärt, eine **Länderkammer** und die **Regierung** unter Ministerpräsident *Otto Grotewohl* (M3) gebildet.
Wilhelm Pieck (M4) wurde zum ersten Präsidenten der Deutschen Demokratischen Republik gewählt. Damit waren in kurzer Zeit in Deutschland zwei Staaten entstanden, die sich jeweils als Kern Gesamtdeutschlands verstanden.

Staatsapparat der DDR

Die **staatlichen Machtorgane** der Deutschen Demokratischen Republik waren
● die **Volkskammer,**
● der **Staatsrat** und
● der **Ministerrat.**
Außerdem gehörten der **Nationale Verteidigungsrat,** das **Oberste Gericht** und der **Generalstaatsanwalt** zum **Staatsapparat** der DDR.
Die **Volkskammer** bestand aus 500 Abgeordneten (M4 + M5 von 6.4), die allerdings im Durchschnitt nur 4-mal pro Jahr tagten. Von der Volkskammer als dem zentralen

M3: Otto Grotewohl (1894–1964)
Ministerpräsident der DDR 1949–1964

M4: Wilhelm Pieck (1876–1960)
Präsident der DDR 1949–1960

M5: Volkseigene Betriebe

„Der volkseigene Betrieb ist die wichtigste Wirtschaftseinheit der DDR ... Die VEB setzen sich zusammen aus Betrieben, die 1945 beschlagnahmt und später zu „Volkseigentum" erklärt wurden sowie den nach Kriegsende neu errichteten staatlichen Betrieben ... Eine im Frühjahr 1972 durchgeführte Sozialisierungsaktion erhöhte die Zahl der VEB auf 13 800. Die Verstaatlichung erfasste alle Betriebe mit staatlicher Beteiligung und private Betriebe in der Industrie sowie einen Teil der Produktionsgenossenschaften des Handwerks."
(DDR-Handbuch)

staatlichen Machtorgan waren die anderen Organe direkt oder indirekt abhängig.

Die Mitglieder des Staatsrats wurden von der Volkskammer für fünf Jahre gewählt. Der **Staatsratsvorsitzende** nahm ab 1960 die Funktion des Staatsoberhaupts wahr, die bis dahin beim **Präsidenten** gelegen hatte.

Der **Ministerrat** mit dem **Ministerpräsidenten** an der Spitze leiteten die Durchführung der Außen- und Innenpolitik sowie der Wirtschaftspolitik im Auftrag der Volkskammer. Er unterbreitete der Volkskammer Entwürfe von Gesetzen und Beschlüssen.

Der Staat und die SED als Einheitspartei waren eng miteinander verflochten. Eine Gewaltenteilung gab es nicht, denn in politischen Grundsatzfragen kamen die Richtlinien vom **Politbüro** der SED und waren verpflichtend für die Mitglieder der verschiedenen Staatsorgane.

Bezirke statt Länder

1952 wurde die DDR im Sinne eines zentralistischen Staats neu gegliedert in 14 Bezirke und die Hauptstadt Berlin. Die Länderregierungen, Landtage und die Länderkammern wurden aufgelöst. Die DDR war damit ein zentralistischer Staat geworden.

M 7: Die Partei

Die Partei,
die Partei,
die hat immer Recht,
Genossen, es bleibt dabei!

Denn wer
für das Recht kämpft,
hat immer Recht
gegen Lüge und Heuchelei!

Wer das Leben beleidigt,
ist immer schlecht.
Wer die Menschheit verteidigt,
hat immer Recht,
denn aus leninschem Geist
wächst, von Lenin geschweißt,
die Partei,
die Partei,
die Partei!

(Lied der SED)

M 6: SED und Staatsapparat

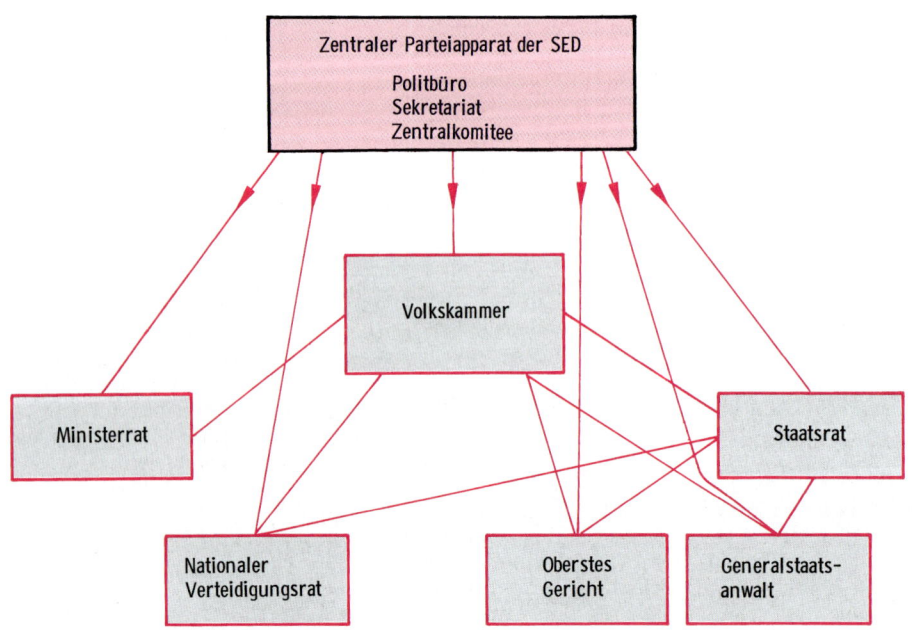

M 8: Volkswirtschaftliche Planung

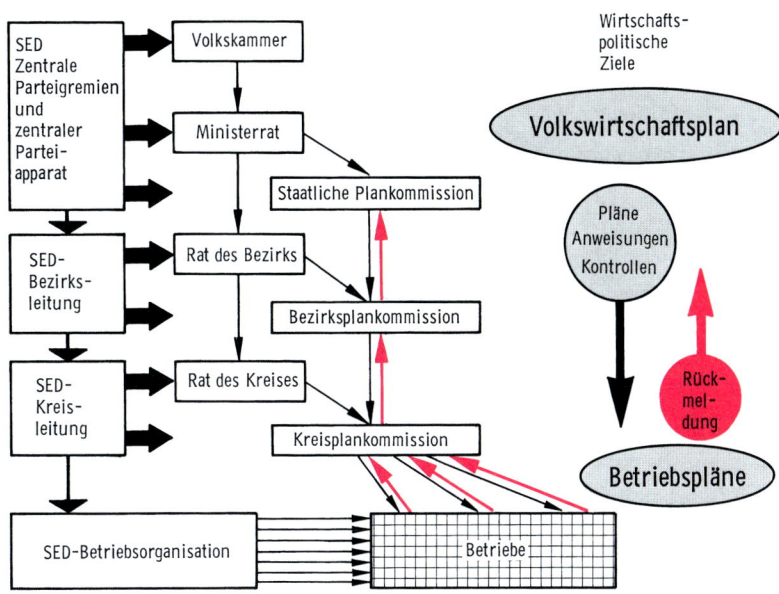

Wirtschaftsordnung

Die **Wirtschaftsordnung der DDR** orientierte sich an der Theorie des Marxismus-Leninismus, wonach die Produktion die Grundlage der staatlichen Ordnung ist. Die Produktionsmittel sollten Gemeineigentum sein. Deshalb vollzog man in der sowjetischen Besatzungszone planmäßig die **Verstaatlichung** oder **Vergesellschaftung der Produktionsmittel.** Die Eigentümer von landwirtschaftlichen Grundstücken, von Fabriken oder Werkstätten wurden enteignet. Aus ihrem Besitz wurden **landwirtschaftliche Produktionsgenossenschaften (LPG), Volkseigene Betriebe (VEB)** (M 5) oder Handelsorganisationen (HO).

Die Wirtschaft wurde als **sozialistische Planwirtschaft** im Sinne einer **Zentralverwaltungswirtschaft** organisiert. Dementsprechend entschied eine Planungszentrale über Art und Umfang der Produktion, die Einrichtung von Fabriken, die Versorgung mit Rohstoffen, die Verteilung der produzierten Güter usw. Die Betriebe konnten nur untergeordnete Entscheidungen im Rahmen der staatlichen Pläne treffen. Die Preise für die Erzeugnisse wurden staatlich festgelegt, ebenso die Höhe der Löhne.

Somit wurde in der Deutschen Demokratischen Republik ein Staat aufgebaut, der sowohl politisch als auch im Bereich der Wirtschaft durch eine **zentrale Leitung** gekennzeichnet war. Über diese Schaltstelle des Staats bestimmte und kontrollierte die SED praktisch alle Lebensbereiche in der DDR (M 7).

■ Aufgaben

1. In welche Länder war die sowjetische Besatzungszone gegliedert?
2. Welche Auswirkung hatte die Blockbildung der Parteien?
3. Welcher Zusammenhang bestand zwischen Volksrat und Volkskammer?
4. Welche Änderungen brachte die Neugliederung der DDR von 1952?
5. Interpretieren Sie das Lied M 7. Welche Absicht steckt dahinter? Welche Wirkung auf die Menschen sollte dadurch erzielt

Gründung der Deutschen Demokratischen Republik:

- **Volkskongress arbeitet Verfassung aus**
- **Wahlen zum Volksrat am 15./16. Mai 1949**
- **Verfassung der Deutschen Demokratischen Republik am 7. Oktober 1949 in Kraft gesetzt**
- **Bildung von Volkskammer und Länderkammer**
- **Regierung unter Ministerpräsident Grotewohl**
- **Wilhelm Pieck erster Präsident der DDR**
- **Aufbau einer sozialistischen Planwirtschaft**
- **zentralistische Gliederung 1952**

6.3 Spannungen und Krisen im geteilten Deutschland

6.3.1 Berlin nach 1945

Die ehemalige deutsche Reichshauptstadt **Berlin** lag nach der Eroberung durch sowjetische Truppen am 2. Mai 1945 in Trümmern. Fast 50 000 Gebäude waren zerstört oder irreparabel beschädigt. Von 4,3 Millionen Einwohnern der Stadt im Jahre 1939 lebten noch 2,6 Millionen in Berlin. In einer Zeit großer Not begann der politische und kulturelle Neuanfang. Mitte Mai 1945 nahm ein von der **sowjetischen Militärverwaltung** eingesetzter **Magistrat** die Arbeit auf.

Viermächte-Status

Bereits vor Kriegsende hatten die **Siegermächte** im **Londoner Protokoll** vom 12. September 1944 für Berlin den **Viermächte-Status** vereinbart. Die Siegermächte beschlossen, Berlin gemeinsam und gleichberechtigt zu besetzen und zu verwalten. Da alle vier Besatzungsmächte gemeinsam vertreten waren, tagte in Berlin auch der **Alliierte Kontrollrat** für ganz Deutschland.

Die Stadt wurde in **vier Sektoren** eingeteilt (M2). Jeder Sektor hatte einen Kommandanten. Die Siegermächte regierten wie vereinbart zunächst gemeinsam. Später sollte der **„Magistrat von Groß-Berlin"** die Stadt unter der Kon-

M 1: Ernst Reuter (1889–1953)
Regierender Bürgermeister von Berlin 1951 bis 1953

M 2

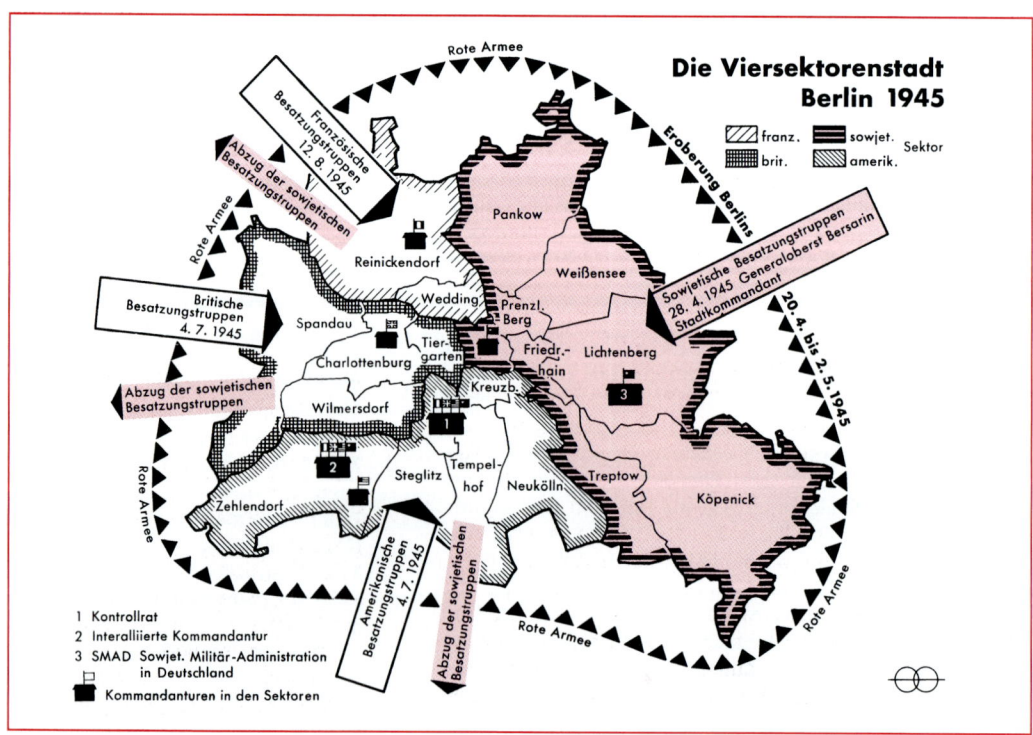

Die Viersektorenstadt Berlin 1945

franz.   sowjet.
brit.   amerik.   Sektor

Rote Armee

Französische Besatzungstruppen 12. 8. 1945

Abzug der sowjetischen Besatzungstruppen

Eroberung Berlins

Sowjetische Besatzungstruppen 28. 4. 1945 Generaloberst Bersarin Stadtkommandant

20. 4. bis 2. 5. 1945

Britische Besatzungstruppen 4. 7. 1945

Abzug der sowjetischen Besatzungstruppen

Amerikanische Besatzungstruppen 4. 7. 1945

Abzug der sowjetischen Besatzungstruppen

Rote Armee

Pankow
Reinickendorf
Weißensee
Wedding
Spandau
Prenzl. Berg
Tier-garten
Charlottenburg
Friedr.-hain
Lichtenberg
Kreuzb.
Wilmersdorf
Zehlendorf
Steglitz
Tempel-hof
Neukölln
Treptow
Köpenick

1   Kontrollrat
2   Interalliierte Kommandantur
3   SMAD   Sowjet. Militär-Administration in Deutschland
▪ Kommandanturen in den Sektoren

trolle der Kommandantur einheitlich verwalten. Die Gegensätze zwischen der Sowjetunion und den Westmächten hinsichtlich der Zukunft Deutschlands wurden aber immer größer. In Berlin prallten sie voll aufeinander.

Auch in Ost-Berlin wurden KPD und SPD auf sowjetisches Betreiben hin zur Sozialistischen Einheitspartei Deutschlands (**SED**) zusammengeschlossen. In den Westsektoren Berlins sprach sich bei einer Urabstimmung eine deutliche Mehrheit der Sozialdemokraten gegen die Vereinigung der beiden Parteien aus. Bei den **Wahlen zur Stadtverordnetenversammlung** 1946 erlitt die SED besonders in den drei Westsektoren eine deutliche Niederlage. In Ost-Berlin gab es später wie in der gesamten sowjetisch besetzten Zone keine wirklichen Wahlen mehr.

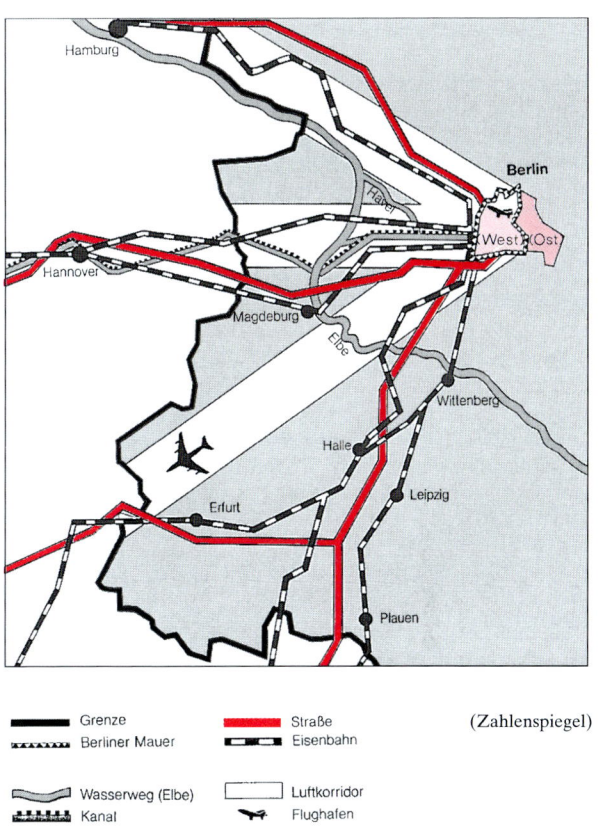

M3: Verkehrsverbindungen zwischen Westberlin und der Bundesrepublik bis 1989

(Zahlenspiegel)

▬▬▬	Grenze	▬▬▬	Straße
▦▦▦	Berliner Mauer	⊏▦▦⊐	Eisenbahn
〜〜	Wasserweg (Elbe)	▭	Luftkorridor
▦▦▦	Kanal	✈	Flughafen

Ost-West-Spannungen

Ernst Reuter (SPD) wurde im Juni 1947 zum Oberbürgermeister von Berlin gewählt (M1). Die sowjetischen Vertreter in der Kommandantur nutzten ihr Vetorecht und erhoben Einspruch gegen diese Wahl. Daher konnte *Reuter* sein Amt als Bürgermeister von ganz Berlin nicht antreten.

Aufgrund der **Ost-West-Spannungen** kam es nicht mehr zu einer gemeinsamen Politik der Siegermächte. Auch die Tätigkeit der Selbstverwaltungsorgane für ganz Berlin musste eingestellt werden, da die Sitzungen des Magistrats im Ostsektor zunehmend behindert wurden. Im Juni 1948 verließ die Sowjetunion die Berliner Kommandantur. Ende 1948 bildeten sich in Ost- und West-Berlin getrennte Volksvertretungen und Verwaltungen.

West-Berlin war politisch und wirtschaftlich in einer sehr nachteiligen Insellage, da es vollkommen von der sowjetisch besetzten Zone umschlossen war. Daher waren die Verkehrswege zwischen West-Berlin und der Bundesrepublik von größter Bedeutung (M3). Gerade an der Frage des ungehinderten Zugangs der Westmächte nach Berlin entzündeten sich die **Berlin-Krisen** der kommenden Jahre.

■ Aufgaben

1. Was bedeutete der Viermächte-Status von Berlin?

2. Welche Aufgaben hatte die Kommandantur in Berlin?

3. Warum gab es Schwierigkeiten bei der gemeinsamen Verwaltung Berlins?

4. Welche Auswirkungen hatte der Ost-West-Konflikt auf Berlin?

5. Inwiefern war die Teilung Berlins eine Folge des Zweiten Weltkriegs?

Berlin nach der Kapitulation Deutschlands:

– **Viermächte-Status**
  – **vier Sektoren**
  – **gemeinsame Kommandantur**
– **zunehmende Uneinigkeit der vier Kommandanten**
– **getrennte Verwaltungen in West- und Ost-Berlin**

6.3.2 Blockade Berlins und Luftbrücke

Die Gegensätze zwischen der Sowjetunion einerseits und den USA, Großbritannien und Frankreich andererseits nahmen zu. Auch über eine gemeinsame **Währungsreform** in allen Besatzungszonen war keine Einigung zu erzielen. Nach der Durchführung einer Währungsreform in den westlichen Besatzungszonen einschließlich der drei Westsektoren Berlins kam es 1948 zur **Blockade** Berlins.

Die Sowjetunion wollte mit allen Mitteln die Gründung eines westdeutschen Staates verhindern. In der Nacht vom 23. zum 24. Juni 1948 schalteten die Sowjets die Stromlieferungen nach West-Berlin ab. Der gesamte Personen- und Warenverkehr zwischen der Bundesrepublik und West-Berlin auf dem Lande und auf dem Wasser wurde unterbunden (M1). Dadurch wollte die Sowjetunion die Westmächte zwingen, ihre Sektoren in Berlin aufzugeben. Damit wäre ganz Berlin unter sowjetischen Einfluss gekommen.

Luftbrücke

Die amerikanische Regierung war aber entschlossen, dem sowjetischen Druck nicht nachzugeben. Gemeinsam organisierten die USA und Großbritannien eine **Luftbrücke**

M1: „Massenaushungerung als politisches Druckmittel"

„Es war einer der brutalsten Versuche der neueren Geschichte, eine Massenaushungerung als politisches Druckmittel zu benutzen."

(Der amerikanische Militärbefehlshaber in Deutschland, General Lucius D. Clay, über die Berlin-Blockade)

M2: Das Ende der Blockade

„Die Aufhebung der Berliner Blockade ist der größte Erfolg, den wir seit Jahren errungen haben. Dieser Erfolg ist um so wertvoller, weil er mit friedlichen Mitteln errungen ist und weil er der Bevölkerung des Ostens und darüber hinaus der ganzen Welt die Hoffnung gibt und geben wird, dass man mit vielen Mitteln vieles erreichen kann, wenn man ein klares Verständnis dafür hat, was politisch möglich ist, und was man politisch erreichen kann, wenn man einen festen Willen hat ..."

(Oberbürgermeister Ernst Reuter am 5. Mai 1949)

M3: Luftbrücke ▼

nach Berlin (M3+M4). Zehn Monate lang wurden 2,2 Millionen Westberliner aus der Luft versorgt. Über 277000 Flüge brachten mehr als 1,8 Millionen Tonnen Fracht nach Berlin – Kohle, Lebensmittel, Industriegüter und sogar ein in seine Einzelteile zerlegtes komplettes Kraftwerk. Auf dem Höhepunkt der Luftbrücke landete im April 1949 alle 62 Sekunden ein Flugzeug auf einem der Berliner Flughäfen. Trotz der katastrophalen Versorgungslage und größter Entbehrungen mit Hunger, Kälte und Stromsperren bis zu 22 Stunden am Tag hielt die Bevölkerung durch.

Im Januar 1949 verhängten die Westmächte eine **Gegenblockade** zwischen den westlichen Besatzungszonen und Westeuropa einerseits und der sowjetischen Besatzungszone andererseits.

Am 12. Mai 1949 gab die Sowjetunion auf (M2). Nach langen Verhandlungen wurde ein **Viermächte-Abkommen** über die Aufhebung von Blockade und Gegenblockade vereinbart. Zum Gedenken an die 78 Opfer der Luftbrücke – überwiegend Amerikaner und Briten – und als Dank für den Einsatz aller an der Luftbrücke Beteiligter wurde in West-Berlin 1951 ein Luftbrückendenkmal errichtet.

Ein wichtiges Ergebnis der Luftbrücke war, dass die Amerikaner in West-Berlin, aber auch in den Westzonen immer weniger als Feinde und immer mehr als Verteidiger der Freiheit gegenüber der sowjetischen Bedrohung angesehen wurden. Dies war eine wesentliche Voraussetzung für die enge Zusammenarbeit Westdeutschlands mit den USA und Westeuropa auf allen Gebieten in den kommenden Jahren.

Beendigung der Blockade

Nach **Beendigung der Blockade** wurden die Westsektoren Berlins in das **Europäische Wiederaufbauprogramm** (Marshall-Plan) einbezogen. Die Stadt nahm dadurch einen großen Aufschwung, auch mit Unterstützung durch die übrige Bundesrepublik. Allerdings gab es immer wieder politische und wirtschaftliche Schwierigkeiten und Behinderungen im Verkehr von und nach Berlin.

1958 versuchte die Sowjetunion erneut, durch ein Ultimatum die Westmächte aus Berlin hinauszudrängen. US-Präsident *Kennedy* garantierte jedoch den freien Zugang nach Berlin und damit die Freiheit der Stadt.

Nach seiner Verfassung von 1950 galt Berlin (West) als Bundesland, das auch im Bundesrat und Bundestag vertreten war. Allerdings hatte Berlin einen Sonderstatus, sodass die Berliner Bundestags-Abgeordneten nur ein eingeschränktes Stimmrecht hatten.

Der erste Regierende Bürgermeister von Berlin nach dem Krieg (1951–1953) war *Ernst Reuter* (M1 von 6.3.1).

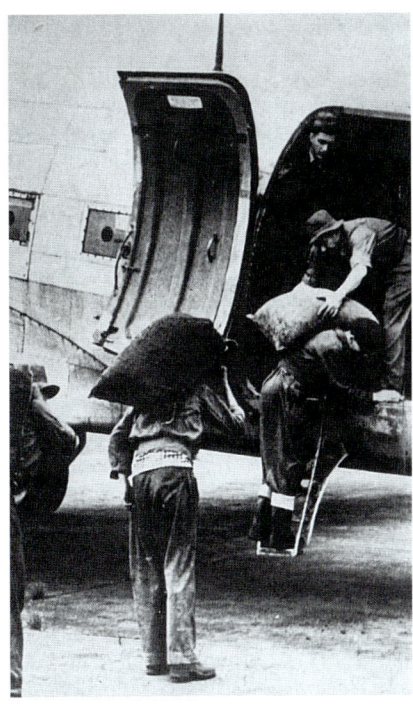

M4: 67 Prozent der transportierten Güter waren Kohlen

■ **Aufgaben**

1. Welche politischen Ereignisse gingen der Blockade Berlins voraus?

2. Wie reagierten die Westmächte auf die Blockade Berlins?

3. In welcher Zeit bestand die Blockade Berlins?

4. Was bezweckte die Sowjetunion mit der Blockade?

5. Wie ist die Blockade Berlins aus heutiger Sicht zu beurteilen? Beachten Sie die Wirkung von Blockade und Luftbrücke auf die Bevölkerung West-Berlins, die bald darauf erfolgende Gründung von Bundesrepublik und DDR sowie die Integration dieser Staaten in die jeweiligen Bündnisse.

– **Blockade West-Berlins durch die Sowjetunion von Juni 1948 bis Mai 1949**
– **Versorgung der Westberliner durch eine Luftbrücke der Amerikaner und Briten**

6.3.3 Der Juni-Aufstand 1953 in der DDR

Der **Aufstand** vom **17. Juni 1953** ging von Ost-Berlin aus und griff auf zahlreiche andere Bezirke der Deutschen Demokratischen Republik über. Sie machte die unsichere Lage in Berlin deutlich und offenbarte die Gegnerschaft weiter Kreise der Bevölkerung zur Regierung sowie den Wunsch nach Wiederherstellung der deutschen Einheit.

Als Juni-Aufstand bezeichnet man die vor allem von Industriearbeitern in Großstädten und industriellen Zentren getragene Erhebung vom 16. und 17. Juni 1953; ein lohnpolitischer Konflikt steigerte sich zu einem **Massenprotest** gegen die Politik der **SED** und der **DDR-Regierung.**

Vorgeschichte

Die soziale Lage der Arbeiter und Rentner in der DDR war denkbar schlecht. Die Stundenlöhne für Arbeiter betrugen weniger als zwei Mark, die Mindestrente für Rentner lag bei nur 65 Mark im Monat. So war der Lebensstandard erheblich geringer als in der Bundesrepublik.

Im Juli 1952 beschloss die SED auf ihrer Parteikonferenz, **die Arbeitsnormen zu erhöhen.** Damit sanken die Löhne und der Lebensstandard noch weiter. Zugleich wurden alle Ansätze zu politischer Opposition erbarmungslos bestraft. Es gab eine große Zahl willkürlicher Verurteilungen und härtester Strafen auch für relativ harmlose Vergehen. Die Folge war, dass es zwischen Mitte 1952 und Mitte 1953 zu einer regelrechten **Massenflucht** aus der DDR kam. Mehr als eine halbe Million Menschen wanderten innerhalb eines Jahres in den Westen ab.

M 1: Sowjetpanzer greifen am 17. Juni 1953 ein

M2

Kriegsrecht in Ost-Berlin
Panzer feuern auf Arbeiter
Über Hunderttausend revoltierten gegen die SED
Sieben Tote — 100 Verletzte im Westen eingeliefert

Von unserem Berliner Büro

W. Berlin, 17. Juni

Die Sowjets haben am Mittwoch um 13 Uhr zur Niederschlagung des offenen Aufruhrs der Ost-Berliner Bevölkerung gegen das SED-Regime über Ost-Berlin den Ausnahmezustand verhängt. Gleichzeitig zerschlugen sowjetische Truppen mit T-34-Panzern, unterstützt von Postenketten der kasernierten Volkspolizei, die Hauptdemonstrationsgruppen vor dem Regierungsgebäude in der Leipziger Straße. Sie eröffneten dabei aus Maschinengewehren und Karabinern das Feuer auf die Demonstranten, deren Zahl insgesamt auf rund 100 000 Personen geschätzt wird. Die blutigen Zusammenstöße ebbten erst gegen abend ab und fanden mit Einbruch der Dunkelheit ein Ende.

Von überhöhten Punkten West-Berlins aus konnte man kurz vor Mitternacht mit Nachtfernstechern bei relativ klarer Sicht in Ost-Berlin zahlreiche Lagerfeuer aufflammen sehen, die sich biwakierende Rotarmisten

Berliner Krankenhäuser wurden bis zum späten Abend über 100 Ost-Berliner mit Schußwunden eingeliefert. Einige der getöteten Berliner erhielten Kopfschüsse, einer wurde von einem Panzer überrollt.

ganzen Tag über hin und nahmen von Stunde zu Stunde an Heftigkeit zu. Zwar mußten die Demonstranten vor den anrückenden Panzern und den Maschinengewehrsalven aus dem Regierungsviertel zurückweichen,

(Die Welt
vom 18. 6. 1953)

Der **Tod Stalins** im März 1953 verschärfte die Lage in der DDR. Seine Nachfolger verlangten von der DDR-Führung, den harten Kurs zu mildern und flexibler zu werden. Trotzdem wurden im Mai 1953 die Arbeitsnormen erhöht. Daraufhin kam es zu ersten Streiks. Als die DDR-Führung einlenkte und die Erhöhung der Arbeitsnormen zurücknahm, war es schon zu spät.

Der 17. Juni 1953

Am 17. Juni brach der **Generalstreik** aus. Tausende von Arbeitern demonstrierten für freie Wahlen und den Rücktritt der Regierung.

Der Aufstand wurde schließlich von sowjetischen Besatzungstruppen niedergeschlagen (M1+M2). Die Sowjetunion verhängte fast über die gesamte DDR den Ausnahmezustand und eine nächtliche Ausgangssperre. Die Zahl der Opfer ist bis heute nicht genau bekannt, nach Angaben der DDR-Regierung gab es 21 Tote.

Da an dem Aufstand vor allem die Arbeiterschaft beteiligt war, wurden die Ereignisse als schwere politisch-moralische Niederlage für die DDR, die sich als Arbeiter- und Bauernstaat verstand, und die mit ihr verbündete Sowjetunion empfunden (M4).

Es hatte sich gezeigt, dass die SED ihre Diktatur nur mit Hilfe der Sowjetunion und nur mit Waffengewalt aufrechterhalten konnte.

Tausende von Aufständischen wurden verhaftet, sehr viele von ihnen in politischen Schauprozessen abgeurteilt. In diesen Prozessen demonstrierte die DDR ihren Umgang mit politischen Gegnern. Sie dienten zugleich der Einschüchterung der Bevölkerung. Es wurden langjährige Freiheitsstrafen und sogar Todesurteile verhängt und vollstreckt.

Zu ähnlichen Aufständen in sozialistischen Staaten kam es **1956 in Ungarn** und **1968 in der Tschechoslowakei.** Auch sie wurden von der Sowjetunion, teilweise mit Unterstützung der Nationalen Volksarmee der DDR, mit Waffengewalt niedergeschlagen.

In der Bundesrepublik diente der 17. Juni dem Gedenken an den Juni-Aufstand (M3). Er war bis zur Wiedervereinigung 1990 als **„Tag der deutschen Einheit"** gesetzlicher Feiertag.

M4: Die Lösung

Nach dem Aufstand des 17. Juni
Ließ der Sekretär des Schriftstellerverbandes
In der Stalinallee Flugblätter verteilen,
Auf denen zu lesen war, dass das Volk
Das Vertrauen der Regierung verscherzt habe
Und es nur durch verdoppelte Arbeit
Zurückerobern könne. Wäre es da
Nicht einfacher, die Regierung
Löste das Volk auf und
Wählte ein anderes?
(Gedicht von Bertolt Brecht)

■ Aufgaben

1. Wodurch wurde der Juni-Aufstand in der DDR ausgelöst?
2. Welche gesellschaftliche Gruppe war am Juni-Aufstand in der DDR besonders beteiligt?
3. Auf welche Weise wurde der Juni-Aufstand beendet?
4. Warum wurde der 17. Juni zum Tag der Deutschen Einheit?
5. Interpretieren Sie das Gedicht M4.
6. Warum griff der Westen nicht aktiv ein, um den Aufstand in der DDR zu unter-

---

Juni-Aufstand 1953:
– **lohnpolitischer Konflikt**
– **Streik und Massenprotest am 16. und 17. Juni 1953 gegen SED und DDR-Regierung**
– **Niederschlagung durch sowjetisches Militär**

M 3: Trauerfeier in West-Berlin

6.3.4 Die Berliner Mauer und die innerdeutsche Grenze

Das Berlin-Ultimatum 1958

1958 führte ein **sowjetisches Berlin-Ultimatum** zur **zweiten Berlin-Krise.** Die sowjetische Regierung forderte den Abzug aller Truppen aus Berlin innerhalb von sechs Monaten und die Bildung einer freien Stadt West-Berlin. Dies hätte die Loslösung West-Berlins von der Bundesrepublik bedeutet.

Ab 1960 brauchten alle West-Berliner einen Passierschein, wenn sie sich im Osten der Stadt aufhalten wollten. Doch all diese Maßnahmen und das **Berlin-Ultimatum** hatten keinen Erfolg. Die Westmächte gaben auch dieses Mal nicht nach.

Flüchtlingsstrom und Bau der Mauer

Die sowjetische Besatzungsmacht und die DDR-Regierung setzten die Umwandlung der DDR in einen sozialistischen Staat innerhalb sehr kurzer Zeit und äußerst unnachgiebig durch. Die Unterschiede im Lebensstandard zwischen der Bundesrepublik und der DDR wurden immer größer. Daher nahm der **Flüchtlingsstrom** aus der DDR in den Westen enorm zu. In den Jahren 1946 bis 1961 sank dadurch die Bevölkerungszahl der DDR von 18,5 auf 17 Millionen. Allein in der ersten Augusthälfte 1961 verließen fast 50 000 Menschen die DDR (M1).

Da die Hälfte aller Flüchtlinge unter 25 Jahren war, erlebte die DDR-Gesellschaft eine starke Überalterung. Der Anteil der Rentner an der Gesellschaft stieg zwischen 1946 und 1973 von 13 auf 20 Prozent.

M1

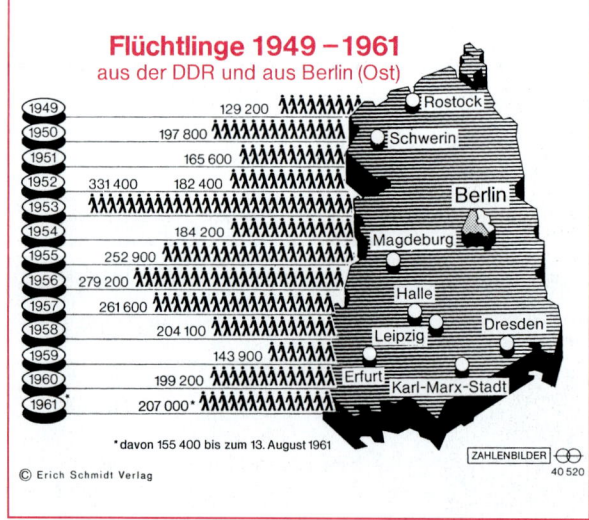

Flüchtlinge 1949 – 1961
aus der DDR und aus Berlin (Ost)

1949	129 200
1950	197 800
1951	165 600
1952	331 400	182 400
1953	
1954	184 200
1955	252 900
1956	279 200
1957	261 600
1958	204 100
1959	143 900
1960	199 200
1961	207 000*

* davon 155 400 bis zum 13. August 1961

ZAHLENBILDER
40 520

© Erich Schmidt Verlag

M2: Die Berliner Mauer aus der Sicht der DDR

Der Grundsatz, dass nichts wichtiger ist als der Frieden, bildet die Leitlinie der Außenpolitik der DDR von Anfang an. In dieser Politik spielt eine bedeutsame Rolle die 13. August 1961. Damals wehrten unsere Republik und ihre Verbündeten einen gefährlichen Anschlag auf den Frieden ab.

An jenem Tag haben wir die Staatsgrenze der DDR zu Westberlin unter feste Kontrolle genommen und die Sicherung der Grenze zur Bundesrepublik Deutschland verstärkt. So wurde ein Überfall, der von langer Hand vorbereitet war, vereitelt. Er entsprang der imperialistischen Strategie, die angesichts der Ergebnisse des Zweiten Weltkriegs ausgearbeitet und praktiziert wurde. Was hatte unsere Aktion zur Folge? Vor allem wurde die Kriegsgefahr gebannt, die von den aggressiven Drohungen der imperialistischen Scharfmacher in der Bundesrepublik Deutschland ausging. Was die DDR selbst angeht, so errang sie die Sicherheit und Ruhe, die notwendig waren, um den sozialistischen Aufbau erfolgreich fortzusetzen. Der deutsche Staat der Arbeiter und Bauern im Herzen Europas erstarkte.

(Neues Deutschland, Organ des Zentralkomitees der SED, Ostberlin vom 13./14. 8. 1983)

M3: Schießbefehl und Fluchtversuche

Auch der **Schießbefehl** an die Grenzsoldaten diente dazu, eine Flucht in den Westen unmöglich zu machen. Aufgrund dieses Schießbefehls gab es allein zwischen 1961 und 1974 nach DDR-Angaben 70 Tote an der Grenze, in Wirklichkeit wohl erheblich mehr.

Trotzdem gab es immer wieder abenteuerliche Fluchtversuche. Flüchtlinge versteckten sich in Kabeltrommeln, verkleideten sich als sowjetische Offiziere oder flohen im Heißluftballon. Im Oktober 1964 entkamen 28 Männer, Frauen und Kinder durch einen 145 Meter langen Tunnel, an dem ein halbes Jahr lang heimlich gebaut worden war. Ein anderer Flüchtling ließ sich von einem Mini-U-Boot mit Fahrrad-Hilfsmotor mit einer Geschwindigkeit von 5 Kilometern pro Stunde durch die Ostsee nach Dänemark ziehen.

Angesichts dieser **„Abstimmung mit den Füßen"** wurden **Sperranlagen** zur Bundesrepublik aufgebaut, verstärkt und die **Berliner Mauer** errichtet. In der Nacht vom 12. auf den 13. August 1961 begannen Einheiten der Nationalen Volksarmee und der Volkspolizei mit dem Bau der Mauer an der Sektorengrenze (M2). Fast dreißig Jahre lang war die Mauer ein weltweites Symbol von Unfreiheit und Unterdrückung (M4). Gegen die Hoffnung vieler Berliner Bürger griffen die Westalliierten nicht ein. Der amerikanische Präsident *Kennedy* bestand zwar auf seinen so genannten „Essentials", das heißt der Anwesenheit von Streitkräften der Westalliierten in Berlin, dem freien Zugang nach Berlin und der Freiheit und Lebensfähigkeit der Stadt. Ansonsten aber wurde das Vorgehen der DDR vom Westen toleriert, um nicht die Gefahr eines Krieges heraufzubeschwören.

Die deutsch-deutsche Grenze

Insgesamt hatte die deutsch-deutsche Grenze eine Länge von 1346 Kilometern. Sie war durch Stacheldraht, Minen, Gräben, Schussanlagen, Wachtürme und Hunde-Laufanlagen gesichert. Eine Flucht in den Westen wurde im Laufe der Jahre fast unmöglich gemacht (M3 + M5).

Mehr als 40 000 Menschen wurden wegen Versuchs oder „Vorbereitung der Republikflucht" zu langjährigen Freiheitsstrafen verurteilt.

Im Herbst 1983 wurden die Selbstschussanlagen abgebaut, zwei Jahre später auch die Minen entfernt. Trotzdem blieb die deutsch-deutsche Grenze bis zu ihrem Fall im Herbst 1989 fast unüberwindbar.

M4

M 5: Durchschaut die Uniform!

„Für meine Dienst tuenden Kameraden möchte ich ein Wort sagen: Allzu oft sehen viele in dem so genannten „Mauerwächter" den möglichen Mordschützen. Ich bin überzeugt, dass die Zahl der Verhafteten an der Mauer und der Erschossenen mindestens zehnfach so groß wäre, wenn dort nur blinde Befehlsempfänger stünden. Man sollte also gerade umgekehrt in dem Soldaten oder Unteroffizier an der Mauer – der ja meist nicht auf eigenen Wunsch dort steht oder dorthin kommandiert wurde – man sollte in ihm den Menschen sehen, der nicht auf Kosten der Flüchtlinge sich Vorteile verschaffen will."

(Aussage eines ehemaligen Grenzsoldaten, der in den Westen flüchtete)

■ Aufgaben

1. Welche Forderungen waren mit dem sowjetischen Berlin-Ultimatum von 1958 verbunden?

2. Auf welche Weise sollte der Flüchtlingsstrom aus der DDR verhindert werden?

3. Welche Hintergründe führten zum Bau der Berliner Mauer?

4. Wie rechtfertigte die DDR-Führung den Bau der Mauer (M2)?

5. Seit der deutschen Wiedervereinigung haben eine Reihe Aufsehen erregender „Mauerschützen-Prozesse" stattgefunden. Die Angeklagten verteidigten sich häufig mit dem Hinweis auf den Befehlsnotstand („Befehl ist Befehl").
Diskutieren Sie auch – anhand von M5 – die Frage von Verantwortlichkeit und Schuld in diesem Zusammenhang.

Zweite Berlin-Krise und Berliner Mauer:
- **sowjetisches Berlin-Ultimatum 1958**
- **Verhinderung der Flucht aus der DDR durch**
  - **Sperranlagen**
  - **Bau der Berliner Mauer 1961**
  - **Schießbefehl**
- **Flucht und Fluchtversuche an der deutsch-deutschen Grenze**

© Holland + Josenhans

6.3.5 Innerdeutsche Vereinbarungen und Verträge

Im Zuge der weltweiten Entspannungsbemühungen kam es auch zur **Entspannung** der Situation in Deutschland. Die Sowjetunion und die USA respektierten gegenseitig ihre Einflussbereiche.

Dem entsprach auch die Ostpolitik der neuen SPD/FDP-Bundesregierung, die 1970 in die **Verträge von Moskau** (M1) **und Warschau** einmündete und zu einer besseren **Zusammenarbeit** mit der Deutschen Demokratischen Republik und östlichen Nachbarstaaten führte (M2).

Berlinregelungen

Mit dem Ziel einer Berlinregelung begannen 1970 Verhandlungen zwischen Frankreich, der Sowjetunion, Großbritannien und den USA.

- 1971 wurde das **Viermächte-Abkommen** über Berlin abgeschlossen. Es trat 1972 in Kraft und bestätigte den Viermächte-Status für Berlin. Damit entspannte sich die Situation Berlins (M3).
- das **Abkommen über den Transitverkehr (Transitabkommen)** zwischen der Deutschen Demokratischen Republik 1971, das 1972 in Kraft trat, regelte die Benutzung der Transitwege zwischen der Bundesrepublik und Berlin (M4).
- 1972 wurde der **„Vertrag über die Grundlagen der Beziehungen zwischen der Bundesrepublik Deutschland und der Deutschen Demokratischen Republik" (Grundlagenvertrag)** abgeschlossen, der 1973 in Kraft trat (M7).

M2: Deutsche Einheit – Wirklichkeit oder Wunschtraum?

Sicht der Bundesrepublik Deutschland

Brandt: „Dabei gehe ich aus von der fortdauernden und lebendigen Wirklichkeit einer deutschen Nation. Die starken Bande der gemeinsam erlebten und gemeinsam zu verantwortenden Geschichte, der keiner entfliehen kann, die Bande der Geschichte, der Sprache, der Kultur und all jener Unwägbarkeiten, die uns Zusammengehörigkeit fühlen lassen, sind eine Realität."

Sicht der Deutschen Demokratischen Republik

Stoph: „Wie die Geschichte zeigt, sind die eigensüchtigen Klasseninteressen der Großbourgeoisie stets als nationale Interessen ausgegeben worden. Das war immer eine Entstellung der Wirklichkeit. Was der Großbourgeoisie von Nutzen war, erwies sich jedoch letztlich immer als schädlich und verhängnisvoll für das schaffende Volk. Die politischen und sozialen Interessen der Arbeiterklasse und des ganzen Volkes, die Interessen des Sozialismus stehen über allen vermeintlichen nationalen Gemeinsamkeiten."

(aus den Erklärungen der Regierungschefs Brandt und Stoph in Erfurt 1970)

M1: Moskauer Vertrag

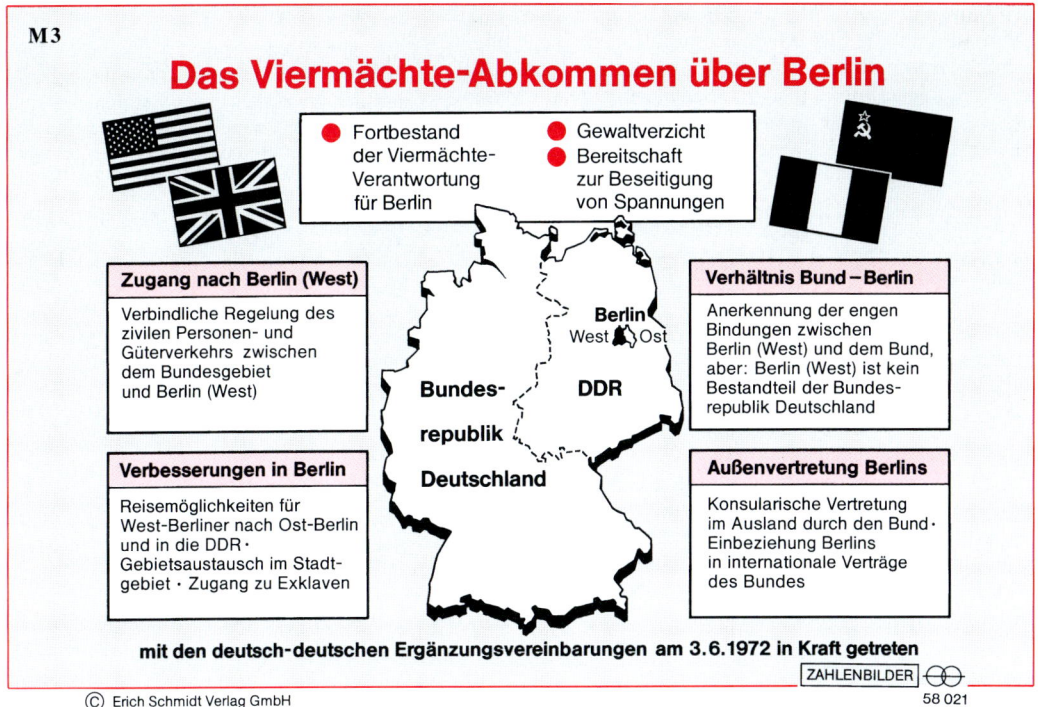

M 3

Das Viermächte-Abkommen über Berlin

● Fortbestand der Viermächte-Verantwortung für Berlin

● Gewaltverzicht
● Bereitschaft zur Beseitigung von Spannungen

Zugang nach Berlin (West)

Verbindliche Regelung des zivilen Personen- und Güterverkehrs zwischen dem Bundesgebiet und Berlin (West)

Verhältnis Bund – Berlin

Anerkennung der engen Bindungen zwischen Berlin (West) und dem Bund, aber: Berlin (West) ist kein Bestandteil der Bundesrepublik Deutschland

Verbesserungen in Berlin

Reisemöglichkeiten für West-Berliner nach Ost-Berlin und in die DDR · Gebietsaustausch im Stadtgebiet · Zugang zu Exklaven

Außenvertretung Berlins

Konsularische Vertretung im Ausland durch den Bund · Einbeziehung Berlins in internationale Verträge des Bundes

Berlin
West Ost

Bundes-

republik

Deutschland

DDR

mit den deutsch-deutschen Ergänzungsvereinbarungen am 3.6.1972 in Kraft getreten

ZAHLENBILDER

© Erich Schmidt Verlag GmbH   58 021

Nach diesem Vertrag wollten beide deutsche Staaten gutnachbarliche Beziehungen auf der Grundlage von **Gewaltverzicht** und der **Respektierung der bestehenden Grenzen** herstellen. Dieser Vertrag war in der Bundesrepublik zwischen der SPD/FDP-Regierung und der CDU/CSU-Opposition recht umstritten. Das Bundesverfassungsgericht wurde angerufen und stellte schließlich fest, dass der Grundlagenvertrag nicht gegen das Wiedervereinigungsgebot im Grundgesetz verstoße.

Nach Inkrafttreten dieser **Vereinbarungen** und **Abkommen** verbesserten sich die Beziehungen zwischen der Bundesrepublik Deutschland und der Deutschen Demokratischen Republik. Auch die Störungen im Verkehr von und nach Berlin nahmen danach ab. Mehrere ergänzende Vereinbarungen und Abkommen schlossen sich an und betrafen z. B. das Gesundheitswesen, die Sportbeziehungen und das Post- und Fernmeldewesen, den Transitverkehr, Wissenschaft und Technik, Umweltschutz und Strahlenschutz (M 6).

Im Mai 1974 richteten die beiden deutschen Staaten gegenseitig **Ständige Vertretungen** ein. Da die Bundesrepublik die DDR nach wie vor **völkerrechtlich nicht anerkannte,** konnten keine Botschafter ausgetauscht werden.

Die Verträge und Abkommen um Berlin, die nach 1971 geschlossen wurden, konnten selbstverständlich nicht die **Gegensätze** zwischen den verschiedenen Gesellschafts-

M 4: Transitabkommen vom 17. 12. 1971

Das **Abkommen für den Transitverkehr** von zivilen Personen und Gütern zwischen der Bundesrepublik Deutschland und Berlin (West) ist das erste Abkommen zwischen den Regierungen der beiden Staaten in Deutschland. Es stellt einen wichtigen Schritt zum Abbau der Spannungen dar. Es ist kein Zufall, dass das erste umfassende Abkommen zwischen den beiden Staaten der Regelung des Durchgangsverkehrs zwischen der Bundesrepublik und Berlin (West) dient.
(Die Berlin-Regelung)

M 5: Reiseverkehr

Mit dem Verkehrsvertrag und dem Grundlagenvertrag (1973) waren folgende Reisen möglich:

● **Besuchsreisen** zu Verwandten oder Bekannten.
● **Touristenreisen**
● Besuche im grenznahen Gebiet der DDR
● **Tagesaufenthalte** in Berlin (Ost)
● **Transitreisen** durch die DDR
● Reisen aus besonderem Anlaß
● Geschäftsreisen

(Auskünfte zur Deutschlandpolitik A–Z)

ordnungen und zwischen den Großmächten aufheben. Sie konnten aber die Sicherheit bei praktischen Regelungen erhöhen und dadurch die enge Einbeziehung Westberlins in die Bundesrepublik festigen. Schwierigkeiten gab es immer wieder aufgrund der **unterschiedlichen Auffassungen** bei der Auslegung der Verträge und Abkommen.

Erleichterungen im Reiseverkehr

Der **Reiseverkehr** in die DDR und nach Ost-Berlin wurde für Westberliner nach dem Inkrafttreten des Viermächte-Abkommens erleichtert. Auch für die Bewohner der Bundesrepublik gab es Reiseerleichterungen, sodass persönliche Kontakte leichter möglich waren (M5).

Trotz aller Verbesserungen und Erleichterungen aber blieb die **deutsche Nation** gegen den Willen vieler Menschen geteilt.

Ab 1969 verfolgte die DDR eine deutliche **Abgrenzungspolitik** gegenüber der Bundesrepublik. Die beiden Formulierungen „Zusammenarbeit der beiden deutschen Staaten" und „Streben nach Vereinigung beider deutschen Staaten auf der Grundlage der Demokratie und des Sozialismus" wurden ersatzlos aus der Verfassung gestrichen.

M 7: Grundlagenvertrag

Aus dem Vertrag vom 21. Dezember 1972 zwischen der Bundesrepublik Deutschland und der Deutschen Demokratischen Republik über die Grundlagen der Beziehungen zwischen der Bundesrepublik Deutschland und der Deutschen Demokratischen Republik:

Artikel 1:
Die Bundesrepublik Deutschland und die Deutsche Demokratische Republik entwickeln normale gutnachbarliche Beziehungen auf der Grundlage der Gleichberechtigung.

Artikel 2:
Die Bundesrepublik Deutschland und die Deutsche Demokratische Republik werden sich von den Zielen und Prinzipien leiten lassen, die in der Charta der Vereinten Nationen niedergelegt sind, insbesondere der souveränen Gleichheit aller Staaten, der Achtung der Unabhängigkeit, Selbstständigkeit und territorialen Integrität, dem Selbstbestimmungsrecht, der Wahrung der Menschenrechte und der Nichtdiskriminierung.

M 6

Die innerdeutschen Beziehungen

1972 Transitabkommen
Rechtssicherheit und zügige Abfertigung von Reisenden und Gütern im Transit mit Berlin (West)

Verkehrsvertrag 1972
Regelung des gegenseitigen Wechsel- und Transitverkehrs

1973 Grundlagenvertrag Gegenseitiger Gewaltverzicht · Unverletzlichkeit der Grenzen · Beschränkung der Hoheitsgewalt auf das jeweils eigene Staatsgebiet
Austausch ständiger Vertretungen · Regelung praktischer und humanitärer Fragen · Entwicklung des innerdeutschen Handels · Zusammenarbeit auf den Gebieten der Wissenschaft und Technik, des Gesundheits- und Verkehrswesens

1973 UNO-Beitritt beider deutscher Staaten

1974 Ständige Vertretungen nehmen ihre Arbeit auf

1978 Grenzprotokoll

1979 Erweiterung des Kleinen Grenzverkehrs

Berlin

DDR

Bonn

Zone des Kleinen Grenzverkehrs

Bundesrepublik Deutschland

Postabkommen 1976

Verkehrsvereinbarungen 1975 1978 1980 1985
Ausbau und Neubau der Transitwege zwischen dem Bundesgebiet und Berlin Transitpauschale

Kulturabkommen 1986

ZAHLENBILDER

58 210

© Holland + Josenhans

Wiedervereinigungsgebot

In der Bundesrepublik bestand der Wunsch nach einer **Wiedervereinigung** seit der Teilung Deutschlands. Daher gestaltete man die staatliche Ordnung unter dem Vorbehalt, dass sie nur bis zur Wiedervereinigung und damit bis zur Bildung eines einheitlichen deutschen Staats gelten sollte. Die Bezeichnung **„Grundgesetz"** verdeutlicht, dass diese **Verfassung** vom 23. Mai 1949 nur für eine Übergangszeit vorgesehen war. Das **Wiedervereinigungsgebot** wurde in der alten **Präambel (Vorrede) des Grundgesetzes** von 1949 formuliert (M9).

Trotz der Teilung verbanden die Bevölkerung der Bundesrepublik Deutschland und der DDR viele Gemeinsamkeiten. Das Bewusstsein von der gemeinsamen geschichtlichen Tradition blieb lebendig. Für viele, vor allem junge Menschen in der Bundesrepublik, schien die Teilung allerdings endgültig zu sein. So fühlten sie sich oft den Ländern im Westen – Frankreich, Großbritannien, und den USA – mehr verbunden als dem anderen Deutschland.

Durch die friedliche Revolution in der DDR gelang es den Bürgern 1989, die Voraussetzungen für eine **Wiedervereinigung** zu schaffen (M8). Am 3. Oktober 1990 erfolgte der Beitritt der DDR zur Bundesrepublik Deutschland.

M8: Demonstration für mehr Demokratie in der DDR
(Ostberlin am 4. 11. 1989)

M9: Aus der alten Präambel (Vorrede) des Grundgesetzes:

Im Bewusstsein seiner Verantwortung vor Gott und den Menschen, von dem Willen beseelt, seine nationale und staatliche Einheit zu wahren und als gleichberechtigtes Glied in einem vereinten Europa dem Frieden der Welt zu dienen, hat das Deutsche Volk ..., um dem staatlichen Leben für eine Übergangszeit eine neue Ordnung zu geben, kraft seiner verfassungsgebenden Gewalt dieses Grundgesetz der Bundesrepublik Deutschland beschlossen. Es hat auch für jene Deutschen gehandelt, denen mitzuwirken versagt war. Das gesamte deutsche Volk bleibt aufgefordert, in freier Selbstbestimmung die Einheit und Freiheit Deutschlands zu vollenden.

■ **Aufgaben**

1. Vergleichen Sie anhand von M2 die unterschiedlichen Sichtweisen der beiden Regierungschefs Brandt (Bundesrepublik) und Stoph (DDR).

2. Welche Festlegungen traf das Viermächte-Abkommen für Berlin?

3. Wie wirkte sich das Viermächte-Abkommen auf den Reiseverkehr aus?

4. Warum war die Regelung des Transitverkehrs für Berlin besonders wichtig?

5. Nennen Sie drei wichtige Vereinbarungen im Grundlagenvertrag.

6. Warum kann man den Grundlagenvertrag und das Transitabkommen als ein Ergebnis der Entspannung zwischen Ost und West ansehen?

7. Diskutieren Sie die Ansicht, die Entspannungspolitik habe die Teilung Deutschlands hingenommen und damit die Wiedervereinigung verzögert.

Entspannung und Zusammenarbeit der beiden deutschen Staaten
– **Viermächte-Abkommen 1971: Viermächte-Status für Berlin**
– **Abkommen über den Transitverkehr 1971**
– **Grundlagenvertrag 1972**
– **Erleichterungen im Reiseverkehr**

6.4 Die Deutsche Demokratische Republik

Die Entwicklung der DDR bis 1989

Die Entwicklung der Deutschen Demokratischen Republik nach ihrer Gründung 1949 (Abschnitt 6.2.4) war geprägt durch ihre Bemühungen um einen **Wiederaufbau.** Der erste Regierungschef war Ministerpräsident *Otto Grotewohl* (SED, M 3 von 6.2.4), der erste Staatspräsident war *Wilhelm Pieck* (SED, M 4 von 6.2.4).

Als Vorbild für den **Aufbau des Sozialismus** diente die Sowjetunion. Folgerichtig kam dann die Einbeziehung der DDR in den **Ostblock** mit der Aufnahme in den **Rat für gegenseitige Wirtschaftshilfe (RGW oder Comecon)** 1950. Die Souveränität erhielt die DDR 1955. Im gleichen Rat trat sie auch dem **Warschauer Pakt** bei, einem Militärbündnis, das gegen die NATO gerichtet war.

Führungsrolle der SED

Innenpolitisches Kennzeichen der DDR war die **Führungsrolle der SED** (M 1) sowie die Ausschaltung der Opposition, wobei der 1950 gegründete **Staatssicherheitsdienst** eine verhängnisvolle Rolle spielte. 1968 wurde in der neuen Verfassung der Deutschen Demokratischen Republik die **Führungsrolle der SED** festgeschrieben.

Die Ziele der SED ergaben sich aus der Theorie des **Marxismus-Leninismus** (M 2) und seiner Anwendung auf die bestehende gesellschaftliche Situation. Die zentralen hohen **Parteiorgane** der SED waren der **Parteitag**, das **Zentralkomitee (ZK)** und das **Politbüro.**

Die politischen Entscheidungen fielen vor allem im **Politbüro.** Das Führungszentrum für die laufenden Geschäfte bildete das Sekretariat des Zentralkomitees mit dem **Ersten Sekretär des Zentralkomitees** bzw. dem **Generalsekretär** an der Spitze. Dieser war zugleich **Staatsratsvorsitzender.** Auch die anderen Mitglieder des Sekretariats und des Politbüros waren in verantwortlichen Stellen des Staatsapparats tätig, sodass die Führung des Staats durch die SED gewährleistet war. Der erste Staatsratsvorsitzende war *Walter Ulbricht* von 1960 bis 1973 (M 3). Seine Nachfolger waren *Willi Stoph* von 1973 bis 1976 und *Erich Honecker* von 1976 bis 1989 (M 8).

Einparteiensystem

Die anderen Parteien spielten nur eine untergeordnete Rolle, denn sie hatten die Führungsrolle der SED anerkannt. Da sich die Parteien nicht gegenseitig politisch bekämpften, bestand praktisch ein **Einparteiensystem.** Die Parteien bildeten zusammen mit so genannten Massenorganisationen wie dem Freien Deutschen Gewerkschaftsbund (FDGB) die Nationale Front.

M 1: Führungsrolle der SED

Die Deutsche Demokratische Republik ist ein sozialistischer Staat deutscher Nation. Sie ist die politische Organisation der Werktätigen in Stadt und Land, die gemeinsam unter Führung der Arbeiterklasse und ihrer marxistisch-leninistischen Partei den Sozialismus verwirklichen.

(Aus Artikel 1 der Verfassung der Deutschen Demokratischen Republik von 1968)

M 2: Marxismus-Leninismus

Mit **Marxismus-Leninismus** werden die von *Karl Marx* (1818–1883), *Friedrich Engels* (1820–1895) und *Wladimir Iljitsch Lenin* (1870–1924) begründeten Lehren in ihren weltanschaulichen, philosophischen, wissenschaftlichen und politischen Ausprägungen bezeichnet. Speziell, hinsichtlich der kommunistischen Parteien, hat der Marxismus-Leninismus die Funktion der allein gültigen Weltanschauung oder **Ideologie.** In den kommunistischen Einparteienstaaten ist er die Staatsideologie.

(DDR-Handbuch)

M 3: Walter Ulbricht (1893–1973)
Staatsratsvorsitzender der DDR von 1960 bis 1973

M 4: Wahlen zur Volkskammer

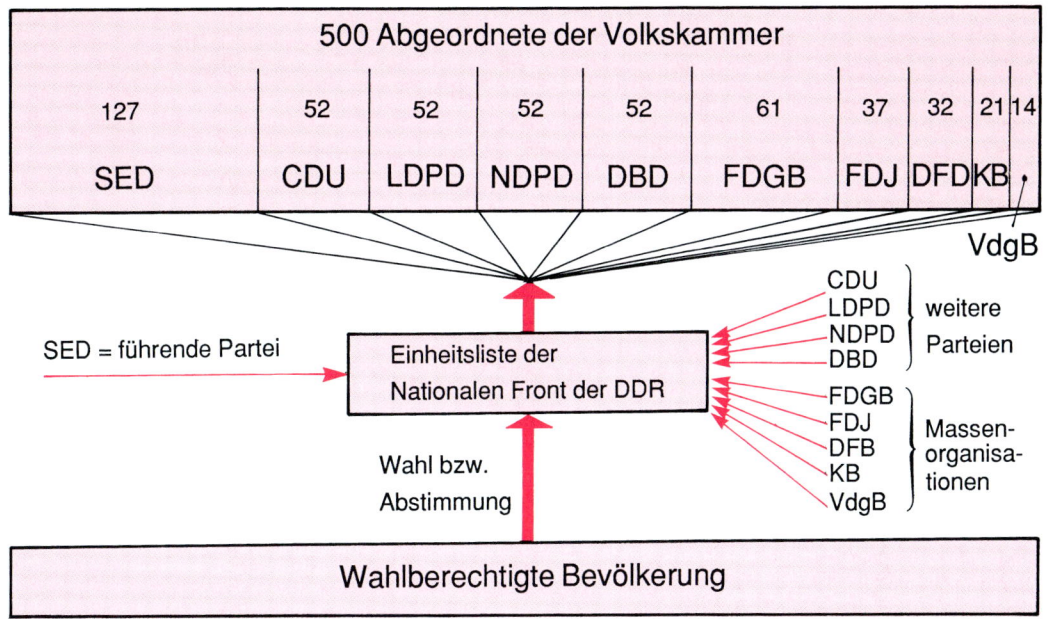

M 5: Parteien und Massenorganisationen

Massenorganisationen:	SED = Sozialistische Einheitspartei Deutschlands
FDGB = Freier Deutscher Gewerkschaftsbund	
FDJ = Freie Deutsche Jugend	**Blockparteien:**
DFD = Demokratischer Frauenbund Deutschlands	CDU = Christlich-Demokratische Union
KB = Kulturbund der DDR	DBD = Demokratische Bauernpartei Deutschlands
VdgB = Vereinigung der gegenseitigen Bauernhilfe	LDPD = Liberaldemokratische Partei Deutschlands
	NDPD = Nationaldemokratische Partei Deutschlands

Volkskammerwahl und Einheitsliste

Bei den **Wahlen zur Volkskammer** gab es eine **Einheitsliste** der **Nationalen Front** (M 4 + M 5). Unabhängig von Wahlen war die Zahl der Abgeordneten pro Partei oder Massenorganisationen festgelegt.

Herrschaftssicherung

Die **Erziehung** und das Schulwesen der DDR waren am Ziel **der sozialistischen Persönlichkeit** ausgerichtet. Auch die **Propaganda** diente dem Ziel, eine einheitliche Gesellschaft im Sinne des Marxismus-Leninismus zu gestalten. Weitere Mittel zur **Herrschaftssicherung** in der DDR waren die **Abschirmung** von anderen, insbesondere von westlichen Einflüssen und die **Verfolgung von politischen Gegnern.** Die **Organe der Staatssicherheit (Stasi)** dienten dem Ziel, jegliche **politische Opposition** zu unterdrücken. Dazu diente ein eng vernetztes Spitzelsystem von geheimen Informanten und Mitarbeitern. Kritiker der SED-Herrschaft wurden als Straftäter verfolgt oder ausgebür-

M 6: Zielsetzung der SED

Die Sozialistische Einheitspartei Deutschlands stellt sich das Ziel, in der Deutschen Demokratischen Republik weiterhin die entwickelte sozialistische Gesellschaft zu gestalten und so grundlegende Voraussetzungen für den allmählichen Übergang zum Kommunismus zu schaffen.

(Aus dem Programm der SED von 1976)

gert, indem man ihnen die DDR-Staatsbürgerschaft aber-
kannte. Selbst vor Entführung und Mord schreckte die
DDR-Führung nicht zurück.

Im Laufe der Jahre gelang die **ökonomische Stabilisierung.** Die DDR erreichte den höchsten Lebensstandard
aller sozialistisch regierten Staaten und gehörte zu den 10
größten Industriestaaten. Doch die Unzufriedenheit der
Menschen blieb bestehen, und freiheitliche Bestrebungen
wurden unterdrückt. Beispiele dafür sind der Juni-Aufstand von 1953 (Abschnitt 6.3.3) und die Flucht aus der
DDR (Abschnitt 6.3.4).

Die Zeit Honeckers

1971 wurde *Erich Honecker* Nachfolger von *Walter Ulbricht* als Erster Sekretär des Zentralkomitees. Dadurch
wurde die Führungsrolle der SED bestärkt. Anlässlich ihres 25-jährigen Bestehens präsentierte sich die DDR als
selbstständiger Staat, deutlich von der Bundesrepublik ab-
gegrenzt und eng mit der Sowjetunion verbunden. Im darauf folgenden Jahr hatte die DDR bereits zu 117 Staaten
diplomatische Beziehungen. Die engen Beziehungen zur
Sowjetunion fanden auch im Freundschafts- und Beistandspakt 1975 ihren Niederschlag.

Die Teilnahme *Erich Honeckers* an der **KSZE-Konferenz**
in Helsinki 1975 und die Unterzeichnung der KSZE-
Schlussakte (Abschnitt 7.2.1) waren Höhepunkte der
außenpolitischen Aktivitäten der DDR. Doch innenpolitisch mehrten sich unter Berufung auf dieses Dokument
die Forderungen nach einer Gewährleistung von Menschenrechten und Freizügigkeit. Die Zahl der Ausreise-
anträge von DDR-Bürgern stieg sprunghaft an. Dies führte schließlich zur Erschütterung des DDR-Regierungs-
systems.

Reformansätze in der Sowjetunion

Neben den freiheitlichen Bestrebungen der Bevölkerung
in der DDR spielten bei der Entwicklung, die zur Wende
von 1989 führte, die **Reformen** in den Staaten Osteuropas eine wichtige Rolle. Die Reformbestrebungen in der
Sowjetunion wurden maßgeblich von Präsident *Gorbatschow* in Gang gesetzt. **Glasnost** (Offenheit) und **Perestroika** (Umbau der Wirtschaft und Gesellschaft) in der
Sowjetunion bewirkten auch in anderen Staaten im Osten
größere Offenheit und mehr Freiheit sowie im Wirtschaftssystem eine Annäherung an die Marktwirtschaft.

M 7: **Erich Honecker** (1912–1994)
Staatsratsvorsitzender der DDR von
1976 bis 1989

M 8: Von Ulbricht zu Honecker

Die Ablösung Walter Ulbrichts im Mai 1971
bedeutete einen tiefen Einschnitt in der Entwicklung der DDR. Die SED unter ihrem
neuen Ersten Sekretär (seit 1976 Generalsekretär) *Erich Honecker* erkannte die Führungsrolle der UdSSR und das sowjetische
Modell wieder als absolut verbindlich an.
Die Partei baute ihre beherrschende Rolle in
Politik, Gesellschaft und Wirtschaft weiter
aus, alle Bereiche des öffentlichen Lebens
sollten stärker reglementiert und kontrolliert
werden, freilich mit flexibleren Methoden.
Im Rahmen der Abgrenzung von der Bundesrepublik erfolgte eine Absage an die Einheit der deutschen Nation, zugleich wurde
die weitere Integration in das „Sozialistische
Lager" unter Führung der UdSSR verstärkt.
(Hermann Weber: Kleine Geschichte der DDR)

M 6: Lebensstandard und Freiheiten in der DDR

Der Unwille und die Opposition der Bevölkerung
der DDR gegen das gesellschaftliche und politische System im zweiten deutschen Staat entzündeten sich immer wieder an zwei Tatbeständen:
einmal dem relativ niedrigen Lebensstandard,
zum anderen dem Fehlen politischer und persönlicher Freiheiten. Den Lebensstandard versuchte
die SED-Führung durch immer neue Methoden
in der Wirtschaft zu heben. Gegenüber dem Frei-
heitsstreben sollten die Machtmittel des Staates
eingesetzt werden.

(Hermann Weber: Kleine Geschichte der DDR)

M9: „Wer zu spät kommt, den bestraft das Leben."

Die politische Führung der DDR weigerte sich hartnäckig, Glasnost und Perestroika auch in ihrem Land anzuwenden. Nach wie vor versuchte die SED mit Hilfe der Staatssicherheit, die Bürger fest unter Kontrolle zu halten. Anlässlich des 40. Jahrestages der DDR am 7. Oktober 1989 trat die alte SED-Führung zum letzten Mal in der Öffentlichkeit auf. Gleichzeitig flohen Tausende von DDR-Bürgern über die ungarisch-österreichische Grenze in den Westen (M 10) oder erzwangen ihre Ausreise durch die Botschaftsbesetzungen in Budapest, Prag und Warschau sowie in der Ständigen Vertretung der Bundesrepublik in Ostberlin. Bei seinem Besuch in der DDR am 7. Oktober 1989 sprach der sowjetische Präsident Gorbatschow die berühmt gewordenen Worte: „Wer zu spät kommt, den bestraft das Leben."

M 10

■ **Aufgaben**

1. Welche Auswirkungen hatte die Führungsrolle der SED?
2. Inwiefern war die Volkskammerwahl keine freie Wahl?
3. Erarbeiten Sie anhand von M 4 die wesentlichen Unterschiede zwischen dem Staatsaufbau in der Bundesrepublik (Abschnitt 5.3) und in der DDR.
4. Welcher Zusammenhang bestand zwischen der KSZE-Schlussakte und den Freiheitsbestrebungen der DDR-Bevölkerung?
5. Interpretieren Sie den Ausspruch des sowjetischen Präsidenten Gorbatschow: »Wer zu spät kommt, den bestraft das Leben" (M 9). Bedenken Sie dabei auch die Karikatur M 10.

Entwicklung der DDR:

– **Wiederaufbau und ökonomische Stabilisierung**
– **Orientierung an der Sowjetunion und Aufbau des Sozialismus**
– **Führungsrolle der SED, Ausschaltung der Opposition**
– **Unzufriedenheit und Freiheitsbestrebungen der Bevölkerung**

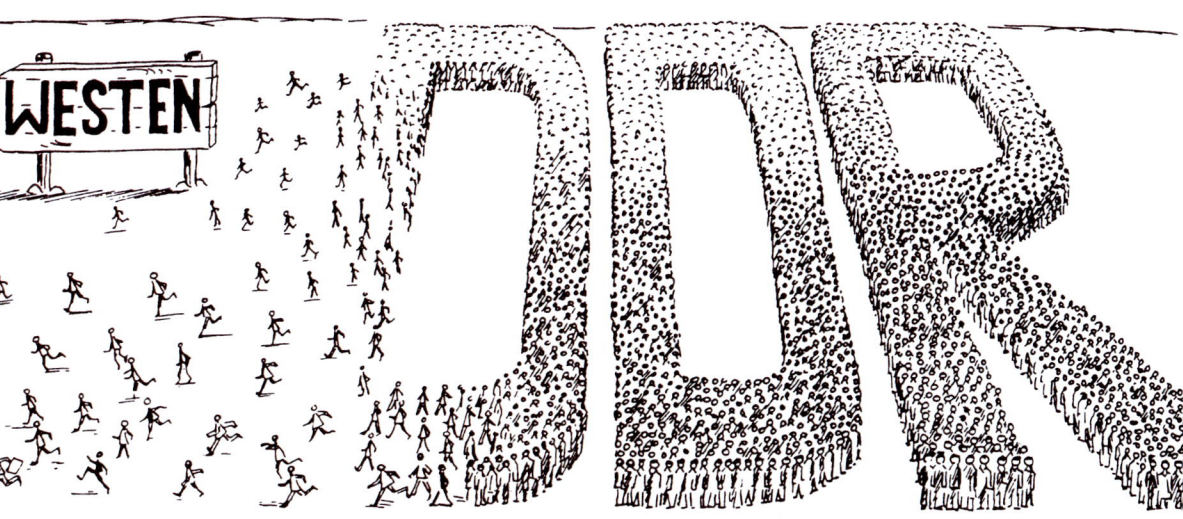

6.5 Die deutsche Vereinigung

6.5.1 Die Entwicklung von 1989 bis zur deutschen Vereinigung

Am 9. Oktober 1989 demonstrierten in Leipzig nach dem traditionellen Friedensgebet Tausende für eine demokratische Erneuerung (M2). Dies war die erste von vielen **Massendemonstrationen** in den Großstädten für Demokratie und gegen die SED-Herrschaft (M1). Es war der Anfang der **friedlichen Revolution** in der DDR, die nach dem 40. Jahrestag der DDR-Gründung einsetzte und am 18. Oktober zum Rücktritt von Staats- und Parteichef *Erich Honecker* (SED) führte (M7 von 6.4). *Egon Krenz* (SED) wurde sein Nachfolger.

Weiterhin demonstrierten Zehntausende für freie Wahlen und Reisefreiheit. Am 9. November 1989 öffnete die DDR die Grenzübergänge zur Bundesrepublik und nach Westberlin. Damit hatte die friedliche Revolution in der DDR ein erstes wichtiges Ziel erreicht. Millionen von Menschen reisten in den folgenden Tagen in die Bundesrepublik. Die Grenzanlagen wurden abgebaut, die Mauer fiel (M4).

Nach der Wahl von *Hans Modrow* (SED) zum Ministerpräsidenten durch die Volkskammer und der Bildung einer neuen **Regierung** begannen Überlegungen zur Annäherung und Vereinigung der beiden deutschen Staaten. Zunächst plante man eine „Vertragsgemeinschaft". Doch im Januar 1990 forderten die Demonstranten zunehmend eine Wiedervereinigung. Zunächst sollte durch freie Wahlen eine Volksvertretung geschaffen werden.

M2: Nikolaikirche in Leipzig, der Ausgangspunkt vieler Demonstrationen

M1

Die ersten freien Wahlen in der DDR fanden am 18. März 1990 statt. Die **Volkskammerwahl** endete mit einem deutlichen Sieg der „Allianz für Deutschland", zu der sich die CDU, die Deutsche Soziale Union (DSU) und der Demokratische Aufbruch (DA) zusammengeschlossen hatten.

Die Volkskammer wählte am 12. April 1990 *Lothar de Maiziere* (CDU) zum **Ministerpräsidenten** der DDR. Seine Regierung wurde getragen von einer großen Koalition aus der „Allianz für Deutschland", dem Bund freier Demokraten (BFD) und der SPD.

Nach den **Kommunalwahlen** am 6. Mai hatten die Bürger der DDR zum ersten Mal nach 40 Jahren auf allen Ebenen demokratisch legitimierte Volksvertreter. Die friedliche Revolution hatte damit ein weiteres wichtiges Ziel erreicht.

Wirtschafts-, Währungs- und Sozialunion

Im Hinblick auf eine Wiedervereinigung hatten Verhandlungen zwischen den Regierungen der beiden deutschen Staaten begonnen. Diese führten zur deutsch-deutschen **Wirtschafts-, Währungs- und Sozialunion,** die am 1. Juli 1990 in Kraft trat (M 3). Die DM wurde Zahlungsmittel in der DDR. Mit dem Inkrafttreten dieses Staatsvertrages entfielen die Personenkontrollen an der innerdeutschen Grenze. Die DDR übernahm das Modell der sozialen Marktwirtschaft.

M 4: Öffnung des Brandenburger Tores in Berlin am 22. 12. 1989

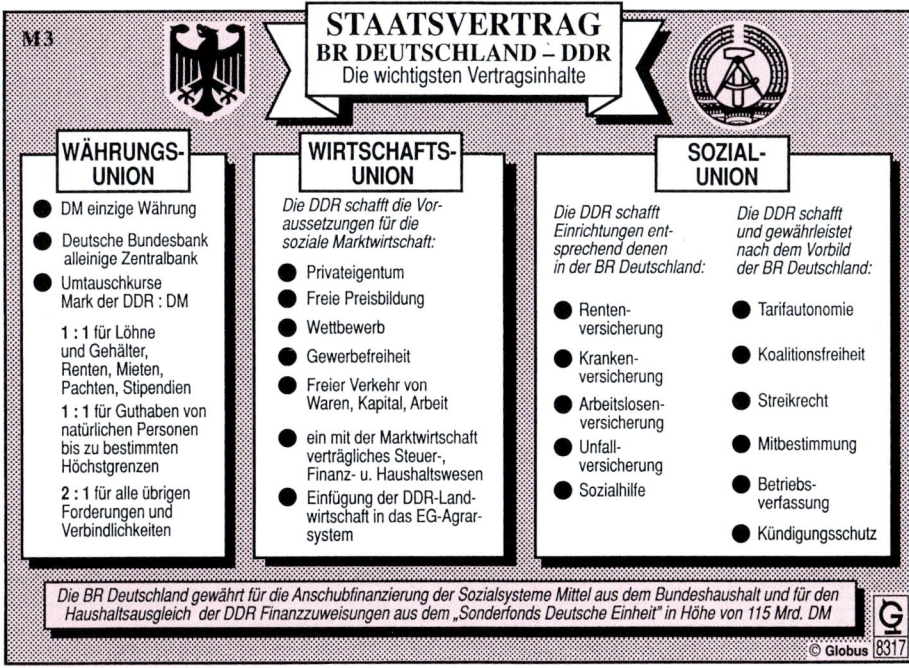

M 3

STAATSVERTRAG
BR DEUTSCHLAND – DDR
Die wichtigsten Vertragsinhalte

WÄHRUNGS-UNION
- DM einzige Währung
- Deutsche Bundesbank alleinige Zentralbank
- Umtauschkurse Mark der DDR : DM

  1 : 1 für Löhne und Gehälter, Renten, Mieten, Pachten, Stipendien

  1 : 1 für Guthaben von natürlichen Personen bis zu bestimmten Höchstgrenzen

  2 : 1 für alle übrigen Forderungen und Verbindlichkeiten

WIRTSCHAFTS-UNION
Die DDR schafft die Voraussetzungen für die soziale Marktwirtschaft:
- Privateigentum
- Freie Preisbildung
- Wettbewerb
- Gewerbefreiheit
- Freier Verkehr von Waren, Kapital, Arbeit
- ein mit der Marktwirtschaft verträgliches Steuer-, Finanz- u. Haushaltswesen
- Einfügung der DDR-Landwirtschaft in das EG-Agrarsystem

SOZIAL-UNION
Die DDR schafft Einrichtungen entsprechend denen in der BR Deutschland:
- Rentenversicherung
- Krankenversicherung
- Arbeitslosenversicherung
- Unfallversicherung
- Sozialhilfe

Die DDR schafft und gewährleistet nach dem Vorbild der BR Deutschland:
- Tarifautonomie
- Koalitionsfreiheit
- Streikrecht
- Mitbestimmung
- Betriebsverfassung
- Kündigungsschutz

Die BR Deutschland gewährt für die Anschubfinanzierung der Sozialsysteme Mittel aus dem Bundeshaushalt und für den Haushaltsausgleich der DDR Finanzzuweisungen aus dem „Sonderfonds Deutsche Einheit" in Höhe von 115 Mrd. DM

© Globus 8317

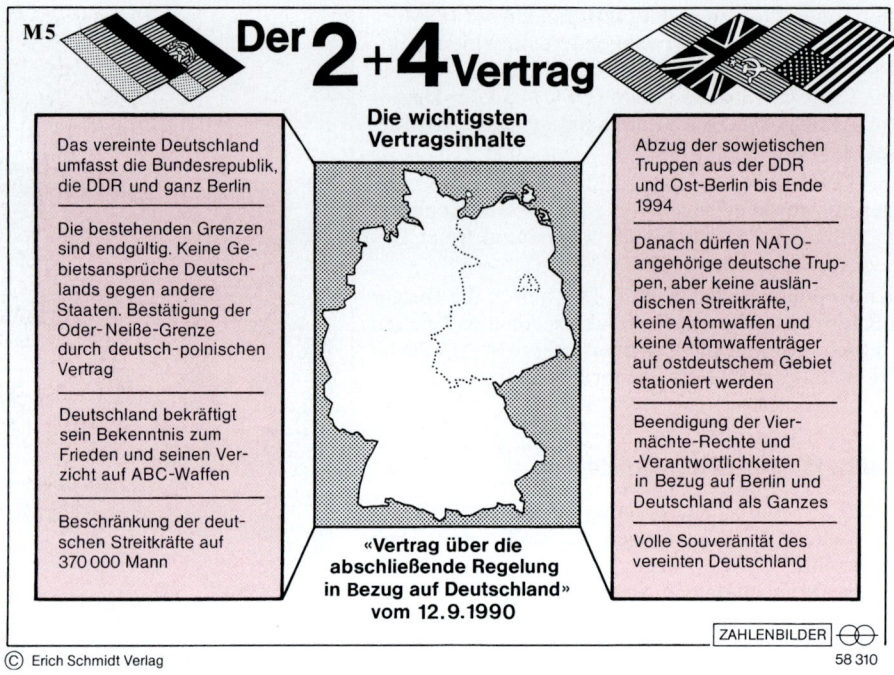

M5 Der **2+4** Vertrag

Die wichtigsten Vertragsinhalte

Das vereinte Deutschland umfasst die Bundesrepublik, die DDR und ganz Berlin

Die bestehenden Grenzen sind endgültig. Keine Gebietsansprüche Deutschlands gegen andere Staaten. Bestätigung der Oder-Neiße-Grenze durch deutsch-polnischen Vertrag

Deutschland bekräftigt sein Bekenntnis zum Frieden und seinen Verzicht auf ABC-Waffen

Beschränkung der deutschen Streitkräfte auf 370 000 Mann

Abzug der sowjetischen Truppen aus der DDR und Ost-Berlin bis Ende 1994

Danach dürfen NATO-angehörige deutsche Truppen, aber keine ausländischen Streitkräfte, keine Atomwaffen und keine Atomwaffenträger auf ostdeutschem Gebiet stationiert werden

Beendigung der Viermächte-Rechte und -Verantwortlichkeiten in Bezug auf Berlin und Deutschland als Ganzes

Volle Souveränität des vereinten Deutschland

«Vertrag über die abschließende Regelung in Bezug auf Deutschland» vom 12.9.1990

ZAHLENBILDER

© Erich Schmidt Verlag   58 310

Die Außenminister der beiden deutschen Staaten und der Siegermächte des zweiten Weltkrieges führten die **Zwei-plus-Vier-Gespräche** (M5): Sie verhandelten über die Sonderrechte der Siegermächte in Deutschland, die Truppenstationierung, die Zugehörigkeit zur NATO und zum Warschauer Pakt sowie über die Sicherheitsinteressen der Sowjetunion.

Der sowjetische Staatspräsident *Gorbatschow* und Bundeskanzler *Kohl* verständigten sich am 16. Juli 1990 darauf, dass das vereinigte Deutschland die uneingeschränkte Souveränität erhalten und die seit Kriegsende bestehende Viermächte-Verantwortung aufhören sollte. Auch über die Zugehörigkeit zu einem Militärbündnis konnte Deutschland frei entscheiden. Die Sowjetunion hatte damit große Zugeständnisse gemacht. Ihre Absicht war es, ihre Beziehungen zur Bundesrepublik Deutschland mit dem Ziel einer engen Zusammenarbeit weiterzuentwickeln. Dementsprechend beschloss man, einen Nachbarschaftsvertrag abzuschließen.

Einigungsvertrag

Im Juli 1990 begannen dann Verhandlungen zwischen der Deutschen Demokratischen Republik und der Bundesrepublik über einen **Einigungsvertrag.** In diesem Staatsvertrag wurde festgelegt, unter welchen Bedingungen die Vereinigung Deutschlands erfolgen soll (M6). Der **Einigungsvertrag** bestimmte beispielsweise, wie das alte DDR-Recht in die einheitliche Rechtsordnung Deutschlands

M6

Einigungsvertrag

① **Beitritt** der DDR zur Bundesrepublik Deutschland am 3. Oktober 1990.

② Das **Grundgesetz** (GG) gilt für das gesamte deutsche Volk.

③ Im Beitrittsgebiet kann das **Recht** für eine Übergangszeit (bis zum 31. 12. 1992) von den Bestimmungen des GG abweichen.

④ Berlin ist **Hauptstadt** Deutschlands.

⑤ Die Stimmenverteilung im **Bundesrat** wird neu geregelt.

⑥ Die Volkskammer entsendet 144 Abgeordnete in den **Bundestag.**

⑦ **Stasi-Akten** müssen auf dem Gebiet der ehemaligen DDR verbleiben.

**M 7: Berlin:
Feier der deut-
schen Einheit**

übergeleitet wird. Die Volkskammer beschloss am 23. August den Beitritt der DDR zur Bundesrepublik nach Artikel 23 des Grundgesetzes zum 3. Oktober. Der **Einigungsvertrag** wurde am 20. September von der Volkskammer und vom Bundestag jeweils mit einer Zweidrittelmehrheit angenommen; der Bundesrat billigte ihn einstimmig am 21. September.

Zwei-plus-Vier-Vertrag

In Moskau beendeten die Außenminister die Zwei-plus-Vier-Gespräche mit einer abschließenden Regelung zur **Souveränität Deutschlands** im **Zwei-plus-Vier-Vertrag,** dem „Vertrag über die abschließende Regelung in bezug auf Deutschland". Dieser Vertrag nimmt die Stellung eines Friedensvertrags ein. Deutschland erkennt die Oder-Neiße-Grenze an und stimmt damit den Gebietsabtretungen im Osten zu. Auch die Verringerung der deutschen Streitkräfte auf 370 000 Mann und der Abzug der Sowjettruppen aus Ostdeutschland wird geregelt.

Kurze Zeit darauf unterzeichneten die Außenminister der vier Siegermächte des Zweiten Weltkrieges in New York eine Erklärung über die Aussetzung ihrer Vorbehaltsrechte, die seit dem Zweiten Weltkrieg gegolten hatten.

Am 3. Oktober 1990 trat die DDR der Bundesrepublik Deutschland bei. **Deutschland ist wieder vereint.**

■ Aufgaben

1. Welche Ziele hatten die Massendemonstrationen, die in der DDR zur Revolution führten?

2. Nennen Sie vier Ereignisse, die den Beginn einer freiheitlichen Ordnung in der DDR markierten.

3. Nennen Sie drei wichtige Bereiche, die ab dem 1. Juli 1990 in der Deutschen Demokratischen Republik und in der Bundesrepublik Deutschland in unterschiedlicher Weise geregelt waren.

4. Warum setzte die deutsche Einigung erfolgreiche Zwei-plus-Vier-Gespräche voraus?

5. Diskutieren Sie die These, die Wiedervereinigung Deutschlands sei dem sowjetischen Staats- und Parteichef Gorbatschow zu verdanken.

Der Weg zur Vereinigung Deutschlands:

– **Massendemonstrationen in der DDR für Demokratie und Freiheit**
– **Sturz Honeckers am 18. Oktober 1989**
– **Öffnung der Mauer am 9. November 1989**
– **freie Wahlen zur Volkskammer**

– **Wirtschafts-, Währungs- und Sozialunion am 1. Juli 1990**
– **Einigungsvertrag**
– **Zwei-plus-Vier-Vertrag 1990**
– **Eintritt der Deutschen Demokratischen Republik zur Bundesrepublik Deutschland am 3. Oktober 1990**

6.5.2 Die Probleme der Vereinigung

Der Tag der Vereinigung, der 3. Oktober 1990, wurde als **Tag der Deutschen Einheit** gesetzlicher Feiertag. Doch mit der Vereinigung waren die Probleme des Zusammenwachsens noch nicht gelöst.

Die **politische Vereinigung** und Angleichung war gekennzeichnet durch

– die Bildung der 5 neuen Länder Brandenburg, Mecklenburg-Vorpommern, Sachsen, Sachsen-Anhalt und Thüringen, in denen am 14. Oktober 1990 **Landtagswahlen** stattfanden. Anschließend wurden die **Länderregierungen** gebildet, die auf Bundesebene im Bundesrat mitwirken.
– **Bundestagswahlen** in der gesamten Bundesrepublik, die am 2. Dezember 1990 stattfanden. Durch die Mehrheit von CDU, CSU und FDP wurde Bundeskanzler *Helmut Kohl* (CDU) im Bundestag wiedergewählt. In der neuen **Bundesregierung** waren erstmals auch Minister aus den östlichen Ländern.

Berlin wurde wieder die **Hauptstadt Deutschlands.**

Die gesellschaftliche und **staatliche Ordnung** der alten Bundesrepublik Deutschland und der DDR hatten sich ebenso wie die Bevölkerung über vier Jahrzehnte hinweg auseinander entwickelt. Beide Staaten waren in gegensätzliche wirtschaftliche und militärische Blöcke eingebunden. Dies prägte die Regeln der staatlichen Ordnung wie auch das Leben und die Einstellungen der Menschen.

Mit den gesetzlichen Regelungen und Übergangsbestimmungen des **Einigungsvertrags** wurden die Bedingungen für die rechtliche, wirtschaftliche und soziale Anpassung geklärt.

M 1: Ostdeutschland 12 Jahre nach der Vereinigung

Als sich die beiden deutschen Staaten im Jahre 1990 vereinten, gab es begeisterte Einschätzungen über die wirtschaftlichen Perspektiven. Befreit von sozialistischen Fesseln und mit marktwirtschaftlichem Schwung schien ein „zweites deutsches Wirtschaftswunder" möglich, diesmal auf ostdeutschem Boden. Die Begeisterung ist verflogen. Zwölf Jahre nach der Vereinigung beider deutscher Staaten am 3. Oktober 1990 ist Ostdeutschland immer noch mit großen Problemen konfrontiert. Die Arbeitslosigkeit ist hoch. Menschen wandern ab. Die wirtschaftliche Leistung je Einwohner erreicht nicht einmal zwei Drittel des westdeutschen Niveaus. Die neuen Länder sind auf Finanzhilfen angewiesen.

Der Aufholprozess ist langwieriger und mühseliger als man es sich ursprünglich vorstellte.

Dennoch gelangen die Wirtschaftsforschungsinstitute zu der Erkenntnis, dass die Lage in Ostdeutschland keineswegs hoffnungslos ist, wie sie in der Öffentlichkeit vielfach dargestellt wird. Die Probleme sind zwar alles andere als gering. Aber es gibt auch beträchtliche Erfolge. Der Aufbau Ost wird vorankommen, wenn Tatendrang und nicht Resignation das Handeln der Menschen prägt.

(Rüdiger Pohl, Aus Politik und Zeitgeschichte, 37–38, 2002)

M 2

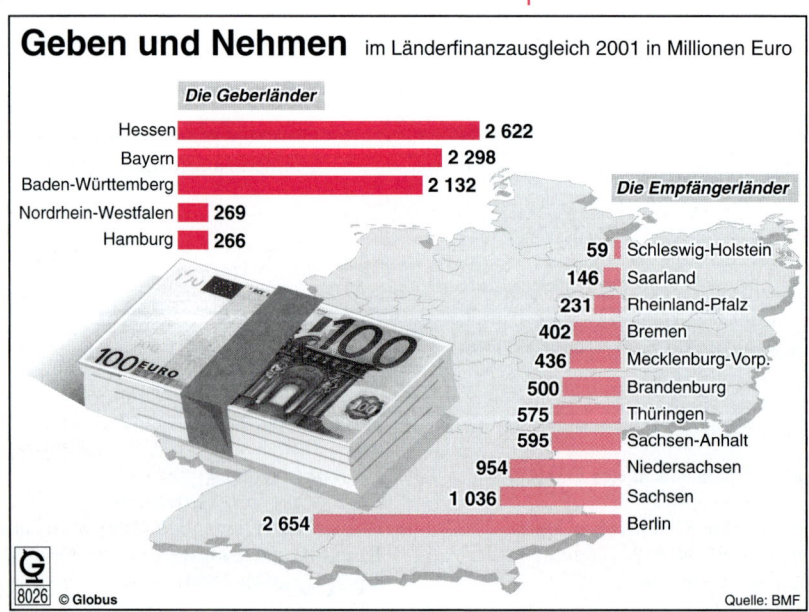

Geben und Nehmen im Länderfinanzausgleich 2001 in Millionen Euro

Die Geberländer

Hessen	2 622
Bayern	2 298
Baden-Württemberg	2 132
Nordrhein-Westfalen	269
Hamburg	266

Die Empfängerländer

59	Schleswig-Holstein
146	Saarland
231	Rheinland-Pfalz
402	Bremen
436	Mecklenburg-Vorp.
500	Brandenburg
575	Thüringen
595	Sachsen-Anhalt
954	Niedersachsen
1 036	Sachsen
2 654	Berlin

8026 © Globus

Quelle: BMF

Veränderungen

Insgesamt brachte die Vereinigung Deutschlands einschneidende Veränderungen vor allem für das Gebiet der früheren DDR:

– Der **Aufbau neuer Strukturen** war in jenen Bereichen notwendig, in denen es zuvor keine entsprechenden Einrichtungen gab wie z.B. bei Verwaltungsbehörden der Länder.

– Eine **grundsätzliche Umstrukturierung** war in jenen Bereichen notwendig, in denen zuvor in beiden Staaten gegensätzliche Auffassungen bestanden; in den östlichen Bundesländern musste sich deshalb beispielsweise das Rechtswesen an neuen Grundsätzen orientieren.

– In anderen Bereichen war eine **Änderung bestehender Einrichtungen** aufgrund neuer Ziele und Inhalte erforderlich. Diese Probleme waren am leichtesten zu lösen: z.B. konnten in der Berufsausbildung viele Ausbildungsberufe der alten Bundesrepublik im Kern mit den Lehrberufen der DDR verglichen werden, trotz der organisatorischen Unterschiede bei der Berufsausbildung.

Wirtschaftliche Probleme

Die **wirtschaftlichen Probleme** in den neuen Bundesländern waren besonders deutlich. 40 Jahre SED-Herrschaft hatten die Entfaltung der Wirtschaft so stark gebremst, dass ein beträchtlicher Rückstand im Vergleich zur alten Bundesrepublik bestand. Die **Wirtschaftsbereiche** waren unterschiedlich entwickelt, in vielen Fällen waren die Erzeugnisse nicht konkurrenzfähig, die **Produktivität** der Betriebe im Osten reichte nicht aus.

Viele der ehemals staatlichen Unternehmen, deren Erzeugnisse nicht gewinnbringend verkauft werden konnten, mussten stillgelegt oder privatisiert werden. Oft wurde die Belegschaft verringert. Deshalb war Arbeitslosigkeit für viele eine sehr schmerzliche Folge der Vereinigung.

Nur durch die Gründung von konkurrenzfähigen Unternehmen konnten neue Arbeitsplätze geschaffen werden. Für den Einzelnen war berufliche Weiterbildung und Umschulung unerlässlich.

Der Prozess des Zusammenwachsens brachte für die östlichen Bundesländer sehr große Schwierigkeiten. Der „Fonds Deutsche Einheit" mit über 160 Milliarden DM diente dazu, die Anlaufschwierigkeiten finanziell aufzufangen. Doch die Höhe der notwendigen Finanzhilfen für die östlichen Länder wurde zunächst unterschätzt. Dort musste zum Beispiel eine moderne Infrastruktur, also Straßen, Telefonverbindungen usw., aufgebaut werden.

Deshalb waren Steuererhöhungen und ein Solidaritätszuschlag zur Einkommensteuer notwendig, um die finanziellen Voraussetzungen für eine Lösung der Probleme im vereinigten Deutschland zu schaffen.

M 3

(Tribüne vom 19. 11. 1990)

■ **Aufgaben**

1. Nennen Sie drei Bereiche, in denen sich die Wirtschaft in der DDR und der Bundesrepublik unterschiedlich entwickelt hatten.

2. In welchen Bereichen besteht ein wirtschaftlicher Nachholbedarf in den neuen Bundesländern?

3. Welche Ursachen hat die hohe Arbeitslosigkeit in den neuen Bundesländern?

4. Erläutern Sie die Karikatur M 3.

5. Diskutieren Sie die heutigen Probleme im vereinigten Deutschland und Vorschläge zur Lösung dieser Probleme.

6. Warum hilft auch der Finanzausgleich der Länder (M 2), die Probleme der Vereinigung zu bewältigen?

Probleme der Vereinigung:

– **Angleichung von**
  – **Rechtssystem**
  – **Wirtschaftssystem**
  – **Sozialsystem**
– **einheitliche politische Ordnung im vereinigten Deutschland**
– **Neugründung der 5 Länder 1990; Landtagswahlen, Länderregierungen**
– **Umstrukturierung der Wirtschaft im Osten; Problem der Arbeitslosigkeit**

6.5.3 Entwicklung im vereinigten Deutschland – Zeittafel –

1990 **3. Oktober:**
Tag der Deutschen Einheit:
Vereinigung der beiden deutschen Staaten
14. Oktober:
Landtagswahlen in den fünf neuen Bundesländern Sachsen, Thüringen, Sachsen-Anhalt, Brandenburg und Mecklenburg-Vorpommern
November:
Erste Bundesratssitzung mit den Ministerpräsidenten der fünf neuen Bundesländer in Berlin
2. Dezember:
Erste gesamtdeutsche Bundestagswahl
20. Dezember:
Erste Sitzung des neuen Bundestags im Berliner Reichstag

1991 17. Januar:
Helmut Kohl (CDU) wird zum Kanzler gewählt und ist nun der erste Regierungschef des vereinten Deutschland.
4. März:
Deutschland erhält endgültig seine Souveränität zurück. Das sowjetische Parlament ratifiziert den **Zwei-plus-Vier-Vertrag** sowie den deutsch-sowjetischen Nachbarschaftsvertrag.
20. Juni:
Nach langen Beratungen entscheidet sich der Bundestag mit 338 gegen 320 Stimmen für **Berlin als deutsche Hauptstadt.**

1992 1. Januar:
Das Stasi-Aktengesetz tritt in Kraft. Es gewährt Stasi-Opfern die Einsicht in ihre Akten.
14. April:
Brandenburg nimmt als erstes Land eine Landesverfassung an. Die Bürger des Landes bestätigen am 14. Juni in einer Volksabstimmung die neue Verfassung. Sie tritt am 21. August in Kraft.
12. November:
In Berlin beginnt der Prozess gegen *Honecker* und fünf andere SED-Spitzenfunktionäre wegen der Todesschüsse an der Mauer.

1993 12. Januar:
Das Berliner Landgericht stellt das Verfahren gegen den früheren DDR-Staats- und Parteichef *Honecker* wegen dessen schlechten Gesundheitszustands ein. *Honecker* wird freigelassen. Er reist nach Chile aus und stirbt am 29. 5. 1994.

1994 31. August:
49 Jahre nach Ende des Zweiten Weltkriegs werden die letzten russischen Soldaten in Berlin im Beisein von Bundeskanzler *Kohl* und des russischen Präsidenten *Jelzin* feierlich verabschiedet.
15. November:
Bundeskanzler *Kohl* (CDU) wird im Bundestag mit 338 von 671 Stimmen wieder gewählt.

1995 21. Juli:
Die Bundesluftwaffe verlegt 14 Tornados zur Unterstützung der Schnellen Eingreiftruppe in Bosnien von Deutschland nach Norditalien. Damit werden erstmals in der Geschichte der Bundeswehr deutsche Soldaten unter kriegsmäßigen Bedingungen außerhalb des NATO-Gebietes eingesetzt.

1996 27. Januar:
Der Jahrestag der Befreiung des Konzentrationslagers Auschwitz (1945) wird Gedenktag.

1997 30. Januar:
Bundestag stimmt der deutsch-tschechischen Aussöhnungserklärung zu.
6. Februar:
Höchste Arbeitslosigkeit in Deutschland seit 1945. Die Arbeitslosenquote beträgt 12,1%, das sind 4,658 Millionen.

1998 23. April:
Der Bundestag stimmt für den Beginn der Europäischen Währungsunion ab 1999.

27. September:
Bei der Bundestagswahl erleidet Bundeskanzler *Kohl* (CDU) eine deutliche Niederlage.
Gerhard Schröder (SPD) wird zum Bundeskanzler gewählt. Er bildet eine rot-grüne Koalition mit *Joschka Fischer* (GRÜNE) als Außenminister.

1999 19. April:
1. Sitzung des Bundestages in Berlin.

21. Mai:
Verabschiedung des Gesetzes zur Reform des Staatsbürgerschaftsrechts. Ab 2000 erhalten in Deutschland geborene Kinder von Ausländern die doppelte Staatsbürgerschaft.

10. Juni:
Der Bundestag stimmt mit großer Mehrheit dem Einsatz der Bundeswehr in der internationalen Friedenstruppe für das Kosovo zu.

25. Juni:
Der Bundestag spricht sich für die Errichtung eines Holocaust-Mahnmals in Berlin zur Erinnerung an die von den Nationalsozialisten ermordeten Juden aus.

2000 Ab Januar:
Parteispendenaffäre erschüttert die CDU; Untersuchungsausschuss des Bundestags.

Juli:
1,5 Millionen ehemalige NS-Zwangsarbeiter bekommen über eine Stiftung eine Entschädigung zwischen 5 000 und 15 000 DM.

2001 11. September:
Terroranschlag zerstört das World Trade Center in New York; fast 4 000 Tote. Deutschland verschärft seinen Kampf gegen terroristische Aktivitäten.

November:
Bundeskanzler *Schröder* (SPD) verknüpft die Abstimmung im Bundestag über eine Beteiligung der Bundeswehr am Anti-Terror-Kampf mit der Vertrauensfrage und erhält die erforderliche Mehrheit.

2002 1. Januar:
In Deutschland und in 11 weiteren Ländern der Europäischen Union wird der Euro eingeführt. Damit ist „Euro-Land" die zweitgrößte Wirtschaftszone der Welt.

22. September:
Bei der Bundestagswahl erhalten SPD und GRÜNE eine knappe Mehrheit und regieren weiter.

2003 14. März:
Die Refom der Sozialsysteme wird in einer Regierungserklärung angekündigt.

M1

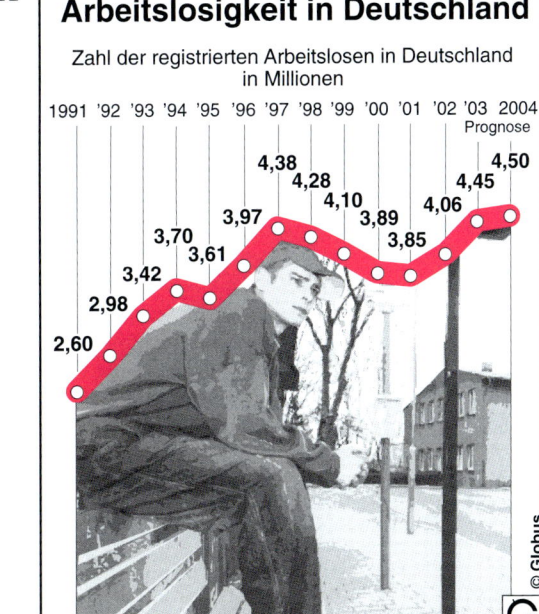

Arbeitslosigkeit in Deutschland

Zahl der registrierten Arbeitslosen in Deutschland in Millionen

1991 '92 '93 '94 '95 '96 '97 '98 '99 '00 '01 '02 '03 2004 Prognose

2,60 2,98 3,42 3,70 3,61 3,97 4,38 4,28 4,10 3,89 3,85 4,06 4,45 4,50

© Globus

Quelle: Bundesanstalt für Arbeit, Frühjahrsgutachten der Wirtschaftsforschungsinstitute

8435

7 Friedenssicherung

7.1 Ursachen von Kriegen

Der Wunsch der Menschen nach Frieden ist uralt. Trotzdem konnten die Menschen und ihre Staaten den Frieden nicht weltweit und dauerhaft verwirklichen. Seit Ende des Zweiten Weltkrieges wurden auf der Welt mehr als 200 Kriege geführt.

Dabei werden unterschieden
– **Kriege** aufgrund von Konflikten zwischen verschiedenen Staaten und
– **Bürgerkriege,** die durch Konflikte innerhalb eines Staates entstehen.

Friedenssicherung und Ursachen von Kriegen

Frieden lässt sich am besten dadurch sichern, dass man die Ursachen von Kriegen vermeidet oder bekämpft. Doch liegt es wohl in der menschlichen Natur, dass Konflikte entstehen (M2). Dies gilt auch für die Entwicklung souveräner Staaten und deren unterschiedliche Interessen.

Wenn unabhängige Staaten bestimmte Ziele verfolgen, müssen sie dies in der Regel auch gegen die Interessen anderer Länder tun. Dadurch werden **Konflikte** sichtbar. Bei **zwischenstaatlichen Konflikten** muss man in gleicher Weise wie auf individueller oder gesellschaftlcher Ebene Regelungen durch **Kompromisse** finden und eine gewaltfreie Lösung suchen.

M 2: Konflikte auf verschiedenen Ebenen

Zwischen einzelnen Menschen
Individuelle Ebene
> Streit in der Familie, z.B. über Urlaub
> Streit zwischen Arbeitskollegen

Zwischen Gruppen
Gesellschaftliche Ebene
> Tarifverhandlungen
> Streit zwischen Parteien

Zwischen Staaten
Internationale Ebene
> Gebietsansprüche
> Versorgung mit Rohstoffen

M 3: Drei Elemente von Konflikten

- Machtgier und Dummheit
- Schlechte soziale Rahmenbedingungen, soziales Elend
- Waffenbesitz für Angriffskriege

(Dieter Wellershoff: Konflikte von morgen. Aus Politik und Zeitgeschichte 52–53, 1999)

M 1   **Ursachen von Konflikten und Kriegen**

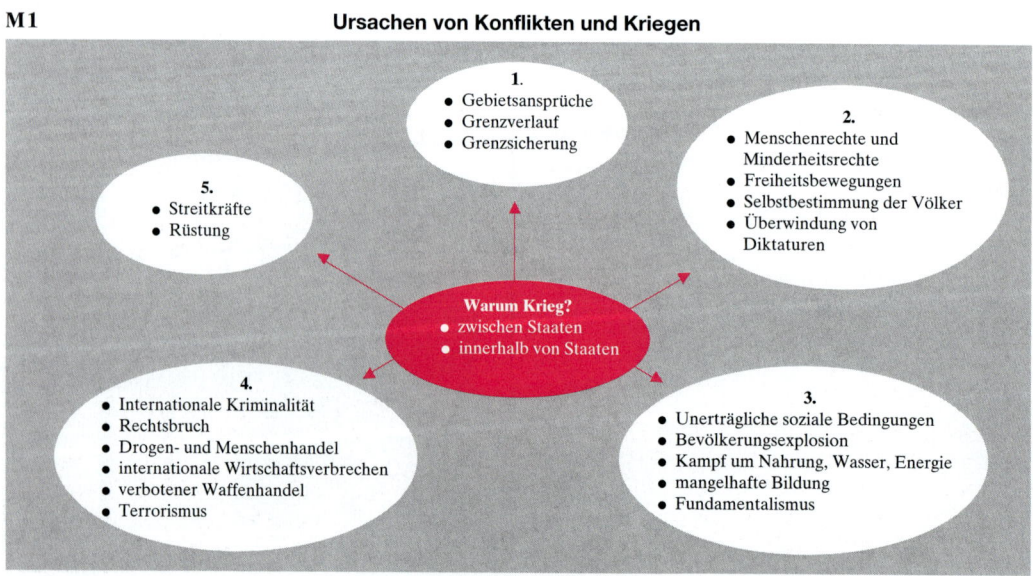

1.
- Gebietsansprüche
- Grenzverlauf
- Grenzsicherung

2.
- Menschenrechte und Minderheitsrechte
- Freiheitsbewegungen
- Selbstbestimmung der Völker
- Überwindung von Diktaturen

5.
- Streitkräfte
- Rüstung

Warum Krieg?
- zwischen Staaten
- innerhalb von Staaten

4.
- Internationale Kriminalität
- Rechtsbruch
- Drogen- und Menschenhandel
- internationale Wirtschaftsverbrechen
- verbotener Waffenhandel
- Terrorismus

3.
- Unerträgliche soziale Bedingungen
- Bevölkerungsexplosion
- Kampf um Nahrung, Wasser, Energie
- mangelhafte Bildung
- Fundamentalismus

Wichtige Ursachen für Konflikte

Sehr häufig sind Gebietsansprüche und die Machtausdehnung (M1) als wichtigste Ursache von Konflikten und Kriegen zu erkennen. Doch hängt dies möglicherweise mit ökonomischen Gründen und dem Mangel an Rohstoffen eines Landes zusammen. Aus solchen Gründen entstehen die Gedanken an eine Eroberung benachbarter Länder.

Grundsätzlich gelten viele Kriege als Eroberungskriege. Gekämpft wird um die Vorherrschaft in einer Region, um mehr Land mit mehr Menschen, mit Rohstoffen, Industrieanlagen, landwirtschaftlichen Nutzflächen usw. Damit verbunden ist eine Machterweiterung.

Andere Ursachen hatten die Befreiungskriege: Ehemalige Kolonien befreiten sich von ihren Kolonialherren. Doch schlossen sich an die Befreiung von der Unterdrückung auch Bürgerkriege an, wobei es darum ging, wer die Macht in einem befreiten Staat erhält.

Bei vielen Kriegen beobachtet man auch innenpolitische Beweggründe. Ein Krieg lenkt von inneren Problemen ab, schweißt die Bevölkerung zusammen und verschafft den erfolgreich Krieg führenden Politikern Ansehen.

Eine große Gefahr stellen unerträgliche soziale Rahmenbedingungen dar. Auch das Wohlstandsgefälle zwischen reichen Industriestaaten und armen Entwicklungsländern wird als äußerst gefährlich für den Frieden auf der Welt angesehen.

Der Jugoslawien-Konflikt als Beispiel

Jugoslawien war als Staat nach dem Ersten Weltkrieg entstanden. In seinen Grenzen lebten Menschen unterschiedlicher ethnischer Abstammung und Religion. Als der kommunistische Staats- und Parteichef *Tito* 1980 starb, fehlte eine wichtige Klammer – und so kam es zu Kriegen. Diese hatten mehrere **Ursachen:**

- **Ethnisch-kulturelle Konflikte,** die unter *Tito* lange Zeit unterdrückt worden waren,
- **politisch-wirtschaftliche Spannungen,** denn im Staat Jugoslawien hatten die Serben wichtige politische und militärische Führungspositionen, die Kroaten und Slowenen waren aber wirtschaftlich erfolgreicher,
- **historische Wurzeln** und alte Wunden, denn während des Zweiten Weltkrieges hatten Kroaten mit der deutschen Besatzungsmacht gegen die Serben zusammengearbeitet, wofür sich diese nach dem Krieg rächten.
- wahnwitziges **Machtstreben führender Politiker.**

Die Rolle der Rüstung

Umstritten ist, ob das Vorhandensein von Waffen schon eine mögliche Ursache von Kriegen ist. Viele betonen die Notwendigkeit einer Verteidigungsfähigkeit. Andere argumentieren, die Existenz von Waffen sei gefährlich. Sicher ist, dass **Waffenhandel** und **Kriminalität** sowie **Terrorismus** die Kriegsgefahr vergrößern.

M 4: Krisenbewältigung ohne Krieg

1. Gründe für Misstrauen beseitigen und Konfliktstoffe so weit wie möglich in Verhandlungen einbeziehen, um sie zu versachlichen und zu entideologisieren,
2. im Bewusstsein der Bevölkerungen eine psychologische Barriere gegen die Anwendung militärischer Gewalt aufbauen,
3. Praktiken und Regeln für eine begrenzte, kontrollierte und vor allem friedliche Auseinandersetzung bei Interessenkonflikten entwickeln,
4. ein politisches Klima und ein Netz von Beziehungen in möglichst vielen Bereichen, wie z. B. Wirtschaft, Kultur und Politik schaffen, die den Rückgriff auf Gewalt dadurch erschweren, dass er selbst dem Anwender nachteilig erscheint,
5. Eignung und Verfügbarkeit des militärischen Potentials für offensive Zwecke durch stabilisierende Massnahmen und Reduktionen schrittweise verringern.

(Quelle: Gerhart Maier: Sicherheitspolitik)

■ Aufgaben

1. Zählen Sie fünf wichtige Ursachen von Kriegen auf.
2. Wie lassen sich viele Kriege in den ehemaligen Kolonien seit Ende des Zweiten Weltkrieges erklären?
3. Ordnen Sie den Zweiten Weltkrieg hinsichtlich seiner Ursachen ein (M1 + M3).
4. Versuchen Sie zu jeder der in M1 genannten Ursachen ein Beispiel aus Geschichte oder Gegenwart zu finden. Häufig kann ein Beispiel mehrere Ursachen abdecken.
5. Kann man Ihrer Meinung nach von einem „gerechten Krieg" sprechen? Unter welchen Voraussetzungen werden Kriege als „gerecht" angesehen?
6. Warum spielen zunehmend Umweltprobleme als Ursachen für Kriege eine Rolle? Bedenken Sie z. B., dass viele Flüsse mehrere Staaten durchfließen.

Wichtige Ursachen von Kriegen:

- **Gebietsansprüche**
- **Machtstreben**
- **Kriminalität**
- **Unterdrückung**
- **soziale Rahmenbedingungen**

7.2 Strategien der Friedenssicherung

7.2.1 Internationale Zusammenschlüsse

Zur **Sicherung des Friedens** haben sich immer wieder Staaten zusammengeschlossen. Im Vordergrund stand meist der Gedanke, dass starke Streitkräfte von verbündeten Staaten einen Angreifer abschrecken und auf diese Weise den Frieden sichern. Solche **Militärbündnisse** (Abschnitt 7.2.2) sind auf gut gerüstete Streitkräfte angewiesen. Doch Rüstung kann auch als Bedrohung empfunden werden. Deshalb hat man die **Abrüstung** als wichtigen Bestandteil der Friedenssicherung anerkannt. Noch weiter gehen die alternativen Strategien der Friedenssicherung (Abschnitt 7.2.3).

Dem Ziel, Konflikte zu dämpfen und den Frieden zu erhalten dienen verschiedene **internationale Zusammenschlüsse:**

- Die **Vereinten Nationen (United Nations, UN)** haben das Ziel, den Weltfrieden zu wahren.
- **Abkommen zur Rüstungsbegrenzung** erstreben insbesondere die Reduzierung der Atomwaffen, aber auch koventioneller Waffen.
- Der Friedenssicherung in Europa dient die **Organisation für Sicherheit und Zusammenarbeit in Europa (OSZE).**

M2: Ziele der Vereinten Nationen

Aus Artikel 1 der UN-Charta

Die Vereinten Nationen setzen sich folgende Ziele:
1. den Weltfrieden und die internationale Sicherheit zu wahren,
2. freundschaftliche, auf der Achtung vor dem Grundsatz der Gleichberechtigung und Selbstbestimmung der Völker beruhende Beziehungen zwischen den Nationen zu entwickeln,
3. eine internationale Zusammenarbeit herbeizuführen, um internationale Probleme wirtschaftlicher, sozialer, kultureller und humanitärer Art zu lösen und die Achtung vor den Menschenrechten und Grundfreiheiten zu fördern.

M3: UN-Sicherheitsrat und Vetorecht

Lange Zeit galt die Macht der UN als äußerst begrenzt. Der Ost-West-Konflikt blockierte nämlich den Sicherheitsrat, weil dessen ständige Mitglieder ihr **Vetorecht** einsetzten. Sollte also ein Beschluss gegen einen Staat des sowjetischen Einflussbereiches gefasst werden, stimmte die UdSSR dagegen. Entsprechend reagierten bei einer Entscheidung gegen einen Staat des westlichen Einflussbereiches die USA.

Das Ende des Kalten Krieges stärkte die Rolle des Sicherheitsrates.

M1

Der Sicherheitsrat der Vereinten Nationen

- ▶ trägt die Hauptveranwortung für die Wahrung des Weltfriedens und der internationalen Sicherheit
- ▶ fasst Beschlüsse mit bindender Wirkung für alle UN-Mitglieder

Empfehlungen zur Aufnahme neuer Mitglieder in die UN

Vorschlag zur Wahl des UN-Generalsekretärs

Wahl der Mitglieder des Internationalen Gerichtshofs (gemeinsam mit der Generalversammlung)

5 ständige Mitglieder

| China | Frank-reich | Groß-britannien | Russ-land | USA |

(mit Vetorecht in Sachfragen)

10 gewählte Mitglieder

jährlich 5 Mitgliedern | Wahl von auf 2 Jahre

UN-Generalversammlung

Empfehlungen zur Beilegung von Streitigkeiten

Untersuchung von Konflikten

Entsendung von Friedenstruppen

Förmliche Feststellung einer Bedrohung des Friedens, eines Friedensbruchs oder einer Angriffshandlung

Wirtschaftliche oder diplomatische Sanktionen

Militärische Sanktionen

ZAHLENBILDER

615 124

© Erich Schmidt Verlag

Die Vereinten Nationen und der Weltfrieden

Die **Vereinten Nationen (UN)** wurden 1945 in San Francisco von 51 Staaten gegründet. Der Zweite Weltkrieg stand allen Gründungsmitgliedern vor Augen – solch ein Krieg sollte nie mehr möglich sein. Inzwischen ist die Zahl der Mitglieder vor allem durch Staaten, die aus ehemaligen Kolonien hervorgingen, auf über 190 angewachsen. Fast alle Staaten der Welt sind Mitglieder. Die Bundesrepublik Deutschland trat 1973 der UN bei, ebenso die DDR.

In der **Generalversammlung** oder der **Vollversammlung** der Vereinten Nationen hat jeder Mitgliedstaat eine Stimme. Zu internationalen Problemen erlässt die Generalversammlung **Resolutionen,** also Beschlüsse, die allerdings für die betroffenen Staaten nicht bindend sind, sondern lediglich als Empfehlung gelten.

Der Sicherheitsrat der UN

Für die Friedenssicherung ist speziell der **Sicherheitsrat** (M 1) der Vereinten Nationen zuständig. Er fasst verbindliche Beschlüsse, die von allen Mitgliedern befolgt werden müssen. Er besteht aus 15 Mitgliedern: fünf ständigen Mitgliedern (USA, Frankreich, Großbritannien, Russland, China) und zehn nichtständigen Mitgliedern, die alle zwei Jahre wechseln. Deutschland wurde 2003/2004 zum zweiten Mal seit der deutschen Einigung in den Sicherheitsrat gewählt. Die ständigen Mitglieder besitzen ein **Vetorecht** (Einspruchsrecht), weshalb jedes einzelne ständige Mitglied Beschlüsse verhindern kann (M 3).

Der **Generalsekretär** steht an der Spitze der UN und führt die Beschlüsse aus. Er tritt vor allem in Erscheinung, wenn er durch diplomatische Schritte zwischen Streitparteien zu vermitteln versucht.

Die UN-Friedensmissionen – die Blauhelme und Friedenstruppen

Zur **Friedenssicherung** können die Vereinten Nationen Streitkräfte einsetzen. Da sie aber über keine eigenen Truppen verfügen, sind sie auf die Bereitschaft ihrer Mitglieder angewiesen, Soldaten zu stellen. Diese tragen dann im Einsatz für die UN blaue Helme. Seit 1948 haben die UN über 40 Blauhelm-Missionen als friedenserhaltende und friedensstiftende Maßnahmen abgeschlossen; 15 Friedensmissionen waren 2003 noch in Gang.

Die Vereinten Nationen schafften im Sicherheitsrat auch die Voraussetzung für den Einsatz internationaler Truppen zur militärischen **Friedenserzwingung.** Friedenstruppen wurden z. B. bei der Befreiung Kuwaits im Golfkrieg und in Jugoslawien eingesetzt.

M 4 ▶

Vorschläge des UN-Generalsekretärs zur Friedens- und Sicherheitspolitik der Vereinten Nationen

1. Vorbeugende Diplomatie

ZIEL ▷ Das Entstehen von Streitigkeiten zu verhüten, den Ausbruch offener Konflikte zu verhindern, oder Konflikte, die bereits ausgebrochen sind, rasch wieder einzugrenzen

MITTEL ▷ Diplomatische Gespräche; Vertrauensbildende Maßnahmen; Frühwarnsysteme, die rechtzeitig auf Spannungen hinweisen; formelle Tatsachenermittlung; vorbeugender Einsatz von UN-Truppen; vorsorgliche Einrichtung entmilitarisierter Zonen

2. Friedensschaffung

ZIEL ▷ Nach Ausbruch eines Konflikts die feindlichen Parteien zu einer Einigung zu bringen

MITTEL ▷ **Friedliche Mittel** z. B. Vermittlung, Verhandlungen, Schiedsspruch, Entscheidungen durch den Internationalen Gerichtshof

Gewaltlose Sanktionen z. B. Wirtschafts- und Verkehrsblockade, Abbruch der Beziehungen

Friedensdurchsetzung durch speziell ausgebildete, ständig abrufbereite bewaffnete UN-Truppen

Militärische Gewalt zur Aufrechterhaltung oder Wiederherstellung des Weltfriedens und der internationalen Sicherheit, wenn alle friedlichen Mittel versagen

3. Friedenssicherung

ZIEL ▷ Die Lage in einer Konfliktzone zu entschärfen oder zu stabilisieren; die Einhaltung der Vereinbarungen zwischen den Konfliktparteien zu überwachen und durchzusetzen

MITTEL ▷ Entsendung von Beobachtermissionen; Einsatz von UN-Friedenstruppen zur Untersuchung von Grenzverletzungen, zur Grenzkontrolle, zur Beobachtung von Wahlen, Überwachung von Waffenstillstands- und Friedensvereinbarungen, Bildung einer Pufferzone zwischen gegnerischen Mächten

4. Friedenskonsolidierung

ZIEL ▷ Den Frieden nach Beendigung eines Konflikts zu sichern; die Konfliktparteien zum friedlichen Wiederaufbau anzuhalten

MITTEL ▷ **Nach einem Konflikt innerhalb eines Landes** z. B. Entwaffnung der verfeindeten Parteien, Wiederherstellung der öffentlichen Ordnung, Einsammeln der Waffen, Minenräumung, Repatriierung von Flüchtlingen, Ausbildung und Beratung von Sicherheitskräften, Wahlüberwachung, Schutz der Menschenrechte, Reform oder Neuaufbau staatlicher Institutionen

Nach einem internationalen Krieg z. B. gemeinsame Projekte, die der wirtschaftlichen und sozialen Entwicklung dienen

Abrüstung und Rüstungssteuerung

Unter **Abrüstung** versteht man die Verringerung der bestehenden militärischen Kräfte und insbesondere der **Massenvernichtungswaffen**. Dazu zählt man neben den **Atomwaffen** (Nuklearwaffen) die **biologischen Waffen** (B-Waffen) und die **chemischen Waffen** (C-Waffen), aber auch die strategischen **Trägerraketen** mit über 50 000 km Reichweite. Doch ist es sehr schwierig, sich über eine teilweise Abrüstung oder über **Rüstungskontrolle** zu einigen. Dies liegt nicht zuletzt daran, dass solche Vereinbarungen gegenseitiges Vertrauen voraussetzen. Diesem Ziel dient die **Entspannungspolitik.** Sie bemüht sich, auf vielen Gebieten die **Zusammenarbeit** in Gang zu bringen, um Vorurteile und Feindbilder abzubauen.

KSZE und OSZE

Die **Konferenz über Sicherheit und Zusammenarbeit in Europa (KSZE)** versuchte die in Europa bestehenden Spannungen abzubauen. Als großer Erfolg kann die Schlussakte der KSZE-Konferenz von Helsinki gewertet werden, auf die sich die 35 Teilnehmerstaaten 1975 einigten.

Bei der **KSZE,** der sowohl Staaten der NATO als auch des Warschauer Pakts neben blockfreien angehörten, hat sich allerdings gezeigt, dass Entspannung ein langwieriger Prozess ist. 1990 beendete die KSZE den kalten Krieg mit der Unterzeichnung der „Pariser Charta für ein neues Europa".

Seit 1995 heißt die KSZE **Organisation für Sicherheit und Zusammenarbeit in Europa (OSZE)**. Sie ist eine **regionale Einrichtung der UN.**

M 5: Abrüstung von Atomwaffen
Im Mai 2002 unterzeichneten US-Präsident Bush und der russische Präsident Putin einen neuen Vertrag zur Abrüstung. Die Übereinkunft der Supermächte auf der Basis des START-I-Abkommens (Strategic Arms Reduction Talks) von 1994 sieht die drastische Reduzierung der strategischen Nuklearwaffen mit über 5 000 km Reichweite vor. Beide Seiten müssen bis 2012 die Zahl ihrer atomaren Sprengköpfe auf 1 700–2 200 Stück senken.
(Aktuell 2003)

M 6: Biologische Waffen und chemische Waffen
Biologische Waffen (B-Waffen) sind lebende Organismen – Viren und Bakterien – oder von ihnen abstammende Gifte, die bei Lebewesen Krankheiten oder Tod verursachen und die zu militärischen Zwecken eingesetzt werden.
Chemische Waffen (C-Waffen) sind chemische Substanzen, die wegen ihrer giftigen Wirkung für Militärzwecke verwendet werden.
Eine Übereinkunft von 1972 verbietet die Herstellung, Lagerung und den Einsatz jeglicher bakteriologischer Kampfstoffe. 1997 trat das Übereinkommen über das Verbot von Entwicklung, Herstellung, Lagerung und Einsatz sowie die Vernichtung von C-Waffen in Kraft.
(Aktuell 2003)

M 7 ▼

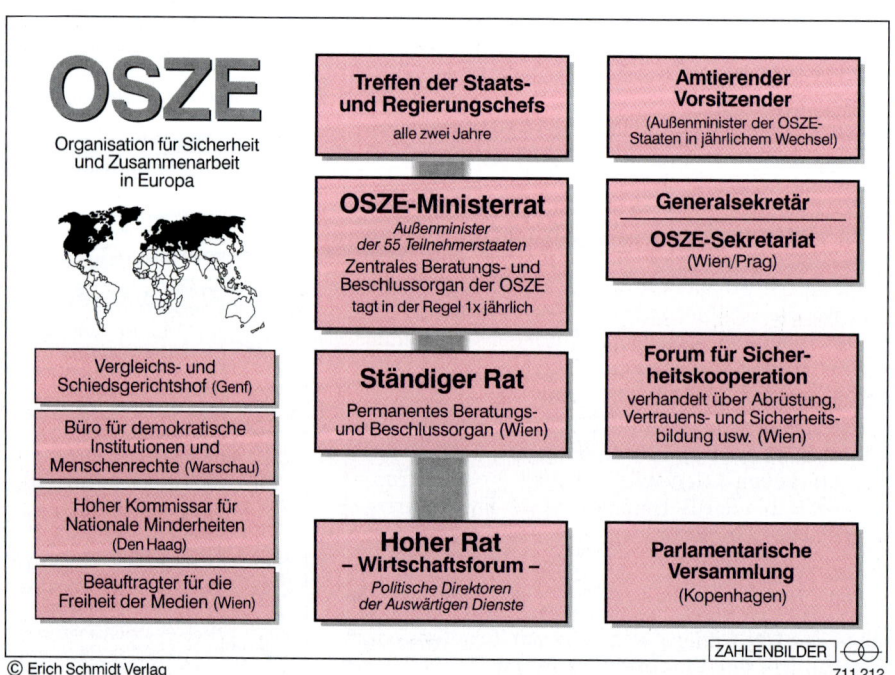

ZAHLENBILDER
711 212

Vorgehen der OSZE

Die Absicht der OSZE ist es, im **Konsens** – d. h. mit dem Einverständnis der Beteiligten – Konflikte zu bewältigen. Die OSZE setzt auf **vorbeugende Diplomatie** und „Sicherheit durch Zusammenarbeit".

Die Parlamentarische Versammlung der OSZE nahm 1996 einstimmig einen **Verhaltenskodex** (Verhaltensregeln) an, der die Mitgliedstaaten zur Achtung der Menschenrechte und der Grundfreiheiten sowie zur gesellschaftlichen Entwicklung auf der Grundlage der pluralistischen und rechtsstaatlichen Demokratie verpflichtet. Als Ecksteine eines gemeinsamen und unteilbaren Sicherheitsraumes beschlossen die Staats- und Regierungschefs der OSZE 1999 in Istanbul die **Charta für Europäische Sicherheit** und legten im **Vertrag über die konventionellen Streitkräfte in Europa (KSE)** eine erhebliche Reduzierung der Waffensysteme fest.

Außer im Kosovo ist die OSZE zu Beginn des Jahres 2002 mit 18 weiteren Missionen oder Verbindungsbüros in Teilnehmerstaaten vertreten. Die Missionen haben alle das gleiche Ziel: Sie sollen dazu beitragen, dass Krisen nicht zu gewaltsamen Konflikten ausarten oder dass ein gewaltfreies Zusammenleben möglich wird.

Die Sicherheitspolitik wurde lange Zeit geprägt durch den Ost-West-Konflikt und die USA einerseits und die UdSSR andererseits, zwischen denen unter anderem die **Start-Abkommen** und der **ABM-Vertrag** abgeschlossen wurden (M 8). Die heutige Sicherheitspolitik beruht vor allem auf der Kooperation der Staaten in internationalen Organisationen. Sie ist multinational oder global ausgerichtet, weil sich Sicherheit auf das ganze internationale System beziehen muss. Denn auch die am höchsten gerüstete Macht auf der Erde kann zum Opfer von Angriffen werden, wie die **Terror-Angriffe** auf New York und Washington am 11. September 2001 vor Augen führten.

M 8 Beschränkung und Reduzierung des Atomwaffenarsenals der Supermächte

Hinweis: *Bush:* Präsident der USA
Gorbatschow: letzter Staatspräsident der UdSSR

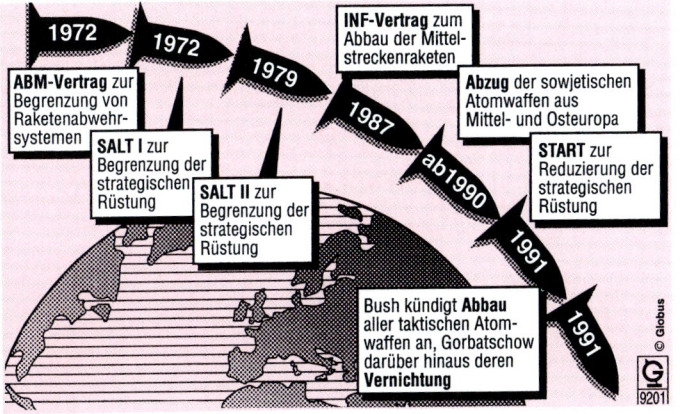

M 9: ABM-Vertrag

In Artikel 1 des ABM-Vertrags (Anti-Ballistic Missile-Vertrag) von 1972 zwischen der USA und der damaligen UdSSR ist festgeschrieben, dass keiner der Unterzeichner landesweite Raketenabwehrsysteme installieren darf. Hierdurch sollte die Option auf den atomaren Erstschlag außer Kraft gesetzt werden. – Im Dezember 2001 kündigten die USA den ABM-Vertrag. (Aktuell 2003)

M 10: Start-II-Vertrag und Atomteststoppvertrag ratifiziert

Das russische Abgeordnetenhaus, die Duma, hat den **Atomteststopp-Vertrag (CTBT)** ratifiziert. Der Vertrag verbietet Atomwaffentests in der Atmosphäre, im Weltall und unter der Erde.

Vor einer Woche hatte die Duma bereits den **Atomabrüstungsvertrag** ratifiziert.

(Stuttgarter Zeitung vom 22.04.2000)

■ Aufgaben

1. Welche Bedeutung hat die Abrüstung für die Friedenssicherung?
2. Beschreiben Sie das UN-Programm für Sicherheit und Frieden (M 4).
3. Erläutern Sie Ziele und Vorgehensweise der OSZE.
4. Warum wurde Ihrer Ansicht nach trotz der beschriebenen Probleme nicht auf das Vetorecht der ständigen Mitglieder des Sicherheitsrats verzichtet (M 3)?
5. Diskutieren Sie die Einflussmöglichkeiten von OSZE und UN an Beispielen.
6. Warum sind A-, B- und C-Waffen so gefährlich (M 6)?
7. Diskutieren Sie die verschiedenen Abkommen zur Rüstungsbegrenzung (M 8 + M 9 + M 10).

Zusammenschlüsse zur Friedenssicherung:

– **Vereinte Nationen (UN)**
  – **weltweites System zur Sicherung des Weltfriedens**
  – **UN-Friedensmissionen**
  – **Blauhelm-Missionen zur Schaffung, Sicherung und Festigung des Friedens**

OSZE:

– **Europäische Organisation zur Sicherheit und Krisenbewältigung**

7.2.2 Militärische Bündnissysteme

Zwischen den Gesellschaftsordnungen der **USA** und der westeuropäischen Staaten einerseits und der sozialistischen **UdSSR** andererseits bestanden seit 1917 große Gegensätze. Durch den gemeinsamen Kampf der Alliierten im Zweiten Weltkrieg gegen Deutschland schien der Gegensatz überwunden. Doch nach 1945 brach er als **Ost-West-Konflikt** wieder auf. Die beiden größten Mächte, die USA und die UdSSR, sicherten ihre Einflusszonen durch **Militärbündnisse** ab. Die westlichen Staaten schlossen sich 1949 zur **NATO** (**N**orth **A**tlantic **T**reaty **O**rganization) zusammen. Auf östlicher Seite folgte 1955 die Gründung des **Warschauer Pakts (WPO).**

Der Aufnahme der Bundesrepublik Deutschland in die NATO 1955 gingen lange und schwierige Verhandlungen voraus. Entscheidend war schließlich, dass die Bundesrepublik einen großen Beitrag zur gemeinsamen Verteidigung leisten kann und außerdem im Bündnis eine Kontrolle über die deutschen Streitkräfte besteht.

Welche Ziele hat die NATO?

Zu den grundlegenden **Zielen der NATO** gehört von Anfang an, die gemeinsame **Verteidigungsfähigkeit** durch die Streitkräfte der Mitgliedstaaten sicherzustellen. Deshalb sieht der **Nordatlantikvertrag** die **militärische Beistandspflicht** der Mitglieder für den Fall eines Angriffs auf einen

M 2: Artikel 5 des **Nordatlantikvertrags:**
Bündnisfall und Beistandspflicht

Die Parteien vereinbaren, dass ein bewaffneter Angriff gegen eine oder mehrere von ihnen in Europa oder Nordamerika als ein Angriff gegen sie alle angesehen werden wird; sie vereinbaren daher, dass im Falle eines solchen bewaffneten Angriffs jede von ihnen in Ausübung des in Artikel 51 der Satzung der Vereinten Nationen anerkannten Rechts der individuellen oder kollektiven Selbstverteidigung der Partei oder den Parteien, die angegriffen werden, Beistand leistet, indem jede von ihnen unverzüglich für sich und im Zusammenwirken mit den anderen Parteien die Maßnahmen, einschließlich der Anwendung von Waffengewalt, trifft, die sie für erforderlich erachtet, um die Sicherheit des nordatlantischen Gebiets wiederherzustellen und zu erhalten.

Von jedem bewaffneten Angriff und allen daraufhin getroffenen Gegenmaßnahmen ist unverzüglich dem Sicherheitsrat Mitteilung zu machen. Die Maßnahmen sind einzustellen, sobald der Sicherheitsrat diejenigen Schritte unternommen hat, die notwendig sind, um den internationalen Frieden und die internationale Sicherheit wiederherzustellen und zu erhalten.

M 1   **Militärbündnisse NATO und Warschauer Pakt 1989**

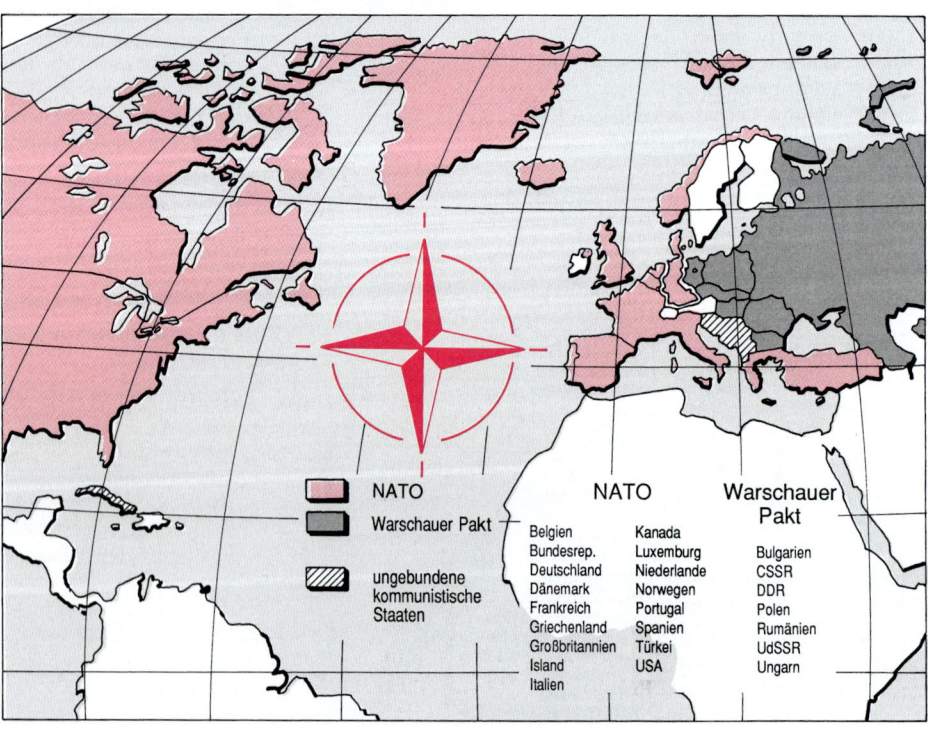

NATO		Warschauer Pakt
Belgien	Kanada	Bulgarien
Bundesrep.	Luxemburg	CSSR
Deutschland	Niederlande	DDR
Dänemark	Norwegen	Polen
Frankreich	Portugal	Rumänien
Griechenland	Spanien	UdSSR
Großbritannien	Türkei	Ungarn
Island	USA	
Italien		

- ■ NATO
- ■ Warschauer Pakt
- ▨ ungebundene kommunistische Staaten

M 3: Sitzung des NATO-Rats

M 4: Streitkräfte- und Kommandostrukturen der NATO

Die Streitkräfte- und Kommandostrukturen sind in drei Kategorien unterteilt: die Reaktionskräfte, die Hauptverteidigungskräfte und die Verstärkungskräfte.

Die **Reaktionskräfte** sind präsente, multinational verzahnte Truppen, die für die Krisenbewältigung besonders geeignet sind. Teile werden als sofort verfügbare Reaktionskräfte bereitgehalten. Sie setzen sich aus mobilen und flexiblen Kräften der Land-, Luft- und Seestreitkräfte zusammen und können in wenigen Tagen in jede Region des Bündnisgebietes verlegt werden.

Um die politischen Handlungsmöglichkeiten im Rahmen der **Krisenbewältigung** zu vergrößern und die operative Flexibilität zu optimieren, werden Reaktionskräfte unterschieden in **Sofortreaktionskräfte** und **Schnellreaktionskräfte.** Als „Kräfte der ersten Stunde" tragen sie zur Landesverteidigung und erweiterten Landesverteidigung im Rahmen der NATO bei. Im Fall einer unmittelbaren Bedrohung sichern sie den Aufwuchs der Hauptverteidigungskräfte. Die Krisenreaktionskräfte können durch Teile der nationalen oder multinationalen Hauptverteidigungskräfte verstärkt werden.

Hauptverteidigungskräfte sind zu großen Teilen aufwuchsabhängige Verbände. Sie erreichen ihre volle Einsatzstärke erst nach einem längeren Mobilmachungszeitraum von Wochen und Monaten. Im Einsatz werden Hauptverteidigungskräfte einem **multinationalen Großverband** unterstellt. Die NATO-Landstreitkräfte in Mitteleuropa haben überwiegend ein noch multinationale Korps.

Als **Verstärkungskräfte** sind in erster Linie Streitkräfte aus den USA und Kanada vorgesehen. Kontingente europäischer Allianzpartner können dazutreten; sie ergänzen die vor Ort befindlichen Truppen. Sie sind überwiegend nur eingeschränkt verfügbar und deshalb als Mittel der Krisenbewältigung nur bedingt geeignet.

(Weißbuch 1994)

der Bündnispartner vor. Diese Beistandspflicht verlangt jedoch kein automatisches militärisches Eingreifen. Alle Maßnahmen der NATO bedürfen vorheriger Absprache unter den Mitgliedern.

Das Abschreckungsprinzip

Die NATO verdankt ihre Entstehung dem **Ost-West-Gegensatz.** Sie richtete sich jahrzehntelang gegen den Feind im Osten – gegen die Sowjetunion und deren Verbündete im **Warschauer Pakt.** Die NATO setzte auf das **Abschreckungsprinzip:** Die eigene Rüstung sollte stark genug sein, den Feind von einem Angriff abzuschrecken.

Der Warschauer Pakt

Der **Warschauer Pakt** verstand sich als Gegenstück zur NATO. Für die Mitglieder des Warschauer Pakts bestand ebenfalls eine **militärische Beistandspflicht.** Für die UdSSR bot der Warschauer Pakt die Möglichkeit der **Kontrolle** sowie der **Stationierung von Truppen** in der DDR und in den osteuropäischen Staaten. Deshalb hatte der Warschauer Pakt den Zweck, die sowjetische Vormachtstellung abzusichern. Darüber hinaus war der Warschauer Pakt von zahlreichen zweiseitigen Beistandsverträgen der Mitgliedstaaten überlagert.

Nach dem Ausscheiden der DDR aufgrund der Vereinigung Deutschlands beschlossen die Mitglieder 1991 die **Auflösung des Warschauer Pakts.** Die politische Allianz bestand nach der Auflösung der Militärstruktur noch bis 1992.

Veränderungen nach der Auflösung des Warschauer Pakts

Die Ziele der NATO veränderten sich. Aufgrund der Entspannung und nach den revolutionären Veränderungen auch in der UdSSR, die 1991 zu ihrer Auflösung und zur Bildung der **Gemeinschaft Unabhängiger Staaten (GUS)** führten, war die Bedrohung aus dem Osten weggefallen. Um aber den vielfältigen Risiken aus verschiedenen Richtungen entgegentreten zu können, stellte man in der NATO **multinationale Streitkräfte** und schnelle **Eingreiftruppen** auf (M 4).

Osterweiterung

Seit der Auflösung des Warschauer Pakts wird die Erweiterung der NATO um frühere Ostblock-Staaten diskutiert. Einigen dieser Staaten, die lange von der Sowjetunion abhängig waren, geht es auch um die Absicherung ihrer neuen Unabhängigkeit gegenüber Russland. Seit 1999 sind Ungarn, Tschechien und Polen NATO-Mitglieder. Ab 2004 gehören auch Bulgarien, Estland, Litauen, Lettland, Rumänien, Slowakei und Slowenien zur NATO (M 9).

Die Struktur der NATO

Oberstes Organ der NATO ist der **NATO-Rat** oder **Nordatlantikrat**. Er wird aus Ministern der Mitgliedstaaten gebildet. Der **Generalsekretär** der NATO führt den Vorsitz. Er ist gleichzeitig Sprecher des Bündnisses. Hinzu kommen militärische und zivile Organe. An der Spitze der militärischen Organisation steht der **Militärausschuss,** der auch Richtlinien für die Obersten Alliierten Befehlshaber setzt.

Out-of-area-Einsätze der NATO

Über die ursprüngliche Zielsetzung hinaus sind in den letzten Jahren mehr und mehr Out-of-area-Einsätze der NATO diskutiert worden, Einsätze also, die **außerhalb der Bündnisgrenzen** stattfinden. Zum Beispiel im Jugoslawien-Konflikt sichert eine international zusammengesetzte Truppe im Auftrag der Vereinten Nationen, aber unter Führung der NATO, das spannungsreiche Zusammenleben der verschiedenen Volksgruppen in Bosnien-Herzegowina und im Kosovo.

Bei solchen Einsätzen spielt unter anderem die Frage eine Rolle, ob die NATO von der UN um diese Einsätze gebeten werden muss oder ob die NATO von sich aus aktiv wird.

Nach dem strategischen Konzept von 1999 hat die NATO auch die Aufgabe, mit militärischen Mitteln zur Sicherung des Friedens in Konflikte einzugreifen, wenn kein Mitgliedstaat direkt angegriffen ist. Zunehmend übernimmt so die NATO die Rolle einer **internationalen Ordnungsmacht**, denn sie trägt auch zu Frieden und Stabilität in dieser Region bei.

M 5   Nato schafft schnelle Eingreiftruppe

Auf Drängen der Vereinigten Staaten wird die Nato im Kampf gegen den internationalen Terrorismus eine schnelle Eingreiftruppe aufbauen. Dies beschlossen die 19 Mitgliedstaaten auf ihrem Gipfel in Prag. Die 20 000 Mann sollen 2006 voll einsatzfähig sein.

Die neue Antiterror-Einheit soll binnen sieben Tagen mobilisiert werden können. Bedingt einsatzfähig muss sie nach Plänen der Nato bereits im Oktober 2004 sein.

(Stuttgarter Zeitung vom 22.11.2002)

M 6: NATO und Terroranschläge

Seit den Anschlägen in New York und Washington vom 11. September 2001 ist das strategische Konzept der NATO in einem ganz anderen Zusammenhang von bedrückender Aktualität. „Akte des Terrorismus" berühren die Sicherheitsinteressen des Bündnisses. So sahen sich 52 Jahre nach Unterzeichnung des Nato-Vertrages die Mitgliedstaaten zum ersten Mal in der Geschichte der Allianz veranlasst, die Terroranschläge als Angriff auf ein Bündnismitglied zu betrachten und den Bündnisfall zu erklären.

(Informationen zur politischen Bildung Nr. 274/2002)

M 7: Westeuropäische Union (WEU)

Der **Westeuropäischen Union (WEU)** gehörten 28 Staaten an: Belgien, Deutschland, Frankreich, Griechenland, Großbritannien, Italien, Luxemburg, Niederlande, Portugal, Spanien waren *Vollmitglieder*, 5 EU-Staaten *Beobachter*: Dänemark, Finnland, Irland, Österreich und Schweden. Die NATO-Partner Norwegen, Island, Türkei, Polen, Ungarn und Tschechien waren *assoziierte Mitglieder*, Bulgarien, Estland, Lettland, Litauen, Rumänien, Slowakei und Slowenien, *assoziierte Partner*.

M 8 WEU-Auflösung beschlossen

Die WEU wird in die EU-Sicherheitspolitik integriert.

Die Westeuropäische Union (WEU) gibt es seit 2000 in ihrer alten Gestalt nicht mehr. Die Europäische Union (EU) übernimmt fast komplett die sicherheits- und verteidigungspolitischen Aufgaben der WEU. Doch der alte Beistandsvertrag der WEU, dessen Ursprünge älter sind als die Nato und die EU, bleibt in Kraft, denn der WEU-Vertrag enthält in Artikel 5 eine gegenseitige Beistandsverpflichtung.

(Stuttgarter Zeitung vom 15.11.2000)

M9

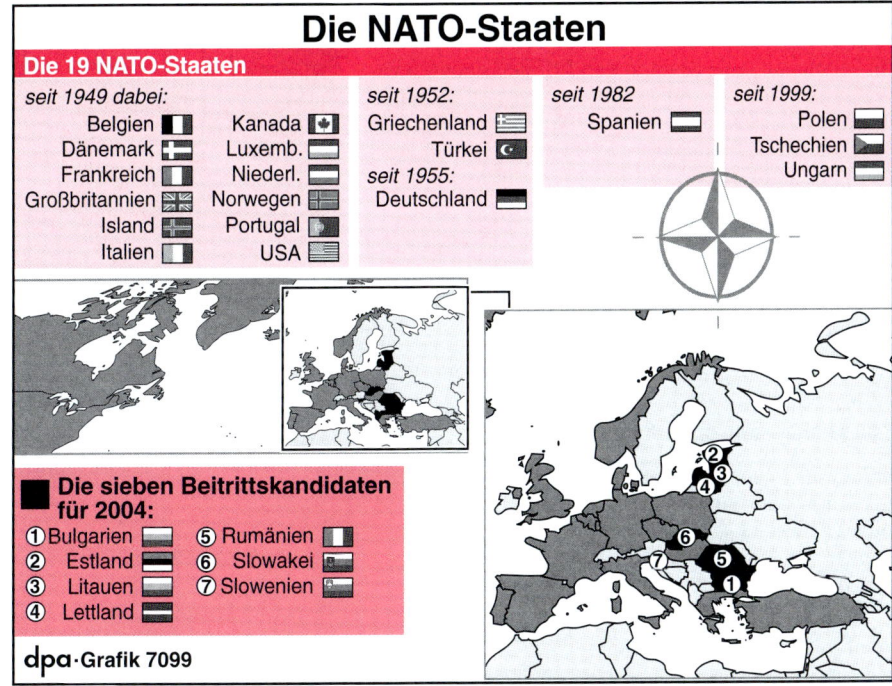

Die NATO-Staaten

Die 19 NATO-Staaten

seit 1949 dabei:

Belgien 🇧🇪	Kanada 🇨🇦
Dänemark	Luxemb.
Frankreich	Niederl.
Großbritannien	Norwegen
Island	Portugal
Italien	USA

seit 1952:
Griechenland
Türkei

seit 1955:
Deutschland

seit 1982
Spanien

seit 1999:
Polen
Tschechien
Ungarn

Die sieben Beitrittskandidaten für 2004:

① Bulgarien   ⑤ Rumänien
② Estland   ⑥ Slowakei
③ Litauen   ⑦ Slowenien
④ Lettland

dpa·Grafik 7099

■ Aufgaben

1. Welche Ziele hat die NATO (M2)?
2. Was versteht man unter der Beistands-pflicht in NATO und Warschauer Pakt?
3. Erklären Sie, was man unter Out-of-area-Einsätzen der NATO versteht und erläutern Sie, was an ihnen problematisch sein könnte.
4. Was versteht man unter dem Programm „Partnerschaft für den Frieden"?
5. Diskutieren Sie die Rolle der NATO als internationale Ordnungsmacht (M 5 + M 6).
6. Warum konnte die WEU aufgelöst werden (M 8)?

NATO-Kooperationsrat und Partnerschaft für den Frieden

Mit dem **Nordatlantischen Kooperationsrat (NAKR)** ist Ende 1991 ein Gremium geschaffen worden, das den Dialog und die Zusammenarbeit mit diesen osteuropäischen und den GUS-Staaten ermöglichen soll. Er ist ein loses Bündnis, in dem neben allgemeinen politischen Fragen insbesondere militärische Probleme der gemeinsamen Sicherheit und der Zusammenarbeit verhandelt werden.

Die **Partnerschaft für den Frieden (Partnership for Peace, PFP),** die die NATO 1994 entwickelte, geht einen Schritt weiter. Es handelt sich dabei um das Angebot der NATO an die anderen Staaten der OSZE, neue Sicherheitsbeziehungen zu entwickeln sowie die politische und militärische Zusammenarbeit in Europa zu verstärken. Der PFP gehören auch neutrale Staaten wie die Schweiz an.

Das militärische Bündnis WEU

Die **Westeuropäische Union (WEU)** wurde 1954 gegründet, um die gemeinsame Verteidigung zu sichern sowie die wirtschaftliche, soziale und kulturelle Zusammenarbeit in Westeuropa zu fördern. Die WEU stand als Verteidigungsbündnis immer im Schatten der NATO. Sie wurde in die Gemeinsame Außen- und Sicherheitspolitik der Europäischen Union als Verteidigungskomponente integriert (M 8).

Militärbündnisse:

– **NATO**
  – **Verteidigungsbündnis ursprünglich westlicher Staaten**
  – **militärische Beistandspflicht**
– **Warschauer Pakt**
  – **Verteidigungsbündnis östlicher Staaten**
  – **1992 aufgelöst**
– **NATO um 10 osteuropäische Staaten erweitert**

7.2.3 Alternative Strategien der Friedenssicherung

Bis heute versuchen viele Staaten den Frieden dadurch zu sichern, dass sie aufrüsten. Die eigene Kraft und **militärische Stärke** soll andere abschrecken. Wer einen Angriff wagt, muss mit einer Niederlage rechnen. Deshalb ist der Frieden für eine militärische Großmacht und ihre Verbündeten weitgehend gesichert.

Allerdings kann man aus der Geschichte und den Kriegen der Vergangenheit leicht ersehen, dass militärische Macht nicht nur zur **Abschreckung** und **Friedenssicherung,** sondern auch zur **Gewaltandrohung** und zum **Angriff** auf andere Staaten dient. Deshalb kann man jede Art der Aufrüstung auch als einen Schritt weg vom Frieden ansehen.

Friedenssicherung ohne Gewaltandrohung

Aufgrund dieser Erkenntnisse und der Angst vieler Menschen vor den modernen Kriegswaffen entstand die Idee der **Friedenssicherung ohne Gewaltandrohung.** Alternative Strategien der Friedenssicherung suchen nach Lösungen ohne Waffen und Androhung von Gewalt.

Ansatzpunkt: Die Ursachen von Kriegen

Bei den Ursachen für Kriege wollen die Anhänger alternativer Friedensstrategien ansetzen. Ihr Anliegen ist, **Kriegsursachen** (Abschnitt 7.1) zu reduzieren. Natürlich lassen sich nicht alle Konflikte einfach aus der Welt schaffen. Es gibt unterschiedliche Interessen; diese auszugleichen, einen Kompromiss zu suchen, mit dem alle leben können, ist notwendig, um den Frieden zu sichern.

M 2: **Menschenkette von Stuttgart nach Ulm. Über 200 000 demonstrierten 1986 für den Frieden**

M 3: **Positiver und negativer Friede**

Negativer Friede
Friede herrscht, weil **kein Krieg** stattfindet. Die Androhung militärischer Gewalt kann aber in diesem Zustand des Friedens so groß sein, dass man von einem „Kalten Krieg" spricht.

Positiver Friede
Wenn keine Ursachen für Krieg oder für militärische Auseinandersetzungen bestehen, dann ist ein Frieden gekennzeichnet durch die gewaltfreie Regelung der sozialen Konflikte.

(Quelle: Lorenz Knorr: Kleines Lexikon Rüstung, Abrüstung, Frieden)

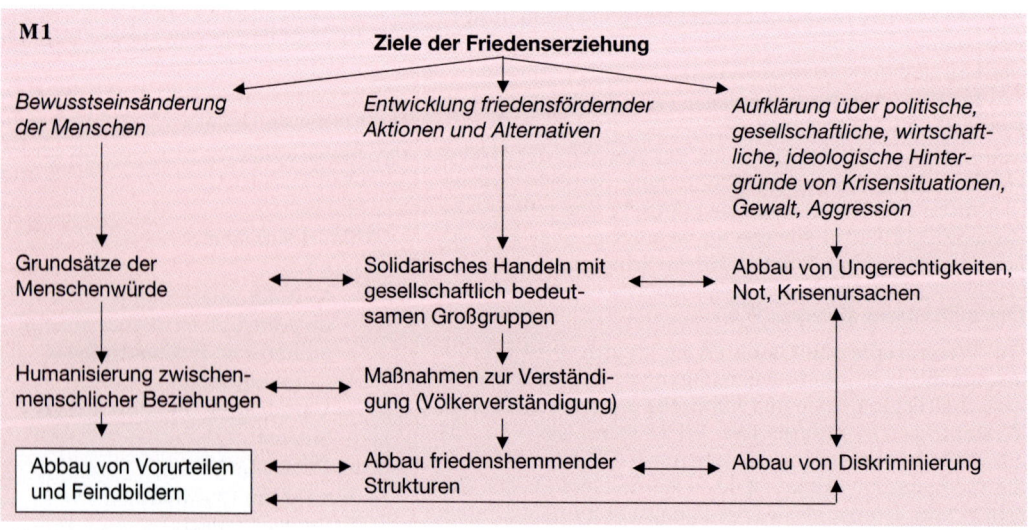

M1   **Ziele der Friedenserziehung**

Bewusstseinsänderung der Menschen

Entwicklung friedensfördernder Aktionen und Alternativen

Aufklärung über politische, gesellschaftliche, wirtschaftliche, ideologische Hintergründe von Krisensituationen, Gewalt, Aggression

Grundsätze der Menschenwürde

Solidarisches Handeln mit gesellschaftlich bedeutsamen Großgruppen

Abbau von Ungerechtigkeiten, Not, Krisenursachen

Humanisierung zwischenmenschlicher Beziehungen

Maßnahmen zur Verständigung (Völkerverständigung)

Abbau von Vorurteilen und Feindbildern

Abbau friedenshemmender Strukturen

Abbau von Diskriminierung

(Politik und Unterricht 3/1981)

Erziehung zum Frieden

Voraussetzung ist eine **Friedenserziehung,** die dazu befähigt, Toleranz zu üben und Konflikte gewaltfrei zu lösen sowie Feindbilder abzubauen (M 1).

Ziel ist demnach ein Frieden, der mehr sein muss als nur die Abwesenheit von Krieg. Seit den 70er Jahren hat sich die Vorstellung davon, was wir als Frieden empfinden, gewandelt. Wir sind zu einem **umfassenderen Friedensbegriff** gekommen, der auch Aspekte wie die Einhaltung von Menschenrechten, soziale Gerechtigkeit und Freiheit berücksichtigt.

Ost-West-Konflikt und Friedensbewegung

Etwa 1980 entstand die **Friedensbewegung** als eine internationale Protestbewegung gegen das Wettrüsten der Großmächte. Zu ihren wichtigsten Zielen gehört, das Bewusstsein der Bevölkerung über die Gefahren des atomaren Wettrüstens zu schärfen und dadurch ein Umdenken in sicherheitspolitischen Fragen zu erreichen.

Einen Höhepunkt verzeichnete die westdeutsche Friedensbewegung in den 80er Jahren in der Auseinandersetzung um die Aufstellung atomarer Mittelstreckenraketen. Großdemonstrationen, Sitzblockaden vor Militäreinrichtungen und Menschenketten zählten zu den spektakulärsten **Aktionen,** die stets gewaltfrei bleiben sollten.

Die Friedensbewegung forderte **Abrüstung,** die notfalls einseitig vorzunehmen sei. Sie glaubte – angesichts einer Waffenmenge, die die Erde mehrfach vernichten könnte – nicht an die Vorstellung, durch gegenseitige Abschreckung könne der Frieden gewahrt bleiben.

Die **Friedensbewegung der DDR** mündete in die Opposition, die schließlich mit der „friedlichen Revolution" von 1989 das Ende der DDR brachte.

Gewaltloser und passiver Widerstand

Auch die Friedensbewegung dachte über Verteidigung nach. Doch statt einer Verteidigung mit Waffen setzte sie auf gewaltlosen, passiven Widerstand.

Ein historisches Vorbild lieferte der **passive Widerstand** gegen die Besetzung des Ruhrgebiets 1923 durch französische und belgische Truppen. Der so genannte Ruhrkampf konnte mehrere Monate durchgehalten werden, musste aber schließlich abgebrochen werden (Abschnitt 3.3.2).

Vorbilder sind auch *Mahatma Gandhi* (1869–1948), der Indien gewaltfrei in die Unabhängigkeit von Großbritannien führte, und *Martin Luther King* (1929–1968), der als „Apostel der Gewaltlosigkeit" bezeichnet wurde (M 4). *Martin Luther King* kämpfte in den 60er Jahren gewaltlos für die Gleichberechtigung der schwarzen Bevölkerung in den USA.

Gandhi und *King* starben gewaltsam durch Mörder.

M 4: Martin Luther Kings Vorstellung vom gewaltlosen Widerstand

1. Gewaltloser Widerstand ist keine Methode für Feiglinge. Es wird Widerstand geleistet. Die Methode ist körperlich passiv, aber geistig stark aktiv.
2. Gewaltloser Widerstand will den Gegner nicht vernichten oder demütigen, sondern seine Freundschaft oder sein Verständnis gewinnen.
3. Gewaltloser Widerstand ist Angriff gegen die Mächte des Bösen, nicht gegen Personen, die das Böse tun.
4. Gewaltloser Widerstand ist die Bereitschaft, Demütigungen zu erdulden, ohne sich zu rächen und Schläge hinzunehmen, ohne zurückzuschlagen.
5. Gewaltloser Widerstand reißt weder äußerlich noch innerlich zur Gewalttätigkeit hin. Im Mittelpunkt der Lehre von gewaltlosem Widerstand steht das Gebot der Liebe.
6. Gewaltloser Widerstand gründet sich auf die Überzeugung, dass das Universum auf der Seite der Gerechtigkeit steht. Es gibt eine schöpferische Kraft in diesem Weltall, die am Werk ist, die getrennten Erscheinungen der Wirklichkeit zu einem harmonischen Ganzen zusammenzufügen.

(Martin Luther King: Der Traum vom Frieden)

■ Aufgaben

1. Erläutern Sie den Ansatz der Friedenssicherung ohne Gewaltandrohung.
2. Erläutern Sie Entstehung und Ziele der Friedensbewegung.
3. Erklären Sie, wie passiver Widerstand funktionieren soll. Bedenken Sie dabei, inwieweit die Vorstellungen von King (M 4) zu verwirklichen sind.
4. Diskutieren Sie an aktuellen Beispielen die Möglichkeiten gewaltfreier Konfliktlösung.
5. Zeigen Sie an Beispielen den Unterschied zwischen positivem und negativem Frieden (M 3).

Gewaltfreie Friedenssicherung:
- **Beseitigung von Kriegsursachen**
- **Friedenserziehung**
- **passiver Widerstand**
- **Friedensbewegung als Antwort auf Ost-West-Konflikt**

7.3 Die Bundeswehr

7.3.1 Aufgaben und Stellung der Bundeswehr

Die verfassungsgebende Versammlung der **Bundesrepublik Deutschland** war davon ausgegangen, dass es in Deutschland nach 1945 keine Armee mehr geben würde. Damit wollte man der moralischen Schuld des deutschen Volks und seiner politischen wie militärischen Führung im Zweiten Weltkrieg Rechnung tragen.

Der Aufbau der Bundeswehr

Nach 1949 änderte sich jedoch die internationale Lage grundlegend. Die Teilung Europas nach dem Zweiten Weltkrieg in zwei gegensätzliche Lager mit dem Grenzverlauf mitten durch Deutschland führte die Bundesrepublik zu der Entscheidung, sich den westlichen Staaten anzuschließen. 1955 wurde die Bundesrepublik in die **NATO** aufgenommen. Als Beitrag zur Verteidigungsfähigkeit des Bündnisses sollte die Bundeswehr ungefähr 500 000 Soldaten umfassen.

Als Grundlage für den **Aufbau der Bundeswehr** beschloss 1956 der Bundestag die **Wehrverfassung**. Die Bundeswehr wurde von 1956 an planmäßig aufgebaut. Sie stellt einen wesentlichen Anteil der Streitkräfte der NATO.

Grundsätze für die Bundeswehr

Folgende **Grundsätze** legt die **Wehrverfassung** für die Bundeswehr fest:

– Die **politische Führung** ist der militärischen Führung übergeordnet. Die Bundeswehr ist der Bundesregierung unterstellt. Kontrolle und Mitwirkung des Bundestags sind gewährleistet. Die **Befehls- und Kommandogewalt** liegt im Frieden beim Bundesverteidigungsminister, im Krieg („Verteidigungsfall") beim Bundeskanzler.
– Der **Soldat** hat die gleichen staatsbürgerlichen Rechte wie jeder andere; die Soldaten sollen sich als **Staatsbürger in Uniform** in die militärische Einheit und in die Gesellschaft einfügen. Der **Wehrbeauftragte** des Bundestages wird zum Schutz der Grundrechte und zur parlamentarischen Kontrolle der Bundeswehr eingesetzt. Soldaten können sich – auch unter Umgehung ihrer Vorgesetzten – mit Problemen und Beschwerden direkt an ihn wenden.

Auf der Grundlage der Wehrverfassung sind die wichtigsten **gesetzlichen Bestimmungen** über die Aufgaben sowie die Rechte und Pflichten der Soldaten im **Soldatengesetz** und im **Wehrpflichtgesetz** festgelegt.

Die **Aufgaben der Bundeswehr** sind insbesondere die **Verteidigung** Deutschlands und seiner Verbündeten im Rahmen der NATO sowie die Teilnahme an **Friedensmissionen der UN.**

M 1: Aufgaben der Bundeswehr

Die Bundeswehr
- schützt Deutschland und seine Staatsbürger gegen politische Erpressung und äußere Gefahr;
- verteidigt Deutschland und seine Verbündeten;
- beteiligt sich an der Friedenssicherung im euro-atlantischen Raum
- unterstützt das friedliche Zusammenleben der Staaten und die internationalen Sicherheit im Einklang mit der Charta der Vereinten Nationen und
- hilft bei Katastrophen, rettet aus Notlagen und unterstützt humanitäre Aktionen.

M 2: Artikel 26 des Grundgesetzes:
Verbot des Angriffskrieges

(1) Handlungen, die geeignet sind und in der Absicht vorgenommen werden, das friedliche Zusammenleben der Völker zu stören, insbesondere die Führung eines Angriffskrieges vorzubereiten, sind verfassungswidrig …

(2) Zur Kriegsführung bestimmte Waffen dürfen nur mit Genehmigung der Bundesregierung hergestellt, befördert und in Verkehr gebracht werden …

M 3: Auftrag der Bundeswehr

Der Verteidigungsminister kündigte an: Das Szenario einer Verteidigung gegen einen Angriff vom Boden, aus der Luft oder an den Grenzen sei „nicht mehr realistisch". Die Verteidigung beginne „weit vor unseren Grenzen". An erster Stelle werde künftig die **Krisenbewältigung** stehen, etwa durch die Teilnahme an Friedenseinsätzen oder bei der Bekämpfung des weltweiten Terrorismus. Die **Krisenreaktionskräfte** sollen von 65 000 auf 150 000 Mann verstärkt werden.

(Stuttgarter Zeitung vom 6.12.2002)

M 4: Deutsche Soldaten weltweit bei Friedensmissionen

– Kambodscha, 1991–1993, Betrieb eines Hospitals für eine UN-Mission und für Einwohner
– seit 1992 im früheren Jugoslawien
– Bürgerkrieg Somalia 1992–1995

1995 beteiligte sich die Bundeswehr erstmals an **UN-Kampfaktionen** in Jugoslawien.

Im Jahr 2002 gehörten zu den Friedensmissionen vor allem
– der Anti-Terror-Einsatz in Afghanistan,
– die NATO-Mission in Mazedonien,
– die durch die UN veranlasste Friedenssicherung im Kosovo und in Bosnien-Herzegowina

Der Verteidigungsauftrag

Die wichtigste Aufgabe, die Verteidigung, hat seit dem Ende des Ost-West-Konflikts an Bedeutung verloren. In den Vordergrund getreten sind internationale Einsätze. Daneben kann die Bundeswehr in besonderen Fällen zur Unterstützung von Polizei und Bundesgrenzschutz eingesetzt werden (M5). Die Vorbereitung oder Führung eines Angriffskriegs lässt das Grundgesetz nicht zu (M2).

Die schnell einsetzbaren **Krisenreaktionskräfte** sind außer für die Verteidigung besonders für eine Beteiligung an internationalen Friedensmissionen und humanitären Aktionen vorgesehen.

Die Teilnahme der Bundeswehr an humanitären, friedenserhaltenden oder friedensschaffenden **UN-Einsätzen** war umstritten. Seit dem Urteil des Bundesverfassungsgerichts von 1994 kann die Bundeswehr mit Zustimmung des Bundestags für **bewaffnete Friedensmissionen** eingesetzt werden. Sie leistet auch einen Beitrag zur Terrorbekämpfung wie z.B. in Afghanistan.

Stellung der Bundeswehr

Die Bundeswehr ist eine **Wehrpflichtigen-Armee.** Allerdings stellen die Wehrpflichtigen weniger als die Hälfte der aktiven Soldaten. Hinzu kommen Soldaten auf Zeit, die sich für einen mehrjährigen Dienst verpflichtet haben, und Berufssoldaten. Es wird aber darüber nachgedacht, ob die Bundeswehr in eine **Freiwilligen-Armee** umzuwandeln ist (M5 von 7.3.2).

Wie viele Soldaten umfasst die Bundeswehr?

Die Streitkräfte im vereinten Deutschland wurden 1990 auf insgesamt 370 000 begrenzt und im **Zwei-plus-Vier-Vertrag** vereinbart. Ab 1996 wurde die Bundeswehr verkleinert und der Wehrdienst verkürzt. Anfang 2003 waren von 289 000 Soldaten 198 000 beim Heer, 66 000 bei der Luftwaffe und 25 000 bei der Marine. Allerdings ermöglicht die Verfügungsbereitschaft von Wehrpflichtigen, in Krisenzeiten rasch den festgelegten Stand wieder zu erreichen und im Verteidigungsfall 650 000–700 000 Soldaten zu mobilisieren.

Verschiedene Arten von Streitkräften

Bei der Bundeswehr werden zwei verschiedene **Kategorien von Streitkräften** unterschieden

- **Hauptverteidigungskräfte**, die mobilmachungsabhängig sind, und
- **Krisenreaktionskräfte**, die sofort einsatzbereit sind (M4 von 7.2.2).

In beiden Gruppierungen sind Wehrpflichtige eingesetzt, der überwiegende Teil allerdings bei den Hauptverteidigungskräften.

M5: Artikel 87a des Grundgesetzes:
Streitkräfte
(1) Der Bund stellt Streitkräfte zur Verteidigung auf …
(2) Außer zur Verteidigung dürfen die Streitkräfte nur eingesetzt werden, soweit dieses Grundgesetz es ausdrücklich zulässt.
(3) Die Streitkräfte haben im Verteidigungsfalle und im Spannungsfalle die Befugnis, zivile Objekte zu schützen und Aufgaben der Verkehrsregelung wahrzunehmen …
(4) Zur Abwehr einer drohenden Gefahr für den Bestand oder die freiheitliche demokratische Grundordnung des Bundes oder eines Landes kann die Bundesregierung … Streitkräfte zur Unterstützung der Polizei und des Bundesgrenzschutzes beim Schutze von zivilen Objekten und bei der Bekämpfung organisierter und militärisch bewaffneter Aufständischer einsetzen …

■ Aufgaben

1. Warum war die Wiederbewaffnung der Bundesrepublik nach dem Zweiten Weltkrieg umstritten?
2. Welche Unterschiede bestehen zwischen den Hauptverteidigungskräften und den Krisenreaktionskräften der Bundeswehr?
3. Welche Vorstellungen stehen hinter der Idee des „Bürgers in Uniform"?
4. Wer übt die oberste Befehls- und Kommandogewalt über die Streitkräfte aus?
5. Aus welchen Gründen hat man die politische Führung der militärischen Befehlsgewalt übergeordnet?
6. Wie stehen Sie zur Teilnahme der Bundeswehr an UN-Kampfeinsätzen? Diskutieren Sie diese Frage an aktuellen Beispielen (M4).

Bundeswehr
= Wehrpflichtigen-Armee
→ Soldat = Bürger in Uniform

Unterscheidung von:
- **Hauptverteidigungskräften und**
- **schnell einsetzbaren Krisenreaktionskräften**

Aufgaben:
- **Verteidigung**
- **Teilnahme an UN-Missionen**
- **Unterstützung von Polizei und Bundesgrenzschutz in bestimmten Fällen**

7.3.2 Wehrpflicht und Kriegsdienstverweigerung

Die allgemeine Wehrpflicht

In der Bundesrepublik Deutschland besteht die allgemeine Wehrpflicht (M1). Im **Wehrpflichtgesetz** sind der Umfang der Wehrpflicht und die Arten des Wehrdienstes festgelegt.

Der Wehrdienst kann auch im **Bundesgrenzschutz** oder durch Dienst im **zivilen Bevölkerungsschutz** geleistet werden. Außerdem besteht die Möglichkeit, sich **freiwillig** zum Dienst in der Bundeswehr zu verpflichten
– als **Soldat auf Zeit** oder
– als **Berufssoldat.**

Der freiwillig geleistete Wehrdienst wird auf den Grundwehrdienst angerechnet.

Andere Dienstverpflichtungen sind im Verteidigungsfall möglich für alle Wehrpflichtigen, die nicht Wehrdienst oder Ersatzdienst leisten. Auch Frauen können zum Sanitätsdienst verpflichtet werden (M2).

Der **Wehrdienst** ist ein Dienst für die Allgemeinheit. Diese Verpflichtung des Einzelnen ist auch mit persönlichen Nachteilen verbunden. Soweit möglich, schafft man dafür einen Ausgleich. Deshalb erhalten die Angehörigen von verheirateten Wehrpflichtigen zusätzliche finanzielle Leistungen. Der Arbeitsplatz oder die Ausbildungsstelle des Wehrpflichtigen muss ihm erhalten bleiben.

M2: Aus Artikel 12a des Grundgesetzes:

Wehrdienst- und andere Dienstverpflichtungen

(1) Männer können vom vollendeten achtzehnten Lebensjahr an zum Dienst in den Streitkräften, im Bundesgrenzschutz oder in einem Zivilschutzverband verpflichtet werden.

(2) Wer aus Gewissensgründen den Kriegsdienst mit der Waffe verweigert, kann zu einem Ersatzdienst verpflichtet werden. Die Dauer des Ersatzdienstes darf die Dauer des Wehrdienstes nicht übersteigen …

(3) Wehrpflichtige … können im Verteidigungsfalle … zu zivilen Dienstleistungen für Zwecke der Verteidigung einschließlich des Schutzes der Zivilbevölkerung in Arbeitsverhältnisse verpflichtet werden …

(4) Kann im Verteidigungsfalle der Bedarf an zivilen Dienstleistungen im zivilen Sanitäts- und Hilfswesen sowie in der ortsfesten militärischen Lazarettorganisation nicht auf freiwilliger Grundlage gedeckt werden, so können Frauen vom vollendeten achtzehnten bis zum vollendeten fünfundfünfzigsten Lebensjahr durch Gesetz oder auf Grund eines Gesetzes zu derartigen Dienstleistungen herangezogen werden. Sie dürfen auf keinen Fall zum Dienst mit der Waffe verpflichtet werden…

M1
(2003)

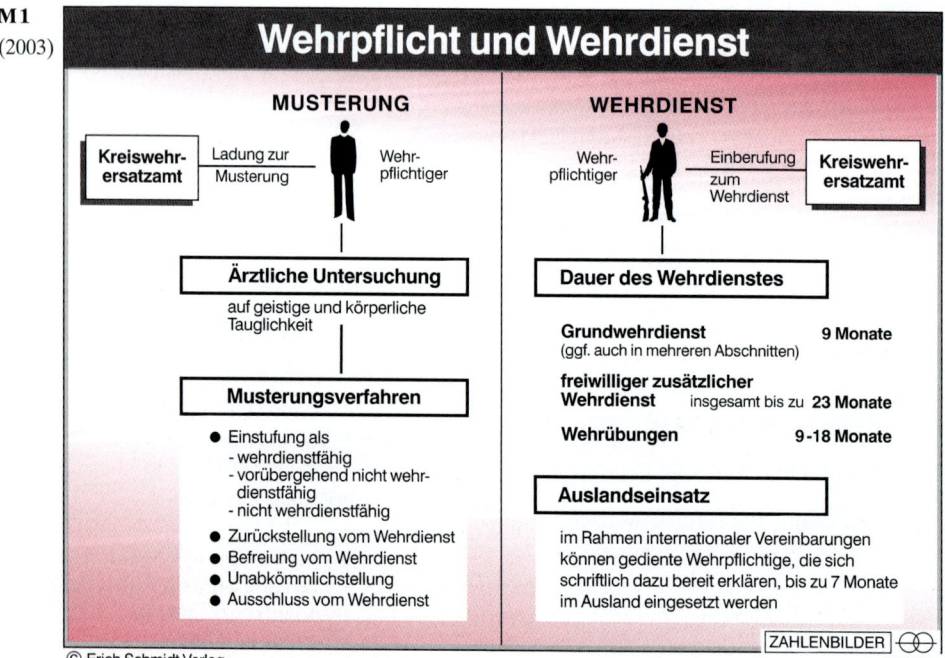

Wehrpflicht und Wehrdienst

MUSTERUNG

| Kreiswehr-ersatzamt | Ladung zur Musterung | | Wehr-pflichtiger |

Ärztliche Untersuchung
auf geistige und körperliche Tauglichkeit

Musterungsverfahren

- Einstufung als
  - wehrdienstfähig
  - vorübergehend nicht wehrdienstfähig
  - nicht wehrdienstfähig
- Zurückstellung vom Wehrdienst
- Befreiung vom Wehrdienst
- Unabkömmlichstellung
- Ausschluss vom Wehrdienst

WEHRDIENST

| Wehr-pflichtiger | | Einberufung zum Wehrdienst | Kreiswehr-ersatzamt |

Dauer des Wehrdienstes

Grundwehrdienst   9 Monate
(ggf. auch in mehreren Abschnitten)

freiwilliger zusätzlicher Wehrdienst   insgesamt bis zu 23 Monate

Wehrübungen   9-18 Monate

Auslandseinsatz

im Rahmen internationaler Vereinbarungen können gediente Wehrpflichtige, die sich schriftlich dazu bereit erklären, bis zu 7 Monate im Ausland eingesetzt werden

ZAHLENBILDER

136 160

Die Rechte und Pflichten der Soldaten sind im **Soldatengesetz** festgelegt. Die Wehrpflichtigen werden während ihres **Grundwehrdienstes** zum Soldaten ausgebildet. Später müssen sie zu gelegentlichen **Wehrübungen** verfügbar sein.

Das Recht auf Kriegsdienstverweigerung

Weil die Bundeswehr und die Wehrpflicht in der Verfassung ursprünglich nicht vorgesehen waren, besteht in der Bundesrepublik Deutschland ein besonderes Spannungsverhältnis zwischen der gesetzlichen **allgemeinen Wehrpflicht** und dem ebenfalls gesetzlich garantierten individuellen **Recht auf Kriegsdienstverweigerung** (M3), das nach dem Zweiten Weltkrieg von Anfang an im Grundgesetz verankert war.

Wer den Kriegsdienst verweigern will, muss schriftlich die Anerkennung als **Kriegsdienstverweigerer** beantragen. Bei Soldaten und bereits einberufenen Wehrpflichtigen entscheidet ein mündliches Prüfungsverfahren. Dies gilt auch, wenn Zweifel an der Wahrhaftigkeit der Gewissensentscheidung bestehen.

Die Dauer des **Zivildienstes** beträgt zurzeit (2003) 10 Monate.

M3: Artikel 4 Absatz 3 des Grundgesetzes:

Recht auf Kriegsdienstverweigerung

Niemand darf gegen sein Gewissen zum Kriegsdienst mit der Waffe gezwungen werden. Das Nähere regelt ein Bundesgesetz.

Frauen in der Bundeswehr

Frauen durften nach Artikel 12a Absatz 4 des Grundgesetzes (M 2) **auf keinen Fall** Dienst mit der Waffe leisten. Aus Gründen der Gleichberechtigung musste diese Bestimmung des Grundgesetzes nach einem Urteil des Europäischen Gerichtshofs im Jahr 2000 geändert werden (M 8 von 8.2.3). Seither sind Frauen nicht mehr vom Dienst mit der Waffe ausgeschlossen, aber sie dürfen nicht dazu verpflichtet werden.

Die Frage der Wehrgerechtigkeit

Lange Zeit hatten geburtenstarke Jahrgänge und wenige Kriegsdienstverweigerungen zur Folge, dass nur ein Teil eines Jahrgangs einberufen werden konnte. Um mehr **Wehrgerechtigkeit** zu schaffen, um also alle jungen Männer gleich zu behandeln, entstand die Idee einer **allgemeinen Dienstpflicht.** Statt einer Wehrpflicht mit dem Recht auf Kriegsdienstverweigerung sollte eine Wahlmöglichkeit zwischen Diensten in verschiedenen Bereichen treten: Bundeswehr, soziale Bereiche, Umweltschutz, Katastrophenschutz, humanitäre Einsätze auf internationaler Ebene usw. könnten gewählt werden.

M 4: Wehrpflicht oder Freiwilligen-Armee

Das Grundgesetz lässt offen, ob die Bundesrepublik Deutschland zu ihrer Verteidigung eine **Wehrpflicht-Streitmacht** oder eine **Freiwilligen-Armee** unterhält. Der Deutsche Bundestag hat sich beim Aufbau der Bundeswehr für die **allgemeine Wehrpflicht** entschieden.
(Weißbuch 1979)

M 5: Berufsarmee oder Wehrpflicht

Neben Deutschland zwingen nur noch die EU-Staaten Finnland, Dänemark, Schweden, Portugal und Griechenland ihre Männer zum Wehrdienst. In allen anderen Mitgliedsländern gibt es eine Berufsarmee. Dort allerdings hat man Mühe, guten Nachwuchs zu finden. Daher meint der Verteidigungsminister, er wolle nicht in die Situation von Spanien oder Frankreich geraten. Es könne dann sein, dass er jeden Bewerber nehmen muss, der kommen will.

(Stuttgarter Zeitung vom 29.11.2002)

■ Aufgaben

1. Welcher Unterschied besteht zwischen Grundwehrdienst und Wehrübungen?
2. Zu welchen Dienstleistungen können Frauen herangezogen werden (M2)?
3. Welche Dienstverpflichtungen bestehen für Männer (M2)?
4. Welche Vorteile und welche Nachteile hat eine Armee von Berufssoldaten gegenüber einer Armee aus Wehrpflichtigen (M4 + M5)?
5. Diskutieren Sie, welche Gründe es für eine Kriegsdienstverweigerung geben kann (M3).
6. Auf welche Weise kann mehr Wehrgerechtigkeit erreicht werden?

Allgemeine Wehrpflicht:
– **Verpflichtung zu Grundwehrdienst + Wehrübungen**
– **Recht auf Kriegsdienstverweigerung**

Andere Dienstverpflichtungen:
– **Ersatzdienst für Kriegsdienstverweigerer**
– **Dienstverpflichtungen im Verteidigungsfall**

---

8 Europäische Einigung

8.1 Die Entwicklung der europäischen Integration

Der Europa-Gedanke nach dem Zweiten Weltkrieg

Am Ende des Zweiten Weltkriegs lag Europa in Schutt und Asche. Doch bereits während des Krieges hatten sich Menschen verschiedener Nationen Gedanken gemacht, wie in Europa dauerhaft Frieden entstehen könne. Sie griffen auf Ideen zurück, die bereits nach dem Ersten Weltkrieg entwickelt worden waren. Diese sahen ein einiges und friedliches Europa ohne Nationalismus vor.

Diese **Idee eines vereinigten Europas** wurde von Jugendlichen besonders begeistert aufgegriffen. Aber auch Politiker versuchten, die Gedanken in die Tat umzusetzen (M1 + M2). Allerdings verhinderte der **Ost-West-Gegensatz** lange Zeit Bündnisse, die sowohl westeuropäische als auch osteuropäische Staaten umschlossen.

Der Europarat

In Westeuropa gründeten 1949 zehn Staaten den **Europarat** (M3) mit dem Ziel, die Einheit und Zusammenarbeit zwischen den Menschen und Nationen Europas zu fördern und zu festigen. 1951 trat die Bundesrepublik Deutschland bei.

Der Europarat organisiert die **Zusammenarbeit** auf folgenden Gebieten: Schutz der Menschenrechte, soziale Angelegenheiten und sozio-ökonomische Fragen, öffentli-

M1: Der Europa-Gedanke

Wir müssen eine Art von Vereinigten Staaten von Europa aufbauen. Nur auf diese Art und Weise werden Millionen von Schwerbeladenen in der Lage sein, die einfachen Freuden und Hoffnungen wiederzuerlangen, die das Leben lebenswert machen. ... Die Zeit könnte knapp werden. ... Die Kämpfe sind beendet; aber die Gefahren existieren nach wie vor.

(Der britische Staatsmann Winston Churchill 1946)

M2: Die Geburtsstunde der europäischen Bewegung

Der **Europa-Kongress von Den Haag,** der so genannte Haager Kongress, forderte im Mai 1948 die Etablierung des **Europarates.** Verschiedene nationale Europaverbände, übernationale Dachverbände und weitbekannte Politiker wie *Robert Schuman*, *Alcide de Gasperi*, *Paul-Henri Spaak* und *Konrad Adenauer* waren hier präsent. Es war die Geburtsstunde der Europäischen Bewegung. In einer „Politischen Erklärung" wurde der politische und wirtschaftliche Zusammenschluss der europäischen Staaten unter begrenzter nationaler Souveränitätsbeschränkung gefordert. Dabei wurde jedoch weder das Ziel eines europäischen Bundesstaates noch das einer europäischen Verfassung erwähnt. Dennoch erlangten mehrere Punkte der **Haager Resolution** Bedeutung, die später im Rahmen des **Europarates** umgesetzt wurden.

(Weidenfeld/Wessels: Europa von A–Z)

M3

Der Europarat — Für Demokratie und Menschenrechte in Europa

Ministerkomitee (Beschlussorgan)	Parlamentarische Versammlung	Kongress der Gemeinden und Regionen Europas
Außenminister der Mitgliedstaaten	Abgeordnete aus den nationalen Parlamenten	Vertreter der Städte und Gemeinden und der Regionen

Europäischer Gerichtshof für Menschenrechte

Mitgliedstaaten		Albanien	Andorra	Armenien	Aserbaidschan
Belgien	Bosnien-Herzegowina	Bulgarien	Dänemark	Deutschland	Estland
Finnland	Frankreich	Georgien	Griechenland	Großbritannien	Irland
Island	Italien	Kroatien	Lettland	Liechtenstein	Litauen
Luxemburg	Malta	Mazedonien	Moldau	Niederlande	Norwegen
Österreich	Polen	Portugal	Rumänien	Russland	San Marino
Schweden	Schweiz	Slowakei	Slowenien	Spanien	Tschechien
Türkei	Ukraine	Ungarn	Zypern	mit Gaststatus: Jugoslawien	

ZAHLENBILDER
712 001

M 4

Das neue Gesicht Europas

Lie. = Liechtenstein
Slo. = Slowenien
B.u.H. = Bosnien und Herzegowina
Maz. = Mazedonien

ZAHLENBILDER

701 800

© Erich Schmidt Verlag

ches Gesundheitswesen, Erziehung, Kultur und Sport, Jugendarbeit, Umweltschutz und Raumordnung.

Ziele des Europarats

Diese Ziele werden erstrebt mittels internationaler Übereinkommen, so genannten **Konventionen,** die gegenseitige Verpflichtungen mit sich bringen und gemeinsame Normen, Regeln und Praktiken festlegen.

Besondere Bedeutung erlangte der Europarat in **Menschenrechtsfragen.** Alle Mitgliedstaaten unterzeichneten beispielsweise die **Europäische Konvention zum Schutz der Menschenrechte.** An den **Europäischen Gerichtshof für Menschenrechte** in Straßburg können sich auch Einzelpersonen direkt wenden, um die Einhaltung der Menschenrechte durchzusetzen.

Seit 1990 sind osteuropäische Staaten dem Europarat beigetreten. Bedingungen für die Aufnahme sind

- pluralistische Demokratie,
- Achtung der Menschenrechte,
- Rechtsstaatlichkeit und
- der Wille zur Einigung Europas.

NATO und WEU

Zur europäischen Integration haben auch die militärischen Bündnisse

- NATO, 1949 gegründet (Abschnitt 7.2.2), und die
- WEU (Westeuropäische Union), 1954 gegründet (M7 von 7.2.2), beigetragen.

M 5: Motive der europäischen Integration

- Der Wunsch nach einem neuen Selbstverständnis: … Ein demokratisch verfasstes Europa als Alternative zur abgelehnten nationalistischen Herrschaft.
- Der Wunsch nach Sicherheit und Frieden.
- Der Wunsch nach Freiheit und Mobilität.
- Die Hoffnung auf wirtschaftlichen Wohlstand.
- Die Erwartung gemeinsamer Macht.

(Weidenfeld/Wessels: Europa von A–Z)

M 6: Beginn der europäischen Einigung

Der 9. 5. 1950 ist der eigentliche **Geburtstag der Europäischen Gemeinschaft.** An diesem Tag schlägt der französische Außenminister *Robert Schuman* vor, die gesamte französisch-deutsche Kohle- und Stahlproduktion zusammenzulegen. Diese europäische Organisation zwischen Frankreich und der Bundesrepublik Deutschland sollte allen anderen europäischen Ländern zum Beitritt offenstehen und von einer gemeinsamen Hohen Behörde geleitet werden.

So groß die wirtschaftliche Bedeutung der Zusammenlegung der **Kohle- und Stahlproduktion** auch ist, ihre politische Bedeutung ist noch größer, denn nach dem Willen ihrer Urheber soll sie der **Grundstein für eine europäische Föderation** (Bundesstaat) sein.

(Etappen nach Europa)

Erste europäische Gemeinschaft: Montanunion

1951 wurde der Vertrag über die **Europäische Gemein-schaft für Kohle und Stahl (EGKS),** die **Montanunion,** geschlossen. Die sechs Mitgliedstaaten – Belgien, Bundesrepublik Deutschland, Frankreich, Italien, Luxemburg, Niederlande – stellten dadurch die Kohle- und Stahlproduktion unter eine gemeinsame Verwaltung.

Ziel war es, diese rüstungswichtigen Grundstoffindustrien gemeinsam zu kontrollieren. Dadurch sollte eine einseitige Aufrüstung und ein neuer Krieg in Europa, insbesondere zwischen Frankreich und Deutschland, unmöglich werden. Im Hintergrund stand auch, dass man die Bundesrepublik Deutschland fester an den Westen binden wollte. Der Vertrag über die EGKS endete 2002 nach 50 Jahren Laufzeit.

EWG und EURATOM

Von Anfang an war aber auch schon bei der EGKS an eine weiter gehende Einigung gedacht. Diese wurde 1957 mit den **Römischen Verträgen** erreicht, die zum 1. Januar 1958 in Kraft traten. Mit diesen Verträgen begründeten die 6 Staaten die **Europäische Wirtschaftsgemeinschaft (EWG)** und die **Europäische Atomgemeinschaft (EURATOM oder EAG).**

Absicht der EWG war es, einen umfassenden **gemeinsamen Markt** zu errichten und die Wirtschaftspolitik der Mitgliedstaaten einander anzunähern.

M 8

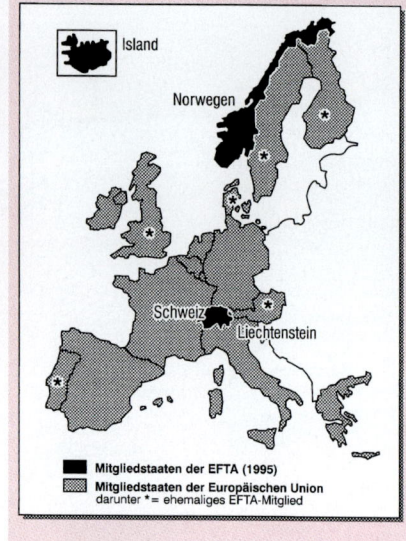

■ Mitgliedstaaten der EFTA (1995)
▨ Mitgliedstaaten der Europäischen Union
darunter * = ehemaliges EFTA-Mitglied

EFTA
European Free Trade Association

Gründung 1960

Ziel: Freihandel, keine politische Integration

Im Lauf der Jahre verlassen aber mehrere Staaten die EFTA und treten der EG/EU bei:

1973: Dänemark, Großbritannien
1986: Portugal
1995: Finnland, Österreich, Schweden

1995: **„Mini-EFTA"** mit vier Mitgliedstaaten:
Island, Liechtenstein, Norwegen, Schweiz

⊕ ZAHLENBILDER
769 500   © Erich Schmidt Verlag

M 7   **Europäische Integration**

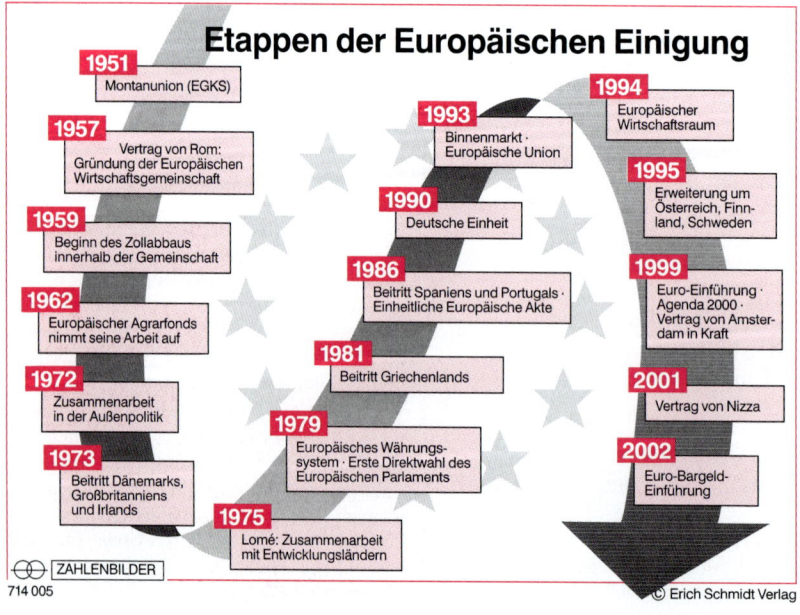

Etappen der Europäischen Einigung

1951 Montanunion (EGKS)

1957 Vertrag von Rom: Gründung der Europäischen Wirtschaftsgemeinschaft

1959 Beginn des Zollabbaus innerhalb der Gemeinschaft

1962 Europäischer Agrarfonds nimmt seine Arbeit auf

1972 Zusammenarbeit in der Außenpolitik

1973 Beitritt Dänemarks, Großbritanniens und Irlands

1975 Lomé: Zusammenarbeit mit Entwicklungsländern

1979 Europäisches Währungssystem · Erste Direktwahl des Europäischen Parlaments

1981 Beitritt Griechenlands

1986 Beitritt Spaniens und Portugals · Einheitliche Europäische Akte

1990 Deutsche Einheit

1993 Binnenmarkt · Europäische Union

1994 Europäischer Wirtschaftsraum

1995 Erweiterung um Österreich, Finnland, Schweden

1999 Euro-Einführung · Agenda 2000 · Vertrag von Amsterdam in Kraft

2001 Vertrag von Nizza

2002 Euro-Bargeld-Einführung

⊕ ZAHLENBILDER
714 005

© Erich Schmidt Verlag

© Holland + Josenhans

EFTA und RGW

Zum Zwecke enger wirtschaftlicher Zusammenarbeit schlossen sich andere westeuropäische Staaten, die nicht zur EWG gehörten, 1960 zur **Europäischen Freihandelszone (EFTA)** zusammen (M8). Osteuropäische Staaten waren ab 1949 im **Rat für gegenseitige Wirtschaftshilfe (RGW** oder **COMECON)** verbündet.

Nach der friedlichen Revolution in Osteuropa 1989 lösten sich der Rat für gegenseitige Wirtschaftshilfe auf. Die **EFTA** verlor mehr und mehr an Bedeutung, da mehrere Mitgliedstaaten später der EG bzw. der EU beitraten (M 8).

Die Europäische Gemeinschaft wird gegründet

1967 wurden die drei europäischen Gemeinschaften EGKS, EURATOM und EWG durch gemeinsame Organe verbunden. Es entstand die **Europäische Gemeinschaft (EG)**, in der die europäische Integration weiter fortschritt und aus der später die **Europäische Union** (Abschnitt 8.2) entstand.

Von der Europäischen Gemeinschaft zur Europäischen Union

Von Anfang an wollte man die politische Einigung Europas zunächst über wirtschaftliche Zusammenarbeit in den Europäischen Gemeinschaften verwirklichen. Durch die **Einheitliche Europäische Akte** von 1986 wurden die Römischen Verträge von 1957 reformiert (M9) und gemeinsame Organe für die Europäische Gemeinschaft gebildet.

Der **Maastrichter Vertrag** von 1992 bringt mit der Gründung der **Europäischen Union (EU)** die europäische Einigung einen großen Schritt voran. Im **Vertrag von Amsterdam** von 1999 wurden die Befugnisse des Europäischen Parlaments bedeutend erweitert und die gemeinschaftliche Gesetzgebung auf weitere Bereiche ausgedehnt. 2001 veränderte der **Vertrag von Nizza** die Gründungsverträge der EU.

1999 begann in 11 Staaten der EU die **Währungsunion.** Seit 2002 ist dort der **Euro** gesetzliches Zahlungsmittel.

M 9: Von der EG zur EU

Durch die **„Einheitliche Europäische Akte"** vom 28. 2. 1986 wurden die vertraglichen Grundlagen der EG zum ersten Mal reformiert. Die Vertragsänderungen sehen die Vollendung des europäischen **Binnenmarkts** bis 31. 12. 1992 vor: außerdem wurden die Rechte des Europäischen Parlaments und der EG-Kommission erweitert sowie das bisherige Einstimmigkeitsprinzip weitgehend durch **Mehrheitsentscheidungen** ersetzt.

Die europäischen Gemeinschaften wurden schon früh, besonders nach dem Zusammenschluss ihrer Organe, als Vorstufe zur **politischen Einigung Europas** betrachtet. Einen wichtigen Schritt in dieser Entwicklung stellt der **Vertrag über die Europäische Union** dar, der am 7. 2. 1992 unterzeichnet wurde (Maastrichter Vertrag) und am 1. November 1993 in Kraft trat. Gegenstand des Vertrags ist die Gründung der **Europäischen Union.**

(Staatsbürger-Taschenbuch)

■ **Aufgaben**

1. Wie entstand der Europa-Gedanke nach dem Zweiten Weltkrieg (M 1 + M 2)?
2. Welche grundsätzlichen Ziele hat die europäische Integration?
3. Warum wurden manche Staaten erst nach 1989 Mitglied des Europarats (M 3)?
4. Suchen Sie Beispiele für Bereiche, in denen es besonders schwer fällt, nationale Politik aufzugeben.
5. Welche Auswirkungen hatte die friedliche Revolution in Osteuropa auf die europäische Integration?
6. Was bedeutet ein „gemeinsamer Markt"?
7. Erläutern Sie anhand von M7 die Etappen der europäischen Einigung.
8. Überlegen Sie, warum die wirtschaftliche Einigung Europas vor der politischen Einigung vollzogen wurde.

Europäische Zusammenschlüsse:

- **Europarat**
- **EG (Europäische Gemeinschaft)**
- **EU (Europäische Union)**
- **EFTA (Europäische Freihandelszone)**

8.2 Die Europäische Union

8.2.1 Der Aufbau der Europäischen Union

Die Europäische Union (EU) umfasst drei Bereiche:

– die weiterentwickelte **Europäische Gemeinschaft (EG)**, zu der gehören vor allem die Arbeitsbereiche Landwirtschaft und Fischerei, Wirtschafts- und Währungsunion, Binnenmarkt, Außenhandel, Verkehr, Umwelt, Verbraucherschutz, Wettbewerbspolitik, Sozialpolitik, Beschäftigung, Ausbildung und Bildung, Asyl und Einwanderung, Entwicklungshilfe, Gesundheitswesen, Regionalpolitik, Jugendprogramme, Kultur, Industrie und Unternehmen, Zollunion, Forschung und technologische Entwicklung,
– die **Gemeinsame Außen- und Sicherheitspolitik (GASP)**,
– die **Zusammenarbeit in der Innen- und Rechtspolitik**.

Der Europäische Rat

Die Richtlinienkompetenz für die Politik der EU hat der **Europäische Rat**. Er setzt sich zusammen aus allen **Staats- und Regierungschefs der Mitgliedstaaten** sowie dem **Präsidenten der Kommission**. Im Europäischen Rat werden alle grundsätzlichen Beschlüsse gefasst, vor allem über die Ausgestaltung der EU und ihre Weiterentwicklung sowie über außenpolitische Fragen.

Organe der Europäischen Union　　　**M1**

Die Organe der Europäischen Union sind
• der Ministerrat oder Rat der Europäischen Union,
• die Europäische Kommission,
• das Europäische Parlament,
• der Europäische Gerichtshof,
• der Europäische Rechnungshof.

Hinzu kommen als beratende Organe
• der Wirtschafts- und Sozialausschuss,
• der Ausschuss der Regionen,
• Wirtschafts- und Finanzausschuss sowie
• die Europäische Zentralbank (EZB) und
• die Europäische Investitionsbank.

M 2: Der Europäische Rat

Der **Europäische Rat** ist die wichtigste politische Instanz der EU. Dort kommen die Chefs der Regierungen aller Mitgliedstaaten zusammen: Kanzler, Premierminister, Präsidenten. Auch der Präsident der Europäischen Kommission gehört dazu.

Der Europäische Rat kümmert sich bei seinen regelmäßigen Treffen um die großen Fragen, die für die Zukunft der Union wichtig sind. Er legt die allgemeinen Leitlinien der europäischen Politik fest, an die der Ministerrat sich bei seinen Entscheidungen zu halten hat. Wenn's aber sein muss, packt der Europäische Rat auch die Probleme an, die der Ministerrat nicht lösen konnte. Der Europäische Rat tritt mindestens einmal pro Halbjahr (im Juni und im Dezember) in Brüssel zusammen, meistens zweimal. An den Treffen nehmen auch die Außenminister und ein weiteres Mitglied der Kommission teil.

Der Europäische Rat bestimmt die Grundsätze und allgemeinen Leitlinien der Gemeinsamen Außen- und Sicherheitspolitik der Europäischen Union und kann bestimmen, wie und wie schnell die EU sich entwickelt und was dabei Vorrang hat. Er gibt die Impulse für den weiteren Ausbau der EU und legt dafür die allgemeinen politischen Zielvorstellungen fest.
(Europa 2002)

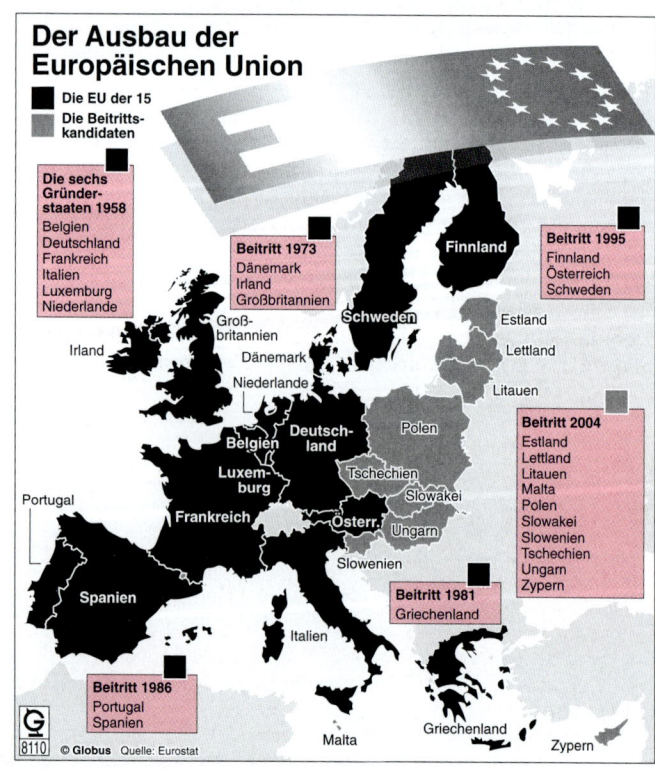

Der Ausbau der Europäischen Union

■ Die EU der 15
▨ Die Beitrittskandidaten

Die sechs Gründerstaaten 1958
Belgien
Deutschland
Frankreich
Italien
Luxemburg
Niederlande

Beitritt 1973
Dänemark
Irland
Großbritannien

Beitritt 1995
Finnland
Österreich
Schweden

Beitritt 2004
Estland
Lettland
Litauen
Malta
Polen
Slowakei
Slowenien
Tschechien
Ungarn
Zypern

Beitritt 1981
Griechenland

Beitritt 1986
Portugal
Spanien

Finnland · Schweden · Estland · Lettland · Litauen · Großbritannien · Irland · Dänemark · Niederlande · Polen · Deutschland · Belgien · Luxemburg · Tschechien · Slowakei · Österr. · Ungarn · Slowenien · Frankreich · Portugal · Spanien · Italien · Griechenland · Malta · Zypern

G 8110　© **Globus**　Quelle: Eurostat

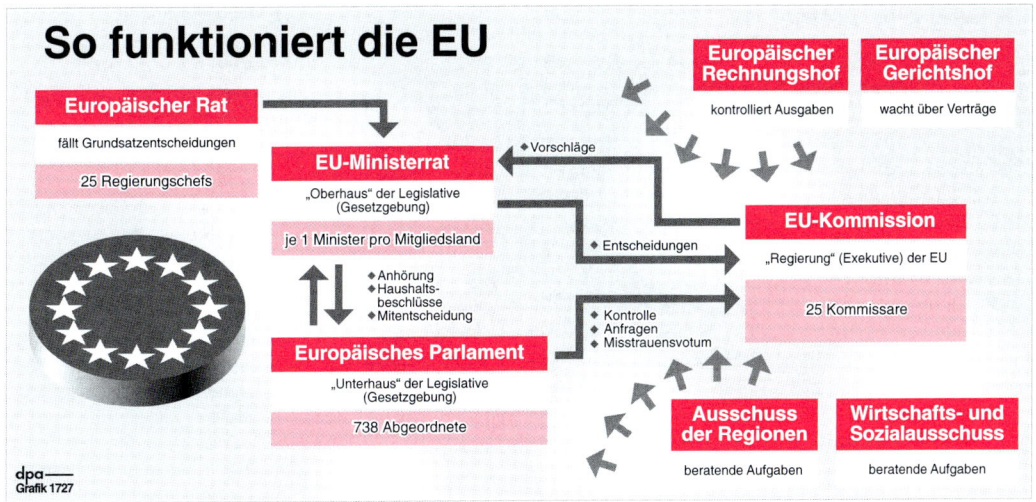

M 3: Die Europäische Union nach der Erweiterung 2004

Der Ministerrat der Europäischen Union

Der Ministerrat setzt sich jeweils zusammen aus allen **Fachministern** desselben Ressorts aller Mitgliedstaaten.

Alle Außenminister bilden den Allgemeinen Rat, alle Landwirtschaftsminister den Landwirtschaftsrat, alle Umweltminister den Umweltrat, im ECOFIN-Rat kommen die Minister für Wirtschaft und Finanzen zusammen. Der Ministerrat hat seinen Sitz in **Brüssel**; er tagt auch in Luxemburg.

Der Ministerrat ist das wichtigste Beschlussorgan der Europäischen Union (M6). Zusammen mit dem Europäischen Parlament wirkt er als **Gesetzgeber** der EU. Er schließt Übereinkünfte zwischen der EU und anderen Staaten oder Organisationen.

M 4: Europawahl in Deutschland 1998

Partei	Anteil in %	Abgeord-nete
CDU/CSU	48,7	53
SPD	30,7	33
Grüne	6,4	7
PDS	5,8	6
Sonstige	8,4	–
Deutsche Abgeordnete		99

M 5: Gesetzgebung in der EU

Die **Gesetze** in der EU heißen
- **Verordnungen**, wenn sie unmittelbar gelten;
- **Richtlinien**, wenn sie erst noch von den Parlamenten der Mitgliedstaaten in Gesetzesform gebracht werden müssen.

Für die meisten EU-Gesetze gilt das **Mitentscheidungsverfahren**: Europäisches Parlament und Ministerrat entscheiden gemeinsam.

Der 1. Schritt im Gesetzgebungsverfahren ist stets ein Entwurf, den die *Europäische Kommission* ausarbeitet und vorschlägt. Beim Mitentscheidungsverfahren wird der Kommissionsvorschlag dem Parlament und dem Ministerrat zugestellt. Das

Europäische Parlament nimmt in 1. Lesung dazu Stellung und kann Änderungen vorschlagen. Das Gesetz ist erlassen, wenn anschließend der *Ministerrat* die Änderungsvorschläge des Parlaments mit qualifizierter Mehrheit billigt oder wenn das Parlament keine Änderungen vorgeschlagen hat.

Ist der Ministerrat aber anderer Meinung, kommt es zur 2. Lesung. Billigt der Ministerrat einen in 2. Lesung vom Parlament geänderten Entwurf nicht, muss ein *Vermittlungsausschuss* einberufen werden. Dieser besteht je zur Hälfte aus Vertretern des Ministerrats und des Europäischen Parlaments. Er soll

einen *gemeinsamen Entwurf* finden. Gibt es keine Einigung, ist der Gesetzentwurf gescheitert.

Die **sonstigen Verfahren** der Gesetzgebung:

Zusammenarbeitsverfahren

Auch dabei gibt es 2 Lesungen in Parlament und Rat.

Anhörung des Parlaments

Das Parlament hat hier nur eine beratende Aufgabe.

Zustimmung des Parlaments

Die Zustimmung des Parlaments ist nötig bei allen völkerrechtlichen Verträgen der EU mit Drittstaaten, auch bei Verträgen zum Beitritt oder zur Assoziierung weiterer Staaten.

(Europäisches Parlament)

Die Europäische Kommission

Sitz der Europäischen Kommission ist **Brüssel**. Sie setzt sich aus 20 Mitgliedern, **Kommissaren,** zusammen, wobei aus einem Mitgliedstaat je nach Größe ein oder zwei Kommissare stammen. Ab 2005 stellt jeder Mitgliedstaat einen Kommissar. Die Mitglieder der Europäischen Kommission haben jeweils ein Aufgabengebiet zu verwalten, z.B. Außenwirtschaft, Forschung und Wissenschaft, Landwirtschaft. In ihren Aufgabengebieten arbeiten sie Vorschläge für neue EU-Gesetze aus und sorgen für die Durchführung der Gesetze z.B. indem sie Durchführungsverordnungen erlassen.

Die Kommission hat darüber zu wachen, dass die EU-Verträge und das EU-Recht eingehalten werden, sie überprüft die Einhaltung der Verordnungen und Richtlinien, sie verwaltet die Finanzmittel der EU dem Haushaltsplan entsprechend.

Die Kommissare sind während ihrer fünfjährigen Amtszeit in ihren Entscheidungen unabhängig. Sie sind nicht ihren Heimatländern, sondern nur Europa durch Eid verpflichtet.

Die Regierungen der Mitgliedstaaten benennen mit Zustimmung des Europäischen Parlaments einen Kandidaten für das Amt des **Präsidenten der Kommission**. Er benennt dann auf Vorschlag der Mitgliedstaaten die übrigen Kandidaten der Kommission, die sich einer eingehenden Prüfung durch das Europäische Parlament stellen. Dieses muss der neuen Kommission zustimmen, ehe die Kommissare von den Regierungen der Mitgliedstaaten ernannt werden.

Der Präsident der Europäischen Kommission ist auch Mitglied des Europäischen Rates. Er hat die Richtlinienkompetenz und führt die Kommission politisch. Die Amtszeit der Kommission beträgt 5 Jahre.

Auf Antrag des Ministerrates oder der Kommission kann jeder Kommissar durch den Europäischen Gerichtshof seines Amtes enthoben werden. Das Europäische Parlament kann der Kommission insgesamt das Misstrauen aussprechen und sie damit zum Rücktritt zwingen.

Zur Kommission gehört in Brüssel ein großer **Verwaltungsapparat,** der über 21 000 Bedienstete umfasst. Die Kommission hat in allen Mitgliedstaaten Vertretungen sowie Delegationen in vielen anderen Staaten und internationalen Organisationen. Andererseits haben viele Staaten diplomatische Beziehungen zur EU und sind in Brüssel durch diplomatische Missionen vertreten.

Das Europäische Parlament

Das Europäische Parlament vertritt die Bürgerinnen und Bürger der Europäischen Union. Es wird alle fünf Jahre gewählt und hat seinen Sitz in **Straßburg**. Auch in Brüssel, wo die Ausschüsse und die Fraktionen zwischen den Sitzungswochen tagen, können Plenarsitzungen stattfinden.

M 6: Beschlüsse des Ministerrats

Beschlüsse des Ministerrats kommen zustande

● mit einfacher Mehrheit – in Verfahrensfragen,

● mit qualifizierter Mehrheit oder

● einstimmig.

Zu Beginn der Europäischen Gemeinschaft waren Entscheidungen fast nur einstimmig möglich. Heute sind durch die Verträge für die meisten Fälle Mehrheitsentscheidungen vorgeschrieben.

Bei **einstimmigen Beschlüssen** oder **einfachen Mehrheitsbeschlüssen** hat jeder Mitgliedstaat 1 Stimme. Bei Beschlüssen mit **qualifizierter Mehrheit** haben die Staaten ihrer Größe entsprechend unterschiedliches Gewicht. Deutschland hat (ab 2005) ebenso wie Frankreich, Großbritannien und Italien 29 Stimmen, die kleinsten Staaten haben 4 Stimmen. Bei 237 Stimmen (ab 2005) kommt eine qualifizierte Mehrheit dann zustande, wenn die Mehrzahl der Mitgliedstaaten mit mindestens 169 Stimmen zustimmt. In den zustimmenden Staaten müssen mindestens 62% der EU-Gesamtbevölkerung wohnen.

(Quelle: Europäisches Parlament)

M 7: Das Europäische Parlament

Je nach Einwohnerzahl besetzen die einzelnen EU-Staaten unterschiedlich viele Sitze (M3). Deutschland als das größte Land hat z.B. 99 Abgeordnete, Malta als das kleinste nur 5 (ab 2004).

Im Parlament bilden sich – über die nationalen Grenzen hinweg – **Fraktionen.** Beispielsweise gehören zu der sozialdemokratischen Fraktion alle Abgeordneten der entsprechenden Parteien aus Deutschland, Frankreich usw.

Das **Europäische Parlament (EP)** ist in fast allen wichtigen Bereichen gemeinsam mit dem Ministerrat der **Gesetzgeber** der EU (M5). Es hat die Befugnis, den jährlichen **Haushaltsplan** der EU zu verabschieden. Aufgaben des Parlaments sind auch **Kontrolle und Beratung** anderer Organe.

Der Europäische Gerichtshof

Der Europäische Gerichtshof entscheidet über die Einhaltung **europäischen Rechtes.** Der Gerichtshof ist zuständig für Streitigkeiten zwischen Mitgliedstaaten und Vertragsverletzungen. Er entscheidet ferner, ob der Ministerrat oder die Kommission rechtmäßig handeln. Es können Mitgliedstaaten, EU-Organe und auch einzelne Bürger der Europäischen Union oder Unternehmen Klage erheben. Sitz des Europäischen Gerichtshofs ist **Luxemburg.**

Von besonderer Bedeutung ist das Entscheidungsverfahren, das gewährleistet, dass die Rechtsvorschriften der EU von den Gerichten in den einzelnen Staaten der Europäischen Union in gleicher Weise angewandt werden.

Die Richter des Europäischen Gerichtshofs werden von den Regierungen der EU-Staaten auf 6 Jahre ernannt, ebenso wie die 8 Generalanwälte.

Der Europäische Rechnungshof und Ausschüsse

Dem **Europäischen Rechnungshof** in Luxemburg gehört aus jedem EU-Staat ein Mitglied an. Er prüft die Einnahmen und Ausgaben der EU und legt dem Europäischen Parlament und dem Ministerrat das Ergebnis in einem Bericht vor. Dieser ist für die parlamentarische Kontrolle eine wichtige Unterlage.

Der **Wirtschafts- und Sozialausschuss,** der **Ausschuss der Regionen** und der **Wirtschafts- und Finanzausschuss** beraten das Europäische Parlament, den Ministerrat und die Europäische Kommission. Diese Ausschüsse müssen in wichtigen Fragen gehört werden.

Europäische Zentralbank

Die **Europäische Zentralbank (EZB)** ist Hüterin der Währung und der Geldwertstabilität. Seit 1999 und mit der Einführung des **Euro** ist sie zuständig für die Geldpolitik in **Euroland** (M3 von 8.2.2). Die EZB hat ihren Sitz in Frankfurt am Main. Sie kann unabhängig von den politischen Gremien entscheiden. Ihre oberste Aufgabe ist neben der europäischen Geldpolitik die Sicherung eines stabilen Euro.

M 8: Rechte für Bürger der EU

Staatsbürger eines EU-Staates haben auch die Unionsbürgerschaft. Damit verbunden ist:

- das Recht, sich im gesamten Gebiet der Union frei zu bewegen und aufzuhalten;
- das Recht, in allen EU-Ländern wie ein Inländer behandelt zu werden, wenn es zum Beispiel um die Suche nach Arbeit oder den Kauf einer Wohnung geht;
- der gleichberechtigte Zugang zum öffentlichen Dienst in allen EU-Staaten;
- das aktive und passive Wahlrecht bei Kommunalwahlen sowie bei den Wahlen zum Europäischen Parlament;
- das Recht, sich mit Beschwerden an den Petitionsausschuss des Europäischen Parlaments oder an den Europäischen Bürgerbeauftragten zu wenden. (Europa 2002)

M 9: Der Europäische Bürgerbeauftragte

An den europäischen Bürgerbeauftragten kann sich jeder EU-Bürger wenden, der sich von den Institutionen der EU falsch behandelt fühlt. Der Bürgerbeauftragte darf jedoch nicht in laufende Gerichtsverfahren eingreifen oder die Rechtmäßigkeit gerichtlicher Entscheidungen in Frage stellen. (Aktuell 2003)

■ Aufgaben

1. Welche Staaten sind Mitglieder der EU?
2. In welcher Weise wirken Ministerrat, Kommission und Europäisches Parlament zusammen (M3 + M5)?
3. Vergleichen Sie die Aufgaben des Europäischen Parlaments mit denen des Deutschen Bundestages.
4. Diskutieren Sie, ob bei Abstimmungen das unterschiedliche Stimmengewicht der einzelnen Staaten im Ministerrat gerechtfertigt ist (M6).
5. Zeigen Sie die Unterschiede zwischen dem Europäischen Rat und dem Europarat auf (M3 und M3 von 8.1)
6. Wie können Sie Ihre Rechte als Bürger der EU durchsetzen (M8 + M9)?

Die Europäische Union (EU):
- **Europäischer Rat = Regierungschefs der EU-Staaten**
- **Organe der Europäischen Union:**
  - **Ministerrat**
  - **Europäische Kommission**
  - **Europäisches Parlament**
  - **Europäischer Gerichtshof**
  - **Europäischer Rechnungshof**

8.2.2 Ziele und Aufgaben der Europäischen Union

Frühere Ziele der Europäischen Gemeinschaft (M 7 von 8.1) konnte man verwirklichen, nämlich die **Zollunion**, also die Abschaffung der Zölle in der EU und gemeinsame Zölle nach außen und den gemeinsamen **Binnenmarkt**.

Ziele der Europäischen Union

Wichtige **Ziele der Europäischen Union (EU)** sind im Vertrag von Maastricht herausgestellt und wurden weitgehend erreicht. Die Ausgestaltung erfolgt im Rahmen der 3 Bereiche der Europäischen Union (EU), die man auch als ihre Säulen oder Fundamente bezeichnet:

- Die weiterentwickelte **Europäische Gemeinschaft (EG)**, die vor allem der Stärkung des wirtschaftlichen und sozialen Zusammenhalts durch Errichtung einer **Wirtschafts- und Währungsunion (WWU)** dient, die
- Stärkung der europäischen Gemeinsamkeit durch eine **Gemeinsame Außen- und Sicherheitspolitik (GASP)** sowie die
- enge **Zusammenarbeit in der Innen- und Rechtspolitik.**

Hinzu kommt die
- Stärkung der Gemeinsamkeit der Bürger durch Einführung einer **Unionsbürgerschaft**

M 2   „Freiheiten" in der EU

Freier Personenverkehr
Wegfall von Kontrollen an den Binnengrenzen
Harmonisierung der Asyl- und Zuwanderungspolitik
Freizügigkeit für Arbeitnehmer, Niederlassungs- und Aufenthaltsrecht für EU-Bürger

Freier Warenverkehr
Wegfall von Grenzkontrollen
Keine Zölle oder mengenmäßigen Beschränkungen
Harmonisierung oder gegenseitige Anerkennung von Normen und Vorschriften
Steuerharmonisierung

Freier Dienstleistungsverkehr
Niederlassungsrecht; Offenheit für grenzüberschreitende Dienstleistungen
Liberalisierung der Bank- und Versicherungsdienstleistungen
Öffnung der Transport-, Post-, Telekommunikations-, Energiemärkte

Freier Kapitalverkehr
Freizügigkeit für den Zahlungsverkehr und den Kapitalverkehr (Investitionen und Anlagen) in der EU und nach außen
Integration der Finanzmärkte
Liberalisierung des Wertpapierverkehrs

ZAHLENBILDER
715 320   © Erich Schmidt Verlag

M 1

© Erich Schmidt Verlag

Europäische Gemeinschaft (EG)

Von Anfang an stand die Wirtschaftspolitik und die Schaffung eines einheitlichen Wirtschaftsraums auf dem Weg zur Integration Europas im Vordergrund (M 7 von 8.1). Deshalb musste man die Wirtschafts- und Sozialordnung in den europäischen Staaten einander angleichen. Freizügigkeit und die freie Wahl eines Arbeitsplatzes im Ausland sollte nicht durch nationale Gesetze verhindert werden. Die Annäherung der Lebensverhältnisse in der **Europäischen Gemeinschaft (EG)** wird deutlich am Fehlen von Grenzkontrollen und besonders an der Wirtschafts- und Währungsunion sowie am gemeinsamen Binnenmarkt.

Die Wirtschafts- und Währungsunion

Die **Wirtschafts- und Währungsunion (WWU)** bedeutet, dass die EU-Staaten ihre Wirtschaftspolitik so eng miteinander verknüpfen, wie wenn sie ein einheitlicher Staat wären. Dazu gehört eine **gemeinsame Währung**, der **Euro**, mit dem man überall zahlen kann.

Da einzelne Staaten der Währungsunion nicht beitreten wollten und nicht alle EU-Staaten die notwendige wirtschaftliche Stabilität besaßen, wurde der Euro 1999 nur in 11 Mitgliedstaaten und 2001 in Griechenland (M 3) eingeführt und ersetzte dort ab 2002 die nationalen Währungen, also in Deutschland die D-Mark.

In diesem **Euroland** (M 3) ist die **Europäische Zentralbank (EZB)** für die Geldpolitik zuständig und legt z. B. die Höhe des Diskontsatzes fest. Aber EU-Staaten müssen auch über wirtschaftspolitische Maßnahmen ihre Situation aneinander angleichen, denn beispielsweise die Konkurrenz der Anbieter von Waren ermöglicht Käufern, jenseits der Grenze in der EU einzukaufen, wenn es dort günstiger ist. Damit die wirtschaftliche Lage im Euroland annähernd gleich ist, müssen die Kriterien für die Aufnahme in die Währungsunion (M 1) von den Staaten im Euroland weiterhin eingehalten werden, sonst drohen Sanktionen und Strafen der EU.

Der Binnenmarkt

Der gemeinsame Binnenmarkt umfasst auch jene Mitgliedstaaten der EU, die nicht zum Euroland gehören. Er ist gekennzeichnet durch freien **Personenverkehr,** freien **Warenverkehr,** freien **Kapitalverkehr** und freien **Dienstleistungsverkehr** (M 2).

Als Voraussetzung für solch einen einheitlichen Markt mit einheitlichen Preisen müssen alle indirekten **Steuern** (z. B. Mehrwertsteuer) angeglichen werden. Aber auch die technischen **Normen** und **Rechtsvorschriften** (z. B. über die Sicherheit am Arbeitsplatz oder darüber, welche Stoffe ein bestimmtes Produkt enthalten darf) sollten dann in allen EU-Staaten gleich sein (M 6). Zunächst wurde vereinbart, dass die Staaten ihre Vorschriften gegenseitig anerkennen.

Euroland M 3

EU-Mitglieder, die derzeit nicht an der Europäischen Währungsunion teilnehmen:

Dänemark	5,3	1973	Dän. Krone
Großbrit.	59,8	1973	Brit. Pfund
Schweden	8,9	1995	Schwed. Krone

7091 © Globus

M4: Aus Artikel 39 des EG-Vertrags

Ziele der Agrarpolitik

(1) Ziel der gemeinsamen Agrarpolitik ist es,

a) die Produktivität der Landwirtschaft durch Förderung des technischen Fortschritts, Rationalisierung der landwirtschaftlichen Erzeugung und den bestmöglichen Einsatz der Produktionsfaktoren, insbesondere der Arbeitskräfte, zu steigern;

b) auf diese Weise der landwirtschaftlichen Bevölkerung, insbesondere durch Erhöhung des Pro-Kopf-Einkommens der in der Landwirtschaft tätigen Personen, eine angemessene Lebenshaltung zu gewährleisten;

c) die Märkte zu stabilisieren;

d) die Versorgung sicherzustellen;

e) für die Belieferung der Verbraucher zu angemessenen Preisen Sorge zu tragen.

M 5: Grundsätze der Agrarpolitik

Markteinheit

Gleiche Wettbewerbsbedingungen für alle Bauern in allen Regionen und freier Warenverkehr landwirtschaftlicher Erzeugnisse.

Gemeinschaftspräferenz

Schutzmaßnahmen (wie Zölle oder Subventionen) für einheimische Agrarprodukte gegen Einfuhren aus Drittländern.

Finanzielle Solidarität

Die Kosten werden von allen EU-Staaten gemeinschaftlich getragen.

(Europa 2002)

Weitere Bereiche der wirtschaftlichen Zusammenarbeit

Die **Agrarpolitik** ist als Problembereich bekannt (Abschnitt 8.2.3). Ziel war stets, die Existenz der Bauern zu sichern (M 4 + M 5). Die EG subventioniert daher landwirtschaftliche Produkte und verhindert, dass landwirtschaftliche Erzeugnisse billiger in die EU eingeführt werden.

In der **Strukturpolitik** geht es vor allem darum, leistungsschwache und benachteiligte Regionen und Staaten der EU zu unterstützen. Zu diesen Regionen gehören die ostdeutschen Bundesländer, Süditalien oder Portugal (M 7).

Die **Strukturförderung** dient vor allem drei Zielen:

- Entwicklung von Regionen, in denen das Durchschnittseinkommen pro Kopf unter 75 % des Durchschnitts aller EU-Staaten liegt.
- Hilfe für Regionen mit Strukturproblemen.
- Unterstützung von Maßnahmen der Mitgliedstaaten, die dazu dienen, die Bildungs-, Ausbildungs- und Beschäftigungspolitik anzupassen und zu modernisieren.

Die Gemeinsame Außen- und Sicherheitspolitik (GASP)

Die **Gemeinsame Außen- und Sicherheitspolitik (GASP)** erstrebt, dass die EU einheitlich wie ein Staat in der Außen- und Sicherheitspolitik handelt. Die Mitgliedstaaten übertragen deshalb der EU ausdrücklich einen Teil ihrer Souveränität, damit das gemeinsame Gewicht der Mitgliedstaaten in der Weltpolitik deutlich wird.

Die GASP soll sich auf alle Bereiche der Außen- und Sicherheitspolitik und die **Verteidigungspolitik** erstrecken. Es geht also nicht nur darum, die jeweilige Außenpolitik der Einzelstaaten aufeinander abzustimmen, sondern es soll gemeinsam gehandelt werden.

Im Rahmen der GASP entwickelt die EU eine **Europäische Sicherheits- und Verteidigungspolitik (ESVP)**. Dadurch soll die EU in der Lage sein, in Fragen der Konfliktverhütung und Krisenbewältigung eigenständig zu entscheiden und wenn nötig militärisch einzugreifen. Die EU kann dann aus eigener Kraft humanitäre Aufgaben und Rettungseinsätze, friedenserhaltende Aufgaben und Kampfeinsätze zur Krisenbewältigung wahrnehmen. Deshalb haben die Staats- und Regierungschefs beschlossen, einen ständigen Militärstab der EU einzurichten und eine Einsatztruppe bereitzustellen, die bei Krisenfällen binnen 60 Tagen einsatzbereit ist (M 9).

Viele Schwierigkeiten für die gemeinsame Außenpolitik entstehen, weil die einzelnen EU-Staaten ganz unterschiedliche Traditionen und Interessen haben. So sind Frankreich und Großbritannien z. B. Nuklearmächte; sie haben auch vielfältige Beziehungen zu ihren ehemaligen Kolonien. Auch die besondere Situation von neutralen Mitgliedstaaten wie Finnland oder Österreich muss die Sicherheitspolitik berücksichtigen.

M 6

(Willkommen in der Gemeinschaft)

M 7: Regionalpolitik

Die Europäische Union ist eine Solidargemeinschaft, in der wohlhabendere Staaten und Regionen den anderen helfen. In Artikel 158 des EG-Vertrages heißt es: „Die Gemeinschaft setzt sich insbesondere zum Ziel, die Unterschiede im Entwicklungsstand der verschiedenen Regionen und den Rückstand der am stärksten benachteiligten Gebiete oder Inseln, einschließlich der ländlichen Gebiete, zu verringern." Diesem Ziel dient die Regionalpolitik. Zur Finanzierung wurden die **Strukturfonds** geschaffen.   (Europa 2002)

M 8: Aus Artikel J.1 des EU-Vertrags

Gemeinsame Außen- und Sicherheitspolitik

(1) Die Union und ihre Mitgliedstaaten erarbeiten und verwirklichen eine Gemeinsame Außen- und Sicherheitspolitik …

(2) Die Gemeinsame Außen- und Sicherheitspolitik hat zum Ziel
  – die Wahrung der gemeinsamen Werte, der grundlegenden Interessen und der Unabhängigkeit der Union;
  – die Stärkung der Sicherheit der Union und ihrer Mitgliedstaaten …
  – die Wahrung des Friedens und die Stärkung der internationalen Sicherheit …
  – die Förderung der internationalen Zusammenarbeit…

M 9: EU-Eingreiftruppe und NATO

Die Vereinbarung über den Zugriff der EU auf die militärischen Einrichtungen und Strukturen der NATO ist unter Dach und Fach. Auf diese Weise kann sich die **EU-Eingreiftruppe** bei ihren künftigen humanitären oder friedenserhaltenden Operationen auf die NATO stützen – auf militärische Planungsstäbe, auf Informationen, auf die europäischen Streitkräfte und Hauptquartiere, die eigentlich für die NATO bereitstehen.

(Stuttgarter Zeitung vom 16.12.2002)

Die Innen- und Rechtspolitik

Die **Zusammenarbeit in der Innen- und Rechtspolitik** betrifft vor allem das Asylrecht, Vorschriften über die Außengrenzen der EU, die Einwanderungspolitik, die Bekämpfung der internationalen Kriminalität, des Terrorismus sowie des Drogenhandels. Ziel ist, einen europäischen **Raum der Freiheit, der Sicherheit und des Rechts** zu schaffen.

Eine gemeinsame und verstärkte Kontrolle der EU-Außengrenzen soll Gefahren für innere Sicherheit abwehren. Zur Bekämpfung der internationalen Kriminalität unterstützt das **Europäische Polizeiamt (Europol)** die nationale Polizei. Eine **Europäische Clearingstelle für die Verbrechensbekämpfung (Eurojust)** koordiniert und hilft bei grenzüberschreitenden Ermittlungen oder Strafverfolgungsmaßnahmen. Sie ist vor allem zuständig für

– grenzüberschreitende organisierte Kriminalität,
– Computerkriminalität,
– Umweltkriminalität,
– Geldwäsche,
– Beteiligung an einer kriminellen Vereinigung,
– Betrug und Korruption zu Lasten der EU.

Eine Vorstufe zur Europäischen Union ohne Grenzkontrollen bildeten sieben Staaten, die sich bereits 1985 im **Schengener Abkommen** auf den Wegfall von Kontrollen an gemeinsamen Grenzen verständigten. Das Schengener Abkommen ist seit 1995 in Kraft und seit 1999 Bestandteil der EU-Verträge.

EU und europäische Bürger

Durch den Vertrag von Maastricht wurde mit der Einführung einer **Unionsbürgerschaft** eine Ergänzung der nationalen Staatsbürgerschaft beschlossen, die neue Rechte für EU-Bürger schafft (M 8 von 8.2.1). Alle Bürger in den Mitgliedstaaten der Europäischen Union besitzen

– ein allgemeines **Reise- und Aufenthaltsrecht** in allen Mitgliedstaaten und
– das **Wahlrecht** zu kommunalen Körperschaften und zum Europäischen Parlament

In der Europäischen Union besteht **Freizügigkeit,** denn in jedem Mitgliedstaat hat man das Recht, sich um eine Stelle zu bewerben und ein Arbeitsverhältnis einzugehen. Die Abschlüsse in der Ausbildung werden gegenseitig anerkannt.

Bei Reisen in andere EU-Länder gilt der **Führerschein** des jeweiligen Heimatlandes ohne weitere Formalitäten. Nur bei längeren Aufenthalten muss der Führerschein umgeschrieben werden. Ein europäischer Führerschein gilt zeitlich unbegrenzt in allen Mitgliedstaaten.

M 10: EU als Raum der Freiheit, der Sicherheit und des Rechts

- **Europäische Charta der Grundrechte** (M 7 von 8.2.3)
- **Asyl- und Zuwanderungspolitik**
  - gemeinsame Asylverfahren
  - wirksame Kontrolle der Außengrenzen
  - vorläufiger Schutz für Vertriebene
- **Einheitlicher europäischer Raum des Rechts**
  - gegenseitige Anerkennung gerichtlicher Entscheidungen,
  - Vernetzung der Justiz in der EU
- **Verbrechensbekämpfung in der ganzen EU**
  - enge Zusammenarbeit gegen Kriminalität
  - europäischer Haftbefehl

■ **Aufgaben**

1. Nennen Sie die drei Bereiche oder Säulen der EU.
2. Welche Staaten zählen zum Euroland?
3. Welche Voraussetzungen gelten für die Beteiligung an der Wirtschafts- und Währungsunion (M 1)?
4. Welche Vorteile bietet eine Wirtschafts- und Währungsunion?
5. Welche Ziele hat die Agrarpolitik und die Strukturförderung der EU (M 5 + M 7)?
6. Diskutieren Sie die Probleme einer gemeinsamen Außen- und Sicherheitspolitik der EU angesichts verschiedener nationaler Interessen (M 8 + M 9).
7. Warum kann man die Probleme der politischen Einigung Europas nicht von wirtschaftlichen, technischen und sozialen Fragen trennen?
8. Warum setzt ein vereintes Europa auch eine Angleichung der nationalen Normen und Vorschriften voraus (M 8)?
9. Welche Bedeutung hat der Raum der Freiheit, der Sicherheit und des Rechts für die Bürger der EU (M 10)?

Bereiche + Säulen der EU:
- **Europäische Gemeinschaft mit**
  - **Wirtschaft- und Währungsunion**
  - **Euroland**
  - **Binnenmarkt**
  - **Agrarpolitik**
  - **Strukturförderung**
- **Gemeinsame Außen- und Sicherheitspolitik**
- **Zusammenarbeit in der Innen- und Rechtspolitik**

8.2.3 Probleme und Perspektiven der Europäischen Union

Von den vielen Problemen haben sich in der Europäischen Union immer wieder die Fragen des **Agrarmarkts** in den Vordergrund geschoben nicht zuletzt, weil der weitaus größte Teil des EU-Haushalts der Landwirtschaft zugute kommt. Aber auch Fragen der **Wirtschafts- und Währungspolitik**, der **Sozialpolitik** und der **Innen- und Rechtspolitik** sind in der Diskussion ebenso wie die **Weiterentwicklung der EU** und ihrer Organe oder die **Erweiterung** der EU durch Staaten im Osten.

Haushalt der Europäischen Union

Die Aufgaben der EU kann man aus dem **EU-Haushaltsplan** ersehen. Er wird von der Europäischen Kommission entworfen, zunächst vom Europäischen Parlament und dem Rat der Finanzminister beraten und dann vom Europäischen Parlament verabschiedet. Die Europäische Kommission verwaltet den Haushalt (M 1).

Die Regierungen der Mitgliedstaaten beschließen einstimmig, was der EU an **Eigenmitteln** zusteht. Dazu gehören

- Zölle und ähnliche Abgaben, die bei der Einfuhr von Waren in die EU erhoben werden,
- ein Anteil an der Mehrwertsteuer und
- ein Beitrag, der der wirtschaftlichen Leistung eines Mitgliedstaates entspricht und sich aus dem Bruttosozialprodukt (BSP) errechnet.

Die Agrarpolitik

Unstrittig ist als Ziel der **Gemeinsamen Agrarpolitik (GAP)** der EU (M 4 von 8.2.2), dass die Agrarbereiche – Landwirtschaft, Weinbau, Fischerei – zu unterstützen sind, damit dieser Wirtschaftszweig in Europa erhalten bleibt. Aus eigener Kraft kann die Landwirtschaft angesichts der Konkurrenz auf dem Weltmarkt nicht überleben. Doch sind landwirtschaftliche Betriebe nicht nur für die Erzeugung von Nahrungsmitteln, sondern auch als traditionsreicher Wirtschaftszweig für die Erhaltung unserer Umwelt und Landschaft unentbehrlich.

Aus diesen Gründen sicherte man landwirtschaftlichen Betrieben **Mindestpreise** für ihre Produkte zu oder **garantierte die Abnahme** der Erzeugnisse. Dies führte allerdings dazu, dass viele Betriebe zu viel produzierten – Butterberge und Weinseen waren das Ergebnis. Es wurden massiv chemische Pflanzenschutz- und Düngemittel eingesetzt, was die Umwelt schädigte.

An der **Gemeinsamen Agrarpolitik (GAP)** der EU wird vor allem kritisiert, dass die Subventionen für die Landwirtschaft und andere Agrarbereiche zu

- **Überschüssen** an landwirtschaftlichen Erzeugnissen führten und dass
- die **Kosten der Subventionen** sehr hoch sind.

M 1: Einnahmen und Ausgaben der EU

Anteile der EU-Einnahmen am Haushalt 2002

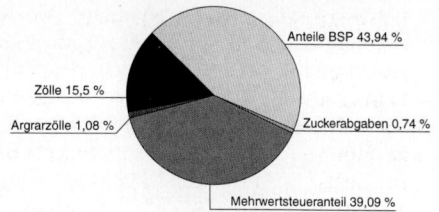

Anteile der EU-Ausgaben am Haushalt 2002

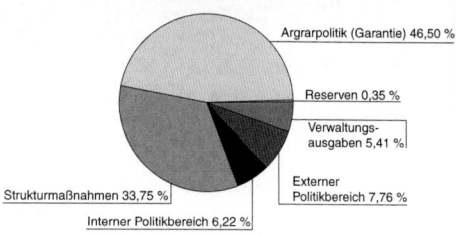

M 2: Reform der Agrarpolitik

Die Probleme der **Überschüsse an Agrarprodukten** sind durch Reformen inzwischen gebremst. Kernpunkte sind die schrittweise **Senkung der Garantiepreise** für Getreide und Rindfleisch, um sie den Weltmarktpreisen anzunähern, ein **Quotensystem** für Milch und die **Stilllegung von Anbauflächen**. Die dadurch entstandenen Einkommensverluste werden durch **Direktzahlungen** ausgeglichen.

Weitere Reformen werden nötig, weil das jetzige System der **Ausgleichszahlungen** nach Flächen oder Tierzahlen in naher Zukunft nicht mehr erlaubt sein wird und weil die Agrarmärkte der Welt weiter liberalisiert werden, das heißt: Ausfuhrsubventionen und Einfuhrbeschränkungen werden verboten.

Reformen der Gemeinsamen Agrarpolitik werden aber auch wegen der **Erweiterung der EU** notwendig. Durch den Beitritt wird die landwirtschaftliche Anbaufläche in der Gemeinschaft verdoppelt.   (Europa 2002)

M 3: Strukturförderung und Landwirtschaft

Die EU will nach und nach die Direktbeihilfen für die Bauern kürzen und dafür die strukturverändernde Förderung des ländlichen Raums verstärken. Dass die polnische Regierung jetzt genau das Gegenteil tut, ist fatal. Denn mit der kräftigen Erhöhung der bäuerlichen Einkommen werden die Erwerbstätigen auf den Höfen gehalten. Der Strukturwandel wird verhindert anstatt gefördert.

(Stuttgarter Zeitung vom 16.12.2002)

Auswirkungen der Subventionen

Die Unterstützung der Landwirtschaft durch Subventionen hat den Nachteil, dass nicht rentable Betriebe erhalten bleiben und so der notwendigen Umstrukturierung der Wirtschaft eines Landes entgegen gearbeitet wird. Deshalb sollten keine Direktbeihilfen gezahlt werden, sondern nur Subventionen zur Strukturveränderung (M 3).

Außerdem: Wenn die EU verhindert, dass auf dem Weltmarkt billiger hergestellte Agrarprodukte auf den europäischen Markt gelangen, kann ein freier Welthandel nicht stattfinden.

Probleme der Wirtschafts- und Währungspolitik

Der **Euro** konnte zunächst nur in 12 Mitgliedstaaten der EU eingeführt werden (M 3 von 8.2.2). Ab 1. Januar 2002 sind dadurch zwei Lager entstanden: Einerseits die Staaten mit einer gemeinsamen Währung und andererseits die restlichen Mitgliedstaaten der EU, die nicht an der Währungsunion und der damit verbundenen Geldpolitik beteiligt sind. Der Euro ist allerdings auch in verschiedenen Staaten außerhalb des Eurolands offizielles Zahlungsmittel (M 4).

Der Europäische Sozialraum

In der Europäischen Union soll ein **Europäischer Sozialraum** entstehen, in dem es keine krassen Benachteiligungen gibt. Das Europäische Parlament kann deshalb **soziale Mindeststandards** für die EU beschließen. Dabei muss man die Wettbewerbsfähigkeit der Wirtschaft bedenken, denn die soziale Absicherung wirkt sich auf die **Beschäftigung** aus.

Auch das Wohlstandsgefälle zwischen den Ländern der EU führt zu Problemen. Die Freizügigkeit in der Europäischen Union erlaubt, dass man sich in jedem beliebigen Mitgliedstaat Arbeit sucht. Dies führt aber zum Problem des **Sozialdumpings.** Durch unterschiedliche Lohnkosten und Lohnnebenkosten, die z. B. durch die Beiträge zu Sozialversicherungen bedingt sind, kann es in den einzelnen EU-Staaten zu einer Verdrängung kommen. So können deutsche Firmen Subunternehmen aus anderen EU-Ländern beauftragen, die über billigere Arbeitskräfte verfügen. In Deutschland wird deshalb befürchtet, dass sich in sozialen Fragen – beispielsweise bei Löhnen und Gehältern oder bei Urlaubsregelungen – der niedrigere Standard der ärmeren Staaten durchsetzt.

Wie bei den Sozialstandards besteht auch im Bereich des **Umweltschutzes** die Gefahr, dass das niedrigste Niveau Richtschnur werden könnte und **Umweltdumping** droht.

M 4

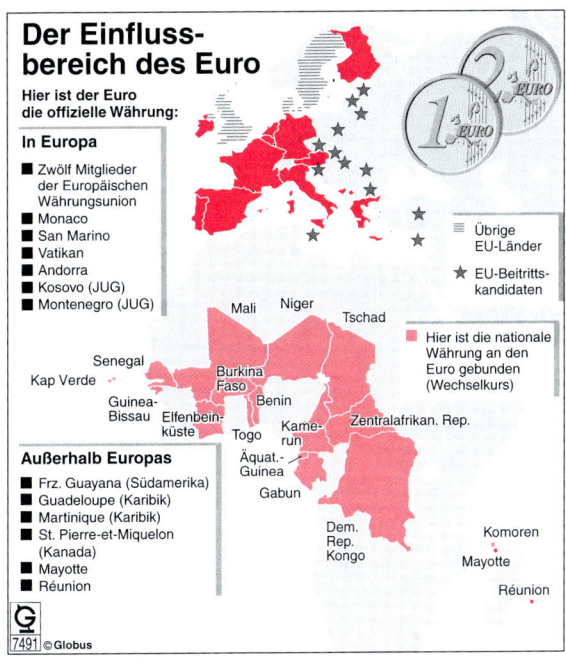

Der Einfluss-bereich des Euro

Hier ist der Euro die offizielle Währung:

In Europa
- Zwölf Mitglieder der Europäischen Währungsunion
- Monaco
- San Marino
- Vatikan
- Andorra
- Kosovo (JUG)
- Montenegro (JUG)

☆ Übrige EU-Länder

★ EU-Beitrittskandidaten

■ Hier ist die nationale Währung an den Euro gebunden (Wechselkurs)

Außerhalb Europas
- Frz. Guayana (Südamerika)
- Guadeloupe (Karibik)
- Martinique (Karibik)
- St. Pierre-et-Miquelon (Kanada)
- Mayotte
- Réunion

7491 © Globus

M 5: Sozialdumping

Sozialdumping (dumping, engl.; verschleudern) bedeutet Unterlaufen sozialer Mindeststandards wie Lohnhöhe (auch Lohndumping) oder maximal zulässiger Arbeitszeit.

(Aktuell '96)

M 6   EU-Richtlinien zur Zigaretten-Werbung

Auf Zigarettenschachteln darf nicht mehr stehen, die Glimmstängel seien „mild" oder „leicht".

Der Europäische Gerichtshof (EuGH) in Luxemburg bestätigte eine **europäische Tabakrichtlinie**, die unter anderem ein Werbeverbot für solche Glimmstängel und deutlich größere Warnhinweise auf den Zigarettenschachteln vorsieht.

Nach Ansicht des Europäischen Gerichtshofs war die Richtlinie der Europäischen Union notwendig, um Wettbewerbsverzerrungen in Europa zu verhindern.

Die Warnhinweise auf Zigarettenschachteln sollen auf der Frontseite etwa ein Drittel und auf der Rückseite nahezu die Hälfte der Fläche umfassen.

Das Luxemburger Urteil betrifft noch nicht das weitergehende Werbeverbot, das die EU-Regierungen beschlossen hatten. Danach soll Tabakwerbung ab 2005 in Presse und elektronischen Medien in der gesamten EU verboten werden.

(Stuttgarter Zeitung vom 16.12.2002)

M 7

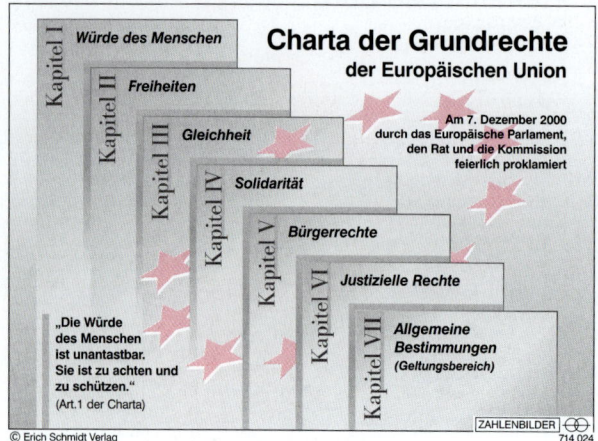

Gemeinsame Innen- und Rechtspolitik

Die fortschreitende europäische Integration kommt dadurch zum Ausdruck, dass Regelungsbefugnisse von den Mitgliedstaaten auf die Europäische Union und ihre Organe übergehen. **Gesetzliche Vorschriften der EU** bestimmen bereits heute in vielen Bereichen das Leben der Europäer. Beispielsweise schreiben Richtlinien der EU die Kennzeichnungspflicht von Genprodukten, die Rücknahme von Elektro-Altgeräten (M 5 von 2.4.4) oder eine Einschränkung der Werbung für Zigaretten (M 6) vor.

In einem einheitlichen **Raum des Rechts** (M 10 von 8.2.2) gelten auch gemeinsame Grundwerte und Rechtsprinzipien. Diese Rechte der Bürger in der EU wurden in der **Charta der Grundrechte** zusammengestellt und am 7.12.2000 feierlich verkündet (M 7). Die Bürger der EU können diese Rechte einklagen. Ein Beispiel dafür ist die Klage einer Frau auf Gleichberechtigung als Soldatin. Das Urteil des **Europäischen Gerichtshofs (EuGH)** gab ihr Recht (M 8).

Weiterentwicklung der Europäischen Union

Im Bemühen um eine Vereinheitlichung und Integration erhielten der Ministerrat und die Europäische Kommission große Macht. Von Brüssel aus bestimmen sie weitgehend die Politik der europäischen Gemeinschaften. Damit aber die Bedürfnisse der verschiedenen Länder und Regionen nicht zu kurz kommen, sollte die Weiterentwicklung der Europäischen Union und eine **Europäische Verfassung** (M 10) sowohl eine weitere **Stärkung des Parlaments** vorsehen als auch eine stärkere Einbindung regionaler Vertretungen. Das Prinzip der **Subsidiarität** erhält große Bedeutung (M 8 von 5.4.6). Dies bedeutet, dass die EU zentral nur solche Fragen regelt, die nicht besser auf einer niedrigeren Ebene (z.B. Einzelstaaten, Regionen, Gemeinden) geregelt werden können.

M 8: Soldatinnen – Urteil des Europäischen Gerichtshofs (EuGH)

Im Januar 2000 hatte der EuGH darüber zu entscheiden, ob Frauen generell vom Dienst in bewaffneten Einheiten der Bundeswehr ausgeschlossen werden dürfen. Artikel 12a des deutschen Grundgesetztes besagte, dass Frauen *„auf keinen Fall Dienst mit der Waffe leisten"* dürfen. Das deutsche Soldatengesetz erlaubte folglich Frauen nur Zugang zum Sanitäts- und Musikdienst. Der EuGH entschied: Der vollständige Ausschluss von Frauen aus alle bewaffneten Einheiten der Bundeswehr widerspricht der EU-Richtlinie zur Gleichbehandlung von Mann und Frau. Grundgesetz und Soldatengesetz wurden geändert.   (Europa 2002)

M 9: Vorschläge für eine Europäische Verfassung

Zu den Aufgaben des **Konvents** gehören die Erarbeitung von Vorschlägen für eine bessere Verteilung und Abgrenzung der Zuständigkeiten in der Europäischen Union. Dies kann sowohl dazu führen, dass bestimmte Aufgaben wieder an die Einzelstaaten zurückgegeben werden oder dass der EU neue Aufgaben zugewiesen oder dass die bisherigen Zuständigkeiten erweitert werden. Ferner soll die Frage, wie die demokratische Legitimierung und die Transparenz der jetzigen Organe erhöht werden kann, untersucht werden. Das alles kann in einen Vertrag einer **Europäischen Verfassung** münden.
(DAS PARLAMENT vom 8./15.3.2002)

M 10

Kein europäischer „Superstaat"

Vieles lässt der erste **Entwurf eines europäischen Verfassungsvertrags** noch offen. Wie wird die Macht zwischen den Nationalstaaten und Europa verteilt? Wohin geht die Reise – zu mehr europäischer Integration oder eher zurück zur Zusammenarbeit der Nationalstaaten?

Das Europaparlament solle künftig den Präsidenten der Europäischen Kommission wählen. Es sei auch künftig Aufgabe des EU-Parlaments, den Ministerrat zu kontrollieren.

Das neue Gleichgewicht, das wir brauchen, ist zwischen einem Rat, der handlungsfähiger werden soll, einer EU-Kommission, die demokratischer legitimiert werden muss, und einem Europäischen Parlament, das gestärkt werden muss.

(Stuttgarter Zeitung vom 30.10.2002)

Die Stellung des Europäischen Parlaments

Die **Stärkung des Europäischen Parlaments** bei einer Reform der Europäischen Union erscheint notwendig, weil die demokratische Kontrolle der Organe der EU durch das Parlament zu verbessern ist. Zwar hat das Europäische Parlament Kontrollrechte, doch Ministerrat und Kommission sind nicht so sehr auf das Vertrauen des Parlaments angewiesen, wie dies bei den Regierungen der Mitgliedstaaten der Fall ist. Der deutsche Bundestag beispielsweise hat wirksamere Kontrollrechte (Abschnitt 5.4.4).

Um Vorschläge für die Weiterentwicklung der EU zu diskutieren und um den Entwurf einer **Europäischen Verfassung** zu gestalten, wurde der **EU-Konvent** gebildet (M 11). Dieser hat im Jahr 2002 einen ersten Entwurf eines europäischen Verfassungsvertrags vorgelegt (M 9 + M 10), in dem auch die Charta der Grundrechte (M 7) enthalten ist.

Soll die EU um weitere Staaten erweitert werden?

Neben der Gestaltung und Vertiefung der inneren Ordnung der Europäischen Union stellt sich immer wieder die Frage einer **Erweiterung der Europäischen Union**. Allerdings bringt der Beitritt wirtschaftlich schwacher osteuropäischer Staaten wie Bulgarien und Rumänien oder der Türkei viele Probleme mit sich.

Eine Verstärkung der Integration in Richtung eines europäischen Bundesstaates und die Erweiterung der EU passen nicht zusammen. Manche Experten meinen daher, dass im Falle einer Erweiterung die Vertiefung im politischen Bereich der EU wieder eingeschränkt werden muss, damit sich nicht ein Europa mit unterschiedlichen Stufen der Integration, ein Europa der zwei Geschwindigkeiten entwickelt. Dies wäre der Fall, wenn sich künftig in der Europäischen Union ein engeres **Kerneuropa**, bestehend aus wirtschaftlich stärkeren Staaten mit gemeinsamer Währung von einem **Randeuropa** absetzt. Eine einheitliche Union im Kern erhält dann andere Strukturen als die Mitgliedstaaten im Rahmen der lockeren europäischen Vereinigung an den Rändern.

■ **Aufgaben**

1. Legen Sie die Merkmale und Folgen der EU-Agrarpolitik dar.
2. Diskutieren Sie die Behauptung, dass die Agrarpolitik der EU oft kritisiert, aber von den meisten Mitgliedstaaten geschätzt wird (M 1 + M 2 + M 3).
3. Welche Zusammenhänge bestehen zwischen der Strukturförderung und der Agrarpolitik der EU?
4. Diskutieren Sie die Behauptung, mit der einheitlichen europäischen Währung entstehen neue Arbeitsplätze und ein wirtschaftlicher Aufschwung.
5. Was versteht man unter Sozialdumping?
6. Wie stellen Sie sich zu der Forderung, zur stärkeren Berücksichtigung des Umweltschutzes einen „ökologischen Rat" einzuführen, der zu allen umweltbelastenden Vorhaben der EU zu hören ist und die Umweltverträglichkeit beurteilt.
7. Nennen Sie 3 Beispiele für gesetzliche Vorschriften der EU.
8. Welche Unterschiede bestehen zwischen den Grundrechten der EU und jenen der Bundesrepublik Deutschland (M 7 + M 4 von 5.1.1)?
9. Diskutieren Sie die Vorschläge zur Reform der EU (M 9 + M 10). In welcher Weise kann dabei die demokratische Kontrolle der EU-Organe verbessert werden?
10. Welche Staaten erstreben eine Mitgliedschaft in der Europäischen Union?

M 11 **Der EU-Konvent**

Aufgabe des Konvents ist es, Vorschläge für die anstehenden Reformen der EU zu erarbeiten.

Zusammensetzung des Konvents

105 Mitglieder (einschl. Türkei)

Präsident Valéry Giscard d'Estaing

2 Vizepräsidenten

2 Vertreter der EU-Kommission

16 Mitglieder des Europäischen Parlaments

30 Mitglieder der nationalen Parlamente der EU-Länder

15 Vertreter der Staats- und Regierungschefs der EU-Länder

26 Mitglieder der nationalen Parlamente der Beitrittsländer

13 Vertreter der Staats- und Regierungschefs der Beitrittsländer

dpa Grafik 5950

Problembereiche der EU:
– **Agrarpolitik**
– **Strukturförderung**
– **einheitlicher Sozialraum**
– **gemeinsame Innen- + Rechtspolitik**

Weiterentwicklung der EU
– **Stärkung des Europäischen Parlaments**
– **Berücksichtigung der Regionen**
– **Europäische Verfassung**
– **Erweiterung durch osteuropäische Staaten**

9 Entwicklungsländer und Industrieländer

9.1 Probleme der Entwicklungsländer

9.1.1 Kennzeichen und Ursachen der Unterentwicklung

Unter **Entwicklungsländern** werden Staaten mit unterschiedlichen Strukturen zusammengefasst. Die **Kennzeichen,** die uns von einem „Entwicklungsland" sprechen lassen, liegen vor allem in

– den Lebensbedingungen,
– dem Bevölkerungswachstum und
– der wirtschaftlichen Situation.

Armut als Kennzeichen der Entwicklungsländer

Bei allen Entwicklungsländern fällt die **Armut** der Bevölkerung auf. Was bedeutet Armut? Als absolut arm gilt, wer von weniger als einem Dollar pro Tag leben muss. Dies ist nur eine grobe Vorstellung. Armut ist eine relative Größe: Auch in den Industriestaaten leben viele Menschen unter der Armutsgrenze, die allerdings ganz anders berechnet wird.

Die Armut hängt mit den **Lebensbedingungen** eng zusammen. Das **Bevölkerungswachstum** muss zur Verarmung führen, wenn nicht in gleichem Maß zusätzlich Nahrungsmittel und die wirtschaftlichen Voraussetzungen für die **Existenzsicherung** vorliegen. Deshalb ist Armut oft eine Folge von **Arbeitslosigkeit.** Diese wiederum ist die Folge der **wirtschaftlichen Situation** in den Entwicklungsländern.

Ernährung und Gesundheit

Berichte über **Hungerkatastrophen** vor allem in Schwarzafrika erschüttern immer wieder die Welt. Bilder von abgemagerten Kindern haben wir alle schon oft gesehen. Auch in Ländern wie Indien oder in Lateinamerika leiden viele Menschen aus unteren sozialen Schichten an Mangel- und Unterernährung.

Die **gesundheitliche Situation** in den Entwicklungsländern ist nach wie vor schlecht. **Seuchen,** die man schon für besiegt gehalten hatte, wie z.B. die Cholera, sind zurückgekehrt. Schlechte Ernährung, mangelnde Hygiene und ungenügende ärztliche Versorgung sowie Mangel an Medikamenten und Impfstoffen tragen dazu bei, dass die Menschen und vor allem die Kinder an Infektions- und Parasitenkrankheiten sterben.

Die Voraussagen für die Verbreitung von **Aids** in der Dritten Welt sind katastrophal. Im Jahr 2002 lebten 55 % aller Infizierten in Afrika. Betroffen sind vor allem junge Menschen.

M 1: Armut

Die **Massenarmut** in den Entwicklungsländern gehört zu den größten Herausforderungen unserer Zeit. Ein Drittel aller Menschen in Afrika, Asien und Lateinamerika – das sind weit über eine Milliarde – leben in unvorstellbarem Elend unterhalb des Existenzminimums. **Hunger, Krankheit, Arbeitslosigkeit** sind die stärksten Ausdrucksformen der Armut.

(Zusammenarbeit mit Entwicklungsländern, BMZ)

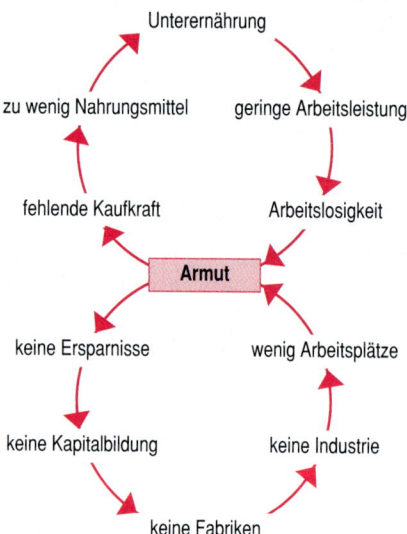

M 2: Teufelskreis der Armut

M 3: Kindersterblichkeit in Entwicklungsländern

Der jahrzehntelange Kampf gegen die Kindersterblichkeit zeigt Wirkung. Starben in den Entwicklungsländern 1960 noch rund 150 von 1 000 Säuglingen, sind es heute nur noch 64. Die Rate sank also um fast drei Fünftel.

In den ärmsten Regionen der Erde sind die Erfolge freilich bescheidener. Doch immerhin: auch in Afrika südlich der Sahara und in Südasien überleben immer mehr Kleinkinder. Allerdings haben Bürgerkriege, Misswirtschaft und Korruption in vielen Ländern Fortschritte verhindert. In Sierra Leone stirbt noch heute jedes 5. Kleinkind – so wie in den 60er Jahren.

(Quelle: Welthungerhilfe)

Die wirtschaftliche Situation

Die Struktur der Wirtschaft in den Entwicklungsländern ist vor allem durch folgende Merkmale gekennzeichnet:

- **Niedriger Industrialisierungsgrad** und eine hohe Agrarquote, d. h. der größte Teil der Bevölkerung ist in der Landwirtschaft beschäftigt.
- **Niedrige Kapitalausstattung** und deshalb nur einfache Werkzeuge und Maschinen. Diese ermöglichen aber keine höhere Produktivität.
- **Ungenügende Infrastruktur** (z. B. Verkehrswege, Energieversorgung)
- **Niedriges Pro-Kopf-Einkommen,** da einfache Arbeitsleistungen nur geringen Lohn einbringen.
- **Hohe Arbeitslosigkeit**
- **Monokultur,** d. h. es werden nur einzelne oder wenige landwirtschaftliche Produkte angebaut.

Ein ganzes Bündel von Faktoren also, die sich gegenseitig bedingen und verstärken. Beispiel: Das niedrige Pro-Kopf-Einkommen hat zur Folge, dass die Menschen kaum in der Lage sind, etwas zu sparen. Damit fehlt es den Banken an Geld, das sie als Kredite für Investionen zur Verfügung stellen könnten. Deshalb ist es nicht möglich, neue Fabriken aufzubauen oder moderne Maschinen zu beschaffen. Daher entstehen auch keine neuen Arbeitsplätze und die Produktivität erhöht sich nicht, sodass auch die Löhne nicht steigen können.

Letzlich kommt es so zu einem **Teufelskreis der Armut** (M2). Aus diesem auszubrechen erschwert der geringe **Bildungsstand** in Entwicklungsländern (M4).

Ursachen der Unterentwicklung

Für die Unterentwicklung sind mehrere Faktoren verantwortlich. Doch führten neben dem Bevölkerungswachstum und den damit zusammenhängenden Problemen (Abschnitt 9.1.2) auch **historische Ursachen** zur gegenwärtigen Situation.

Fast alle Entwicklungsländer sind **frühere Kolonien.** Diese Gebiete waren wegen ihrer **Rohstoffe** interessant. Im Übrigen wurden in **Plantagenwirtschaft** „Kolonialwaren" wie z. B. Kaffee, Tabak und Baumwolle angebaut. Die Einwohner waren dabei billige Arbeitskräfte.

Nach dem Zweiten Weltkrieg setzte die Phase der **Dekolonisation** ein, das heißt, die bisherigen Kolonien wurden unabhängige Staaten. Dies musste in vielen Fällen erkämpft werden. Häufig folgten dann **Bürgerkriege** und die neuen Staaten begannen im Chaos.

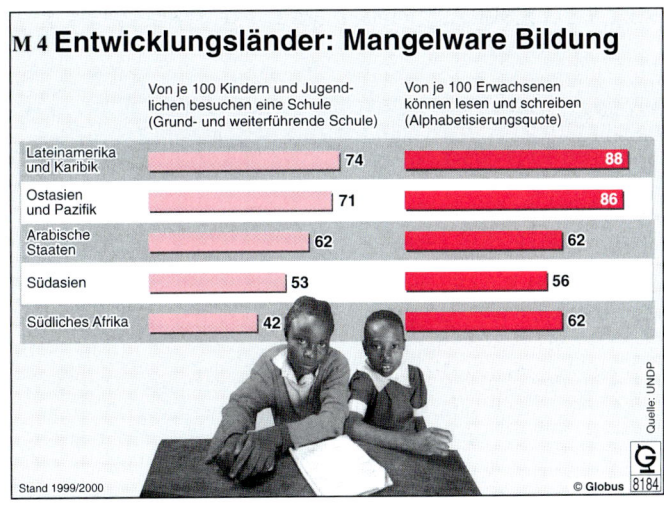

M 4 Entwicklungsländer: Mangelware Bildung

Von je 100 Kindern und Jugendlichen besuchen eine Schule (Grund- und weiterführende Schule)

Von je 100 Erwachsenen können lesen und schreiben (Alphabetisierungsquote)

	besuchen Schule	lesen/schreiben
Lateinamerika und Karibik	74	88
Ostasien und Pazifik	71	86
Arabische Staaten	62	62
Südasien	53	56
Südliches Afrika	42	62

Stand 1999/2000

Quelle: UNDP

© Globus 8184

■ Aufgaben

1. Welches sind die wesentlichen Kennzeichen von Entwicklungsländern?

2. Beschreiben Sie den Teufelskreis der Armut.

3. Nennen Sie wichtige wirtschaftliche Merkmale der Entwicklungsländer.

4. Welche Ursachen hat die hohe Kindersterblichkeit in Entwicklungsländern (M3)?

5. Erklären Sie am Beispiel von Kaffee den Zusammenhang zwischen Kolonialgeschichte und der gegenwärtigen wirtschaftlichen Situation.

6. Diskutieren Sie die Auswirkungen des niedrigen Bildungsstands (M4) z. B. anhand der Ausbreitung von Aids.

Kennzeichen der Entwicklungsländer:

– **Armut**
– **hohes Bevölkerungswachstum**
– **mangelhafte Ernährung**
– **schlechte Gesundheitsversorgung**
– **niedriger Bildungsstand**
– **hohe Arbeitslosigkeit**
– **niedriger Industrialisierungsgrad**
– **niedriges Pro-Kopf-Einkommen**

Historische Ursachen der Unterentwicklung:

– **Entwicklungsländer = frühere Kolonien**
– **alte Strukturen**

9.1.2 Bevölkerungswachstum und gesellschaftliche Probleme

In den Entwicklungsländern wächst die Bevölkerung explosionsartig. In Afrika lebten beispielsweise 1950 nur 219 Millionen Einwohner. Zwischen 2002 und 2050 wird die Bevölkerung Afrikas voraussichtlich von 832 Millionen auf 2000 Millionen anwachsen. Die Folgen solch einer **Bevölkerungsexplosion** sind noch nicht abzusehen.

Ursachen der Bevölkerungsexplosion

Warum bekommen die Menschen in der Dritten Welt so viele Kinder? Kinder sind in Gesellschaften ohne soziale Absicherung eine Art **Altersvorsorge.** Eltern sind darauf angewiesen, dass ihre Kinder sie unterstützen, vor allem wenn sie krank oder alt sind. Religiöse Gründe verbieten oft den Gebrauch von **Verhütungsmitteln.** Außerdem kann es am Geld für die Beschaffung von Verhütungsmitteln fehlen.

Es liegt wohl auch daran, dass die Menschen die Not, in der die Kinder aufwachsen, gar nicht erkennen und die Folgen des Bevölkerungswachstums nicht bemerken.

Insofern ist die Bevölkerungsexplosion nicht nur **Ursache,** sondern auch **Folge der Unterentwicklung.** Vergleiche zeigen, dass dort, wo insbesondere die Frauen bessere Lebens- und Bildungschancen bekommen, das Bevölkerungswachstum geringer ist.

Folgen des Bevölkerungswachstums

Das enorme Bevölkerungswachstum in den Entwicklungsländern hat verheerende Folgen. Es verschärft Not und Armut; es macht bereits erreichte Erfolge zunichte, denn für die schnell wachsende Bevölkerung genügen die Fortschritte bei Ernährung, Bildungsmaßnahmen, Gesundheitsvorsorge und Arbeit nicht.

M 2

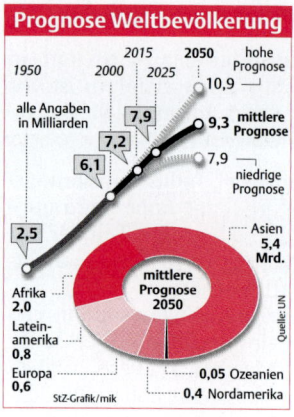

Prognose Weltbevölkerung

StZ-Grafik/mik
Quelle: UN

M 3: Die Ärmsten vermehren sich am schnellsten

Die dramatisch wachsende Bevölkerungszahl in den am wenigsten entwickelten Ländern der Welt gefährdet die globale Armutsbekämpfung.
In den 49 ärmsten Ländern wird sich die Bevölkerung demnach in den nächsten 50 Jahren nahezu verdreifachen. 2050 sei mit einer Weltbevölkerung von mehr als 9,3 Milliarden Menschen zu rechnen (2002: 6,2 Milliarden). Zugleich werde in Europa die Einwohnerzahl um knapp 17 Prozent auf rund 603 Millionen sinken. Den größten Zuwachs von jetzt fast 832 Millionen auf zwei Milliarden Menschen wird voraussichtlich Afrika verzeichnen. Dabei haben dem UN-Bericht zufolge Menschen im südlichen Teil dieses Kontinents die niedrigste Lebenserwartung. In Botswana etwa liegt sie bei rund 35 Jahren.

(Stuttgarter Zeitung vom 4.12.2002)

M 1

Die Kluft zwischen Arm und Reich

Länder mit niedrigem und mittlerem Einkommen	Kindersterblichkeit unter fünf Jahren je 1 000 Kinder	Staatliche Gesundheitsausgaben je Einwohner in Dollar	Zugang zu sanitären Einrichtungen in % der Bevölkerung	Analphabetenrate unter den Frauen in %	Zahl der Internet-Nutzer in Millionen
Südliches Afrika	162	41	55	47	3,7
Südasien	96	19	37	57	5,4
Naher Osten, Nordafrika	54	125	83	46	1,9
Ostasien, Pazifik	45	51	47	21	52
Lateinamerika, Karibik	37	264	78	13	19,1
Mitteleuropa, Zentralasien	25	126	k. A.	5	14,6
Länder mit hohem Einkommen	7	2 733	k. A.	k. A.	270

Stand: 2000   Quelle: Weltbank

7971   © Globus

Politische und gesellschaftliche Verhältnisse

Die Gesellschaft in den Entwicklungsländern ist kein einheitliches Gebilde. Die **Gesellschaftsstruktur** der Entwicklungsländer zeichnet sich häufig durch den krassen Gegensatz zwischen Arm und Reich aus. Gegensätze bestehen aber nicht nur zwischen den sozialen Schichten, zwischen Eigentümern großer Grundstücke und der besitzlosen übrigen Bevölkerung, sondern auch zwischen fruchtbaren oder rohstoffreichen und armen Gebieten. Da es in den Entwicklungsländern meist keinen sozialen Ausgleich gibt, entstehen aus diesen **sozialen Gegensätzen** Konflikte und womöglich Bürgerkriege.

Häufig fehlt den Entwicklungsländern eine stabile demokratische Verfassung. Die politischen Verhältnisse prägt oft das Militär, zuweilen im Sinne einer Militärdiktatur.

Doch ein demokratischer Staatsaufbau erfordert die Mitwirkung der Bevölkerung. Diese setzt aber einen gewissen **Bildungsstand** voraus.

Der Bildungsstand in Entwicklungsländern

Ein Kennzeichen der Entwicklungsländer ist der geringe Bildungsstand der Einwohner. Der Anteil der **Analphabeten** ist sehr hoch, sehr viele Menschen können weder lesen noch schreiben (M 4 von 9.1.1).

Dieses Problem hat sich verschärft, denn die Bildungsprogramme, die verwirklicht wurden, konnten mit dem Bevölkerungswachstum nicht Schritt halten. Darüber hinaus haben die wirtschaftlichen Notlagen die Erfolge zunichte gemacht.

Traditionelles Denken und Handeln

Sicherlich denken und handeln die Menschen in Entwicklungsländern häufig nach einfachen und traditionellen Mustern. Doch kann man nicht behaupten, dass sich die Bevölkerung nicht bemüht. Dies zeigen die aufstrebenden Entwicklungsländer, so genannte **Schwellenländer,** die an der Schwelle zu den Industrieländern stehen. Beispielsweise in Südostasien kann man sehen, dass Fleiß und Arbeitsbereitschaft Tradition haben.

Politische Fehlentwicklungen

Leider sind sich die Herrscher in den Entwicklungsländern nicht immer ihrer Verantwortung für die Not leidende Bevölkerung bewusst. Sie verwenden die staatlichen Einnahmen auch für die militärische Rüstung (M 4) und für kostspielige Prestigebauten. Für die zivilen Aufgaben und den Aufbau der Wirtschaft fehlt dann dieses Geld.

M 4: Rückschläge durch Rüstung

Entwicklungspolitik bleibt nicht auf die Bekämpfung ökologischer und gesellschaftlicher Konfliktursachen wie Armut und Unterentwicklung beschränkt. Zusätzlich stellen sich heute auch neue Aufgaben: die Unterstützung von **Abrüstung** und Hilfestellungen bei der Integration des Militärs in demokratisch verfasste Gesellschaften.

Militärausgaben entziehen der Entwicklung nicht allein dringend benötigtes Kapital und menschliche Ressourcen. **Überrüstung** produziert in der Regel auch gerade das Gegenteil von Sicherheit, nämlich militärische Auseinandersetzungen und damit Unsicherheit, Zerstörung und neue **Entwicklungsrückschläge.** Die Fälle Somalia, Sudan oder Liberia stehen beispielhaft dafür, wie Milliardeninvestitionen durch Krieg zunichte gemacht werden und auf eine ganze Region negativ ausstrahlen. Die **Überrüstung** der Entwicklungsländer behindert auf diese Weise nicht allein den Entwicklungsprozess und den Aufbau einer stabilen Friedensordnung, sondern sie führt auch in den Industrieländern zu zusätzlichen Ausgaben.

(Journalisten-Handbuch Entwicklungspolitik)

■ Aufgaben

1. Warum hängt die Unterentwicklung eng mit der Bevölkerungsexplosion zusammen (M 2 + M 3)?
2. Inwiefern sind stabile demokratische Verhältnisse auch auf Bildung angewiesen (M 1 + M 4 von 9.1.1)?
3. Diskutieren Sie die Behauptung, dass Rüstung die Probleme der Entwicklungsländer verschärft und den Aufbau behindert (M 4).
4. Welche Möglichkeiten sehen Sie, dass die Entwicklungsländer aus eigener Kraft ihre Lage verbessern können? Welche Bedingungen müssten gegeben sein?
5. Diskutieren Sie den Teufelskreis zwischen Bevölkerungswachstum, Armut und Umweltzerstörung (M 3 + M 5 von 9.1.3).

Innere Faktoren der Unterentwicklung:

– **Bevölkerungsexplosion**
– **niedriger Bildungsstand**
– **soziale Gegensätze**
– **undemokratische Verhältnisse**
– **traditionelles Denken und Handeln**

9.1.3 Umweltzerstörung und globale Auswirkungen

Ebenso wie die Bevölkerungsexplosion (Abschnitt 9.1.2) gelten auch Klima und Umweltzerstörung zugleich als Ursache und als Folge der Unterentwicklung.

Das Klima in Entwicklungsländern

Die **klimatischen Verhältnisse** stellen in vielen Fällen eine **Benachteiligung** der betroffenen Regionen dar. Ein wichtiges Beispiel sind die ärmsten Länder der Welt in der Sahelzone, die fast ausschließlich in Wüstengebieten liegen. Die landwirtschaftlichen Erträge sind minimal, da der ausgelaugte Boden und das Wüstenklima ein Wachstum von Pflanzen kaum zulassen.

Entscheidend ist aber auch, dass sich das Klima und die Fruchtbarkeit des Bodens durch den **Eingriff des Menschen** verschlechtert haben und dass dieser Prozess immer weiter fortschreitet. Ursprünglich günstiges Klima wurde durch die Abholzung von Wald zu einem Trockengebiet. Ursprünglich fruchtbarer Boden wurde so lange intensiv genutzt, bis er ausgelaugt war und keine Erträge mehr hervorbrachte (M3 + M6).

Auswirkungen der Umweltzerstörung

Dies gilt aber nicht nur für einzelne Regionen. Weltweite, also **globale Umweltgefahren** entstehen

- aus der **Erwärmung der Erdatmosphäre,**
- dem **Abbau der Ozonschicht** (Abschnitt 2.4.2),
- der **Ausbreitung der Wüsten** sowie
- dem **Verlust der biologischen Vielfalt.**

M 1: Umweltzerstörung durch Brandrodung

M 2: Globalisierung

Immer deutlicher werden uns die **globalen Folgen** der Eingriffe in die Umwelt bewusst. Bei Verbrennungsprozessen wird unter anderem Kohlendioxid, in der landwirtschaftlichen Produktion Methan freigesetzt. Die Abgabe dieser Gase in die Atmosphäre führt langfristig auf der ganzen Erde zu einer **Temperaturerhöhung** mit gravierenden Folgen für Umwelt und Wirtschaft. Andere Spurengase, die Fluorchlorkohlenwasserstoffe (FCKW), schädigen zusätzlich die lebenswichtige Ozon-Schicht.

Schon heute tragen die Aktivitäten in den **Entwicklungsländern** zur Verschärfung der weltweiten Klimasituation bei: Die dichte Vegetationsdecke der **Tropenwälder** wirkt beispielsweise dem Treibhauseffekt entgegen, weil Pflanzen während des Wachstums Kohlendioxid aufnehmen und in Form von Biomasse speichern. Durch großflächige Abholzungen in Lateinamerika, Afrika und Ostasien wird diese Biomasse zerstört. Brandrodungen setzen riesige Mengen an CO_2 und anderen Schadstoffen frei und belasten so zusätzlich die Atmosphäre.

Eine globale **Veränderung des Klimas** durch den Treibhauseffekt würde – so warnen Wissenschaftler – die ganze Menschheit vor Probleme von zuvor unbekanntem Ausmaß stellen. Fast alle Vegetationszonen der Erde würden sich verschieben. Es käme zu einem gewaltigen Pflanzensterben und zu weit reichenden Verlusten an Waldgebieten und landwirtschaftlichen Nutzflächen. Bei einer Erwärmung der Atmosphäre wird sich der Meeresspiegel erhöhen. Die Küstenlinien rund um die Ozeane würden sich verändern: Inseln wie die Malediven und dicht besiedelte Länder wie Bangladesch würden regelrecht im Meer versinken.

(Eine Welt – eine Umwelt)

M 3: Bodenerosion

Betroffen sind 38 % des Ackerlandes, 21 % des Dauergrünlandes und 18 % der Wälder und Savannen. Der größte Beitrag stammt dabei mit 56 % von der Wassererosion, d.h. dem Abtrag von Bodensubstanz durch Niederschlag und Fließgewässer. 28 % der Schädigungen entstehen durch Winderosion. Durch **Wasser- und Winderosion** zusammen gehen jährlich 75 Mrd. t an Boden verloren. In vielen Regionen ist auf diese Weise in den letzten 150 Jahren die Hälfte des fruchtbaren Ackerbodens verloren gegangen.

(Der Fischer Weltalmanach 2003)

M 4

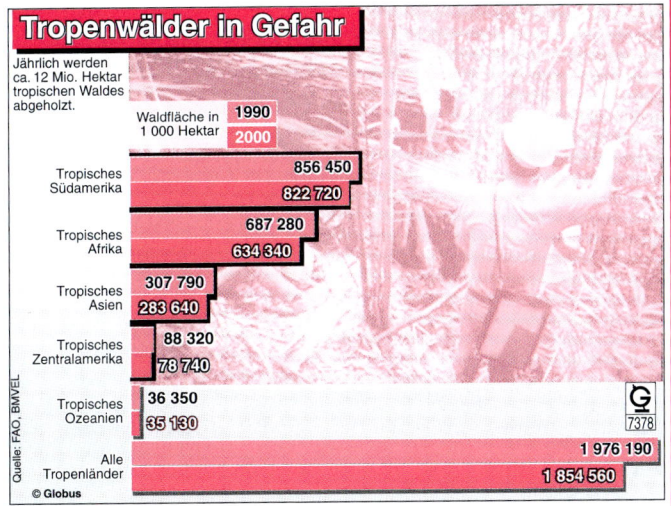

Tropenwälder in Gefahr

Jährlich werden
ca. 12 Mio. Hektar
tropischen Waldes
abgeholzt.

Waldfläche in
1 000 Hektar

	1990	2000
Tropisches Südamerika	856 450	822 720
Tropisches Afrika	687 280	634 340
Tropisches Asien	307 790	283 640
Tropisches Zentralamerika	88 320	78 740
Tropisches Ozeanien	36 350	35 130
Alle Tropenländer	1 976 190	1 854 560

Quelle: FAO, BMVEL

© Globus   7378

Die Ursachen für solche globale Umweltgefahren liegen in Entwicklungsländern oft in jener Umweltzerstörung, die aus der Not in diesen Ländern und der Unterentwicklung hervorgeht.

Die Abholzung des tropischen Regenwaldes

Ein Beispiel für die Umweltzerstörung in Entwicklungsländern und die weltweiten Auswirkungen ist die Vernichtung von tropischem Regenwald. Er wächst in vielen afrikanischen Staaten (z. B. Angola, Zaire, Tansania), in Lateinamerika (z. B. Brasilien) oder in Indochina. Er wird immer mehr zerstört, hauptsächlich durch Brandrodung und durch systematischen Holzeinschlag.

Die **Gründe** hängen mit der besonderen Situation der Entwicklungsländer zusammen:

– Gewinnung von Acker- und Weideland
– Gewinnung von Siedlungsland
– Verkauf der Hölzer
– Gewinnung von Brennholz.

Die Abholzung hilft zwar, die Not zu lindern und den wirtschaftlichen Aufbau zu stärken. Doch gilt dies nur kurzfristig. Langfristig ergeben sich sehr nachteilige Auswirkungen.

Die Folgen der Abholzung sind vielfältig. Langfristig muss aufgrund der Zerstörung des tropischen Regenwaldes mit **Klimaveränderungen** gerechnet werden.

M 5: Armut – Bevölkerungswachstum – Umweltzerstörung

Auf der Suche nach den Ursachen der Unterentwicklung stoßen wir in den Entwicklungsländern immer wieder auf einen Teufelskreis aus Armut, Bevölkerungswachstum und Umweltzerstörung:

● Armut ist eine der Ursachen des schnellen Bevölkerungswachstums, denn Kinder werden in den Entwicklungsländern als Alterssicherung betrachtet. Je mehr Kinder eine Familie hat, desto gesicherter ist der Lebensabend der Eltern, so glaubt man.

● Bevölkerungswachstum und Armut bedrohen die Umwelt. Diese wird im täglichen Kampf um das Überleben zerstört. Wer nur Hunger kennt, den interessieren Umweltprobleme kaum.

● Die Umweltzerstörung macht die Menschen oft noch ärmer: Ein Entwicklungsland, dessen natürlicher Reichtum durch Raubbau vernichtet ist, besitzt nichts mehr, worauf es seine eigene Entwicklung gründen kann.

(Zusammenarbeit mit Entwicklungsländern)

M 6: Nutzung des Bodens

Die **Fruchtbarkeit der Böden,** die in den tropischen und subtropischen Ländern landwirtschaftlich genutzt werden, ist inzwischen sehr gefährdet. Den Menschen in diesen Regionen steht auf Grund des **Bevölkerungswachstums** und zunehmender **Konkurrenz** um die landwirtschaftlich nutzbare Kulturfläche immer weniger Land zur Verfügung. Die Bauern sind darauf angewiesen, so viel wie möglich aus der ihnen zur Verfügung stehenden begrenzten Fläche herauszuholen und haben keine Möglichkeit, dem Boden die erforderliche Erholungspause in Form von Brachezeiten zu gönnen.

M 7

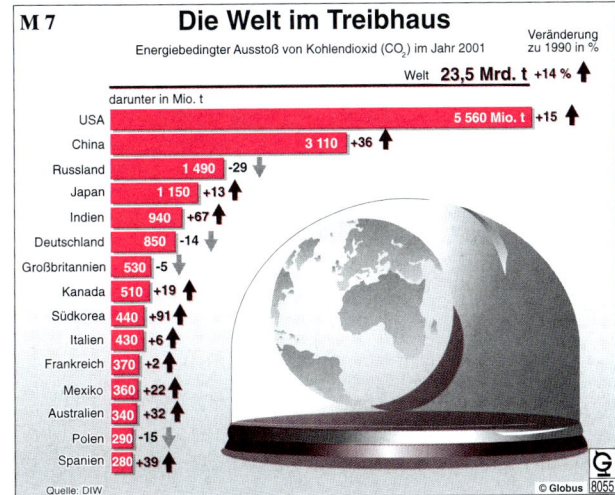

Die Welt im Treibhaus

Energiebedingter Ausstoß von Kohlendioxid (CO₂) im Jahr 2001

Veränderung zu 1990 in %

Welt **23,5 Mrd. t** +14 %

darunter in Mio. t

USA	5 560 Mio. t	+15
China	3 110	+36
Russland	1 490	-29
Japan	1 150	+13
Indien	940	+67
Deutschland	850	-14
Großbritannien	530	-5
Kanada	510	+19
Südkorea	440	+91
Italien	430	+6
Frankreich	370	+2
Mexiko	360	+22
Australien	340	+32
Polen	290	-15
Spanien	280	+39

Quelle: DIW

© Globus   8055

Auswirkungen der Klimaveränderungen

- **Regional** führen die Klimaveränderungen zur Verknappung des Wassers und zur Ausbreitung der Wüste.
- Darüber hinaus sind **globale Klimaveränderungen** zu erwarten. Die Tropenwaldzerstörung (M4) trägt ebenso wie der Treibhauseffekt (M3 von 2.4.2) und das Ozonloch (M7 von 2.4.1) zur Temperaturerhöhung bei, weil der Wald als „grüne Lunge" nicht mehr kühlend und ausgleichend wirken kann.
- Schließlich führt der fehlende Wald dazu, dass das gewonnene Acker- und Weideland bald unfruchtbar wird aufgrund der **Bodenerosion** (M3).
- Auch die **Ausbreitung der Wüsten** (M10) ist eine Folge der Vernichtung des Tropenwaldes.

Ausbreitung der Wüste

Die Ausbreitung der Wüste hat verheerende Folgen für die betroffenen Menschen, denn Wüstengebiete bieten keine Lebensgrundlage mehr und die Menschen sind gezwungen, ihre Heimat zu verlassen. Doch selbst wenn die Tropenwaldzerstörung aufhört, wenn sich das Ozonloch schließen würde und der Treibhauseffekt eingedämmt werden könnte, käme die Entwicklung noch lange nicht zum Stillstand, so nachhaltig ist das Ökosystem jetzt schon gestört.

Armut und Umweltzerstörung

Unterentwicklung ist eine Folge der Umweltzerstörung. Zum Beispiel treibt die zunehmende Dürre immer mehr Leute in die Armut. Unterentwicklung ist aber auch eine

M 8

Vormarsch der Wüsten
durch Klimaveränderung und Überweidung

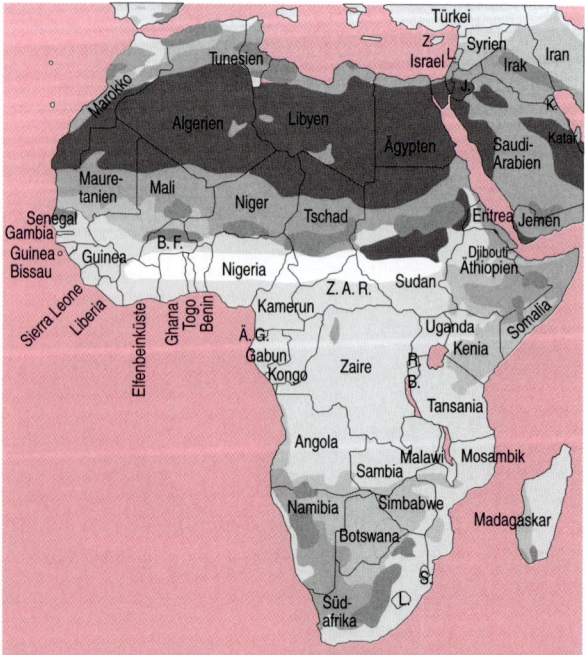

M 9

„Globale Erwärmung erhöht Epidemiegefahr"

BERLIN (dpa). Globale Erwärmung und zunehmende Armut in der Dritten Welt beschleunigen nach Ansicht von Tropenmedizinern die Ausbreitung von lebensbedrohlichen Infektionen. Feuchtwarmes Klima und großstädtische Slums seien ideale Brutstätten für Stechmücken, die Viruskrankheiten übertragen.

Während verschiedene Mückenarten laut Dobler Ende der 70er Jahre zum Beispiel auf dem südamerikanischen Kontinent kaum noch vorhanden waren, sind sie jetzt stärker verbreitet als vor 100 Jahren. Als Folge habe sich allein in Mittel- und Südamerika die Zahl der an dem so genannten Dengue-Fieber erkrankten Menschen zwischen 1985 und 1990 verfünffacht.

(Stuttgarter Zeitung vom 17. 3. 1995)

M 10: Ausbreitung der Wüsten

Ein erheblicher Teil ehemals fruchtbarer Böden geht durch Wüstenbildung verloren. Von mäßiger bis starker Wüstenbildung betroffen sind heute mehr als 110 Länder und mehr als 70 % der landwirtschaftlich genutzten Trockengebiete. Dürre und Bodenverödung bedrohen das Leben von weltweit 1,2 Mrd. Menschen, da sie zur Sicherung ihrer Grundbedürfnisse auf das Land angewiesen sind. 40 % der afrikanischen Bevölkerung leben in Gebieten, die von Wüstenbildung gefährdet oder in nächster Zeit betroffen sind. Beim Ausbleiben von Gegenmaßnahmen könnte das in Afrika verfügbare Ackerland bis zum Jahr 2025 um zwei Drittel gegenüber 1990 zurückgehen.

(Der Fischer Weltalmanach 2003)

Von Wüstenbildung bedrohte Gebiete

- ■ bestehende Wüste
- ■ sehr hohe Gefährdung
- ■ hohe Gefährdung
- ■ mäßige Gefährdung
- ▫ andere Gebiete
- ▫ starke Bodenerosion

© Holland + Josenhans

»So leben wir, so leben wir, so leben wir alle Tage…« **M 11**

Ursache der Umweltzerstörung, denn arme Länder können sich Umweltschutz oft nicht leisten. Das Beispiel der Abholzung des tropischen Regenwaldes zeigte, wie Umwelt aus wirtschaftlicher Not heraus zerstört wird.

Industriestaaten und Umweltzerstörung

Die Industriestaaten fordern die Entwicklungsländer auf, die Abholzung von Urwald einzustellen, damit die „grüne Lunge" der Erde erhalten bleibt. Doch die Entwicklungsländer reagieren darauf oft abweisend.

Dies ist verständlich, da die Industriestaaten keine Wege aufzeigen, wie die Unterentwicklung als Ursache behoben werden kann. Hinzu kommt, dass die Zerstörung des tropischen Regenwaldes nur eine von mehreren Ursachen für die Klimaveränderung ist. Zu berücksichtigen sind auch das Ozonloch und der Treibhauseffekt, deren Ursachen im Schadstoffausstoß und im Verbrennen von fossilen Brennstoffen, also von Erdöl, Kohle, Holz liegen (M 7). Dafür sind aber die Industriestaaten verantwortlich.

Im Gegensatz zu den Entwicklungsländern, die aus Armut und Not die Umwelt nicht schützen und schonen können, beruht die Umweltzerstörung in den Industrieländern auf dem Wohlstand und der umfangreichen Produktion. Deshalb müssen die Industriestaaten den Entwicklungsländern helfen, die Natur zu schonen, und sie müssen ihrerseits dem Umweltschutz einen höheren Rang zugestehen sowie entsprechend handeln. Auch wenn wir selbst im Einzelfall nicht als Verursacher mitwirken, so müssen wir doch alle aufgrund der globalen Auswirkungen die Folgen der Umweltzerstörung tragen, denn wir sitzen gleichsam in einem Boot (M 11).

M 12: Folgen des Bevölkerungswachstums

Die Bevölkerung auf unserer kleinen Erde wächst immer schneller. Und dieses Wachstum ist immer dramatischer an Entwicklungen gekoppelt, die mit der Verschmutzung der Erde, mit der zunehmenden Armut der Menschen infolge zerstörter Umwelt, mit regionalen Kriegen zu tun haben. Und mit einer Ausbreitung der Aidsepidemie, gegen die es heute zwar im Westen effektive Mittel gibt, die sich in den besonders armen und besonders betroffenen Ländern des Südens und des Ostens aber kaum jemand leisten kann.

Obwohl also die Welt durch moderne Kommunikationsmittel kleiner zu werden scheint, wird die Spaltung zwischen Arm und Reich tatsächlich immer größer.

(Stuttgarter Zeitung vom 4.12.2002)

■ **Aufgaben**

1. Erläutern Sie die Zusammenhänge zwischen Umweltzerstörung und Unterentwicklung.
2. Beschreiben Sie Ursachen und Folgen der Zerstörung des tropischen Regenwaldes (M 1 + M 4).
3. Beschreiben Sie Ursachen und Folgen einer Ausbreitung der Wüsten (M 8 + M 10).
4. Welche Folgen hat Bodenerosion (M 3)?
5. Wie können Entwicklungsländer veranlasst werden, die Abholzung des tropischen Regenwaldes einzustellen?
6. Beschreiben Sie die Auswirkungen einer globalen Klimaveränderung (M 2 + M 9 + M 8 von 2.4.1).
7. Diskutieren Sie die Feststellung, dass bei uns der Wohlstand die Umwelt gefährdet, während in Entwicklungsländern die Armut die Natur zerstört.
8. Warum wird trotz der verbesserten Kommunikation und der Globalisierung der Gegensatz zwischen armen und reichen Ländern immer größer (M 5 + M 12)?

Umweltzerstörung in Entwicklungsländern durch
- **Brandrodung**
- **CO_2-Ausstoß**
mit globalen Auswirkungen
- **Klimaveränderung**
- **Ausbreitung der Wüsten**

9.2 Entwicklungshilfe

Warum Entwicklungshilfe?

Entwicklungshilfe oder **entwicklungspolitische Zusammenarbeit** hat unterschiedliche Motive. Sie erfolgt vor allem

- aus ethischen oder **humanitären Gründen,** das heißt um Menschen in Not zu helfen, sowie
- aus **politischen Gründen** zur Förderung der Zusammenarbeit.

Hinzu kommt die Sorge um die **Umwelt** und die **Sicherung der Zukunft.**

Grundsätze der Entwicklungshilfe

Sinnvolle Entwicklungshilfe muss **zwei Prinzipien** verfolgen:

- Sie muss die Sicherung der **Grundbedürfnisse** der Bevölkerung ermöglichen und
- sie muss Hilfe zur **Selbsthilfe** leisten.

Grundbedürfnisse sind insbesondere Nahrung und sauberes Wasser, Wohnen, Gesundheitsversorgung und Bildung. **Hilfe zur Selbsthilfe** bedeutet, dass man nicht nur die Notlage durch Hilfsgüter lindert, sondern dass man vor allem anstrebt, die Menschen in die Lage zu versetzen, sich selbst versorgen zu können und unabhängig von Entwicklungshilfe zu werden. Ziel ist eine **nachhaltige Entwicklung,** die also auf Dauer positive Veränderung bewirkt.

Formen der Entwicklungshilfe

Entwicklungshilfe kann in verschiedenen Formen geleistet werden. Man unterscheidet vor allem

- **finanzielle Zusammenarbeit** oder **Kapitalhilfe** zur Finanzierung von Sachgütern oder Projekten,
- **technische Zusammenarbeit,** die darauf abzielt, das Leistungsvermögen von Menschen und Organisationen in Entwicklungsländern zu erhöhen,
- **personelle Zusammenarbeit,** die sich in der Regel auf die Aus- und Fortbildung von Fachkräften sowie den Einsatz von Fachkräften in Entwicklungsländern bezieht.

Bei der Entwicklungszusammenarbeit ergänzen sich staatliche und private Organisationen in Deutschland sowie multilaterale Organisationen, also Institutionen, in denen mehrere Staaten zusammenarbeiten. Beispielsweise hilft die **Weltbank** – eine Sonderorganisation der UN – bei der Finanzierung großer Projekte in Entwicklungsländern.

Dementsprechend fließen Mittel der Entwicklungshilfe als direkte Hilfe an einzelne Länder oder Projekte oder als indirekte Hilfe an internationale Organisationen (z.B. Entwicklungsfonds der Europäischen Union).

M1: Ziel der Entwicklungspolitik

Zu den Zielen der Entwicklungspolitik gehört nicht nur,

- die **elementaren Lebensvoraussetzungen** der Menschen zu sichern, um den Kampf gegen Hunger und Armut aufzunehmen, sondern auch
- eine **leistungsfähige Wirtschaft** aufzubauen. Dafür ist es notwendig, dass
- **demokratische Strukturen** und gesellschaftliche Vielfalt den notwendigen Rahmen schaffen, sowie
- die **Integration der Entwicklungsländer** in den Weltmarkt gefördert wird.

(Journalisten-Handbuch Entwicklungspolitik)

M2: Was ist nachhaltige Entwicklung?

Nachhaltige Entwicklung (NE) strebt nach einer Verbesserung der Lebensqualität für alle Menschen, ohne den Ressourcenverbrauch über die natürliche Belastbarkeitsgrenze der Erde hinaus zu steigern. In drei Kernbereichen müsse gehandelt werden: ökonomisches Wachstum und Gerechtigkeit; Schutz der natürlichen Ressourcen und der Umwelt; soziale Entwicklung.
1987 wurde der Begriff von nachhaltiger Entwicklung zum ersten Mal verwendet: NE, die die Bedürfnisse der Gegenwart befriedigt, ohne die Möglichkeit künftiger Generationen preiszugeben, ihre eigenen Bedürfnisse zu befriedigen.

(Stuttgarter Zeitung vom 26.8.2002)

M3

Entwicklungshilfe:
So viel geben die Industrieländer

Öffentliche Leistungen
in % der Wirtschaftsleistung*

Dänemark	1,06
Niederlande	0,82
Schweden	0,81
Norwegen	0,80
Luxemburg	0,70
Belgien	0,36
Schweiz	0,34
Frankreich	0,33
Großbritannien	0,31
Finnland	0,31
Irland	0,30
Japan	0,27
Deutschland	0,27
Australien	0,27
Neuseeland	0,26
Portugal	0,26
Österreich	0,25
Spanien	0,24
Italien	0,13
USA	0,10

*Bruttosozialprodukt Stand 2000 Quelle: OECD

dpa·Grafik 6031

Hinweis: Deutschland 5 034 Millionen Dollar
USA 9 581 Millionen Dollar
Japan 13 062 Millionen Dollar

Träger der Entwicklungshilfe

Das Ministerium für wirtschaftliche Zusammenarbeit und Entwicklung führt selbst keine Projekte oder Programme der Entwicklungshilfe durch. Es beauftragt und finanziert aber z. B. die **Gesellschaft für Technische Zusammenarbeit (GTZ)** und den **Deutschen Entwicklungsdienst (DED)**, der Entwicklungshelfer in die Dritte Welt entsendet. Auch Entwicklunghilfe von **privaten Trägern** wird von der Bundesregierung gefördert. Zu diesen **Nichtregierungsorganisationen – NGO** (Non-Gouvernement-Organisations) – zählen kirchliche Einrichtungen, politische Stiftungen und andere private Träger.

Wie viel Entwicklungshilfe?

Selbstverständlich kann von den Problemen der Entwicklungsländer her gesehen die Entwicklungshilfe nicht hoch genug sein. Die Vereinten Nationen fordern, dass jeder Industriestaat 0,7% des Bruttosozialprodukts für öffentliche Entwicklungshilfe ausgeben soll. Doch ein Blick in die Statistik zeigt, dass meist weniger gegeben wird (M 3).

Leider ruft bereits diese Summe den Widerspruch vieler Bürger hervor. Sie sehen in erster Linie die Probleme im eigenen Land, wo sie durch Arbeitslosigkeit und Kürzungen im sozialen Bereich belastet sind. Hinzu kommen Berichte über Korruption, Bereicherung und Aufrüstung in den Empfängerländern, die den Sinn der Entwicklungshilfe zweifelhaft machen.

Einbeziehung der Betroffenen

Entwicklungshilfe kann nur dann erfolgreich sein, wenn sie die Betroffenen miteinbezieht und nicht über deren Köpfe hinweg handelt. Es ist beispielsweise wenig sinnvoll, teure Anlagen zur Wasserreinigung aufzubauen, die nach Abreise der Entwicklungshelfer von niemandem mehr in Stand gehalten werden können.

Wichtig ist auch, die **sozialen und familiären Strukturen** in den Ländern zu berücksichtigen. Um sinnvoll helfen zu können, ist genaue Kenntnis von Kultur und Tradition der Entwicklungsländer notwendig.

M 4: Das Transfairsiegel

Fast überall wo Menschen in der so genannten Dritten Welt als Bauern ihre Waren ins Ausland verkaufen, stehen sie großen und mächtigen Konzernen gegenüber, die die Preise diktieren können. Das Geld, das sie für ihre Arbeit bekommen, reicht kaum zum überleben, geschweige denn, für Schulbildung oder zum Ausbau einer Infrastruktur.

Mit dem **Transfairsiegel** werden bei uns Produkte ausgezeichnet, für deren Rohstoffe gewisse Mindestpreise gezahlt werden. Mit dem Kauf solcher Produkte unterstützt man direkt die Menschen in den Erzeugerländern.

(Quelle: Initiative für Eine-Welt)

M 5: Aufgaben der Entwicklungspolitik

Die **Herausforderungen** sind
– der Anstieg der Weltbevölkerung,
– die Flüchtlings- und Wanderungsbewegungen,
– die fortschreitende Zerstörung der natürlichen Lebensgrundlagen,
– die zunehmend aufflammenden Bürgerkriege,
– die anhaltende Ausbreitung von Aids sowie
– die internationale Kriminalität.
Die Verbesserung der Lebensbedingungen in den Entwicklungsländern steht dabei im Vordergrund.

(Journalisten-Handbuch Entwicklungspolitik)

■ Aufgaben

1. Erläutern Sie, aus welchen Motiven heraus die Industrieländer Entwicklungshilfe leisten.

2. Welche Ziele verfolgt man mit der nachhaltigen Entwicklung (M 2)?

3. Nennen sie unterschiedliche Formen von Entwicklungshilfe und suchen Sie nach Beispielen.

4. Halten Sie es für richtig, als Bedingungen für Entwicklungshilfe Achtung der Menschenrechte, Rechtsstaatlichkeit, Beteiligung der Bevölkerung am politischen Prozess, eine marktorientierte Wirtschaftsordnung und Entwicklungsorientierung staatlichen Handelns festzulegen?

5. Inwiefern können auch Verbraucher Entwicklungshilfe leisten, indem sie Waren aus Entwicklungsländern einkaufen (M 4)?

6. Fassen Sie die Probleme bei der Entwicklungshilfe zusammen (M 5). Welche Probleme könnten beseitigt werden, welche nicht? Diskutieren Sie Chancen und Grenzen der Entwicklungshilfe.

7. Aus welchen Gründen lehnen viele Bürger eine Verstärkung der Entwicklungshilfe ab? Suchen Sie nach Gegenargumenten.

Grundsätze der Entwicklungszusammenarbeit:
– **Sicherung der Grundbedürfnisse**
– **Hilfe zur Selbsthilfe**

Formen der Entwicklungshilfe:
– **finanzielle Zusammenarbeit**
– **technische Zusammenarbeit**
– **personelle Zusammenarbeit**

9.3 Nord-Süd-Konflikt

Die Probleme zwischen Industrie- und Entwicklungsländern lassen sich als Nord-Süd-Konflikt zusammenfassen. Damit wird betont, dass die Probleme der Entwicklungsländer nicht isoliert von den Industrieländern betrachtet werden können.

Folgende **Gesichtspunkte** machen den Nord-Süd-Konflikt vor allem aus:

- **Historische Belastungen,** die auf die Kolonialzeit zurückgehen
- **Ökologische Zusammenhänge,** die eine gemeinsame Abhängigkeit von der globalen Umweltsituation festlegen (Abschnitt 9.1.3)
- **Wirtschaftliche Beziehungen** zwischen Industrie- und Entwicklungsländern
- Das Problem der **Flüchtlinge** und der **Bevölkerungswanderung**
- Die Gefährdung des **Friedens** auf der Welt nach dem Ende des Ost-West-Konflikts durch Probleme der Entwicklungsländer und die Notsituationen.

Wirtschaftliche Beziehungen zwischen Entwicklungsländern und Industrieländern

Zwischen Entwicklungsländern und Industrieländern bestehen enge wirtschaftliche Beziehungen, die aber auch zu Konflikten führen. Entscheidend ist der Handel mit **Rohstoffen** und mit **Fertigprodukten,** die vor allem die **Industrieländer** produzieren und verkaufen wollen.

M2: Welthandelsorganisation (WTO)

WTO (World Trade Organization), Sitz Genf, Gründung 1995, 144 Mitgliedstaaten, UN-Sonderorganisation zur Förderung und Überwachung des Welthandels.

Die WTO löste 1995 das **GATT** (General Agreement on Tariffs and Trade, Allgemeines Zoll- und Handelsabkommen) ab. Sie bildet für alle seit Gründung des GATT (1947) geschlossenen Welthandelsabkommen, die ihre Gültigkeit behalten, den institutionellen Rahmen.

Aufgaben und Ziele: Eine Hauptaufgabe der WTO ist die Bekämpfung des Protektionismus. Im Unterschied zum GATT sind Entscheidungen der WTO-Schlichtungsstelle verbindlich. Ein zweiter Arbeitsschwerpunkt ist die bessere Integration der Entwicklungsländer in die Weltwirtschaft.

(Aktuell '96 und 2003)

M3: Kritik am Welthandel

Ökonomen und Globalisierungskritiker wiesen im Jahr 2002 darauf hin, dass die Ausweitung des Welthandels und die Liberalisierungspolitik der WTO zur Verstärkung der Ungleichgewichte zwischen Industrienationen und Entwicklungsländern geführt hätten. Die entwickelten Länder bezögen immer mehr Waren aus den Entwicklungsländern, deren Wirtschaft nicht einmal halb so schnell wachse. Der unkontrollierte Welthandel führe zur Ausplünderung der Dritten Welt.

(Aktuell 2003)

M1

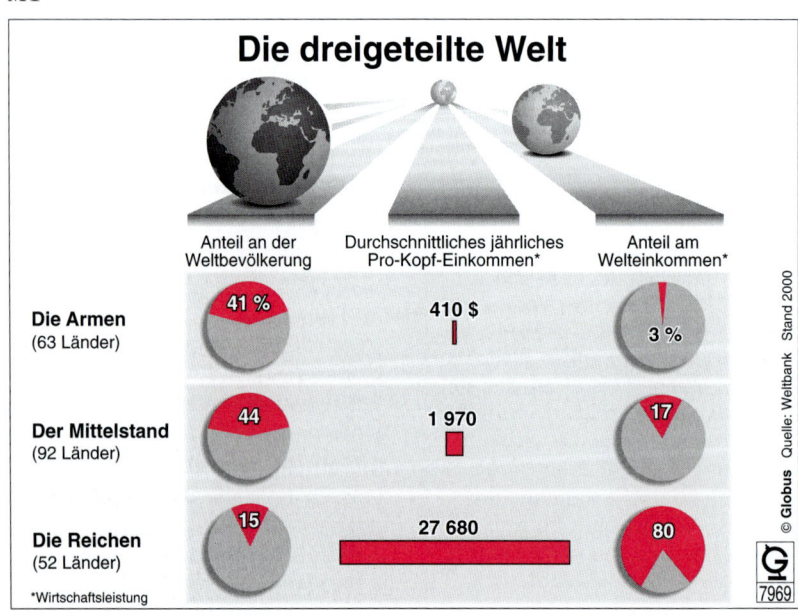

Die dreigeteilte Welt

	Anteil an der Weltbevölkerung	Durchschnittliches jährliches Pro-Kopf-Einkommen*	Anteil am Welteinkommen*
Die Armen (63 Länder)	41 %	410 $	3 %
Der Mittelstand (92 Länder)	44	1 970	17
Die Reichen (52 Länder)	15	27 680	80

*Wirtschaftsleistung

© Globus   Quelle: Weltbank   Stand 2000

7969

Entwicklungsländer sind Rohstofflieferanten

In der **weltweiten Arbeitsteilung** und aufgrund der **natürlichen Ressourcen** haben die Entwicklungsländer die Funktion der Rohstofflieferanten. Dies macht sie in besonderem Maß von den **Rohstoffpreisen** auf dem Weltmarkt abhängig. Wegen niedriger Rohstoffpreise kam es zur starken **Verschuldung** der Entwicklungsländer.

Der Protektionismus der Industrieländer

Die Industrieländer schützen aber auch ihre Wirtschaft vor der Konkurrenz aus Entwicklungsländern. Solch ein Schutzverhalten nennt man **Protektionismus.** Mittel dazu sind vor allem Einfuhrzölle und Importbeschränkungen. In früheren Verhandlungen des **GATT** (M 2) wurde erreicht, dass die Industriestaaten die Zölle senkten. Die Europäische Union hat schon lange Abkommen mit den **AKP-Staaten** (AKP = Afrika, Karibik, Pazifik), die den gegenseitigen Handel erleichtern.

In der **Welthandelsorganisation (WTO)** erstrebt man eine weitere **Liberalisierung** des Welthandels, also den Abbau von Zöllen und Beschränkungen. Dies soll dem Ziel dienen, die ökonomischen Ressourcen bestmöglich zu nutzen, in allen Ländern den Lebensstandard zu erhöhen und ausreichende Beschäftigung sowie das Einkommen zu sichern.

Flüchtlinge und Bevölkerungswanderung

Viele Menschen verlassen ihre Heimat, um in einem Industriegebiet oder in einem anderen Land Arbeit zu suchen. So kommt es zu **Wanderbewegungen.** Der Bevölkerungszuwachs in manchen Ballungsräumen und **Großstädten** wie z.B. São Paulo, Bombay, Lagos, Mexiko oder Tokio ist sehr groß. 1995 wohnten 45% der Weltbevölkerung in Städten; im Jahr 2030 werden voraussichtlich 60% in Städten leben. Besonders stark wachsen dabei die **Mega-Städte** mit mehr als 10 Millionen Einwohnern in Entwicklungsländern.

Andere Menschen müssen flüchten vor Kriegen, Naturkatastrophen oder weil sie verfolgt werden. 2001 waren 20 Millionen Menschen auf der Flucht. Dies belastet auch die Industrieländer, denn Notsituationen sind eine Gefahr für den Frieden. Darüber hinaus versuchen die Flüchtlinge in Industrieländern unterzukommen.

Aus diesen Gründen leben bereits jetzt viele Menschen illegal bei uns. Trotz zunehmender **Abschottung** können wir die Entwicklung nicht aufhalten, sondern müssen uns den Problemen stellen und die **Situation in den Heimatländern** der Flüchtlinge verbessern. Deshalb erhält das **Flüchtlingsproblem** im Rahmen der Entwicklungshilfe einen hohen Stellenwert.

M 4: Dritte Welt und Nord-Süd-Gegensatz?

Die **Entwicklungsländer** sind in wirtschaftlicher wie sozialer Hinsicht keine einheitliche Staatengruppe. Daher ist ihre Zusammenfassung zu einer **Dritten Welt** irreführend und nur geeignet, die großen Unterschied innerhalb dieser Ländergruppe zu verschleiern (abgesehen davon, dass nach dem Zerfall der „2. Welt" – des Ostblocks – der Begriff „Dritte Welt", der aus der Zeit des „Kalten Krieges" stammt, sinnlos geworden ist). Noch irreführender ist die Zusammenfassung als **„Länder des Südens"** unter dem Schlagwort vom **„Nord-Süd-Gegensatz",** da rd. $^3/_4$ aller Entwicklungsländer – global gesehen – auf der Nordhalbkugel der Erde liegen.
(Fischer Weltalmanach)

■ Aufgaben

1. Erläutern Sie, was man unter dem Nord-Süd-Konflikt versteht.

2. Inwiefern nützt ein freier Welthandel den Entwicklungsländern (M 2 + M 3)?

3. Welche Gründe gibt es für Abwanderung und Flucht aus Entwicklungsländern?

4. Häufig wird darüber diskutiert, den Entwicklungsländern die Schulden zu erlassen. Stellen Sie Argumente für und wider einen Schuldenerlass zusammen.

5. Warum wird von einer wachsenden Bedeutung des Nord-Süd-Konflikts gesprochen? Diskutieren Sie dabei die Probleme der Liberalisierung des Welthandels und der Globalisierung (M 1 + M 3).

6. Warum sind die Bezeichnungen „Dritte Welt" und „Nord-Süd-Gegensatz" problematisch (M 4)?

Nord-Süd-Konflikt :

Probleme zwischen
- **Entwicklungsländern und**
- **Industrieländern**

Wirtschaftliche Beziehungen:
- **Entwicklungsländer**
  = Rohstofflieferanten
- **Industrieländer**
  = Lieferanten von
  Fertigprodukten

Situation der Entwicklungsländer führt zu
- **hoher Verschuldung**
- **Flucht + Abwanderung**

Literaturangaben

In dieser Zusammenstellung von Literatur, die Materialien oder Quellen zugrunde liegt, sind Zeitschriften, allgemeine Lexika, historische Werke sowie Berichte oder Broschüren beispielsweise der Bundeszentrale oder der Landeszentralen für politische Bildung, von Ministerien, Behörden oder Verbänden nicht aufgeführt.

Aktuell 2003. Dortmund 2002

Beck, Reinhart: Sachwörterbuch der Politik. Stuttgart 1986

Berger, Thomas; Karl-Heinz Müller: Lebenssituationen 1945–1948. Hannover 1983

Creifelds, Carl: Rechtswörterbuch. München 2002

Das III. Reich, Band 2. Hamburg 1975

Das Urteil von Nürnberg 1946. München 1961

DDR-Handbuch. Köln 1985

Der Fischer Weltalmanach 2003. Frankfurt (Main) 2002

Der Zweite Weltkrieg. Gütersloh 1976

Dieren, Wouter van: Mit der Natur rechnen – der neue Club-of-Rome-Bericht. Basel 1995

Ein Volk, ein Reich, ein Führer. Hamburg 1975

Eschenburg Theodor: Jahre der Besatzung 1945–1949. Stuttgart 1983

Fragen an die Deutsche Geschichte. Bonn 1990

Gablers Schülerlexikon Wirtschaft. Wiesbaden 1980

Grunfeld, Frederic V.: Die deutsche Tragödie. Adolf Hitler und das Deutsche Reich von 1918–1945 in Bildern. Hamburg 1975

Haffner, Sebastian: Anmerkungen zu Hitler. München 1998

Hagenau, Günther: Lexikon Technik und Umwelt. Stuttgart 1994

Handwörterbuch zur politischen Kultur der Bundesrepublik Deutschland (Hrsg. Martin Greiffenhagen u. a.). Opladen 2002

Heinloth, Klaus: Energie und Umwelt. Wiesbaden 1996

Heinze, Rolf G.; Schmid Josef; Strünck, Christoph: Vom Wohlfahrtsstaat zum Wettbewerbsstaat. Leverkusen 1999

Henning, Friedrich-Wilhelm: Die Industrialisierung in Deutschland 1800-1914. Paderborn 1995

Hesselberger, Dieter: Das Grundgesetz. Neuwied 2001

Hofer, Walther: Der Nationalsozialismus. Frankfurt (Main) 1982

Jäckel, Eberhard: Hitlers Weltanschauung. Stuttgart 1983

Journalisten-Handbuch Entwicklungspolitik 1994. Bonn 1993

Jugendlexikon Gesellschaft (von Dieter Claessens, Karin Claessens und Biruta Schaller). Reinbek bei Hamburg 1976

Jugendlexikon Wirtschaft (von Horst Günter). Reinbek bei Hamburg 1991

King, Martin Luther: Der Traum vom Frieden. Gütersloh 1985

Knorr, Lorenz: Kleines Lexikon Rüstung, Abrüstung, Frieden. Köln 1982

Lexikon des Umweltmanagements (von Waldemar Hopfenbeck u. a.). Landsberg 1996

Maser, Werner: Hitlers Briefe und Notizen. Düsseldorf 2002

Meadows, Dennis u. a.: Die Grenzen des Wachstums. Stuttgart 1994

Meadows, Donella H. u. a.: Die neuen Grenzen des Wachstums. Stuttgart 1994

Mühlbradt, Frank W.: Wirtschaftslexikon. Frankfurt (Main) 2001

Neebe, Reinhard: Die Republik von Weimar 1918–1933. Stuttgart 1998

Ploetz, Herbert: Die Bundesrepublik Deutschland. Freiburg 1985

Sontheimer, Kurt: Grundzüge des politischen Systems der Bundesrepublik Deutschland. München 1997

Spinnarke, Jürgen: Soziale Sicherheit in der Bundesrepublik Deutschland. Heidelberg 1994

Staatsbürger-Taschenbuch. München 2000

Strohm, Holger: Politische Ökonomie. Reinbek bei Hamburg 1979

Tatsachen über Deutschland. Frankfurt (Main) 1995

Theimer, Walter: Lexikon der Politik. München 1975

Thilenius, Richard: Die Teilung Deutschlands. Reinbek bei Hamburg 1962

Übersicht über das Sozialrecht. Berlin 2002

Walpuski, Günter: Verteidigung + Entspannung = Sicherheit. Bonn 1990

Weber, Hermann: Kleine Geschichte der DDR. Köln 1988

Weidenfeld, Werner: Europa-Handbuch. Gütersloh 2002

Weimarer Republik. Berlin 1977

Weißbuch 1979. Zur Sicherheit der Bundesrepublik Deutschland und zur Entwicklung der Bundeswehr. Bonn 1979

Weißbuch 1995. Zur Sicherheit der Bundesrepublik Deutschland und der Zukunft der Bundeswehr. Bonn 1997

Weizsäcker, Ernst Ulrich von u. a.: Faktor 4. München 1997

Sachwortverzeichnis